rororo

Kinder von Alkoholikern leiden noch als Erwachsene an den Wunden und Verletzungen, die sie in ihrer Kindheit erfahren haben, und fühlen sich oft ein Leben lang alleine mit versteckten Angst-, Schuld- und Rachegefühlen. Sie haben nie ein normales Familienleben kennengelernt und noch als Erwachsene Schwierigkeiten, eine dauerhafte Partnerschaft zu führen.

Alkoholismus ist eine Familienkrankheit: Es hat lange gebraucht, bis die volle Bedeutung dieses Satzes auch hierzulande einer breiten Öffentlichkeit bewusst geworden ist. Ursula Lambrou, Pädagogin mit psychologischer Ausbildung in den USA, hat das erste deutsche Buch zu diesem so wichtigen Thema geschrieben.

Hier erfahren Erwachsene Kinder von Alkoholikern, dass sie mit ihren Schwierigkeiten nicht allein bleiben müssen. Die Auswirkungen der Familienkrankheit Alkoholismus sind heute bekannt, und es gibt Wege und therapeutische Möglichkeiten, dem Sog der Abhängigkeit zu entkommen.

Ursula Lambrou, Jahrgang 1943, arbeitet im Bereich der Suchtprophylaxe und ist von Beruf Diplom-Pädagogin. Sie hat im Rowohlt Taschenbuch Verlag außerdem veröffentlicht: Helfen oder aufgeben? Ein Ratgeber für Angehörige von Alkoholikern (rororo 19955)

Kontakt: U.Lambrou@gmx.net

Ursula Lambrou

Familienkrankheit Alkoholismus

Im Sog der Abhängigkeit

Rowohlt Taschenbuch Verlag

Vollständig überarbeitete und erweiterte Neuausgabe April 2010

Originalausgabe
Veröffentlicht im Rowohlt Taschenbuch Verlag,
Reinbek bei Hamburg, Mai 1990

Redaktion Barbara Wenner/Bernd Gottwald
Umschlaggestaltung ZERO Werbeagentur, München
(Foto: Getty Images/Nicholas Rigg)
Satz Minion PostScript, InDesign,
bei Pinkuin Satz und Datentechnik, Berlin
Druck und Bindung Druckerei C. H. Beck, Nördlingen
Printed in Germany
ISBN 978 3 499 62601 2

3. Auflage November 2012

FSC www.fsc.org
MIX
Papier aus verantwortungsvollen Quellen
FSC® C019821

Das für dieses Buch verwendete FSC®-zertifizierte Papier
Lux Cream liefert Stora Enso, Finnland.

Inhalt

Vorwort zur Neuauflage 9
Zur Entstehung dieses Buches 11

1. TEIL

Die Familienkrankheit Alkoholismus 18

Der innere Zwang zur Geheimhaltung 34

Nicht vertrauen können 46
Unvorhersehbares Verhalten 46
Gewalt 51
Sexuelle Gewalt gegen Kinder 57
Traumatisierte Kinder, Jugendliche und Erwachsene 62
Verletzungen der Ich-Grenze 65
Immer wieder enttäuschte Hoffnungen 70
Das Gefühl von Verantwortung 73
Der Drang, alles unter Kontrolle zu halten 79
Überlebensqualitäten 84

Unterdrückte Gefühle – Das familiäre Beziehungsdrama 86
Die Liebe zum alkoholkranken Elternteil 95
Der «andere» Elternteil 100
Partei ergreifen 102
Das Familiendrama aus der Sicht der Eltern 107
Zwiespältige Gefühle 118

Lieben – Die schwierige Suche nach einem Zuhause 127
Sich wertlos fühlen 129
Die Angst, verlassen zu werden 134
Festhalten an Beziehungen, fast um jeden Preis 140
Co-Abhängigkeit 148
Angst vor Nähe 161
Das Bedürfnis nach Distanz 170
Die Schwierigkeit, bei sich anzukommen 175

2. TEIL

Rollen als Überlebensmuster 184
Das Chamäleon 187
Der Macher – das leistungsstarke und verantwortungsbewusste Kind 191
Das unsichtbare Kind 195
Der Sündenbock – das auffällige Kind 198
Das unterhaltsame Kind – das Familienmaskottchen 201
Rollen als wechselnde Verhaltensmuster 205

Die Auseinandersetzung mit der eigenen Geschichte beginnen 210
Der Dialog mit dem trinkenden Elternteil 212
Der Dialog mit dem nicht trinkenden Elternteil 225
Vater oder Mutter ist trocken, ist jetzt alles gut? 230
Die eigene Sucht 241

Sich helfen und helfen lassen 258
Unterstützung in Selbsthilfegruppen 260
Unterstützung durch Therapie 271
Sich erinnern 275
Sich fühlen 279
Sich annehmen 292

Sich und andere lieben 305
Sich lieben und sich um sich selbst kümmern 305
Sich lieben und sich von jemandem trennen 310
Sich lieben und sich Raum in einer Beziehung geben 313

Epilog 324

Anhang 328
Schutz für Kinder und Erwachsene
in Alkoholikerfamilien 328
Anlaufstellen 331
Spezielle Gruppen für Erwachsene Kinder 334
Gründung einer Selbsthilfegruppe 340
Sind Sie bei einem alkoholabhängigen Elternteil aufgewachsen?
Ein Fragebogen 345
Eine Liste persönlicher Rechte 347
Literaturempfehlungen 348
Anmerkungen / Weitere Literatur 349

Für Robert und Rolf

Vorwort
zur überarbeiteten und ergänzten Neuauflage

«Dies ist das Buch, das ich gebraucht habe. Ich konnte es nur in Etappen lesen, weil es mir zu nah ging. Doch etwas habe ich vermisst.»

Viele Leser haben mir ihre Wünsche geschrieben, worüber sie ausführlicher etwas lesen möchten oder was ihrer Meinung nach noch fehlt. Diese Neufassung berücksichtigt mehrere Vorschläge. Hier möchte ich mich auch bei den Leserinnen und Lesern für die vielen bewegenden Antworten auf dieses Buch bedanken.

Ich habe mich dem Thema in Kreisen genähert, nicht linear. Das erlaubte mir viele verschiedene Sichtweisen und Blickwinkel auf das Phänomen Familienkrankheit Alkoholismus. Dafür brauchte ich den Einblick in viele Leben, einige neue Gesprächspartner sind hinzugekommen. Ihre Erfahrungen und meine eigene Weiterentwicklung sind mit in diese erweiterte Überarbeitung eingeflochten.

Dazu kommen Erkenntnisse und Erfahrungen aus der Traumatherapie, die in Deutschland erst in den letzten 15 Jahren Fuß gefasst hat. Erwachsene aus Alkoholiker- und Suchtfamilien sind häufiger traumatisiert als bisher angenommen und brauchen zusätzlich auf sie zugeschnittene Hilfe.

Ausführlich habe ich über die Erwachsenen geschrieben, die sich in Beziehungen wiederfinden, die ihnen nicht guttun. Das Buch hilft den Betroffenen, sich wie in einem Spiegel wiederzuerkennen und sich selbst besser zu verstehen. Dies kann mit dazu beitragen, sich selbst anzunehmen – der Anfang jeder Veränderung.

Die Ergänzungen in diesem Buch sollen Neuem Rechnung tragen, sodass noch mehr Menschen sich in den Beschreibungen und Erläuterungen wiederfinden können.

Es wird aber auch im letzten Teil deutlicher und ausführlicher als bisher gesagt, wie sehr man auf Abkürzungen bei seinem persönlichen Heilwerden verzichten muss, wie sehr die Familienkrankheit Alkoholismus von einem verlangt, heute bewusster zu leben, um sie zu überwinden. Das allerdings ist kein Verlust, sondern ein Geschenk.

Zur Entstehung dieses Buches

Bis vor einigen Jahren habe ich nie mit einem anderen Menschen darüber geredet, was es für mich bedeutet, bei einem alkoholkranken Vater und einer medikamentenabhängigen Mutter aufgewachsen zu sein. Ich fühlte mich ‹anders› als andere und meinte, so wie ich denkt und fühlt keiner. Dieses Gefühl, anders zu sein, konnte ich mir nicht erklären, und ich bemühte mich, es zu verheimlichen und zu vergessen.

Zwei Erlebnisse veränderten meine Einstellung.

Ich besuchte eine junge Frau, die noch bei ihrer alkoholsüchtigen Mutter lebte. Früher hatte ich ihr ab und zu geholfen, vor Gästen den betrunkenen Zustand der Mutter zu vertuschen. In unserem Gespräch fragte ich sie, was sie heute machen würde, wenn ihre Mutter betrunken sei. Ihre Antwort traf mich unvorbereitet. *«Ich sehe dann nicht, was ich sehe»*, sagte sie und fügte hinzu: *«Scheuklappen aufsetzen, weißt du.»*

«Ich sehe nicht, was ich sehe», das klang damals verrückt für mich, und doch wusste ich, dies ist auch eine wichtige Aussage über mich. Zum ersten Mal sprach jemand etwas aus, das ich als zutreffende Charakterisierung meiner eigenen Schwierigkeiten empfand. Ich verabredete mich mit einer anderen Frau, deren Vater und Mutter alkoholabhängig sind. Sie musste den Termin aufschieben. «Heute kann ich nicht», sagte sie, «meine Mutter ist gestern Abend auf die Intensivstation gebracht worden, und ich habe heute allen möglichen Leuten die intimsten Dinge von mir erzählt, ohne ihnen etwas von mir zu sagen. Lass uns morgen miteinander reden.»

Wieder hörte ich einen verrückten Satz, und auch hier erkannte ich mich wieder. Diese zwei Frauen hatten mir durch ihre Bemerkungen gezeigt, dass es doch Menschen gibt, die verstehen, wie ich mich fühle, Menschen, für die mein Verhalten, Denken und Fühlen ‹normal› sein müssen. Diese beiden Frauen und ich teilen eine wichtige und grundlegende Erfahrung, wir sind bei alkoholabhängigen Vätern und Müttern aufgewachsen.

Diese privaten Gespräche standen am Anfang meiner Untersuchung über erwachsen gewordene Kinder von Alkoholikern. Es ging mir um das sehr persönliche Bedürfnis, durch die Erzählungen anderer zu begreifen, wer ich bin, meine Verhaltens- und Denkmuster im Leben anderer Menschen, die ähnlich wie ich aufgewachsen sind, wiederzufinden. Was ich von meinen Gesprächspartnern und -partnerinnen erfuhr, fand ich für mich wie auch für andere erwachsen gewordene Kinder von Alkoholikern wichtig. So entstand die Idee, die Ergebnisse meiner Nachforschungen in einem Buch darzustellen.

Ich beschäftigte mich also mit den Auswirkungen der Familienkrankheit Alkoholismus, an denen noch die erwachsen gewordenen Kinder leiden. Dieses Thema stellte für mich völliges Neuland dar. Ich entwarf einen Untersuchungsplan, der in ähnlichen Situationen von Ethnographen und Sozialwissenschaftlern in den USA häufig angewandt wird: eine ethnographische Feldstudie. Darüber hinaus orientierte ich mich an der sogenannten «Grounded Theory»[1]. Ich habe die Interviews in der Absicht geführt, möglichst deutlich von der Person zu erfahren, wie sie mit dem Alkoholismus zu Hause gelebt hat, wie und ob sie damit klargekommen ist, wie sie heute lebt. Ich hatte selten eine spezielle Frage, ich hörte mit ungeteilter Aufmerksamkeit zu und hakte nach, wenn ich mich selbst betroffen fühlte oder wenn ich ahnte, dass Nachfragen zu neuen Erkenntnissen führen würden.

Viele Informationen erhellten, wie eingangs berichtet, meine eigene Situation. Oft musste ich meine ganze Energie darauf verwenden, trotz starker Anteilnahme das Gespräch fortzuführen. Erwachsene Kinder von Alkoholikern sprechen normalerweise nicht gern über die Sucht ihrer Eltern. Der Umstand, dass ich aus einem ähnlichen Elternhaus komme und manche Probleme aus eigener Erfahrung kenne, hat die Gesprächssituation erleichtert. Meine Gesprächspartner gaben mir Einblicke in ihr Leben, die in dieser Offenheit sonst wohl nicht möglich gewesen wären.

Einige Personen habe ich mehrmals befragt, sie wurden, wie die Ethnographen sagen, zu «key informants» (Schlüsselinformanten), deren individueller Sichtweise bei der Strukturierung und im Analysevorgang einer Untersuchung besondere Bedeutung beigemessen wird.

Ich sprach mit Jugendlichen und jungen Erwachsenen, die noch zu Hause bei ihren Eltern wohnten. Einige hatten trockene Väter oder Mütter, bei den anderen trank noch ein Elternteil. Eine Person aus der Familie hatte meist das Gespräch vermittelt. Andere Interviewpartner oder -partnerinnen erhielt ich durch Mundpropaganda. Ich erzählte in meinem Bekanntenkreis von meinem Vorhaben, schrieb meinen Freundinnen, berichtete von meiner Absicht, wo immer ich mich mit anderen unterhielt. Ich bat darum, meine Telefonnummer an Personen weiterzugeben, die aus einer Alkoholikerfamilie kommen und an einem Gespräch mit mir interessiert seien.

Ich sprach nicht nur mit Erwachsenen Kindern von Alkoholikern, sondern auch mit ihren Eltern, sowohl mit den trockenen Vätern und Müttern als auch mit dem nicht trinkenden Elternteil. Gespräche mit noch trinkenden Müttern und Vätern waren nicht möglich, da sie anderen gegenüber nicht zugeben, dass sie Alkoholprobleme haben.

Meine Interviewpartner kommen aus allen Einkommens- und Bildungsschichten. Der jüngste ist 11, der älteste 70 Jahre alt. Die Mehrheit der Befragten ist zum Zeitpunkt des Gesprächs zwischen 20 und 36 Jahre alt. Mit den Erwachsenen, die in einer Alkoholikerfamilie aufgewachsen sind, führte ich 30 ausführliche, fast immer mehrstündige Gespräche. Sie liegen in Ton und Text vor und bilden das Basismaterial meiner Untersuchung. Von mehreren längeren Gesprächen konnte ich keine Tonaufnahmen machen, in diesen Fällen fertigte ich Gedächtnisprotokolle an.

Sehr häufig besuchte ich offene Treffen der Anonymen Alkoholiker, ging zu Informationsveranstaltungen und nahm an Treffen von Angehörigen und Freunden von Alkoholikern und Alkoholikerinnen teil. Hier traf ich auf Mütter und Väter, die nicht trinken, aber mit Alkoholikern verheiratet waren. Mit drei Frauen führte ich Gespräche, die ich aufnehmen konnte.

Besonders wichtig war die Teilnahme an Gruppen für Erwachsene Kinder von Alkoholikern in den USA. Die Einblicke in die in Amerika wesentlich fortgeschrittenere Diskussion über die Familienkrankheit Alkoholismus bestätigten vieles von dem, was mir meine deutschen Gesprächspartner und -partnerinnen mitgeteilt hatten.

Meine Vorgehensweise, die ich hier beschrieben habe, ist eine induktive. Zunächst habe ich Aussagen, Beobachtungen und Erfahrungen unstrukturiert und unbewertet gesammelt. Ein solches Vorgehen wird von den Begründern der «Grounded Theory» folgendermaßen beschrieben:

«Damit eine solche Datenvielfalt einen Sinn ergeben kann, zur Theoriebildung führt, ist der Forscher gezwungen ... zugrunde liegende Ähnlichkeiten und Verschiedenheiten zutage zu bringen und eher abstrakte Konzepte zu benutzen, um über die Unterschiede in seinem gesammelten Material Rechenschaft abzulegen. Um dies zu erreichen, muss er sich bemühen, die Terminologie zu reduzieren. Wenn der Untersuchende mit dem gesammelten ungeordneten und vielfältigen Material beginnt, so wird er den Prozess mit einer aussagekräftigen Theorie beenden, die in dem Feld, in dem er untersucht hat, aussagekräftig ist.»[2]

Bei der induktiven Vorgehensweise werden Fragen, die auftauchen, durch «optimale Ausnutzung» der Informationsmöglichkeiten, die vorhanden sind, gelöst. Daran schließt sich der «induktive Sprung» an, also Folgerungen, die auf der Grundlage der zusammengetragenen Informationen möglich sind. In einem dritten Schritt geht es um die sogenannte «Systematisierung». In dieser Phase kann der Untersuchende den «induktiven Sprung» als vernünftige Lösung der eingänglich gestellten Fragen akzeptieren.

Dieses Vorgehen bietet meines Erachtens einen methodischen Rahmen, durch den bloße Spekulationen vermieden werden, verantwortungsbewusste Einschätzungen zustande kommen können.

In diesem Buch wird die Realität von Erwachsenen Kindern von Alkoholikern beschrieben, dabei werden Erfahrungsmuster sichtbar, die aus der frühen Familiengeschichte stammen und die Betroffenen noch als Erwachsene begleiten. Es geht darum, die Familienkrankheit Alkoholismus in ihrer ganzen Reichweite darzustellen.

1. TEIL

Die Familienkrankheit Alkoholismus

Alkoholismus hat immer wieder den einen Tatort: die Familie. Dort laufen Tag für Tag Szenen ab, die allen Familienmitgliedern feste Rollen aufzwingen. Bisher dachte man, dieses Drama und seine Auswirkungen schon gut zu kennen und die Folgen für jede der betroffenen Personen weitgehend einschätzen zu können. Fast jeder glaubt zu wissen, was in einer Familie, in der der Vater oder die Mutter alkoholabhängig ist, vor sich geht.

Der alkoholsüchtige Mann ist häufig betrunken, missachtet oder misshandelt möglicherweise seine Frau und Kinder, verliert auf die Dauer seinen Führerschein, dann seine Arbeit. Die Ehefrau versucht zu retten, was zu retten ist, verdient den Lebensunterhalt für die Familie, kümmert sich um die Kinder, den Haushalt und den Alkoholabhängigen. Die Kinder verhalten sich extrem auffällig oder sind besonders still. Auch der Rollentausch in Alkoholikerfamilien ist bekannt: Die Frau trinkt und vernachlässigt ihre Kinder, den Haushalt und sich selbst. Wenn sie außerhalb des Hauses arbeitet, verliert sie unter Umständen den Arbeitsplatz. Sie spricht Fremde auf der Straße oder in der Kneipe an. Die Kinder bringen ungern Freunde mit nach Hause. Der Ehemann kümmert sich neben dem Beruf mehr und mehr um den Haushalt, die Kinder und um seine Frau. Es gibt dauernd Streit, und meist lässt er sich nach ein paar Jahren scheiden.

Dieses Szenario ist für alle Beteiligten ein Albtraum. Dennoch erfasst diese Beschreibung von Alkoholikerfamilien nur die Oberfläche des Alkoholismus. Die psychischen Wunden und Verletzungen reichen viel tiefer, als bisher bekannt war.

Der Alkoholismus eines Menschen war bis 1935 (dem Gründungsjahr der Anonymen Alkoholiker, auch AA genannt) etwas, das man heilen wollte, aber das man nicht einmal zum Stillstand bringen konnte. Warum das so war, wusste man nicht, wie jemand vom Alkohol loskommen könnte, wusste man auch nicht. Unser Wissen über den Alkoholismus ist parallel mit der Verbreitung der Selbsthilfegruppen gewachsen. Langsam setzte sich in den USA, dann etwa 25 Jahre später auch in der Bundesrepublik, die Erkenntnis durch, dass die alkoholkranke Person *suchtkrank* ist.[3]

Ein Alkoholiker ist eben nicht einfach eine willensschwache Person, die sich halt mehr zusammenreißen müsste, um mit dem Trinken aufhören zu können. Auch kann ein süchtiger Mensch auf Dauer nicht weniger und in Maßen trinken. Sucht heißt, keine Kontrolle mehr über das Suchtmittel zu haben. Alle Versuche des Süchtigen, kontrolliert zu trinken, misslingen. Seine Krankheit kann ein Alkoholiker nicht heilen, er kann sie aber zum Stillstand bringen, wenn er aufgibt und sich eingesteht, dass er mit dem Alkohol nicht mehr umgehen kann und dass er Hilfe braucht.

Alkoholismus ist nicht nur eine körperliche Krankheit, Alkoholismus verändert den ganzen Menschen, auch seine Art zu denken und zu fühlen. Ein Alkoholiker verleugnet viele Jahre, meistens bis zu seinem Tod, vom Alkohol abhängig zu sein. Er belügt andere, redet sich selbst alle möglichen Gründe ein, warum er heute trinken muss. Er macht sich und anderen etwas vor, um sich nicht als das zu sehen, was er ist, ein alkoholabhängiger Mensch.

Seine Stimmungen sind vom Alkoholpegel im Blut abhängig. Mal ist er verträglich bis euphorisch, dann wieder gereizt und aggressiv, mal zeigt er sich übertrieben spendabel, obwohl das Geld knapp ist, dann wieder weint er vor Selbstmitleid oder fühlt sich als der Größte.

Er erlaubt keinem in der Familie, besser mit dem Leben klarzukommen als er, ‹niemand darf gesünder sein als der Alkoholiker›.

Der Alkoholismus verändert Denken, Einstellungen und Handlungsweisen selbst dann, wenn der Alkoholiker nicht betrunken ist.

Diese Veränderungen verschwinden auch nicht einfach von selbst, wenn ein Alkoholiker trocken wird. Die AA sagen: «Sobald ein Alkoholiker keinen Alkohol mehr trinkt, bekommt er einen Teil seiner Krankheit in den Griff – sein Körper erhält die Möglichkeit, sich zu erholen. Wenn er nüchtern bleiben will, braucht er auch einen gesunden Verstand und ein gesundes Gefühlsleben. So beginnt der Alkoholiker, sein verworrenes Denken und seine unglücklichen Gefühle zurechtzurücken.»[4]

Viele Jahre haben sich Selbsthilfeorganisationen, Suchtkliniken und Gesundheitsämter um die Person gekümmert, deren Krankheit so offensichtlich ist. Mit Hilfe anderer trockener Alkoholiker konnte ein Süchtiger lernen, nicht mehr zu trinken und sich mit sich und seiner Umwelt ehrlich auseinanderzusetzen.

Lange Zeit glaubte man, das Problem des Alkoholismus in der Familie sei gelöst, wenn der Süchtige nicht mehr trinken würde. Man stellte aber immer wieder fest, dass die Partner sich in ihrem Denken und Fühlen ganz auf eine trinkende Person eingestellt haben und, so widersprüchlich das zunächst erscheint, die Veränderung zum Guten nicht mitvollziehen können. Viele Ehen scheitern erst, nachdem ein Alkoholiker seine Sucht zum Stillstand gebracht hat. Es reicht offensichtlich nicht aus, wenn sich in einer Suchtfamilie nur der Süchtige ändert. Der andere Partner entwickelt Denk- und Gefühlsstörungen im Zusammenleben mit einem Süchtigen, die denen der alkoholkranken Person ähneln.

Auffallend viele Frauen bleiben in einer Ehe, die für sie und ihre Kinder die Hölle auf Erden ist. Sie sind weit stärker als Männer dazu erzogen worden, andere in ihrem Leben zu begleiten und sich um deren Probleme zu kümmern. Die nicht trinkende Ehefrau[5] glaubt viel zu lange, sie könne dem Trinkproblem ihres Mannes mit Liebe und Verständnis begegnen. Wenn das versagt, wechselt sie ihre Strategie. Sie trinkt häufig mit und versucht, ihn und sein Trinken zu kontrollieren. Sie streicht z. B. den Pegelstand in der Flasche an, um nachprüfen zu können, ob und wie viel er getrunken hat. Sie untersucht die Verstecke, in denen sie schon einmal Cognac- und Schnapsflaschen gefunden hat. Sie kauft möglicherweise Bier und Wein ein, in der irrigen Annahme, ihn auf Getränke mit geringerem Alkoholgehalt umgewöhnen zu können, oder in der falschen Hoffnung, dass Bier und Wein nicht so abhängig machen wie harte Getränke. Sie lügt beim Arbeitgeber, wenn er gefehlt hat. Sie verleugnet ihn vor Besuchern, wenn er betrunken ist. Sie wischt sein Erbrochenes auf und holt ihn nachts aus der Kneipe, damit ihm auf der Heimfahrt nichts passiert. Sie regelt den Haushalt, versorgt die Kinder, sie managt alles, denn ‹einer muss ja schließlich dafür sorgen, dass der Laden läuft›.

In der Familie und bei Bekannten, die etwas vom Alkoholproblem mitbekommen haben, wird sie bedauert, aber auch manchmal beschuldigt, der Grund für sein Trinken zu sein. Die Ehefrau eines Alkoholikers hat viele Rollen zugleich. Sie ist Märtyrerin und Opfer und gleichzeitig diejenige, die alles geregelt bekommt und versucht, die Verhältnisse, die immer unberechenbarer werden, zu beherrschen.

Solange ihr Partner trinkt, misslingen ihr alle Anstrengungen. Wenn er trocken geworden ist, sind ihre Kontrollversuche und Manipulationen, ihr Märtyrerverhalten und ihr Managertum erst recht überflüssig. Seit dem Ende der siebziger Jahre bezieht man, wann immer möglich, die Ehefrau eines Alkoholikers in die Beratungsgespräche mit ein. Selbsthilfegruppen und Suchtkliniken haben Gruppen für Ehepartner, für Freunde und Freundinnen von Suchtkranken eingerichtet. Auch die Eltern von Suchtkranken finden dort Unterstützung. Man hat die Konsequenzen aus dem Wissen gezogen, dass der Alkoholismus eben nicht nur die eine Person erfasst, die trinkt, sondern dass zum Alkoholismus ein ‹Drehbuch› gehört, das ganz selbstverständlich von den Ehepartnern akzeptiert wird. Dieser Begleiterrolle im Drehbuch einer Alkoholikerfamilie wird auch heute noch in der Öffentlichkeit weitgehend zugestimmt. Es ist kaum bekannt, dass das übliche Verhalten von Ehepartnern die Sucht der

Alkoholiker eher fördert als behindert. Wenn man mit einer alkoholkranken Person zusammenlebt, ist es dann nicht ‹natürlich›, dass man sich vor anderen schämt und die Trinkfolgen nach außen hin verbirgt? Ist es nicht ‹natürlich›, dass man mehr und mehr Pflichten des Süchtigen übernimmt, man kaum noch Zeit und Energie für die Kinder aufbringen kann? Und ist es nicht ‹natürlich›, dass man nichts anderes mehr im Blickfeld hat als dieses alles beherrschende Trinken des Partners oder der Partnerin? Kann man einen abhängigen Menschen sich selbst überlassen? Landet er oder sie dann nicht in der Gosse? Darf eine Ehefrau oder ein Ehemann dann an sich selbst denken?

Die Antwort auf diese Fragen ist schwer zu akzeptieren, widerspricht sie doch allem, was man sonst über Hilfe gelernt hat: Keine der (natürlichen) Reaktionen auf das Trinken des Partners hilft dem Süchtigen, mit seiner Sucht aufzuhören. Ganz im Gegenteil! Heute weiß man, dass gerade diese Begleiterrolle dazu beiträgt, die Sucht aufrechtzuerhalten. Durch ihre Kontrolle und Fürsorge verhindern Partner und Partnerinnen, dass der Alkoholkranke die Folgen seiner Sucht in aller Schärfe sieht und spürt. Mit ‹Hilfe› des Partners oder der Partnerin kann sich ein Alkoholabhängiger viel länger etwas vormachen und braucht mehr Zeit, um zu dem Punkt zu kommen, an dem er seine Selbsttäuschung durchblickt. Ganz im Gegenteil, es ist notwendig, den Süchtigen sich selbst zu überlassen, denn er ist kein Kind, für das man sich verantwortlich fühlen darf. Er muss die Folgen seines Trinkens selbst erleben.

Ein weiterer Aspekt des suchtbegleitenden Verhaltens ist genauso wichtig: Der Partner/die Partnerin eines Süchtigen kann sich selbst durch das kontrollierende und fürsorgliche Verhalten sehr negativ verändern. Die begleitende Person erscheint immer als die Gute, als jemand, der alles richtig macht. Sie muss ihr kontrollierendes Verhalten nicht rechtfertigen. Ihre Sorge und ihr Kontrollverhalten hindern sie daran, über sich selbst nachzudenken. Die Fehler des anderen sind so deutlich, sein Versagen ist so offensichtlich, dass sie gar nicht darauf kommt, ihre eigenen Handlungen und Motive zu überprüfen. Der Partner/die Partnerin eines Alkoholikers könnte sich fragen: Wie gehe ich eigentlich mit allen Menschen in meiner Familie um? Bin ich der Mensch, der ich gerne sein möchte, oder habe ich mich verändert? Glaube ich, auf alles die einzig richtige Antwort zu haben? Stelle ich mich als die Person dar, die alles kann, und möchte ich überhaupt, dass ein anderer mir etwas abnimmt? Habe ich wirklich das Recht, jederzeit zu nörgeln und zu streiten? Bin ich vielleicht diejenige, die dadurch zu Hause die Atmosphäre für alle unerträglich macht? Vernachlässige ich die Kinder? Partner und Partnerinnen von Alkoholikern können vieles bei sich entdecken, wenn sie einmal aufhören, mit ihren Gedanken und Handlungen um die süchtige Person zu kreisen. Die meisten stoppen diesen Kreislauf nicht. Viele Frauen und auch Männer bleiben bei ihrem Verhalten, sind unglücklich und werden physisch und psychisch krank. Doch es gelingt auch vielen, mit der Unterstützung von Selbsthilfegruppen, Suchtberatungsstellen und -kliniken zufrieden mit sich zu leben, obwohl ihr Partner noch trinkt. Es passiert immer häufiger, dass Alkoholiker mit dem Trinken aufhören und zu einer der Selbsthilfegruppen gehen, wenn ihr Partner initiativ wird und sich und seine Verhaltensformen drastisch ändert.

Am Tatort des Alkoholismus gibt es nicht nur Rollen für Erwachsene. Da sind auch die Kinder. Sie sind unmittelbare Opfer des Alkoholismus, denn sie können aus den Familienszenen nicht aussteigen, sie haben keine Wahl und müssen aushalten, was Vater *und* Mutter inszenieren.

Jeder weiß, dass es Kindern in Alkoholikerfamilien nicht gutgeht. Die wichtige Frage lautet jetzt: Wie *tief* gehen die Verletzungen beim Kind? Wie sehr wird ein Kind, ein Jugendlicher in seinen Gefühlen und in seinem Denken durcheinandergebracht? Wie lange hält ein erwachsen gewordenes Kind von Alkoholikern weiterhin an Tabus, Gefühlsverwirrungen, negativer Selbsteinschätzung und Denkweisen fest, die aus dem Zusammenleben mit abhängigen Eltern stammen? Bisher dachte man, dass nur die Kinder ernsthaft und nachhaltig gefährdet wären, deren Eltern gewalttätig werden, die stark vernachlässigt sind und sich selbst überlassen bleiben. Zwar wusste man, dass die Mehrheit der Kinder von Alkoholikern unter erheblichem Stress steht, doch schätzte man diese Belastung als mit den Erfahrungen anderer Kinder in vielen Familien vergleichbar ein. Auch bei Eltern, die keine Suchtprobleme haben, könne es Scham, Streit, Trennungen und den Kampf um die Zuneigung der Kinder geben. Auch in anderen Familien würden Kinder vernachlässigt, allein gelassen und als Ersatz für abwesende Partner psychisch überlastet.

Bisher nahm man fast immer an, die Probleme der Kinder von Alkoholikern wären bald vorbei, wenn der alkoholabhängige Elternteil trocken wird, stirbt oder sich die Eltern scheiden lassen. Mit Sicherheit hielt man die Probleme für ausgestanden, wenn das Kind erwachsen geworden war und das Elternhaus verlassen konnte. Durch die Trennung hoffen die Kinder selbst, die mit dem Alkoholismus in der Familie zusammenhängenden Probleme hinter sich lassen zu können.

Doch all diese Annahmen beruhen auf Irrtümern. Die Kinder sind mehr als nur Zuschauer, Zeugen oder Statisten bei dem Familiendrama Alkoholismus. Das Suchtsystem betrifft alle Personen in der Familie. Nicht nur der Einzelne – am Anfang die süchtige Person – ist krank, sondern das System Familie selbst. Die Sucht z. B. des Vaters prägt auch das Verhalten der Mutter, die Kinder müssen angemessen auf beide reagieren. Die Kinder sind gezwungen, sich an dem Familiendrama aktiv zu beteiligen. Die Töchter und Söhne von süchtigen Eltern müssen Überlebenstechniken lernen, um in diesem kranken System funktionieren zu können. Dazu kommt noch eine wesentliche Tatsache, die in anderen Stressfamilien nicht so ausgeprägt ist: Das Leben in einer Alkoholikerfamilie ist vom unberechenbaren Verhalten der Eltern geprägt.

Eltern, die abhängig sind, interessieren sich nicht vorrangig für ihre Kinder. Sie müssen vielmehr dafür sorgen, dass sie genug Alkohol oder Medikamente[6] zu sich nehmen, um nicht unter Entzugserscheinungen zu leiden. Der begleitende Elternteil ist vor allem darauf bedacht, in immer neuen Anläufen den trinkenden Vater oder die medikamentenabhängige Mutter zu kontrollieren.

Kinder aus Suchtfamilien haben keine Eltern, die sich wie ganz normale und weitgehend verlässliche Eltern verhalten und reden. Die Kinder bekommen keine Hilfe, ihre Gefühle zu entwirren, auch dann nicht, wenn sie bedrohliche und angstauslösende Situationen durchleben. Sie lernen vielmehr, dass sie nicht ausdrücken dürfen, was sie empfinden.

Kinder in Alkoholiker- und anderen Suchtfamilien kennen keine Normalität.

Für sie ist es ‹normal›, wenn der Vater häufig betrunken nach Hause kommt, die Mutter schlägt und am nächsten Tag so tut, als wenn nichts geschehen wäre. Es ist ‹normal›, wenn die Mutter immer wieder betrunken auf dem Sofa liegt oder den Tag im Bett verbringt. Es ist ‹normal›, zu vertuschen, zu lügen, den Alkoholismus zu verleugnen. Es ist ‹normal›, die Person, die man liebt, zu schützen, statt selbst Schutz von dem Erwachsenen zu bekommen. Es ist ‹normal›, sich zu schämen, sich gedemütigt und schuldig zu fühlen.

Wenn ein Kind, ein Jugendlicher in einer Alkoholikerfamilie aufwächst, so hat das Folgen für sein ganzes erwachsenes Leben. Diese Familienerfahrungen können keine Frau und kein Mann einfach abschütteln, wenn sie erwachsen geworden sind. Diese Erfahrungen prägen die Denkweise, das Fühlen, Verhalten und die Selbsteinschätzung der Erwachsenen Kinder von Alkoholikern deutlich.

Wenn das so ist, warum weiß man so wenig darüber?

Wir wussten bisher so wenig über die Folgen der Familienkrankheit Alkoholismus bei den Erwachsenen Kindern von Alkoholikern, da sie die erlernten Überlebenstechniken weiter fortsetzen. Das Gebot aus ihrer Kindheit, *nichts hören, nichts sehen, nichts sagen*, gilt für sie automatisch weiter. Sie schweigen über ihre Kindheit, sie reden sehr selten mit jemandem darüber, wie sie sich als Kind in dieser Familie gefühlt haben. Meist erwähnen sie nicht mal die Tatsache, dass ihr Vater oder ihre Mutter abhängig ist, wenn sie Hilfe in einer Therapie suchen.

Die Probleme, die Erwachsene Kinder von Alkoholikern haben, scheinen für sie nicht eindeutig mit ihrer Kindheit und Jugend verbunden zu sein.

Erwachsene Kinder von Alkoholikern sehen sich nicht unmittelbar als Opfer. Sie sind nicht mehr zu Hause, sie kommen mit ihrem Leben – oberflächlich betrachtet – klar, haben eine eigene Familie, sind durchaus erfolgreich im Beruf. Viele haben gute Schulabschlüsse erreicht, ein Studium oder eine solide Berufsausbildung absolviert. Die meisten verstehen sich überhaupt nicht als Opfer.

Haben sie ihr Leben etwa nicht im Griff? Können sie ihren Alltag etwa nicht meistern? Sind sie denn nicht ständig bemüht, sich auch noch um andere zu kümmern?

Sicher, Erwachsene Kinder von Alkoholikern haben Probleme, aber haben andere nicht zum Teil genau die gleichen? So akzeptieren viele von ihnen ihr Leben, doch kann dieses Hinnehmen bedeuten, dass sie nur geringe Ansprüche an Liebe und Fürsorge stellen und sich mit wenig zufriedengeben.

Das Unglück Erwachsener Kinder von Alkoholikern zeigt sich nicht so eindeutig, es ist eher ein heimliches Unglück, ein Schmerz, dessen Ursache man vergessen hat, eine unbestimmbare Qual. Die meisten merken erst, dass da etwas nicht stimmt, wenn sie zwischen 25 und 35 Jahre alt sind.

Die Wunden, die ein Erwachsener aus seiner Kindheit in einer Suchtfamilie davongetragen hat und an deren Folgen er jetzt leidet, sind für ihn nicht so einfach mit der Vergangenheit zu verknüpfen. «Was haben meine Beziehungsprobleme mit meiner Mutter zu tun, die getrunken hat?», fragte mich eine Frau zu Beginn unseres Gespräches und fügte noch hinzu: «Ich habe sowieso das meiste vergessen.»

Genau wie sie haben es viele Erwachsene Kinder von Alkoholikern ihr Leben lang vermieden, sich der Wunden bewusst zu werden, die sie durch den Alkoholismus ihres Vaters oder ihrer Mutter erlitten haben. Sie wurden ihren eigenen Verletzungen gegenüber gefühllos.

Zum Teil liegt das daran, dass jeder die unangenehmen Erinnerungen an den Geruch Betrunkener, an Streit und Trennungen, an hilflose Liebe, Panik und Alleinsein hinter sich lassen möchte. Zum anderen wusste man zu wenig über die Auswirkungen der Familienkrankheit Alkoholismus bei den Erwachsenen Kindern von Alkoholikern.

Anfang der achtziger Jahre bildeten sich in den USA und seit 1987 in der BRD Selbsthilfegruppen für Erwachsene Kinder aus Alkoholikerfamilien. Parallel dazu gab es Untersuchungen und Befragungen[7] an und von Kindern von Suchtkranken. Therapeuten und Therapeutinnen in den USA, die in Zentren für Süchtige und ihre Familien arbeiten, berichteten über die Folgen, die es für einen Mann/eine Frau haben kann, in einer Suchtfamilie aufgewachsen zu sein.

Viele Erwachsene Kinder (ab jetzt benutze ich diese verkürzte Form) haben wieder ein Alkoholproblem in ihrer Familie. Statistiken in den USA zeigen, dass zwischen 40 und 60 Prozent der Alkoholiker/innen selbst in einem Alkoholikerhaus aufgewachsen sind.[8]

Nicht weniger alarmierend ist eine weitere Zahl: Eine Befragung von Ehefrauen von Alkoholikern ergab, dass 60 Prozent einen alkoholkranken Vater hatten.[9]

Erwachsene Kinder sind also hochgefährdet, selbst abhängig zu werden oder einen Partner zu heiraten, der süchtig ist. Andere, die es geschafft haben, mit dem Alkoholproblem nicht mehr direkt in Berührung zu kommen, durchleben nun eine Krise nach der anderen, ohne ihre Selbstüberforderung zu bemerken. Die Krisen ihrer Jugendzeit haben sie nicht zum Innehalten und Nachdenken kommen lassen, und sie bleiben weiter bei diesem ‹sicheren›, weil vertrauten Verhalten. Sie überfordern sich immer wieder, aber dies ist auch nichts Neues für sie. Als Kinder mussten sie oft schon mit 10 oder 12 Jahren erwachsen sein. Erwachsene Kinder leiden überdurchschnittlich oft an Krankheiten, die durch erhöhten Stress ausgelöst werden, wie Magen- und Darmstörungen, Migräne, Asthma und Hauterkrankungen. Fast alle haben Probleme damit, anderen zu vertrauen. Sie suchen sich immer von neuem Partner und Partnerinnen, die distanziert und nicht erreichbar sind. Co-Abhängigkeit, d.h. die Bedürfnisse einer anderen Person so wichtig nehmen, dass sie von den eigenen nicht mehr unterschieden werden können, ist eine verzerrte Form der Liebe, die häufig bei Erwachsenen Kindern (und Ehepartnern von Alkoholikern) zu finden ist.

Manche haben erkannt, dass ihr Leben immer wieder anders läuft, als sie möchten, und fühlen sich anders als andere, so wie Birke, die 34 Jahre alt ist und für sich ein Resümee zieht:

- «Ich habe immer unter mir selbst gelitten, weil ich gedacht habe, ich mache was verkehrt in meinem Leben. Oder ich habe gedacht, ich bin nicht echt. Wenn ich solche Sachen wahrgenommen habe, dann konnte ich mir wieder Mühe geben, ein wenig echter zu sein. Aber es war schwierig. Ich habe immer noch Angst vor ‹Unberechenbarkeit›. Ich fühle manchmal Panik. Und ich bin mir trotz der Vehemenz, mit der ich vertrete, dass meine Wahrnehmungen in Ordnung sind, in Wirklichkeit nicht sicher, ob sie o.k. sind.»

Birke war magersüchtig, sie ist geschieden und liebt eine alkoholkranke Person. Es fällt ihr schwer, im Beruf Untergebene klar und bestimmt anzuleiten. Stress im Beruf und im Privatleben verstärkt ihr Asthma. Sie ist körperlich und psychisch an einem Tiefpunkt angelangt.

Im Gegensatz zu den meisten Erwachsenen Kindern weiß Birke, wo ihre Unsicherheit, die sie früher niemandem zeigte, herkommt. Ihr ist bewusst, warum ihr Selbstwertgefühl so niedrig ist. Sie ist sich selbst auf die Spur gekommen und schweigt auch vor anderen nicht mehr über ihre Kindheit bei einem alkoholabhängigen Vater. Sie spricht mit anderen über ihre Vergangenheit, über ihr Verhalten und ihre Gefühle heute. Sie versucht sich jetzt anders als sonst mitzuteilen. Sie wird langsamer beim Sprechen, sie will das sagen, was sie ehrlich fühlt, was sie wirklich denkt. Es ist wichtig geworden, dass sie sich für sich selbst richtig verhält und nicht mehr für andere. Sie lernt und übt dies zusammen mit Menschen, die aus ähnlichen Familien kommen. Als sie bei einem alkoholkranken Vater und einer Begleiter-Mutter aufwuchs, ist sie, trotz ihrer Geschwister, mit ihrer Angst, mit ihren verwirrten Gefühlen allein gelassen worden. Um wieder zu lernen, jemandem zu vertrauen, braucht ein Erwachsenes Kind andere Menschen.

Wenn eine Gruppe Erwachsener zusammenkommt, die alle in einer Suchtfamilie groß geworden sind, um miteinander über sich, ihren Alltag heute und früher zu sprechen, dann ist es sehr wahrscheinlich, dass man den für jeden der Anwesenden ungewohnten und erlösenden Satz hört: *«Das kenn ich, du sprichst ja von mir.»*

Ungewohnt ist diese Aussage, da kaum jemand offen über die Suchtsituation zu Hause mit einem anderen spricht. Meist hat man dies nur einem Freund oder einer Freundin gegenüber erwähnt, der oder die auch mit einem alkoholabhängigen Elternteil gelebt hat.

Erlösend wirkt die Aussage, weil sie das Erwachsene Kind erkennen lässt, dass es nicht allein leugnet und versteckt, dass auch andere ein Durcheinander widersprüchlicher Gefühle kennen und sich krampfhaft um die Aufrechterhaltung der äußeren Fassade bemühen. Ulla, eine nach außen hin erfolgreiche Frau, fasste ihre Erfahrung nach mehreren Gruppenbesuchen zusammen: «Ich hab lange gedacht, ich bin der einzige Mensch, der so verquer denkt, so innendrin kaputt ist und der so eine gute Fassade hat, dass es keiner merkt.»

Auch wenn ähnliche Erlebnisse und Verletzungen den Erwachsenen Kindern gemeinsam sind, kann man nicht von bestimmten Verhaltensmerkmalen darauf schließen, dass jemand das Kind eines Alkoholikers sein muss. Obwohl es viele gemeinsame Verhaltensweisen und Anpassungsmuster in der Kindheit und Jugend der Menschen gegeben hat, die süchtige Eltern haben, sind nicht alle Erwachsenen Kinder gleich. Wenn ich hier verallgemeinernd über die möglichen Folgen von Kindheitserfahrungen in einer Alkoholikerfamilie spreche, ist dies keine normative Beschreibung. Jedes Mädchen und jeder Junge reagieren in ihrer/seiner ganz persönlichen Art.[10] Das hat erst mal viel mit der individuellen Familie zu tun, denn Alkoholikerhaushalte gleichen sich nur im Hinblick auf die Tatsache, dass ein Alkoholproblem existiert.

Die Sucht kommt in allen Schichten, in allen Berufsgruppen einer Bevölkerung vor. Wenn viel Geld vorhanden ist, wirkt sich die Sucht *anders* (nicht weniger krank machend) aus als dort, wo die Angst hinzukommt, Wohnung und Einkommen zu verlieren, oder dort, wo man schon von der Sozialhilfe lebt. Der individuelle Umgang des alkoholabhängigen Vaters oder der süchtigen Mutter mit dem Trinken spielt eine wichtige Rolle. Werden die Eltern still oder bedrohlich? Wird ein Kind Gewalt ausgesetzt, musste es sich wehren oder Gewalttaten mit ansehen?

Entscheidend ist auch, inwieweit beide Eltern noch in der Lage waren, als Eltern auf ihre Kinder einzugehen. Hatte der Elternteil, der nicht trank, noch Zeit und Energie, die Kinder nicht nur zu versorgen, sondern sich wirklich um sie zu kümmern?

Kinder mit Angehörigen, die ihren Alltag nicht ganz von Süchtigen bestimmen ließen und die den Mut hatten, anders als sonst in diesen Familien üblich, offen mit dem Alkoholproblem umzugehen, nehmen weniger Schaden.

Kinder hingegen, die in der Familie selbst frühzeitig die Erwachsenenrolle übernehmen mussten, sich um Geschwister und häufig auch um die Eltern kümmerten, tragen schwerer an den Folgen.

Auch die Kinder selbst bringen ihre persönliche Art, auf Stress zu reagieren, mit ein. Das eine Kind zieht sich eher zurück, das andere agiert und lindert so seine Angst, ein drittes wird immer wieder krank. Wenn Kinder einen offenen und liebevollen Kontakt zu Erwachsenen außerhalb des Elternhauses haben, erleben sie ein Gegenmodell zu ihren Eltern. Sie gelten als resilient, unverwundbar. Solange sie diesen Kontakt haben, kommen sie aus ihrer Hilflosigkeit heraus, haben Abstand vom Alkoholismus zu Hause, müssen die Alkoholkrankheit nicht verleugnen und werden in ihren kreativen Fähigkeiten unterstützt[11]. Und das Wichtigste: Sie dürfen über das, was zu Hause geschehen ist und noch geschieht, sprechen und werden gehört. Trifft dieses zu, dann schaffen sie es, den Familienstress relativ unbeschadet zu überstehen. Für die überwiegende Mehrheit der Erwachsenen Kinder sind die Kindheitserfahrungen Wunden, die geheilt werden müssen. Es hilft nicht, über diese Erfahrungen hinwegzugehen, sie wegzustecken. Nur, wer Schmerz, Wut, Scham und die Trauer heute zulässt und fühlt und wer den Mut hat, vor sich selbst ehrlich zu sein, wird sich wieder auf seine Gefühle, sein Denken und seine Selbsteinschätzung verlassen können und lernen, sich und anderen zu vertrauen.

Eiter, der nicht aus einer infizierten Wunde entfernt wird, macht einen Menschen nur noch kränker. Nur, wo die Wunde geöffnet wird und der Eiter rausfließen darf, kann der Körper seine Selbstheilungskräfte einsetzen, und die Wunde kann von innen her heilen. Zudecken bewirkt nur das Gegenteil.

Beim Heilen der Vergangenheit gibt es für ein Erwachsenes Kind unterschiedliche Wege. Nicht alles, was in diesem Buch steht, wird auf jeden Erwachsenen, der aus einem Alkoholikerhaus kommt, in gleicher Weise zutreffen. Verhaltensweisen werden mal stärker, mal schwächer ausgeprägt sein, bestimmte Erfahrungen, die für den nächsten zum heute noch bestimmenden Faktor geworden sind, wird der eine oder andere gar nicht kennen.

Nicht alles, was Erwachsene Kinder in ihren Suchtfamilien gelernt haben, ist schädlich. Menschen, die aus solchen Stressfamilien kommen, wie Alkoholikerhaushalte auch genannt werden, haben viele Fähigkeiten erlernt, die sie als Erwachsene gut einsetzen können. Sie haben eine schutzlose und durch extreme Belastungen gekennzeichnete Kindheit und Jugend durchlebt und, weil es anders nicht ging, notwendige Überlebensqualitäten erworben. Dies sind Eigenschaften, die in ihrem heutigen Leben unter Umständen nützlich sind, um sich von den negativen Folgen ihres ‹Trainings› zu erholen.

Erwachsene Kinder, die sich Klarheit über sich selbst, über ihre Geschichte verschaffen, haben gute Chancen, die Wunden der Kinderzeit, deren Folgen sie noch heute spüren, heilen zu lassen. Den Anfang machen sie in der Auseinandersetzung mit den vielfältigen Erlebnissen derer, die aus einem ähnlichen Elternhaus kommen. Durch die Erfahrungen anderer begreifen sie das Phänomen der Familienkrankheit Alkoholismus und erkennen es langsam auch als eigenes Problem wieder.

In diesem Buch wird überwiegend aus der Perspektive von Kindern und Erwachsenen Kindern von Alkoholikern und Alkoholikerinnen das Problem der Familienkrankheit Alkoholismus dargestellt. Der Alkoholkranke kann jedoch auch der ältere Bruder oder die im Haus lebende Tante oder der Großvater sein. Die Auswirkungen sind ähnlich wie bei Kindern von Alkoholikern, wenn die Eltern nicht schützend wirken.

Da Alkohol mit Abstand das am weitesten verbreitete Suchtmittel ist, beschreibe ich überwiegend die Auswirkungen von Alkoholismus auf Kinder, Jugendliche und Erwachsene, die damit leben und gelebt haben. Ist einer der Erzieher oder sind beide Eltern drogenabhängig, so hat dieses grundsätzlich sehr ähnliche Auswirkungen auf die Kinder und Erwachsenen. «Dennoch gibt es Besonderheiten, die die Situation von Kindern drogenabhängiger Eltern von denen aus Alkoholikerfamilien unterscheiden. Durch die Illegalität des elterlichen Drogenkonsums, der oft zusätzlich zum Alkohol stattfindet, sind die Lebensumstände für die Kinder allerdings häufig erheblich schlechter. Die Verelendung vollzieht sich oft schneller und drastischer, als dies im Kontext von elterlichem Alkoholismus der Fall ist. Allerdings erregen Kinder drogenabhängiger Eltern auch schneller die Aufmerksamkeit von Jugendamt und Kinderschutz. Ihre Chancen, von staatlichen Stellen Hilfe zu bekommen, sind insofern besser als die von Kindern, deren Eltern vom legalen Suchtmittel Alkohol abhängig sind.»[12] Kinder aus anderen Suchtfamilien sind oft auf gleiche Art und Weise verletzt wie Kinder aus Alkoholikerfamilien.

Der erste Teil des Buches beschreibt die Realität der Kinder und der Erwachsenen Kinder von Süchtigen. Männer und Frauen berichten von ihren Erlebnissen und Gefühlen.

Im zweiten Teil geht es um den schwierigen Prozess, sich mit seiner Vergangenheit anzunehmen und sich lieben zu lernen, um in der Gegenwart gut leben zu können. Hier kommen Erwachsene Kinder zu Wort, die dabei sind, sich von den folgenreichen, oft traumatischen Auswirkungen der Familienkrankheit Alkoholismus zu lösen. Es wird von den Schwierigkeiten, aber auch von den Chancen berichtet, Kindheitswunden heilen zu lassen. Hier finden sich Hinweise auf Selbsthilfegruppen und Therapieformen und -möglichkeiten für Erwachsene Kinder von Suchtkranken.

Der innere Zwang zur Geheimhaltung

In der Familie erlebt jeder die Alkoholsucht eines Elternteils hautnah. Niemand kann sie übersehen: Alkohol und Erbrochenes stinken. Ein betrunkener Vater weint hemmungslos oder streitet laut und bedrohlich mit jedem, der ihm in den Weg kommt. Die Stimmung einer betrunkenen Mutter wechselt von Euphorie zu Depression, ohne erkennbare Ursache. Ein Kind weiß nie, was in der nächsten Stunde passiert. Gespräche der Eltern führen fast immer zu Auseinandersetzungen. Vater oder Mutter müssen aus der Kneipe, bei Bekannten oder da, wo sie gerade gestrandet sind, abgeholt werden. Die Kinder bleiben nachts allein. Sie werden als Begleitschutz zum Frühschoppen geschickt, kommen sie ohne den Vater wieder, werden sie ausgeschimpft. Die Kommentare der Nachbarn und der Mitschüler, die Vater oder Mutter schwankend und schwadronierend, ganz offensichtlich betrunken, im Ort gesehen haben, werden immer deutlicher.

Dennoch wird über das häufige Trinken geschwiegen. Es wird auch gerade *in* der Familie, dort, wo alle Bescheid wissen könnten, geschwiegen. Der nicht trinkende Elternteil verheimlicht die Sucht des anderen vor den Kindern, diese verstehen den Hinweis und schweigen ebenfalls. Selbst Geschwister tauschen sich nicht über das Trinken von Vater oder Mutter aus.

«Wir reden nicht so direkt übers Trinken, von wegen, jetzt setzen wir uns mal hin zu 'ner Diskussion, sondern so mehr nebenher. Direkt übers Trinken reden wir nicht, über die Folgen aber wohl. Vater hatte einen Autounfall gemacht, und man hat ihm den

Führerschein abgenommen. Darüber wurde dann gesprochen, nicht so direkt über Alkohol.»

«Wäre es dir lieber gewesen?»

«Nee, es ist immer noch nicht meine Sache … War mehr oder minder ein Tabuthema. Wir haben eigentlich kaum darüber geredet» (Tim, 15 Jahre).

Kann man sich wie Tim von dem Alkoholproblem lösen, indem man es nicht ‹zu seiner Sache macht›, indem man darüber schweigt?

Nicht über den Alkoholismus zu reden ist für alle Kinder, deren Eltern süchtig sind, die erste Überlebensregel. Denn was würde passieren, wenn ein Kind seinen alkoholabhängigen Vater auf sein Trinken ansprechen würde? Lange Jahre haben beide Eltern verhindert, dass die Kinder offen über das Trinken reden. Wenn Eltern vor sich und anderen die Sucht verschweigen, dann fragt ein Kind besser nicht nach. «Es war immer ausgesprochen unausgesprochen», sagte mir eine Frau. In Alkoholikerfamilien wird eben nicht offen gesagt, ‹wir wollen Vaters (Mutters) Trinken verheimlichen› oder ‹wir tun so, als würden wir nichts merken›.

Das alles lernt ein Kind ohne viele Worte. Der Alkoholismus ist zum Tabu geworden. Ein Tabu wird nie direkt ausgesprochen, denn dann würde es seine Wirkung verlieren. Beide Eltern werden zum Modell für das eigene Verhalten: Redet Mutter nicht über Vaters Trinken, sondern klagt nur darüber, dass sie so wenig geschlafen hat, dann schweigt auch das Kind über den nächtlichen Streit, der gar nicht zu überhören war. Blendet Mutter ihre Alkoholabhängigkeit aus, dann erwähnt auch der Jugendliche ihr Trinken nicht. Das Tabu – der Alkoholismus in der eigenen Familie – wird umschrieben, umgangen, nicht ausgedrückt. Dadurch wird verhindert, dass … ja, was eigentlich passiert? Wird verhindert, dass eine Tatsache ausgesprochen wird, die, einmal artikuliert, nicht mehr zu verschweigen wäre, die dann erst zur Tatsache – real – würde? Die Regeln, nach denen man ‹angemessen› mit dem Tabu umgehen soll, lernt ein Kind, indem es die Eltern nachahmt, indem es vorsichtig ausprobiert, wann ein Verhalten sich sicher anfühlt. Darüber reden bringt unkontrollierbaren Ärger und vehemente Ablehnung mit sich. Während Schweigen einem wenigstens diesen Ärger erspart.

Allein gelassen mit seinen Gedanken, schweigt ein Kind auch sich selbst gegenüber. In den Tagebüchern von Jugendlichen, die mit einem alkoholabhängigen Elternteil aufgewachsen sind, fand ich selten Bemerkungen über die trinkende Person. Der abhängige Vater, die süchtige Mutter werden ausgeklammert und nicht erwähnt. Viele Kinder flüchten vor dem Problem zu Hause, indem sie ihren Phantasien nachhängen, sie malen sich ihre Tagträume aus oder verbringen Stunden vor dem Computer, lesen in jeder freien Minute und beschäftigen so ihre Gedanken mit etwas ganz anderem. Sie sehen viel fern, spielen in virtuellen Welten oder holen sich draußen einen Kitzel, der sie genügend von zu Hause ablenkt.

- «Ich hab geträumt und so gedacht, der Wind und die Vögel, das sind meine Freunde. Ich hab als Kind einfach so rumgesponnen und mich dabei dann wohlgefühlt. Fernsehen, das war das andere Ding. Ich hab die ganze Zeit vor der Glotze gehangen. Bescheuert» (Carla, 32 Jahre).

- «Was ich immer gemacht habe und was ich heute noch mache, ich schreibe viel. Als Kind hab ich die Flucht in die Phantasie angetreten. Ich hab als Achtjährige kleine Romane geschrieben. Über Alkohol habe ich nur einmal als Jugendliche ein Gedicht gemacht. Sonst hab ich darüber nichts geschrieben» (Gudula, 32 Jahre).

Es ist für Kinder aus Suchtfamilien notwendig, sich in eine eigene kleine Welt, eine Nische, zurückzuziehen, um das bedrückende Zuhause überhaupt aushalten zu können. Am liebsten möchten sie alles, was mit dem Trinkenden zu tun hat, vergessen.

- «Manchmal wünsche ich mir, dass ich meinen Vater einfach vergesse. Wenn das so einfach gehen würde. Aber das Schlimme ist ja, wenn zu Hause was los ist, dann kommen die (jüngeren, U. L.) Geschwister zu mir. Ich kann da nicht weg» (Marianne, 17 Jahre).

- «Vielleicht kann ich mich später gar nicht mehr daran erinnern, dass mein Vater getrunken hat. So in 10 Jahren, vielleicht auch schon, wenn ich 15 bin» (Stefan, 11 Jahre).

Stefans Hoffnungen sind nicht so unberechtigt. Viele Erwachsene Kinder haben für sie wesentliche Erfahrungen und schlimme Alltagssituationen, schwere Misshandlungen und scheußlichen Missbrauch, die sie erdulden mussten, ‹vergessen›. Tatsachen, die ihr Leben stark geprägt haben, tauchen in ihrem alltäglichen Denken einfach nicht mehr auf. Wie kommt dieser Prozess in Gang?

Kinder aus einer Suchtfamilie haben Eltern, die zwanghaft in ihren Rollen bleiben. Dadurch werden sie zu unfähigen, hilflosen oder auch gewalttätigen Eltern. Sie sind auf keinen Fall ‹gesunde› Eltern. Aber ein Kind hat nur diesen einen Vater, nur diese Mutter. Will es nicht jede Hoffnung auf Fürsorge aufgeben, will es daran glauben, dass seine Eltern es lieben – und um leben zu können, muss ein Kind daran glauben –, dann muss es vergessen, wie oft es vernachlässigt, übersehen und nur ausgenutzt wurde. Dazu kommen viele Situationen, in denen ein Kind sich gedemütigt und schuldig fühlt, indem es Angst, Scham und hilflose Wut erlebt. Wenn ein Kind daran nicht mehr denken muss, erscheint es ihm, als wäre es nicht passiert. Oberflächlich betrachtet, leidet es dann nicht mehr, da es sich nicht mehr erinnert.

Ein psychischer Mechanismus hilft dem Kind, gründlich vergessen zu können. Ohne dass es einem Kind bewusst wird, blendet es schmerzliche Erfahrungen aus. Es *verdrängt* ein schlimmes Erlebnis zum Teil oder ‹vergisst› es ganz. Parallel dazu verdrängt es auch die begleitenden Gefühle. Ein Kind versucht die Wirklichkeit so zu verändern, dass sie erträglich wird und nicht mehr bedrohlich ist.

Carla bemüht sich heute, die Vergangenheit so zu sehen, wie sie war. Sie stieß auf diese verbogene Erinnerung:

- «Ich war nicht sauer auf den Alkohol, den mein Vater trank. Ich fand die Anisschnäpse nur so furchtbar. Mit Wasser sind die ja ein milchiges Getränk, sie sehen dann aus wie Milch. Wo ich meinen Vater gehasst hab, abgrundtief gehasst hab, das war in dem Moment, wenn er Milch getrunken hat. Es waren dieses Verhalten und die Ablenkung halt. Ich hab nur dieses Milchtrinken gesehen und nicht mehr den Alkohol, den er dazuschüttete, *um das nicht zu sehen, was wirklich der Punkt war*, worum das Ganze ging. Ich bin auf die Milch fixiert gewesen. Dabei hab ich genau Bescheid gewusst. Ich hab's irgendwo im Hinterkopf gewusst. Einmal hat er mich über Nacht im Internat besucht. Morgens hat er drei Gläser von diesem fürchterlichen Cognaczeug gebraucht. Ich hab das wohl gesehen, aber ich hab's nicht in mein Gefühl reingenommen, wo ich eine Antwort drauf geben muss. Sondern – bloß weg damit!» (Carla, 32 Jahre)

Etwas in Carla weigerte sich, das, was sie bei ihrem Vater sah, in seiner Realität wahrzunehmen. Ihre Gefühle ließen sich aber nicht vollständig verdrängen. Der Hass blieb, die Verbindung zwischen Erlebnis und Gefühl aber ging verloren. Dieser Verdrängungsvorgang läuft, wie gesagt, unbewusst ab. Niemand kann absichtlich verdrängen. ‹Es› passiert. ‹Es› geschieht, wenn Informationen eigentlich nicht zusammenpassen wie bei Carla. ‹Es› passiert, wenn ein Kind immer wieder z.B. Angst und Panik fühlt, weil es immer wieder Gewalt zu Hause erleben muss. Diesen Dauerstress, diese wiederholte Angst, kann ein Kind nicht ertragen. Da die Angst aber täglich neu erlebt wird, rettet es sich, indem es die Erinnerung an die vielen Tage voll Angst ‹verliert›. Dieses Kind braucht dann ‹nur noch› die Angst auszuhalten, die es heute spürt. Damit reißt die Verbindung zu den Gefühlen in der Vergangenheit ab; um diesen Preis ist die Angst heute noch zu ertragen.

Diese Verdrängung wirkt darin mit, die erlebte Wirklichkeit im Nachhinein zu verändern. So nehmen glückliche Erlebnisse mit dem trinkenden Elternteil häufig einen größeren Raum in Erinnerungen ein, als ihnen zeitlich zukommt. Ereignisse werden schön ausgeschmückt und mit neuen Fakten ergänzt, bis das Kind selbst nicht mehr weiß, was nun wahr ist und was nicht.

Schweigen, Vergessen, Verdrängen – das sind Prozesse, die in jeder Alkoholikerfamilie ablaufen, jedes Familienmitglied hält sich an die ungeschriebene Regel: Sprich nicht drüber! Zu diesem passiven Schutz kommt noch ein aktiver hinzu: Alle Familienmitglieder verleugnen die Sucht des Vaters oder der Mutter aktiv. Sie lügen am Telefon wie Felix:

- «Also was man anderen Leuten gegenüber alles macht! Jemand fragt am Telefon nach meiner Mutter. Sie ist nicht da, sag ich. Früher war das mit einem ungeheuren Schamgefühl verbunden. Im Prinzip war es eine Verleugnung» (Felix, 27 Jahre).

Sie glauben richtig zu handeln, wenn sie Vaters Arbeitskollegen erzählen, er habe eine Grippe, wenn sie die leeren Flaschen verschwinden lassen, damit die Mutter nicht wieder mit dem Vater schimpft. Scham, dieses mächtige Gefühl der Kinderzeit, dirigiert das Verhalten von Kindern, Jugendlichen und Erwachsenen Kindern aus Suchtfamilien. Sie verhindern aktiv, dass andere erfahren könnten, was ihnen zu Beginn ihres Jugendalters[13] bewusst wurde: Vater oder Mutter hat Probleme mit dem Alkohol. Doch genau so, wie der Alkoholkranke versucht, seine Sucht vor anderen und über lange Zeit vor sich selbst zu verleugnen, vertuschen die Kinder die Sucht des Elternteils nach außen und vor sich selbst. Auch in der Schule reden

Kinder und Jugendliche sich eher raus, als dass sie den wahren Grund für ihr Zuspätkommen angeben. Keiner sagt: ‹Mein Vater kam nachts nach Hause, hat uns alle durch seinen Lärm geweckt. Anschließend stritten Vater und Mutter. Ich konnte lange Zeit nicht wieder einschlafen.› Kein Jugendlicher geht zum Schulpsychologen oder zu einer Beratungsstelle mit der Begründung, Mutters Trinken mache ihn ganz fertig. Auch als Erwachsener begründet man später seinen Therapiewunsch *nicht* mit dem Hinweis, ‹meine Mutter ist abhängig, ich brauche Hilfe›. Lehrer, Berater und Ärzte erfahren eher beiläufig etwas über die wahren Ursachen der Probleme Erwachsener Kinder oder Jugendlicher aus Alkoholikerfamilien. Diese Helfer sind eher auf ihren Spürsinn angewiesen, als dass sie direkte Informationen über den Alkoholismus in der Familie erwarten können. Auch der besten Freundin teilt sich ein Kind, ein Jugendlicher nicht mit. Man klammert dieses Alkoholgebiet aus, verbirgt es. Man lädt entweder niemanden ein oder geht gleich mit der Freundin ins eigene Zimmer und vermeidet den Kontakt mit dem alkoholabhängigen Elternteil, solange Besuch da ist.

Jan fasst seine Kindheitserfahrungen zusammen:

- «Das Schlimmste damals war, dass man das Gefühl hatte, man steht ganz allein da mit seinen Sorgen, und man muss die ganze Alkoholsache vertuschen. Für mich war das eine schlimme Zeit, wo andere mit Freundschaften anfangen, wo ich aber das Gefühl hatte, es kann niemand mit nach Hause kommen. Das fällt ja auf, das merken andere ja.
  Es war nicht meine Aufgabe, mich seelisch und geistig zu entwickeln. Das Ding, das ich übernommen hatte, war: die Krankheit meiner Mutter zu verstecken, ja, darauf zu achten, dass niemand was merkt» (Jan, 23 Jahre).

In der Regel haben Kinder von Alkoholikern bis ins Erwachsenenalter weniger Freunde und Freundinnen als andere in ihrer Altersgruppe.

Die beste Freundin, der einzige Freund kommen überraschend häufig auch aus einem Alkoholikerhaus. In diesen Freundschaften wird kaum über den Alkoholismus der Eltern gesprochen. Man weiß Bescheid, das reicht.

Kinder glauben, die Trunksucht von Vater oder Mutter perfekt vertuschen zu können. Sie sind überzeugt davon, dass andere nichts mitbekommen, dass auch für die Erwachsenen die Sucht unsichtbar ist.

- «Mein Vater hat einmal fürchterlich auf meine Schwester eingeschlagen, als ich nach Hause kam. Als ich die Tür aufmachte, schrie meine Schwester ganz laut. Ich hab damals gedacht, die Leute hören das nicht, die merken das einfach nicht» (Martina, 25 Jahre).

Nele, die noch bei ihrer alkoholkranken Mutter lebt, hat dieses Verleugnen der Tatsachen vor sich selbst kurz und prägnant beschrieben:

- «Wenn meine Mutter betrunken ist, dann sehe ich nicht, was ich sehe. Scheuklappen aufsetzen» (Nele, 25 Jahre).

Kinder von Alkoholikern wollen nicht sehen, dass Mutter trinkt, sie vermeiden, darüber zu reden, und lügen lieber, als zuzugeben, dass Vater Alkoholiker ist. Gibt es eine Erklärung dafür?

Alkoholismus in der Familie verlangt ein bestimmtes Rollenverhalten, ein Skript, das dem Alkoholiker bzw. der Sucht dient und das für alle Familienmitglieder zwingende Vorgaben enthält. Die wichtigste Verhaltensvorschrift gilt für alle in der Familie: das Verleugnen des Alkoholismus und seiner Folgen. Da kann kein Kind ausscheren, es muss seinen Part übernehmen.

Kinder haben keine Wahl, sie müssen sich ihrer Familie anpassen, sie müssen in dem kranken Familiensystem leben. Daher müssen sie in gleicher Weise wie ihre Eltern handeln, die das Suchtproblem und alle damit zusammenhängenden Ereignisse verschweigen, verdrängen und verleugnen.

Dieses Verhalten isoliert sie, gerade auch in der Familie, jedes Kind steht ganz für sich allein. Kinder in Suchtfamilien können immer nur vermuten, ob das, was sie sehen, denken und fühlen, mit der Wirklichkeit übereinstimmt. Um die häufig widersprüchlichen Verhaltensweisen und Aussagen der Eltern einordnen zu können, sind sie ganz auf sich angewiesen. Ein Kind kann sich mit keinem in der Familie austauschen – versucht es das, erlebt es nur, dass seine Wahrnehmungen von denen der Erwachsenen abweichen. Es riskiert, als dumm, frech oder verrückt abgestempelt zu werden, wenn es sich auf seine Augen und Ohren verlässt und nachfragt, ob die Erwachsenen nicht dasselbe gehört und gesehen haben. Und ‹natürlich› holt es sich auch keinen Rat bei anderen Menschen außerhalb der Familie. Das Tabu wirkt.

Der Prozess, in dem ein Kind schweigen, verdrängen und leugnen lernt, braucht viele Schleifen, in denen sich das Verhalten wiederholt, bis man nur noch mit dem immer gleichen Muster auf Situationen reagiert, bis die ‹Gehirnwäsche› funktioniert. Kinder aus Suchtfamilien denken dann:

‹Andere Leute hören nichts, wenn ich's ihnen nicht sage. Andere Leute sehen nichts, wenn ich's ihnen nicht zeige. Auch ich sehe nichts mehr, weil ich nicht mehr sehen will, was da ist.›

Ein falscher Glaube an eine falsche Realität, wie bei des Kaisers neuen Kleidern! In dem Märchen waren nur die Erwachsenen blind, das Kind sah noch die nackte Wirklichkeit. In der Alkoholikerfamilie lernen die Kinder ihre Lektion schon früh und gründlich, leider so gründlich, dass sie das Verhaltensmuster *Nicht sehen, was da ist = Verleugnen der Realität* mit ins Erwachsenenleben hinübernehmen und auf andere Erfahrungsbereiche übertragen.

Die Schäden, die Kinder durch den inneren Zwang zur Geheimhaltung nehmen, werden erst später deutlich erlebt. Auch als Erwachsene haben Kinder von Alkoholikern Schwierigkeiten zu sehen, was da ist.

Im Folgenden berichten Erwachsene Kinder über ihre oft mangelnde Fähigkeit zu wissen, wann sie richtig handeln, ob reden über den Alkoholismus der Mutter nicht doch Verrat ist, ob sie es jemals schaffen werden, ehrlich mit sich selbst umzugehen.

- «Ich bin eigentlich sehr wahrheitsliebend, ich bemühe mich auch darum. Doch mir ist aufgefallen, dass ich oft bei Kleinigkeiten gelogen habe. Etwa so, ob ich auch den und den Film gesehen habe, da sag ich ja, obwohl das nicht stimmt und obwohl das doch völlig egal ist, ob ich den gesehen habe oder nicht. Ich möchte das ändern, aber es geschieht oft völlig von allein, es rutscht mir so raus.
  Meine größte Lüge vor mir selbst war, dass ich mir bis vor kurzem einfach nicht eingestanden habe, dass meine Mutter medikamentenabhängig war. Ich ging immer das Medikament besorgen, und ich musste mir immer die Kommentare von Arzt und Apothekerin anhören. Ich habe mich auch damals geschämt, es war sehr unangenehm. Aber obwohl ich wusste, dass da irgendwas nicht stimmte, hab ich's nicht in mein Bewusstsein kommen lassen. Erst als sie im Fernsehen den Namen des Medikaments nannten: Polamidon, da wusste ich's. Sie ist abhängig. Ich hab's eigentlich immer gewusst» (Gisela, 44 Jahre).

- «Als ich vor einem Jahr mit einem Mann zusammen war, hat es mich tierisch aufgeregt, dass er sich abends immer so viel Bier reingezogen hat. Dann hab ich schließlich erzählt, von wegen meiner Mutter, dass die eben Alkoholikerin wäre und ich deswegen nicht akzeptieren könnte, wenn er jeden Abend zwei Liter Bier trinkt. Im Sommer danach war unsere Beziehung zu Ende. Da dachte ich, oh, das war vielleicht nicht gut, dass du ihm das

erzählt hast. Da hast du einen Fehler gemacht. Und ich hab mir die Frage gestellt, hat er nun mich verletzt oder hab ich durch das Erzählen meine Mutter verletzt.
Das handelt ja zum Teil von mir, aber zum großen Teil auch von Mutter, sodass ich sie auf eine Art damit verraten habe. Habe ich überhaupt das Recht, irgendjemand zu sagen, was los ist mit ihr?» (Thea, 18 Jahre)

«Aber bei uns wurde sowieso viel gelogen. Bei uns war Wahrheit nicht unbedingt das, was gehört werden wollte.
Mit der Wahrheit so leichtfertig umgehen, das ist das Schlimmste bei der ganzen Sache. Weil das Kind lernt, keine Wahrheit zu kennen. Es gibt ja gar keine. Was ist wahr? – Das, was der andere hören möchte. Dann besteht ja noch die Schwierigkeit, was du im Augenblick als Wahrheit verkünden sollst. Die Wahrheit ist z. B. für deine Mutter bestimmt, die aber Vater nicht diese Wahrheit sagen wird.
Ich glaube, dass ich dieses Taktieren mit Wahrheiten als Verhaltensmuster gelernt habe und es auch heute noch anwende, wenn ich nicht aufpasse. Manchmal weiß ich gar nicht, was ist denn nun wahr. Die Leute unterscheiden ja zwischen Tricksen, Krücken und Notlügen. Selbst diese Abstufungen kann ich in meinem jetzigen Leben nicht mehr akzeptieren. Weil ich gesehen hab, wo's hinführt, wenn ich anfange, an dem vorbeizudenken, was wirklich ist, oder wenn ich für jemanden gezielt etwas sage. Du lavierst dich so da durch irgendwie.
Ich hab versucht, mich ständig anzupassen, abzuschotten, rauszuhalten, wenn's ging. Das ist auf die Dauer unbekömmlich. Ich hab ja heute noch Schwierigkeiten, von dem Muster runterzukommen. Ich muss gefallen. Das kann ich ja. Das hab ich ja gelernt, nur, was bringt mir das?» (Herma, 40 Jahre)
«Ich bin überzeugt, dass ich manches zurechtgebastelt habe, sodass es passt, etwa so: Es war doch früher zu Hause ganz nett!

Also schon von Kind auf bin ich ein großer Wahrheitsfanatiker. Nur, es hat eben ganz viele Situationen gegeben, wo Leute mir sagten: Du musst dir wenigstens klarmachen, dass dies deine subjektive Wahrheit ist und dass dies nicht für andere gilt.
Und ich muss eine ziemlich übersprühende Phantasie haben. Denn meine Mutter sagt, einer der größten Erziehungsakte mit mir wäre gewesen, mir deutlich zu machen, dass es Dinge gibt, die man träumt, Dinge, die man im Fernsehen sieht, und Dinge, die man erlebt. Und dass man selber das alles in sich hat, aber dass das verschiedene Wahrheiten sind. Wenn ich träume, Oma stehe neben meinem Bett, dann war sie nicht wirklich da, obwohl ich etwas mit ihr erlebt habe.
Es gab auch Zeiten, wo ich mich wie im schizophrenen Schub gefühlt habe. War es nun das Kino in der Nacht, oder war das nun wahr. Ich konnte es kaum auseinanderhalten. Von daher weiß ich eben nicht, wie das mit dem Lügen ist. Ich weiß, dass ich mir lange Zeit Situationen zurechtgebastelt hab. Das kann ich so überzeugend, auch für andere. Und lange Zeit habe ich darauf bestanden: Ich sage immer die Wahrheit, keine Lüge kommt über meine Lippen, aber gleichzeitig weiß ich, ich hab hier eine großartige Inszenierung laufen» (Birke, 35 Jahre).

Nicht vertrauen können

Wer mit dem inneren Zwang zur Geheimhaltung aufgewachsen ist, wer verleugnen muss, was er erlebt, wer als Kind allein über ‹richtig› oder ‹falsch› zu urteilen hat, der hat auch Schwierigkeiten, sich anderen anzuvertrauen. Doch in Alkoholikerfamilien wird über Jahre hinweg noch auf andere Arten das Vertrauen von Kindern zerstört. Am Ende dieser Lehrjahre wagen es Erwachsene Kinder oft überhaupt nicht mehr, jemandem zu vertrauen.

Es sind zunächst alltägliche Situationen, durch die ihr anfangs unbegrenztes Vertrauen in die Eltern erschüttert wird.

Unvorhersehbares Verhalten

Der Alltag von Kindern aus Suchtfamilien ist unberechenbar. Sie wissen nie, wann der Vater, die Mutter nüchtern sein werden, wann sie mit betrunkenen Eltern rechnen müssen. Sie können auch nur vermuten, wie sich die betrunkene Mutter verhalten wird. Der Alkoholpegel im Blut des trinkenden Elternteils bestimmt darüber, ob er sich aggressiv oder nach außen hin ‹normal› aufführt. Nicht Zuneigung, erwachsene Selbstdisziplin, Freude oder nachvollziehbarer Kummer bestimmen, wie Vater oder Mutter sich fühlt. Von der Menge des Suchtmittels hängt ab, welche Stimmung vorherrscht, wie der Vater sich verhält, wie und ob die Mutter auf einen eingehen wird.

Der heimliche, schnelle Schluck im Keller beim Wäscheaufhängen verändert Mutters Stimmung. Eben hat sie noch nervös herumgeschrien, nun ist sie plötzlich gutgelaunt und will mit den Kindern etwas Tolles spielen. In der einen Woche bekommt ein Junge selbstverständlich Taschengeld, in der nächsten wird er für seine Frage danach als undankbar beschimpft.

In Alkoholiker- wie in anderen Suchtfamilien wechseln die Erwachsenen so schnell und ohne erkennbare Begründung ihre Stimmung, dass es für ein Kind unbegreiflich ist. Es lernt, stets vor seinen eigenen Eltern auf der Hut zu sein.

Kleine Kinder können nur selten den Zusammenhang zwischen dem Trinken und dem plötzlichen Stimmungswechsel von Vater oder Mutter verstehen. Auch die Größeren bekommen häufig noch nicht bewusst mit, wie stark Mutter schon betrunken ist, oder sie wollen – wie vorhin beschrieben – die Alkoholsituation einfach nicht sehen. Sie müssen die Verhaltensweisen der Eltern als willkürlich und unvorhersehbar erleben. Kinder in Suchtfamilien müssen sich auf ihre Weise diesen Verhältnissen anpassen. Sie gehen dem betrunkenen Vater aus dem Weg und verhalten sich ‹unsichtbar›, sie streiten mit ihm oder helfen ihm mit immer neuem Verständnis. Sie füllen die Rolle aus, die das Suchtskript ihrer Familie vorschreibt. Dabei haben sie keine Wahl, die Eltern setzen, bedingt durch ihre Sucht, immer von neuem fest, wie die Kinder am problemlosesten die Spannung in der Familie zu entschärfen haben. Die Kinder entwickeln eine scharfe Beobachtungsgabe, reagieren schnell auf die ersten Anzeichen eines Verhaltenswechsels. Sie beobachten Vaters Gang, seine Gesichtsfarbe, Stimme und Mimik. An winzigen Kleinigkeiten können sie unterscheiden, ob der Vater Schnaps getrunken hat oder Bier. Das ist wichtig, da z. B. der Vater durch Schnaps aggressiv wird. Sie erleben keinen wechselseitigen Austausch, bei dem erzählt wird, wie es einem geht, bei dem man sich mitteilt, was man möchte, und wo man gemeinsam zu einem Ergebnis kommt. Kinder aus Suchtfamilien werden zu Reagierenden: Sie müssen auf Verhaltensweisen ihrer Eltern sofort anspringen.

Kinder beobachten auch den Elternteil, der nicht trinkt. Denn dieser zeigt ein ähnlich wechselhaftes Verhalten, ist in gleicher Weise auf das Alkoholismusskript fixiert wie der Alkoholiker.

Auch die Kinder, deren Eltern die Abhängigkeit nicht so deutlich zeigen, sind von der *«Familienkrankheit Sucht»* betroffen, z. B., wenn Vater oder Mutter chronisch krank ist und süchtig machende Medikamente einnimmt. Der Wechsel in Stimmung und Verhalten ist ähnlich abrupt, ist in gleicher Weise wie beim Alkoholiker von der Menge des Suchtmittels im Körper abhängig. Kinder aus diesen Familien haben es schwer, sich einzugestehen, wie sehr sie von den Folgen der Familienkrankheit Sucht betroffen sind, denn sie haben für ihre Eltern immer eine Ausrede: Sie sind ja krank, Mutter hat ohne das Medikament Schmerzen oder kann nachts nicht schlafen. Das ist in einigen Fällen sicher zutreffend, nichtsdestotrotz wirkt die Sucht in der gleichen Weise schädigend wie bei den Kindern von Alkoholikern. Das wechselhafte Verhalten ihrer Eltern ertragen Kinder eher, wenn Mutter, z. B. angetrunken, plötzlich aufdreht und besonders fröhlich wird. Sie haben ihre eigenen Methoden entwickelt, um der Situation zu entfliehen. Besonders problematisch wird es für sie, wenn andere Menschen hinzukommen.

Thea gehörte zu den wenigen Kindern, die, unterstützt von ihrem Vater, eine Freundin mit nach Hause brachte. Einfach war es für sie nicht:

- «Ich hab eine Freundin, es war in der 6. Klasse, die hat öfter hier geschlafen. Da war mir das immer äußerst peinlich, wenn meine Mutter sie so aufdringlich in den Arm nahm. Weil ich das einfach nicht normal fand, dass sie meine Freundin sogleich in den Arm nahm. Tätschel hier, tätschel da. Dann kam sie auch noch ständig rein: Ach, wollt ihr nicht noch was essen oder was trinken? Mir war das einfach unheimlich peinlich» (Thea, 18 Jahre).

Wenn die Mutter aus der Rolle fällt, dann schämen sich Kinder. Wenn man jederzeit damit rechnen muss, dass sie sich betrinkt, dass sie sich verrückt benimmt, dann möchte man wenigstens zu Hause bleiben dürfen und z. B. jedes Familienfest vermeiden, damit niemand sonst diese peinlichen Situationen miterlebt.

- «Vor allen Dingen auf so Feierlichkeiten, wo meine Mutter unterm Tisch lag oder herumäffte und total sich danebenbenahm. Dieses Schämen war für mich das Schlimmste im Nachhinein. Sie hat fremde Leute auf der Straße angesprochen und so rumgelallt. Sonst ist sie ein zurückgezogener und auch unsicherer Mensch. Die würd also nie im nüchternen Kopf jemand ansprechen. Ach, ich fand das furchtbar» (Karin, 29 Jahre).

- «Ich war immer froh, wenn mein Vater zu Veranstaltungen in der Schule fuhr und wenn meine Mutter nicht mitkam.
  Wenn sie sich auf einer Feier merkwürdig verhielt, war für mich klar, sie ist dann sternhagelvoll. Dann hab ich mich schon sehr geschämt. Ich bin sehr ungern zu Festen mitgefahren. Aber als Kind hast du ja keine Möglichkeit, da rauszukommen. Du sitzt dann dabei und guckst dir das an. Ich hab oft gedacht, es wäre besser, wenn es nicht meine Mutter ist. Das Verhalten war oft schlimm, sie ist dann vor Verwandten auch explodiert. Das trifft dann die ganze Familie, nicht nur sie» (Barbara, 26 Jahre).

Kinder und Jugendliche hören oft andere sagen, ‹du kannst ja nichts dafür, dass dein Vater so trinkt› oder ‹es ist ja nicht deine Schuld, dass deine Mutter sich so danebenbenimmt›. Je öfter sie solche Sätze hören, umso deutlicher wird ihnen, dass das betrunkene Verhalten ihrer Eltern mit ihnen in Verbindung gebracht wird. Sie schämen sich für ihre Eltern.

Herma ist mit einem inzwischen trockenen Alkoholiker verheiratet. Sie haben mehrere Kinder. Geschärft durch ihre Erfahrungen, beurteilt sie die eigene Kindheit in einer Alkoholikerfamilie:

- «Wenn Leute sagen, ihre Kinder nehmen keinen Schaden durch diese Sucht, dann ist das nicht wahr. Weil das Kind sich ausrichtet in seinem Verhalten, ausrichten muss. Das ist lebensnotwendig. Auf einen schlechtgelaunten Vater kannst du dich einstellen, nicht so einfach, aber du lernst nach einer Weile, wie du mit ihm umzugehen hast, ohne zu viel anzuecken. Das ist weitgehend ‹berechenbar›. Das kannst du nicht bei einem Suchtkranken, weil der ja unberechenbar ist, mal ganz lieb. Du kannst mit ihm reden, plötzlich wird er wütend, hat am nächsten Tag alles vergessen. Diese Unberechenbarkeit ist für das Kind das Schlimmste. Alles ist unberechenbar, die Mutter auch in meinem Fall. Denn ihr Verhalten richtete sich ja nach dem Hauptproblem: meinem Vater. Und der sowieso. Ja, und dann guckst du dich um, und dann siehst du zu, dass du da durchkommst. Kinder, wie auch immer sie sich verhalten, sind ständig in Gefahr anzuecken. Wenn sie sich nun gar nicht verhalten, dann kann ja nichts passieren!
  Sie merken sicher, dass der Alkoholiker unheimlich stimmungsabhängig ist. Nur, es ist ja nicht kalkulierbar, nicht beeinflussbar. Und das bekommen Kinder auf jeden Fall nicht mit, wenigstens hab ich das als Kind nicht mitbekommen. Das hab ich nicht gewusst» (Herma, 40 Jahre).

Ein Kind kann nicht wissen, dass das wechselnde Verhalten des Vaters, das täglich mögliche Chaos zu Hause, die unberechenbaren Stimmungswechsel der Mutter auf die Krankheit Alkoholismus zurückzuführen sind. Es erlebt diesen Alltag bei seinen Eltern als ‹normal›. Ganz langsam, unmerklich und ohne dass es bewusst schmerzt, verliert ein Kind mehr und mehr das Vertrauen in beide Eltern.

Gewalt

Für eine große Anzahl von Kindern aus Alkoholikerfamilien gibt es noch weitere schwerwiegende Gründe, Vater und Mutter kaum noch zu vertrauen. Sie haben Eltern, die ihnen nur unzureichenden oder gar keinen Schutz bieten.

Unberechenbares Verhalten eines Betrunkenen und Gewalt scheinen zusammenzugehören. Leider stimmt es auch häufig. Aber nicht alle Alkoholiker werden wütend und gewalttätig, manche sind eher schwermütig, voll Selbstmitleid und ziehen sich zurück. Doch für viele Kinder ist Gewalt im Alkoholikerelternhaus eine ganz alltägliche Bedrohung ihres Lebens, auch wenn der Trinkende nie die Absicht hat, seine Kinder in Gefahr zu bringen.

Jemand, der suchtkrank ist, ist, angefüllt mit seinem Suchtmittel, eine andere Person als im nüchternen Zustand. Da sind zwei verschiedene Menschen in einem Körper. Der Alkoholiker ist suchtkrank, doch ein Kind kann seinen aggressiven Vater nicht als krank erkennen, es erlebt ihn hingegen als brutal und furchtbar angsteinflößend. Alles kann einen Betrunkenen reizen zuzuschlagen, da reichen schon Blicke, eine ablehnende Verhaltensweise oder Worte, wie bei Andreas:

▬ «Ich habe ihn eigentlich total verachtet. Das hat ihm schwer zugesetzt, so schwer, dass er mich dann auch eines Tages zusammengeschlagen hat, krankenhausreif. Gegen ihn hab ich heut noch keine Chance, wenn es zur Auseinandersetzung käme. Ich hätt mich nie getraut, gegen ihn anzugehen. Meine Mutter hat sich mal gegen ihn gewehrt, hat ihm eine runterhauen wollen, da hab ich ihr die Arme festgehalten» (Andreas, 27 Jahre).

Andreas hat deutlicher als seine Mutter erkannt, wie stark der Vater ist, wenn er getrunken hat. Andreas ist ein großer, schlanker Mann, der kraftvoll und wendig wirkt. Er beschreibt seinen Vater als für ihn auch heute noch unüberwindlich stark. Wenn man es mit einem aggressiven Betrunkenen zu tun hat, muss man dessen unberechenbares Verhalten stets einkalkulieren. Denn dieser findet immer einen Grund, sich im Recht zu fühlen, um Gewissenskonflikte, Schuldgefühle und Selbstzweifel mit seinen Fäusten zu zerschlagen. Schutz gibt es für ein Kind nicht, wenn es mit dem tobenden Vater in einer Wohnung bleiben muss.

Sandra und Marianne sind Geschwister, ihre beiden Eltern sind Alkoholiker. Die Mädchen berichten, wie schutzlos sie sich in ihrer Familie fühlen und wie massiv sie sich gegen die Angriffe ihres Vaters wehren müssen.

«Vater war leicht angetrunken, und ich ging in die Küche und sagte, ‹ich glaube, ich spinne›. Da kam er mir nach in die Küche und schrie, ‹was, ich bin ein Spinner›, und schleudert mich voll gegen den Schrank, und er haut mir oben auf den Kopf drauf, genau hier oben drauf.
Das hab ich mir natürlich nicht gefallen lassen, ich hab mit den Fäusten ihn immer voll gegen die Stirn gekloppt, ins Gesicht rein. Da hat er später einen riesenblauen Flecken gehabt und hat sich gewundert, woher er den hat.
Das Ganze hat Marianne mitgekriegt, da ist sie dazugekommen, hat ihn am Kragen gepackt und dann in die Ecke geschmissen, das ganze Hemd von ihm war aufgerissen.
Dann kam meine Mutter und sagte, ‹setz dich jetzt dahin auf dein Sofa. Vergreifst dich hier an Kindern, sag mal, schämst du dich nicht.› Dann hat er sich hingesetzt, und ich hab zu ihm gesagt, ‹weißt du was, hoffentlich kratzt du bald ab, so richtig schön langsam und grausam›.
Der guckt mich an, ‹meinst du das wirklich, hasst du mich wirklich›. Da hab ich gesagt, ‹klar hasse ich dich›. Da war er platt, da hat er nichts mehr gesagt, und ich bin weggegangen» (Sandra, 15 Jahre).

▬ «Ein paar Tage nach der letzten Klassenfahrt, da ist mein Vater sturzbesoffen gewesen, und es gab voll Terror bei uns. Er hat auch ein bisschen um sich geschlagen und so. Ja, und auf einmal ist er verschwunden. Zehn Minuten später kam er wieder, setzt sich ganz gemütlich hin, lacht sich eins ins Fäustchen.
Auf einmal kommt die Polizei: ‹Hier liegt eine Anzeige gegen Sie vor, Sie sind heroinsüchtig.› Da war ich erst mal voll fertig, geheult hab ich. Ich meine, mein eigener Vater zeigt mich an, das war natürlich hart.»
«Woher wusstest du, dass das dein Vater war, der dich angezeigt hat?»
«Weil er's mir gesagt hat. ‹Mädchen, ich hab dich angezeigt, ich will dich auch beschützen.›
Das ist eigenartig. Ich hab nie etwas genommen, wozu auch, da hab ich ja nichts von. Das stimmt doch. Dann bin ich natürlich durchgedreht, hab dem Alten was an den Kopf gehauen. Vollkommen daneben hing ich, echt. Ich war so fertig, so hat mich noch keiner gesehen. Da hab ich meine Ärmel hochgekrempelt und hab gesagt, ‹Gucken Sie mal hier, ich bin voll die Drogensüchtige›. Das sieht man doch, oder?!» (Marianne, 17 Jahre)

Marianne und Sandra kennen keinen Schutz *in* ihrer Familie vor ihrem Vater. Dass auch Mutter sie im Stich gelassen hat, mögen sie nicht sehen, die tut ihnen leid, um sie kümmern sich die beiden und hoffen, dass Mutter aufhört zu trinken.

Demütigende Schläge, Prügel, und Misshandlungen als alltägliche Qual hinnehmen zu müssen, ist die deutlichste Fratze, die die Gewalt in der Familie zeigt. Doch Gewalt, das sind nicht nur Schläge, die ein Kind äußerlich und innerlich verletzen. Die Gewalt im Alkoholikerhaushalt hat viele Gesichter: Die Wahrheit, die ein Kind sieht, nicht aussprechen zu dürfen, ist eine Form von Gewalt.

Lügen müssen und die Eltern verleugnen ist Gewalt.

Sich beschimpfen lassen von der betrunkenen Mutter, die man zu Bett bringen will, ist Gewalt.

Ein Kind so weit allein zu lassen, so hilflos und verzweifelt, dass es die Mutter, die es liebt, schlägt, ist Gewalt gegen das Kind.

Den Vater schlagen müssen, um sich zu wehren oder andere zu verteidigen, ist Gewalt gegen das Kind.

Alle diese Gewaltakte verletzen das Selbstwertgefühl eines jungen Menschen zutiefst. Schläge, die man erhält, machen zornig oder furchtsam, oder man fühlt sich gedemütigt. Wenn ein junger Mensch aus verzweifelter Hilflosigkeit auf Vater oder Mutter einschlagen muss, weil er oder sie sich nicht mehr anders zu verhalten weiß, verletzt sie das in gleicher Weise wie die Schläge, die sie selbst aushalten müssen.

- «Ich schäme mich noch dafür, dass ich mich schäme. Das erdrückt mich auch so. Ich werd dann auch so wütend auf meine Mutter. Ich werd total wütend auf sie. Also ich hab schon Sachen mit meiner Mutter gemacht, dafür schäme ich mich (lacht kurz auf, U. L.), dafür schäme ich mich auch. Denn ich hab meine Mutter schon geschlagen, ich war total ordinär zu ihr.
  Mutter hat mich auch mal geschlagen, da war ich schon Jugendliche, aber das spielt eigentlich keine Rolle, nur, ich hab mich damals wahnsinnig erschrocken. Sie hat nicht auf mich losgedroschen, das war eher, sie hat sich gewehrt.
  Ich glaube, ich wollte sie ins Bett bringen, die Treppe rauf, und ich hab sie die Treppe heraufgebracht, die Treppe raufgezerrt, so ganz brutal. Ich hab meine Mutter immer geschoben, wenn sie zu langsam war, eigentlich ohne Grund. Oder ich war halt total lieb zu ihr, ganz extrem» (Katherina, 21 Jahre).

Ein anderes Gesicht zeigt die Gewalt im Elternhaus, wenn die Eltern sich gegenseitig schlagen, wenn die Person, die nicht trinkt, sich wehrt. Kinder erleben dann tiefe, verunsichernde Angst, im Stich gelassen zu werden, und fürchten um ihr Leben.

- «Als ich noch kleiner war, ist mein Vater noch mitgegangen zu solchen Festen. Er hat dann sehr viel getrunken. Hinterher ist er Auto gefahren, während meine Mutter, meine Schwester und ich heulend im Auto saßen. Wir hatten Angst um unser Leben» (Martina, 25 Jahre).

- «Mein Vater verprügelte meine Mutter, wenn er sie in die Küche gelockt hatte. Er machte das immer, indem er den Küchenschrank leerfegte. Ich hörte immer nur das Zerdeppern von Geschirr und seine und Mutters Stimme. Wenn ich dazukam, schickte mich meine Mutter ins Bett zurück, wo ich nur hören konnte, was passierte. Ich hatte immer Angst» (Angelika, 36 Jahre).

Auch wenn ein Kind nicht aktiv bedroht wird, wenn es miterlebt/mithört, wie die Mutter geschlagen wird, dann erfährt es den Zusammenbruch der bisher sicher geglaubten Familie.

Erwachsene Kinder sprechen selten über Schläge und Misshandlungen, die sie erhielten und/oder beobachteten. Eltern haben auch oft so getan, als ob die Kinder oder der Partner die Schläge verdient hätten, als ob es sogar an dem Geschlagenen selbst gelegen hätte. ‹Reiz Papa doch nicht immer!› Durchaus wurden Gewaltakte als ganz normal dargestellt: ‹Meinst du, woanders wäre es besser!› Das Schweigegebot, das man so gründlich gelernt hat, gilt ganz besonders für die Gewalt, die ein Kind zu Hause sieht und erlebt.

Zudem hinterlässt eine Form passiver Gewalt seelische Narben, die später schwerer zu identifizieren sind: Kinder bekommen nicht die Fürsorge, Aufmerksamkeit und Liebe, die sie brauchen. Kinder werden in Suchtfamilien immer vernachlässigt. Wie beschrieben, kümmert sich der nicht trinkende Elternteil wesentlich intensiver um den Trinkenden als um die Kinder. Die Frau eines Alkoholikers sagte zu mir: «In den letzten beiden Jahren, bevor mein Mann trocken wurde, musste ich mich entscheiden zwischen meinem Sohn, der in der Pubertät war und sehr viel Aufmerksamkeit gebraucht hätte, und meinem Mann. Ich habe mich für meinen Mann entschieden. Ich konnte mich nicht um beide kümmern.»

Nicht aus bösem Willen bleibt für die Kinder nicht genug Kraft übrig. Der Alkoholismus überfordert jeden in der Familie, Kinder allerdings werden in ihren notwendigen Bedürfnissen auch dann missachtet, wenn Eltern sich nicht bewusst gegen die Kinder entscheiden, wenn sie die Tochter oder den Sohn abschirmen wollen. Solange Kinder mit dem Alkoholkranken, mit der Süchtigen zusammenleben, erleiden und erlernen sie alle Muster der Familienkrankheit Alkoholismus.

Zu Hause bei ihren Eltern sollte der Ort sein, an dem Kinder sich geborgen fühlen, Schutz und Verständnis für ihre Nöte finden. Für Kinder von Alkoholikern ist die Familie der Ort, an dem sie verletzt werden, für eine große Zahl von ihnen ist es der Ort, wo sie am wenigsten geschützt werden, wo sie Gewalt ausgesetzt sind, wo Willkür und Vernachlässigung ihren Alltag bestimmen. Wie kann unter solchen Umständen Vertrauen die Basis der Beziehungen zwischen Kindern und ihrem Vater, ihrer Mutter sein? Kinder reagieren auf mangelnde Fürsorge, fehlende Aufmerksamkeit und Liebe, auf die nächtlichen Störungen, auf ihre dauernde innere Alarmbereitschaft auch mit Stresskrankheiten. Magen- und Darmbeschwerden, Kopfschmerzen, Migräne, Asthma und psychisch bedingte Hautkrankheiten sind häufig bei Kindern von Alkoholikern anzutreffen. Auch als Erwachsene leiden sie noch unter diesen Krankheiten. Auch das zerstörte Vertrauen nehmen sie als Last mit in ihr erwachsenes Leben.

Sexuelle Gewalt gegen Kinder

Wenn jemand in der Familie einem Kind gegenüber ein einziges Mal gewalttätig wird und/oder ein Mädchen (seltener einen Jungen) sexuell missbraucht, so ist das Vertrauen des Kindes zerstört.

Sexuelle Gewalt kommt vor allem in Familien vor. Die Täter sind fast immer Männer und kommen aus dem engen und erweiterten Familienkreis. «Sexueller Missbrauch ist niemals eine zufällige Begebenheit, sondern immer geplant. Sexuelle Übergriffe auf Mädchen und manchmal Jungen passieren Männern nicht aus Versehen, durch Zufall oder unbemerkt, sondern sind Handlungen, die der Täter sich überlegt hat und bewusst ausführt.»[14]

Doch jeder hat schon einmal miterlebt, wie schnell Betrunkene anzüglich werden, eher Schamgrenzen überschreiten, dass sie zu sexuellen Übergriffen neigen. Daher sind Mädchen in Alkoholikerhäusern gefährdet, häufiger Opfer von sexuellem Missbrauch zu werden. In Alkoholikerfamilien gibt es Verhaltensmuster, die den Tätern ihren Missbrauch an Mädchen erleichtern: das Schweigetabu, das ‹So-tun-als-ob›, das Verleugnen von unangenehmen, schmerzlichen und ekelhaften Ereignissen und das Verdrängen der Tatsachen und Gefühle, an die man sich nicht erinnern will und die man vergessen muss, um mit den gleichen Personen weiterleben zu können.

Dazu kommt in vielen Familien eine Atmosphäre, die sexuellen Missbrauch möglich erscheinen lässt. Auf Mädchen wirkt schon diese Atmosphäre bedrohlich, sie fühlen sich in ihrer Privatsphäre verletzt. Sie werden berührt und betatscht, obwohl sie es nicht wollen, Mädchen und Jungen sehen oder hören betrunkenen Sex, sie bekommen die anzüglichen und dreckigen Witze in den Kneipen mit, sie erleben, dass sie auch hier wenig Schutz erfahren, dass sie vor jeder Person, die ‹lieb› zu ihnen ist, sich in Sicherheit bringen müssen.

«Ich denke mir, dass Franz (ein Freund des Vaters, der oft für Wochen bei der Familie in der viel zu engen Wohnung lebt und ziemlich dominant ist, U. L.), dass er meine kleine Schwester anpackt.»

«Wie kommst du auf die Idee?»

«Weil, mich versucht er auch öfters so an 'ne Beine und so zu betatschen. Dann geh ich immer weg und sag dann: ‹Hör mal auf, Junge, ja?›

Wenn ich das mal bei der Kleinen sehen würde, ich glaube, ich würde ihn rausschmeißen. Marianne und ich haben sie schon mal zusammen befragt, ‹hat dich der Franz betatscht›. Sie guckte uns nicht an, guckte nach unten und sagte dann, ‹nein, nein›, wurde ganz rot und war total eingeschüchtert» (Sandra, 15 Jahre).

Nicht die Mutter, sondern die Geschwister haben hier versucht, die kleine Schwester zu schützen. Doch da die beiden Schwestern nicht wissen, dass sich viele Mädchen für das, was mit ihnen passiert, selbst schuldig fühlen und meist noch gezwungen werden, nichts zu sagen, können sie ihrer kleinen Schwester nicht wirklich helfen. Die Kleine ist zu oft mit dem Freund des Vaters allein.

Marianne hat schon früh ihre Schwester Sandra vor Erlebnissen mit Sex unter Alkoholeinfluss schützen müssen:

▬ «Da haben immer Leute gepennt bei uns. Fremde und Freunde. Ich musste als kleines Mädchen immer durchs Wohnzimmer, wenn ich aufs Klo wollte. Dann war da ein Pärchen da gewesen, und ich musste als siebenjähriges Kind da vorbei. Das weiß ich noch wie heute, wie die da am Hacken sind. Das ist nicht schön, wenn die da am Saufen sind und dann so loshacken, wenn die sich was erzählen, wenn die dann Randale schlagen. Ich musste dann meine kleine Schwester schützen, als ich selbst noch ein Kind war» (Marianne, 17 Jahre).

Wenn ein Elternteil betrunken ist und der andere nichts anderes zu tun hat, als sich um die Süchtige/den Abhängigen zu kümmern, sie oder ihn zu kontrollieren und nach außen hin die Fassade zu bewahren, dann machen sich Eltern offensichtlich gar keine Gedanken, wem ihre Töchter ausgeliefert sind. Sie sind ja so beschäftigt!

- «Diese Cousins sind oft bei uns zu Hause gewesen für ein oder zwei Jahre. Einer von ihnen ist durchgedreht. Mit 13 Jahren hat er uns Mädchen bedroht, uns vergewaltigen zu wollen. Wir sind jeden Abend von Vater ins Zimmer eingesperrt worden, um uns vor diesem Cousin zu schützen!
  Dann haben die auch noch öfter so Übungen mit uns gemacht, der leckte sich die Lippen, und dann mussten wir ihn küssen. Da hab ich auch noch 'ne Meise Männern gegenüber mitgekriegt. Die Angelegenheit mit meinem Cousin hat ein Jahr gedauert! Das hätte auch schneller gehen können, darauf hat mich vor kurzem jemand gebracht. Aber mein Vater wollte wohl die Fassade wahren» (Gudula, 32 Jahre).

- «Meine Mutter fragte mich, ob meine Onkel, die eine Zeitlang bei uns wohnten, mich ‹anfassen› würden, oder ob die jungen Männer, die aus der Nachbarschaft öfter zu uns ins Haus kamen, um meine Onkel zu besuchen, was bei mir probieren würden. Ich hab ganz schnell gesagt, dass jemand aus der Nachbarschaft mal versucht hätte, mich anzufassen, aber dass ihre Brüder nie was gemacht hätten. Dabei hatten beide sich an mir vergangen, auf eine scheußliche Art, wo ich die ganze Zeit so tat, als merkte ich nichts. Ich war nämlich am Lesen, so ganz versunken. Dann, als er anfing, das war irgendwie so ungeheuerlich, dass ich einfach so tat, als merkte ich nichts, wobei ich hoffte, er würde dann aufhören. Das Schlimme war, nach ein paar Tagen kam sein Bruder und machte genau das Gleiche. Die müssen sich gegenseitig den Tipp gegeben haben.

Aber ich wusste, das durfte ich Mutter nicht sagen. Sie hatte sicher gemerkt, dass mit mir was los war, aber ich hatte ganz stark das Gefühl, die Wahrheit durfte ich nicht sagen. Die wollte sie auch nicht hören. Sie hatte genug andere Probleme mit Vater, mit sich selbst, sie war auch krank. Sie wollte mich schützen, aber wollte zugleich, dass es keinen Grund für diesen Schutz gab. Da hab ich sie geschützt.
Das alles hab ich lange vergessen gehabt, ich wusste dann auch nicht mal, wie alt ich damals war. Doch dann hab ich's rekonstruiert, sie waren 20 und 21 Jahre alt, keine halbwüchsigen Jungen, erwachsene Männer, die wussten, was sie taten. Ich war 11» (Angelika, 36 Jahre).

An wen hätte sich Angelika noch wenden können? Alle Erwachsenen in der Familie hatten sie entweder missbraucht, missachtet oder im Stich gelassen. Sie hatte niemanden, dem sie trauen konnte. Ein halbes Jahr nach unserem Gespräch kam ihr dies zum ersten Mal zu Bewusstsein. Sie besuchte eine Freundin, die wie sie aus einer Alkoholikerfamilie stammt. Die Gespräche mit ihr hatten Angelika erlaubt, ihre Situation als Kind zu sehen, wie sie wirklich war. «Ich hatte gar keinen Schutz, im Gegenteil, jeder benutzte mich. Ich möchte heute vertrauen können, aber es fällt mir so schwer, stattdessen habe ich meistens Angst. Ich habe Angst vor Freundinnen, dass sie mir wehtun, Angst davor, im Stich gelassen zu werden.»

Birke rief mich nach einem Besuch bei ihrer Schwester an. Sie war als Jugendliche von ihrem Stiefvater vergewaltigt worden. Bis zum letzten Wochenende hatten sie nie über die sexuelle Gewalt in ihrem ‹Zuhause› gesprochen. Jetzt erst konnte sie mir etwas darüber erzählen.

▬ «Mein Stiefvater, der mich vergewaltigt hat, kam immer wieder bei mir vorbei und baggerte mich emotional an. Er redete immer wieder über die Vergewaltigung und wie leid ihm das täte. Und ich bin in die Therapeutenrolle gerutscht und habe ihm gesagt, er sollte sich vergeben und dass ich ihm vergebe. Aber er fing immer wieder an, und ich hab immer wieder mit ihm geredet. Ich war damals auch an dem Punkt, wo ich mit Hass und Verachtung nicht mehr leben konnte» (Birke, 35 Jahre).

Inge erzählte von der Zeit in ihrem Leben, die sie anschließend nur mit Hilfe von Tabletten «vergessen» konnte und die sich in selbstzerstörerischen Beziehungen fortsetzte.

- «Seit ich 12 Jahre alt war, hat mein Vater mit mir geschlafen. Ich bekam immer Geld und Geschenke von ihm. Mit meiner Mutter hatte ich sowieso dauernd Krach. Irgendwie war ich auf einmal die bessere Frau, das hat er mir gesagt. Als er anfing, mich seinen Geschäftspartnern anzubieten, er war Ingenieur und wir hatten so ein Jagdhaus, wo das passierte, da hab ich's nicht mehr ausgehalten und meiner Mutter erzählt. Sie hat mir erst nichts geglaubt, dann hat sie mir aber doch geholfen, von zu Hause wegzukommen. Ich werd ihn nicht anzeigen, er ist alt, was soll's» (Inge, 32 Jahre).

Der sexuelle Missbrauch an Kindern potenziert die ohnehin existenten Folgen der Familienkrankheit Alkoholismus. Es wird wie immer voreinander geschwiegen, einige Opfer kümmern sich, wie Birke, eine Zeitlang emotional um die Täter. Ihre eigenen Schmerzen, Demütigungen und psychischen Verletzungen versuchten sie über viele Jahre beiseitezuschieben, vergeblich, wie man heute weiß.

Viele fragen sich, wieso ihre Mutter oder die Geschwister nichts bemerkten und warum sie nicht beschützt worden sind. Doch alle Familienmitglieder blenden für sie unfassbare Ereignisse und Situationen, die Scham auslösen, aus, sie deuten sie um, sie blockieren sich selbst in ihrer Wahrnehmung.

Diese Ignoranz, wenn ein Mann sich sexuell an einem Mädchen

vergeht, tritt umso häufiger auf, je unverschämter und direkter der Missbrauch vor anderen geschieht. Die anderen reagieren dann nach der fürchterlichen Devise, dass nicht sein kann, was nicht sein darf. Alkoholismus in der Familie und sexueller Missbrauch verstärken sich gegenseitig in ihren Auswirkungen. Frauen und einige Männer, die beides erleiden mussten, benötigen dringend therapeutische Hilfe, um diese massiven Verletzungen zu überwinden.

Traumatisierte Kinder, Jugendliche und Erwachsene

Trauma taucht immer häufiger als Begriff auf, wenn es um schlimme Erlebnisse geht. Die Forschung hat erst durch die Vietnam-Veteranen den Anschub bekommen. Zu viele Exsoldaten hatten sich umgebracht, weil sie ohne Hilfe mit den Verletzungen ihrer Seele nicht leben konnten. Traumata erleiden nicht nur Männer, die im Krieg waren. Die große Anzahl von Frauen und Männern, die Gewalt erlebt haben, so wie in den vorigen Kapiteln beschrieben, zeigen häufig die gleichen Symptome.

Dieses Buch beschreibt, wie sehr Kinder und Jugendliche in ihren Familien leiden. Obwohl diese Erlebnisse sehr schmerzlich, beängstigend und belastend sind und meist das ganze Leben prägen, werden sie nicht generell als Trauma bezeichnet. Ist das nun nur eine Wortklauberei? Oder welcher Grund liegt dahinter, dass genau festgelegt ist, wann das eine Erleben offiziell Trauma genannt wird, das andere als eine umgangssprachliche Art zu sagen, dass ein Ereignis jemanden sehr mitgenommen und verletzt hat.

«Wer Furchtbares durchlebt hat, leidet unter bestimmten vorhersehbaren psychischen Schäden. Das Spektrum traumatischer Störungen reicht von den Folgen eines einzigen, überwältigenden

Ereignisses bis zu den vielschichtigen Folgen lang anhaltenden und wiederholten Missbrauchs.»[15] Die betroffenen Menschen leiden und werden – wenn nicht erkannt wird, worum es sich handelt – gar nicht oder falsch behandelt oder gar abgewiesen. Wer an den Folgen eines Traumas leidet, braucht ganz spezielle Hilfe.

Nicht jedes tragische Ereignis wird zum Trauma. Dafür muss das Gehirn buchstäblich «in die Klemme kommen». Das passiert, wenn das Informationsverarbeitungssystem Gehirn – in der Wahrnehmung der Person das eigene Selbst – so überflutet wird, «dass die Person den Eindruck bekommt, als ‹ginge jetzt nichts mehr›, als sei ‹jetzt alles aus›, als täte sich ein Abgrund auf, in den man hineinstürzt; oder als müsse man sterben.»[16]

Machtlosigkeit und große Gefahr sind fast immer Bestandteil eines Traumas. «Ein Trauma ist ein Ereignis, bei dem Tod oder Verletzungen im Spiel sind oder zumindest die Gefahr eines Todesfalls oder von Verletzungen besteht. Diese Ereignisse müssen ungewöhnlich, also kein Bestandteil des normalen Lebens sein. Sie rufen einen Zustand extremen Entsetzens, Gefühle der Hilflosigkeit sowie der Furcht hervor, und sie sind von solcher Intensität und solchen Ausmaßen, dass kein Mensch mit ihnen fertigwerden würde.»[17]

Beispiele dafür finden sich auch in den Berichten der Kinder hier im Buch. Viele der Erwachsenen Kinder waren Zeugen von Gewalt. Sie haben miterleben müssen, wie andere massiv geschlagen und bedroht wurden. Je kleiner das Kind war, um so weniger konnte es einschätzen, ob eine reale Lebensgefahr für sich oder die anderen bestand oder nicht. In den Szenarien der häuslichen Gewalt erlebt das Kind die Bedrohung als Lebensbedrohung und hat Todesangst um sich selbst und/oder einem anderen Familienmitglied.

Wenn ein kleines Kind wiederholt für viele Stunden allein gelassen wird, kann es mit Entsetzen, Panik, sogar Todesangst reagieren, obwohl aus Sicht eines Erwachsenen gar keine Gefahr für das Leben des Kindes bestand. Aber das Kind weiß das nicht, und sein emotionales Gehirn reagiert so, als wäre das Leben in Gefahr. «Nicht zuletzt ist es deshalb so wichtig, dass Traumasymptome in jedem Fall ernst genommen werden, auch wenn andere Menschen die Situation, durch die sie entstanden sind, völlig anders sehen als die Opfer selbst.»[18]

Sexueller und wiederholter emotionaler Missbrauch, körperliche Misshandlungen einschließlich schwerwiegender Verlassenheitserlebnisse, das Miterleben von Gewalttätigkeiten sind nur einige Beispiele für mögliche Traumatisierungen, die auch auf Menschen zutreffen können, die von der Familienkrankheit Sucht betroffen sind. Die Folgen eines Traumas können sich in der Posttraumatischen Belastungsstörung (PTSD= **P**ost **T**raumatic **S**tress **D**isorder) ausdrücken. Allerdings entwickelt nicht jeder, der ein Trauma erlitten hat, eine PTSD.

PTSD kann auch später ausbrechen, nach einem Jahr oder nach 20 oder 40 Jahren. «Beispielsweise kann PTSD bei zuvor völlig symptomfreien Sechzigjährigen, die als Kinder körperlich misshandelt oder sexuell missbraucht worden sind, auftreten.»[19] Dieses ist eine wichtige Aussage für Ältere, denen plötzlich das Gewohnte und Sichere wegrutschen, die keine Handhabe finden, um mit dem, was sie quält, irgendwie zurande zu kommen.

PTSD ist keine Geisteskrankheit, sondern eine normale Reaktion auf außerordentlich unnormale Ereignisse. Diese Reaktionen sind allerdings für die Betroffenen selbst sowie für die Familienmitglieder schwer aushaltbar. Denn Traumatisierte, die unter der PTSD leiden, leben mit Extremen: Sie haben Gedächtnisverluste und erinnern sich in Form von Flashbacks, oder sie erleben das Trauma wieder im Traum, wachen schweißgebadet auf und wissen oft nicht, warum; sie sind gereizt und dauernd in Aktion oder total blockiert; sie fühlen gar nichts oder werden von Gefühlen überflutet, gegen die sie sich nicht zu wehren wissen. Plötzlich fühlen sie sich wieder ohnmächtig ausgeliefert, dieses Mal sich selbst und dem, was in ihnen sie quält.[20] «Opfer eines lang andauernden, wiederholten Traumas zeigen häufig eine … komplexe Symptomatik. Wenn Menschen über lange Zeit missbraucht werden, verändert sich die Persönlichkeit in bestimmter Weise, dazu gehören Störungen des Beziehungslebens und der Identität.»[21]

Das Ausmaß der psychischen Schäden hängt von der Schwere des Traumas ab und nicht von individuellen Charaktermerkmalen.[22] Erwachsene Kinder, die durch diesen kurzen Überblick nun vermuten, dass sie an den Folgen eines Traumas leiden, haben heute gute Chancen, aus diesem Leiden herauszukommen. Sie werden ihren ganzen Mut und ihre Einsatzbereitschaft brauchen, aber sie können heute, anders als vor 20 Jahren, Hilfe bekommen. Hinweise dazu finden Sie im letzten Kapitel unter «Therapie» und im Anhang.

Verletzungen der Ich-Grenze

Schläge, Gewaltakte und sexueller Missbrauch greifen tief und zerstörerisch in die Psyche eines Mädchens, eines Jungen ein. Es ist aber nicht erst der körperliche Schmerz, die physische Ablehnung, die signalisieren, dass das Kind als Person vollständig missachtet wird. Zeigt z. B. ein Vater seine Tochter anderen Männern als Sex-Objekt, ‹Willst du sie mal ausprobieren?›, dann wird das Mädchen, ohne angerührt worden zu sein, in seiner Persönlichkeit zutiefst verletzt. Der Täter missachtet das Recht eines Kindes auf den eigenen Körper, auf ein Nein gegenüber den Wünschen anderer, auf Selbstbestimmung über sich und die eigenen Gefühle.

Diese Verletzung des Grenzpunktes, an dem die eine Person aufhört und die andere anfängt, zerstückelt die Fähigkeit eines Kindes oder Jugendlichen zu vertrauen. Sie hoffen auf Liebe und Zärtlichkeit und darauf, dass ihre Ich-Grenze respektiert wird. Bei Verletzungen dieser Ich-Grenze reagieren sie nach ‹bewährten› Mustern. Sie tun so, als wenn sie nichts bemerken, als wenn alles normal sei.

Sie fühlen sich mitschuldig an diesen scheußlichen Sachen. Sie verdrängen die Bilder, die sich im Grunde ganz klar und tief in ihnen eingeätzt haben. Auf der Hut sein reicht nun überhaupt nicht mehr aus, um sich zu schützen. Sie können nicht mehr vertrauen, da Vertrauen für sie eine unmögliche, ja lebensbedrohliche Einstellung bedeutet.

In Alkoholikerfamilien wird diese Grenzlinie immer wieder überschritten. Dies ist auch dann der Fall, wenn in einer Familie keine körperliche Gewalt und keinerlei sexuelle Übergriffe und Verletzungen vorkommen. Die Grenzen eines Kindes, eines Jugendlichen werden auch missachtet, wenn Eltern die Generationengrenze ignorieren und Kinder mit Beziehungsproblemen ihrer Eltern behelligt werden.

Yvonne beschreibt Erfahrungen, die sie mit ihrem Vater im Alter zwischen 10 und 13 Jahren gemacht hat, als ihre Mutter noch trank.

▬ «Ja, das war bei uns so, dass ich meinen Vater ganz anders erlebte und kennenlernte. Dass ich total erstaunt war, dass mein Vater so hilflos sein konnte und so wütend. Ich hatte immer das Gefühl, dass ich ihn trösten müsste, dass ich irgendwas für ihn regeln müsste. Was ich aber gar nicht konnte. Ich konnte auch nicht die Aufgaben meiner Mutter erfüllen in dem Sinne.

Was ich damals besonders schrecklich empfunden habe, war, dass er seine Hilflosigkeit auch so offen zeigte, denn er war für mich bis dahin immer so 'ne Art Übermensch, weil er alles regeln konnte, für alles eine Lösung hatte. Da hab ich meinen Vater so kennengelernt, wie er sich meiner Mutter wahrscheinlich als Partner präsentierte, also auch mit seinen Sorgen, seinen Problemen und so. Damit sah ich mich überfordert.

Wir haben auch miteinander geredet. Mein Vater hat mir seine Ekelgefühle mitgeteilt, da hat er nicht direkt drüber geredet, aber es gibt halt Untertöne in der Stimme, und Kinder sind sehr sensibel dafür. Ich merkte ganz genau, dass es meinem Vater unheimlich schlechtging, dass er unbedingt jemanden brauchte, mit dem er reden konnte» (Yvonne, 17 Jahre).

Yvonne wäre auch heute mit 17 Jahren noch zu jung für diese belastenden Gespräche, denn jedes Mal werden die Rollen zwischen Kind und Elternteil verwischt. Manche Jugendlichen mögen das als eine Aufwertung sehen, sie fühlen sich vielleicht ernst genommen, doch ihnen wird ein wichtiger Teil ihrer Unbeschwertheit genommen. Sie müssen als erwachsener Partner reagieren, aber sie sind nicht erwachsen. Sie müssen Verständnis für Probleme aufbringen, die Ekelgefühle in ihnen hervorrufen. Das Kind, den Jugendlichen als emotionalen Ersatz für den trinkenden Partner zu benutzen führt zu einer massiven Verletzung der Ich-Grenze, die mit jeder Wiederholung sich zu *emotionalem Missbrauch* am Kind und am Jugendlichen steigert.

Kann man das so hart sehen? Ist es denn nicht allgemein üblich, dass vor allem Mütter für ihre Töchter eine Freundin sein wollen, dass sie sich auch über ihre Probleme mit den Töchtern austauschen wollen? Ist das Verhältnis zwischen Mutter und Tochter dann nicht viel ausgewogener?

Die Antwort gibt am besten eine Tochter, die sehr froh darüber ist, dass ihre Mutter (wieder) mit ihr reden kann. Yvonne, die eben über ihre Gespräche mit dem Vater erzählt hat, spricht nun über den ‹Austausch› mit ihrer Mutter, die seit einigen Jahren trocken ist:

■ «Es ist erstaunlich, für meine Mutter eine angemessene gleichgestellte Gesprächspartnerin zu sein, dass sie mir echt von Problemen von sich erzählt. Sie erzählt mir also manchmal Sachen, die ich am liebsten gar nicht hören möchte. Aber ich schaffe es nicht, ihr das zu sagen. Es ist bei mir immer so, alle Freunde, die ich habe, kommen zu mir. Und ich höre ihnen gerne zu, weil die von meinem Alter sind, und es sind die gleichen Probleme, ich kann die verstehen, es ist irgendwie angemessen. Leute, die

gleichaltrig sind, erzählen sich gegenseitig ihre Probleme, das macht mir auch keine Schwierigkeiten.
Aber ich mag's einfach nicht, weil das auch für mich eine andere Welt ist (sie spricht erregt und heftig, U. L.), wenn meine Mutter mir von ihren Problemen erzählt, von ihren Problemen mit meinem Vater.
O.k., ich will mich da nicht ausklammern, wenn es irgendwas gibt, was mich auch angeht. Dann will ich auch gerne zuhören und bin bereit, mich damit auseinanderzusetzen. Aber ich bin echt nicht mehr bereit, mir Dinge anzuhören, die mich im Grunde genommen echt nichts angehen oder die für mich einfach zu viel sind» (Yvonne, 17 Jahre).

Eltern bekommen diese Grenzverletzung selten mit, sie wollen wohl auch nicht wahrhaben, wie sehr sie ihre Kinder bedrängen. Sie dringen unter dem Vorwand, partnerschaftlich zu sein und Hilfe oder Rat zu brauchen, in die Intimsphäre ihrer Kinder ein. Wie wenig ihnen bewusst ist, dass sie ihre halbwüchsigen Kinder psychisch stressen und verletzen, zeigt der Bericht einer Frau, die mit einem Alkoholiker verheiratet war.

— «Mit der großen Tochter kann ich reden. Sie war für ein Jahr als Austauschschülerin im Ausland gewesen. Als sie wiederkam, hatte ich gerade wieder angefangen zu arbeiten. Die Arbeit war sehr schwierig, jede Woche hatten wir Werkstattgespräche, nach denen ich immer Magenschmerzen bekam. Einmal hatte ich drei Tage Magenschmerzen, da wollte ich mit ihr sprechen.
Das bin ich so gewöhnt, das hab ich auch früher mit ihr gemacht. Sie hat sich sicherlich als Kind viel anhören müssen. Aber ich wusste nicht, auf wen ich zurückgreifen sollte, denn ich hatte niemanden. Ich war in meinem Leben nicht so allein wie in dieser Ehe. Als die Große also aus dem Ausland wiederkam, ist sie in Panik geraten und hat das Jugendamt angerufen

oder den Kinderschutzbund. Sie hat denen gesagt, was sie nun machen sollte, sie wär zurück und wär ein Jahr nicht mit solchen Problemen konfrontiert worden, und jetzt finge ich wieder an, mit ihr zu reden, wie mit 'ner Freundin wohl. So ähnlich muss sie was gesagt haben.

Dann hat der Kinderschutzbund sie wohl ans Jugendamt verwiesen, an eine Psychologin. Und dann hat meine Tochter mir eine Telefonnummer gegeben und gesagt: ‹So, wenn du jetzt wieder Probleme hast, dann kannst du da anrufen.›

Da hab ich gedacht, na Scheiße, das ist ja gut, wenn das der Exmann erfährt, dann hat er gleich wieder was in der Hand, um mich für unfähig zu erklären, dass ich die Kinder nicht erziehen kann.»

«Wie ist das heute mit der Großen?»

«Ja, die hat sich wieder daran gewöhnt, das ist es» (Julie, 52 Jahre).

Kinder wie Jugendliche haben das Recht, als Sohn, als Tochter behandelt zu werden. Eltern sollten ihnen zuhören, sie wirklich in ihren Bedürfnissen ernst nehmen und Zeit für sie haben. Minderjährige Töchter und Söhne sind auf keinen Fall Gesprächspartner für ihre Eltern, wenn es sich um deren Ehe-, Sex-, Finanz- oder Berufsprobleme handelt. Töchter und Söhne sollten, wie Julies Tochter, etwas dagegen unternehmen. Doch man sieht auch an deren Beispiel, dass sie den dauernden Anforderungen ihrer Mutter nicht standhalten konnte.

Julie selbst weiß, dass sie ihre Tochter überfordert, aber sie nimmt es nicht wirklich wahr, denn der Kampf mit ihrem Mann hält noch Jahre nach der Scheidung ihr Interesse stärker gefangen als die Gefühle ihrer Tochter.

Alkoholismus ist eine Familienkrankheit: Es geht hier nicht darum, Einzelne aus dem Familiensystem herauszupicken und für schuldig zu befinden. Es geht hier nur darum, endlich die Verletzungen, die Kinder und Jugendliche direkt durch ihre Eltern erfahren und die sie erleiden, weil sie im kranken System dieser Familie aufwachsen, zu beschreiben und ihnen einen Namen zu geben.

Immer wieder enttäuschte Hoffnungen

Kinder von Alkoholikern flüchten sich oft in Tagträume, sehnen sich nach einer anderen Familie, träumen von einem Leben im Internat oder weit weg im Ausland. Wenn sie die alkoholabhängige Mutter, den süchtigen Vater lieben, hoffen sie inständig, dass die geliebte Person endlich aufhört zu trinken. Viel Unvorhersehbares passiert in ihrer Familie, da könnte doch auch plötzlich mit dem Trinken Schluss sein. Hin und wieder hört der Vater oder die Mutter auch für eine Zeit mit dem Trinken auf. Für einige Wochen wächst bei den Kindern die Hoffnung, dass jetzt diese schlimme Alkoholzeit vorbei ist. Selbst die Kinder, die nach außen nicht zugeben mögen, wie sehr sie sich wünschen, dass Vater trocken bleibt, beobachten ihn, schnuppern, wenn er heimkommt, ob er nach Alkohol riecht.

Obwohl Kinder und Jugendliche in immer neuen Variationen erfahren, wie Vater oder Mutter rückfällig wird, keimt jedes Mal neue Hoffnung auf, wenn einige Tage oder sogar Wochen vorbeigehen, in denen Alkohol keine Rolle zu spielen scheint.

Kinder und Jugendliche können nicht wissen, dass Sucht nicht einfach mit Willensstärke zu bekämpfen ist. Sie sehen ja, dass der abhängige Elternteil eine Zeit lang auch ohne Alkohol leben kann. Niemand hat ihnen erklärt, dass ein Alkoholiker, eine Süchtige an dem Punkt angekommen sein müssen, wo er oder sie aufhört, die Sucht unter Kontrolle bringen zu wollen. Die süchtige Person muss an ihrem persönlichen Tiefpunkt angelangt sein, da, wo sie zugibt, dass sie am Ende ist und eine einzige Erkenntnis nur noch zählt: Das Trinken zerstört mich völlig.

Alles andere bleibt dahinter zurück, auch die Familie, die Kinder oder die eigenen Eltern. Nichts darf die süchtige Person interessieren, außer sich selbst zu retten. Dies nennen die Alkoholiker *Kapitulation*. Alkoholiker brauchen die Erfahrungen und das Vertrauen der trockenen Alkoholiker. Nur die Menschen, die heute trocken leben, können nachempfinden, wie schwer es ist, trocken zu bleiben, sie kennen auch die Gefahr, rückfällig zu werden.

Woher sollen Kinder und Jugendliche dies wissen? Sie glauben an die Kraft ihrer Zuneigung. Sie wünschen, dass der Vater ihnen zuliebe in einen Entzug geht.

Alkoholiker/innen, die von ihren Angehörigen in einen Entzug geschickt werden oder die es ihnen zuliebe mit einer Trinkpause versuchen, werden häufig wieder rückfällig. Alkoholiker und Alkoholikerinnen werden erst trocken, wenn sie es selber wollen, wenn sie sich selbst am Ende fühlen.

Kinder hoffen einfach weiter, auch die Jugendlichen hoffen auf eine positive Veränderung. Das schlimme Wechselbad der Gefühle beschreiben Thea und Felix in ihren kurzen Berichten:

- «In den Sommerferien war es so: Da hatte meine Ma so zwei Wochen eine ganz gute Phase. Ich weiß nicht, ob sie nun gar nichts getrunken hat oder den Alkohol nur stark reduzierte. Wir sind unheimlich gut miteinander ausgekommen. Wir haben gelacht und genäht zusammen. Wir hatten so richtig Spaß. Wir waren zusammen Eis essen. Das sind so Sachen, die wir sonst nicht zusammen machen. Also wirklich, es war ganz toll. Ich hab das richtig genossen. Ich hab mich gefreut, morgens meine Mutter zu sehen.

  Mit meinem Vater ist es ja ganz schön und nett, irgendwie etwas Normales. Aber jedes Mal, wenn meine Mutter eine gute Phase

hat, dann ist es für mich ... ach, es ist umwerfend. Es ist eben so selten, dass ich dann total ausraste.»
«Traust du diesem schönen Zustand?»
«Das hört sich jetzt blöd an. Also, ich versuche das immer so zu sehen: Na ja, heute ist es noch schön, wer weiß, wie's morgen wieder ist.
Meine Ma hatte echt so viele Rückfälle, immer wieder. Sie war auch ein halbes Jahr zur Kur, da hatte ich echt Hoffnung reingesetzt. Ich dachte, so, jetzt ist es endgültig vorbei, jetzt hat sie es geschafft. Während der Sommerferien ging es noch gut, nachher fing sie wieder an. Ich glaube, ich bin da echt jetzt etwas abgehärtet gegen diese Rückfälle, sodass es mir nichts mehr ausmacht» (Thea, 18 Jahre).

- «Ich hatte eine ungeheure Hoffnung, als meine Mutter zum Entgiften ins Krankenhaus ging. Sie sagte, sie will aufhören. Mich hat das auch sehr viel Kraft gekostet, überhaupt nochmal zu hoffen. Ich weiß gar nicht, ob ich diese Hoffnung heute noch will.»
«Hat sich bei dir Misstrauen statt Hoffnung entwickelt?»
«Ja, mit Sicherheit. Auf einer so ganz allgemeinen Ebene komme ich mit vielen Leuten klar, es gibt nur wenige Menschen, zu denen ich dann wirklich Vertrauen fasse» (Felix, 27 Jahre).

Töchter und Söhne von Alkoholikern schenken wohl den letzten Rest an Vertrauen, den sie über die Kinderjahre gerettet haben, dem Alkoholiker, wenn er versucht, mit dem Trinken aufzuhören. Da dies immer wieder vergeblich ist, wollen sie sich, wie Felix und Thea, vor jeder weiteren Hoffnung schützen. Sie resignieren, sie härten ab. Sie lernen, dass mit Vertrauen bei Süchtigen nichts zu holen ist. Sie lernen das mit Bitterkeit, ohne sehen zu können, dass Sucht und Vertrauen gar nicht zusammenpassen. Aber würden sie ihren Eltern vertrauen können, wenn sie über all die Fakten der Familienkrankheit Alkoholismus Bescheid wüssten? Ich glaube nicht. Dieses Wissen hilft wohl erst den Erwachsenen Kindern, die ohne ihre Eltern leben.

Vertrauen wollen und hoffen, dass das Leben sich verbessert, sind Grundgefühle, die eingelöst werden wollen, auch wenn sie noch so vergeblich erscheinen. Darum habe ich die Hoffnung, dass selbst bei Erwachsenen Kindern, deren Vertrauen über Jahre hinweg schändlich missbraucht und wiederholt verletzt worden ist, die Fähigkeit, Vertrauen wieder zu lernen, nicht verlorengegangen ist.

Das Gefühl von Verantwortung

Um überleben zu können, haben Kinder von Alkoholikern lernen müssen, nicht alles zu sagen, sich an vieles nicht zu erinnern, sich niemandem anzuvertrauen, sie haben erfahren, dass sie auf ihre Eltern besser mit erhöhter Wachsamkeit reagieren. Als Folge der bisher geschilderten Verletzungen entscheiden sich viele Kinder, aktiv zu werden. Sie wollen nicht länger bitten und weinen, nicht weiter warten, dass was passiert, sie wollen keine Angst mehr haben vor dem, was kommt.

Soweit sie es in ihrem Alter können, übernehmen besonders die Älteren und die Einzelkinder mehr Verantwortung zu Hause, als sie verkraften können. Um die oft chaotische Situation in der Familie eher durchstehen zu können und um ihr eigenes Leben etwas überschaubarer zu gestalten, nehmen sie selbst vieles in die Hand, was Aufgabe der Erwachsenen, ihrer Eltern, wäre.

Sie kümmern sich z.B. um ihre jüngeren Geschwister wie Marianne:

- «Im Sandkasten spielen konnte ich nicht, nicht so wie andere Kinder. Ich meine, ist ja auch kein Wunder. Von klein auf musste ich mich schon um Sandra kümmern. Ich musste immer selber alles tun, auch in der Schule und überall. Mir blieb ja nichts anderes übrig, was sollte ich machen» (Marianne, 17 Jahre).

Marianne hat häufig noch viel schwierigere Aufgaben in ihrer Familie übernommen. Sie fühlt sich für alle, auch für ihre Mutter, verantwortlich. Wenn Panik ausbricht, dann ist sie als Jugendliche diejenige, die weiß, was zu tun ist:

- «Meine jüngere Schwester hatte die Polizei angerufen, weil ich ihr das gesagt hatte. Mein Vater hat sich natürlich absolut unverstanden gefühlt. Er wäre so zu bemitleiden, was wir für böse Kinder wären, dass wir den eigenen Vater zu den Bullen schickten und so. Ich meine, das ging einfach nicht mehr anders. Wir haben das nicht mehr ausgehalten. Mutter hing total daneben, Sandra war am Heulen, Rosi war am Heulen und Mutter auch» (Marianne, 17 Jahre).

Wenn alle anderen hilflos sind, dann springt eines der Kinder in einer Alkoholikerfamilie für die Erwachsenen ein. Selbst etwas machen, selbst die Regie übernehmen, mindert die eigene Angst. Eine Angst, die immer wieder hochsteigt, wenn ein Kind erlebt, dass sich selten jemand um es kümmern kann oder will. Die Erwachsenen geben ihnen nicht den Schutz, die Fürsorge und die Sicherheit, die sie brauchen. Sie bleiben von diesen Erwachsenen abhängig, auch wenn sie sich nun aktiv bemühen, wenigstens einiges selbst in die Hand zu nehmen. Sie reduzieren die Unvorhersehbarkeit in ihrem Leben und fühlen sich so zumindest weniger ausgeliefert. Selbst zu handeln, statt zu vertrauen, gibt einem Kind oder Jugendlichen die Illusion, das Chaos in der Familie zu mildern. Sie erfüllen die Bedürfnisse der Erwachsenen, um deren unberechenbare Ausbrüche zu verhindern. All ihre Einfühlsamkeit setzen sie dabei ein. Tim erzählt, wie er sich um seinen betrunkenen Vater gekümmert hat.

- «Das Telefon klingelte, ich ging hin, die Freundin aus unserer Familie war dran und sagte: ‹Ich hab hier den Peter (Tims Vater, U. L.), der liegt hier in unserem Gästezimmer und ist unheimlich betrunken. Er hatte einen Unfall. Ich muss jetzt weg, arbeiten. Es wäre am besten, wenn jemand da wär, wenn er aufwacht.› Meine Mutter war nicht zu bewegen, dahin zu gehen, aus verständlichen Gründen. Dann bin ich zu meinem Vater gegangen. Solche Sachen hab ich immer gemacht.
  Nach dem letzten großen Krach, den meine Eltern hatten, ist mein Vater zum zweiten Mal ausgezogen beziehungsweise rausgeworfen worden, hat 'ne andere Wohnung gesucht und da vor sich hin gelebt. Ich hab ihn da besucht, ist ja nur drei Straßen weiter. Und ich hatte ihn gerne, den Kerl, einfach gern. Außerdem hatte ich immer den Eindruck, wenn ich ihn nicht besuche, dann glaubt er, dass ich infolge dieser Sachen ihn überhaupt nicht mehr leiden kann und dass er vielleicht traurig ist oder sonstwie» (Tim, 15 Jahre).

Tims Vater ist seit einem Jahr trocken und war auch zu einem Gespräch bereit.

- «Der Tim war noch klein, ich war ein halbes Jahr zu meiner ersten Kur (gemeint ist die Entziehungskur, U. L.), meine Frau musste arbeiten. Die haben dann bei meiner Schwester gewohnt, eine Zeit lang auch bei meinen Schwiegereltern. Dann haben die mich besucht, er hat den Papa wiedergesehen und sich wieder trennen müssen. Das war sicher ganz furchtbar schlimm für ihn. Auch so andere Sachen, Rückfallsachen, hat er erlebt.»
  «Das heißt doch eigentlich, Tim wusste nie, was passiert.»
  «Ja, auf der Hut sein müssen! Und zuletzt hat er auch noch für mich Verantwortung übernommen. Es war so an einem Endpunkt einer kleinen Rückfallserie, wo ich am Abend noch in Polizeigewahrsam gekommen bin, ist noch nicht so lange her. Da

war ich mit den Kindern im Freibad und hab dann nebenher gesoffen, bin eingeschlafen. Als die Kinder aus dem Wasser kamen, war ich plötzlich nicht mehr ansprechbar. Steffi hat sicher einen Schrecken gekriegt, aber ich glaube, für Tim war es schlimmer, der war von da ab verantwortlich, hat versucht, mich wach zu machen, er musste dafür sorgen, dass ich nach Hause kam» (Peter, Ende 30, Alkoholiker).

Tim hätte auch weinen oder Hilfe beim Bademeister holen, die Polizei oder einen Krankenwagen rufen können. Er hätte auch einfach gehen können, seinen Vater da liegen lassen, um sich um sich selbst und seine kleine Schwester zu kümmern. Das wäre äußerst ungewöhnlich für das Kind eines Alkoholikers. Es hat gelernt, mir hilft niemand, also helfe ich mir selbst. Irgendwie werde ich das schon schaffen.

Tim hat sich an diesem Tag für seinen Vater verantwortlich gefühlt und sich um «den Endpunkt einer kleinen Rückfallserie», wie sein Vater das nennt, gekümmert. Der Grund dafür, dass ein Kind sich so überfordert, liegt in seiner Angst vor dem Unberechenbaren, das da noch passieren könnte. Viele Kinder lieben wie Tim ihren alkoholabhängigen Elternteil und wollen diese Person auch vor sich selbst schützen. Barbaras Mutter ist Alkoholikerin. Als Jugendliche hatte sie Gelegenheit, mit einer Gruppe von zu Hause wegzukommen. Man sollte meinen, dass sie diese Zeit genossen hätte:

- «Nun, immer wenn ich mit der Jugendgruppe unterwegs war, da hab ich gedacht, so nach zwei Wochen: Zu Hause geht jetzt alles drunter und drüber. Da ist dann keiner mehr, der deine Mutter dann wenigstens so beschützt, so darauf achtet, dass dann wenigstens noch die Küche in Ordnung ist, das Badezimmer geputzt ist und dass da nichts mehr herumliegt. Ich hab immer gedacht, du kannst gar nicht wegfahren, wenn ich da so in einer Gruppe saß. Ich hab dann versucht, die Sache mit mir selbst auszuhandeln. Ich war einerseits immer froh, wenn der Urlaub zu Ende war, obwohl ich wusste, zu Hause wartete eine unmögliche Situation» (Barbara, 26 Jahre).

Auch Katherinas Mutter ist Alkoholikerin, ihre Mutter hat sie immer wieder als emotionalen Ersatzpartner missbraucht.

▬ «Also, ich habe ziemlich viel mit meiner Mutter geredet über meinen Vater, und sie hat mir ganz viel erzählt, jeden Abend habe ich mich mit ihr unterhalten über ihre Probleme, ich hab geredet und geredet. Jetzt denke ich, ich hab halt alles gegeben. Ja, ich bin hinterher zu dem Schluss gekommen, dass ich gar nichts machen kann. Also, ich hab das gespürt, dass ich nichts mehr machen kann, ja, und dann fing das an. Ich hab gemerkt, dass ich nichts machen konnte, und ich hatte aber immer wieder den Drang, also, ich musste immer da sein – trotzdem –, obwohl ich wusste, dass ich gar nichts machen konnte» (Katherina, 21 Jahre).

Obwohl Katherina erkannte, dass ihre Mutter gar nichts änderte, und obwohl sie ahnte, dass sie sich überforderte, ging sie immer wieder zu ihrer Mutter in die Küche, hörte ihr zu, redete mit ihr. Sie vertauschte damit die Rollen zwischen der Erwachsenen und der Jugendlichen. Die Fürsorge, die sie nicht erhielt, gab sie ihrer Mutter.

So wie Katherina handeln viele Töchter und Söhne von Alkoholikern. Für sie ist es eines ihrer notwendigen Überlebensmuster. Wenn man handelt, wenn man aktiv und in Bewegung ist, dann hat Angst keinen Platz. Sie kann sich dann nicht ausbreiten, man hat gar keine Zeit, Angst zu bekommen. Denn diese Aktionen im Alkoholikerhaus kosten viel Kraft und Aufmerksamkeit.

Schon im Jugendalter, manchmal sogar schon früher, müssen sie sich wie Erwachsene verhalten. Auch wenn sie froh sind, handeln zu können, so überfordern sie sich ständig.

Gisela war erst 16 Jahre alt, als sie ohne Unterstützung durch Erwachsene, gegen den Willen des Hausarztes, versuchte, ihrer Mutter das Leben zu retten.

- «Meine Mutter musste nachts ins Krankenhaus. Ich musste dafür sorgen, denn mein Vater war betrunken, ich hätte sowieso nicht auf ihn rechnen können. Kein Krankenhaus wollte meine Mutter aufnehmen, da unser Wald- und Wiesendoktor ihr keine Überweisung ausstellen wollte. Ich wusste aber, wenn Mutter sagte, sie hat einen Darmverschluss, dann hat sie einen. Ich hab dann bei dem Krankenhaus nochmal angerufen, in dem sie das letzte Mal operiert worden war, und gesagt, ‹ich komme jetzt und wenn Sie meine Mutter nicht aufnehmen, verklage ich Sie wegen unterlassener Hilfeleistung›. Ich war damals 16, aber das wusste der ja nicht. Als der mich hinterher sah, hätte er mich am liebsten erwürgt, glaube ich. Mutter diktierte mir im Krankenwagen und in der Ambulanz ihr Testament. Da kam immer wieder ein Schwall Galle heraus, der Arzt untersuchte sie, und die Schwestern bereiteten sie dann für die Operation vor. Obwohl es ihr so schlecht ging, diktierte sie mir immer weiter. Ich hab auch noch den Pater rufen lassen, damit er für die Gültigkeit des Testamentes bürgen konnte. Ich hab meine Mutter bewundert, dass die das alles noch so hingekriegt hat. Und ich war froh, dass ich alles so gut geschafft hatte.
  Als sie in den OP geschoben wurde, habe ich ihr zugelacht und gesagt, ‹morgen wringe ich wieder den Waschlappen aus für deinen Kopf›. Das hieß, das überlebst du schon. Ich hab nie geweint, wenn sie operiert wurde. Meine Tante hat mal zu unserem Geistlichen gesagt, ich sei völlig gefühllos, grausam wäre ich. Später hat meine Mutter gesagt, sie hätte sich immer an meine Fröhlichkeit gehalten, solange ich daran geglaubt hätte, dass sie durchkommt, hätte sie auch dran geglaubt» (Gisela, 44 Jahre).

Der Drang, alles unter Kontrolle zu halten

Wenn Jugendliche sich wie Erwachsene verhalten müssen, wenn sie schon als Kinder häufig von ihren Eltern genötigt werden, sich für deren Probleme zu interessieren, wenn sie keine Fürsorge bekommen, dann werden sie zu früh und zu schnell erwachsen. Sie überspringen wichtige Jahre in ihrer Entwicklung. Ihr Verhalten mag nach außen vernünftig und ernsthaft, eben erwachsen erscheinen. Aber hinter dieser Fassade stecken Kinder, meist ängstliche, traurige und allein gelassene Mädchen und Jungen. Wenn ihr Alltag so sehr davon abhängt, ob und was der alkoholkranke Elternteil getrunken hat, wird die Unsicherheit oft zur Konstante im Leben. Sie selbst müssen sich das geben, was die Erwachsenen nicht geben können oder wollen: Schutz. Sie schützen sich auf radikale Weise, sie lassen sich von niemandem mehr helfen, sie vertrauen keinem mehr, sie machen alles mit sich allein ab.

– «Man ist so schutzlos den eigenen Eltern gegenüber, denn sie sind ja da, zu meinem eigenen Schutz. Sich selbst diesen Schutz zu geben, fällt schwer ... Ja, das war auch so eine Sache, als meine Mutter anfing zu trinken und als ich merkte, wie mein Vater sich veränderte, wie meine Mutter sich veränderte. Ich habe gespürt, dass ich für mich alleine verantwortlich war. Ich konnte keine Unterstützung erwarten, von meiner Schwester auch nicht, die war zu jung, die hatte mit sich selber zu tun. Ich musste alles alleine machen. Ich musste alleine mit mir fertig werden. Ich konnte überhaupt keinen fragen, auch nicht meine Freunde. Die hätten es gar nicht verstanden. Ich war auf mich ganz allein gestellt. Dass jetzt auf einmal meine Mutter wieder ankam und wieder sagte, ‹ja, jetzt bin ich wieder da, jetzt kann ich wieder›, das konnte ich nicht akzeptieren.
  Ich hatte es so lange geschafft, wieso kam die plötzlich wieder an. Die hatte kein Recht dazu» (Yvonne, 17 Jahre).

Die Kinder von Alkoholikern nehmen auch diese Verhaltensweise mit in ihr erwachsenes Leben. Sie versuchen immer wieder, über ihr Leben die Kontrolle zu behalten. Was ist daran verkehrt? Versucht nicht jeder, sein Leben zu überblicken, Situationen im Griff zu behalten und sich vor chaotischen Zuständen zu schützen?

Viele Erwachsene Kinder haben das Überlebensmuster, wachsam alles unter Kontrolle zu halten, als einzige sichere Variante im Umgang mit anderen Menschen erlernt. Sie kennen keine anderen. Und so, wie man als Kind, als Jugendlicher versucht hat, durch Handeln die häusliche Situation zu kontrollieren, so braucht man als Erwachsener weiterhin das Gefühl, ‹in control› zu sein. Erwachsene Kinder bleiben wachsam, beobachten alles ganz selbstverständlich und haben oft keine Zeit für Ungeplantes und Spielerisches. Diese Kontrolle und den Überblick aufzugeben würde für sie bedeuten, sich anderen auszuliefern. Und eben das empfinden sie als zu gefährlich.

Ganz ‹von selbst› vermeiden sie, jemandem wirklich zu vertrauen. Yvonne, die (an ihren Jahren gemessen) an der Grenze zum Erwachsenenalter steht, beschreibt den inneren Vorgang beim Versuch, alles ‹in control› zu behalten:

- «Wenn man mit einer alkoholkranken Mutter zusammenlebt, zieht das automatisch die Tatsache nach sich, dass man viel mehr denkt. Man muss viel mehr denken, man muss für sich und für andere denken. Man muss schließlich die Lügen weiter aufrechterhalten, man muss denken, wie sehen die und die das, wenn ich mich so und so verhalte. Wie kann ich das und das am besten ausgleichen. Man fängt viel früher an, sich über bestimmte Sachen Gedanken zu machen. Verhältnisse von Menschen zu kontrollieren, zu beobachten. Aber für diesen Preis zahlt man ganz schön teuer» (Yvonne, 17 Jahre).

Die eigene Sicherheit scheint davon abzuhängen, dass ein Erwachsenes Kind die eigene Umwelt richtig einschätzt, dass es als Frau, als

Mann das Gefühl hat, die Fäden in der Hand zu halten. Es liefert sich nicht mehr anderen aus. Es lässt niemanden hinter seine Fassade schauen.

- «Ich neige einfach dazu zu kontrollieren. Ich registriere alles. Absolut alles.
  Ich habe auch die Spezialität, dass ich Leute meinen lasse, ich wäre ein bisschen bescheuert. Also, ich würde *nicht* alles unter Kontrolle haben! Meine Schwester, die war zwei Jahre jünger als ich und geistig und körperlich behindert. Und wenn wir so durch die Straßen gingen, dann hab ich ein Spiel daraus gemacht, so getan, als ob ich sie ganz frei laufen lassen würde. Ich wusste aber, ich bin sofort bei ihr. Das heißt, ich bin hinter ihr hergetrödelt. Mich haben ja auch immer die Indianer so fasziniert, dieses Unter-halbgeschlossenen-Lidern-alles-unter-Kontrolle-haben-und-keiner-weiß-es, genau das war mein Ziel.
  Und das ist mir wohl auch in Fleisch und Blut übergegangen. Denn als ich Examen gemacht habe, da hat dann hinterher ein Professor gesagt, es wäre so, ich würde verschlafen wirken, und dann wäre ich eben plötzlich da. Eigentlich ist das eine Art und Weise, die Kontrolle zu erhöhen. Bei Leuten, die so ’n bisschen vertrottelt wirken, da erlauben sich die anderen ja auch mehr. Das heißt, sie sind dann weniger angespannt. Ich kann sie dann besser kennenlernen und noch besser kontrollieren. Es ist also ein Ding ohne Ende» (Carla, 32 Jahre).

Kontrolle hat viele Gesichter, am unbekanntesten ist das freundliche, liebenswürdige, das sie zeigt. Man findet es bei der übereifrigen Helferin, dem immer bereiten Helfer, bei der Person, die immer zuhört, die sich an alle Geburtstage erinnert, die sich jedes Mal anbietet, den Vorsitz im Festausschuss zu machen, die sich vollpackt mit Aufträgen, die sie für andere erledigt. Dieses Gesicht zeigt sich auch bei der Person, die erwartet, dass Hilfe genau auf ihre Art und Weise erfolgen muss.

Man erkennt leicht das Muster aus der Kindheit und Jugend wieder, sich aktiv um die Dinge anderer Menschen kümmern zu müssen, um ihnen nicht so ausgeliefert zu sein oder sich so zu fühlen.

Das ist ein wesentlicher Grund, weshalb sich viele Erwachsene Kinder zu sehr um andere kümmern. Sie wählen auch häufig einen Beruf im ‹helfenden Bereich› und finden sich unter den ‹hilflosen Helfern› wieder.

Ihr kontrollierendes, fürsorgliches bis manipulatives Verhalten gibt ihnen die Illusion von Sicherheit. Sie ziehen an den Fäden, sodass sie nicht überraschend verletzt werden können, damit sie nicht wieder so ganz allein mit sich dastehen müssen. Wer so viel für andere tut, wer so kontrolliert lebt, der muss doch erreichen, dass sein Leben so viel besser verläuft als das der Eltern, glauben sie.

Die ständigen Versuche, das eigene Leben unter Kontrolle zu bringen, gehen ganz offensichtlich daneben. Liebe und Kontrolle lassen sich schwerlich miteinander vereinbaren, sodass viele Ehen von Erwachsenen Kindern auseinandergehen. Eine große Zahl von ihnen trinkt, wie der Vater, die Mutter, andere sind ess- oder magersüchtig oder von anderen Substanzen abhängig. Hier zeigt sich nur die Spitze eines Eisbergs, unter der sichtbaren Oberfläche dehnt sich die Familienkrankheit Alkoholismus noch viel weiter aus.

Wenn Kinder von Alkoholikern sich auch als Erwachsene noch bemühen, kontrolliert zu leben, erinnert das an die zahllosen Versuche von Alkoholikern, kontrolliert zu trinken. Ein Versuch, der nie gelingt, denn eine Sucht zeichnet sich dadurch aus, dass man nicht ‹schluckweise› seine Sucht in den Griff bekommen, sondern nur ganz mit dem Trinken aufhören kann. Selbstkontrolle wird durch das Beispiel des Süchtigen, der seine Sucht niemals unter Kontrolle (nur zum Stillstand) bringen kann, zum Ideal für manches Erwachsene Kind. Es ist kein bewusstes Ideal, sondern etwas, das sich verselbständigt hat. Selbstkontrolle heißt für sie, alles allein machen zu wollen, ohne Hilfe auszukommen, oder die Hilfe genau zu bestimmen, denn das fühlt sich sicher an.

Sich helfen zu lassen, den Überblick abzugeben, sich jemandem zu zeigen, wie man ist, jemanden miterleben zu lassen, dass man Fehler hat, menschlich ist, das macht vielen Angst. Sie fühlen sich dabei unwohl, aus der Rolle gefallen, in der man sich sicher gefühlt hat, da man sein ganzes Leben genau dieses Verhalten trainiert und es als einzig mögliches Muster für sich gesehen hat.

Auch der fürsorgliche Blick auf andere funktioniert nach dem gleichen Muster. Um sich abzulenken von angstvollen und unangenehmen Situationen, richtet man die Aufmerksamkeit auf andere. Für sich selbst liebevoll zu sorgen, sich mehr als nur den äußeren Schutz vor anderen zu geben, fällt Erwachsenen Kindern besonders schwer.

Sie widmen die Kraft, Energie und Sorge, die sie für andere bereitwillig aufbringen, niemals sich selbst. Auch so überfordern sie sich ständig.

- «Ich bin immer so gut, anderen zu erzählen, was in der jeweiligen Situation noch oder überhaupt möglich ist. Aber für mich selbst scheint das nicht zu funktionieren» (Tagebucheintrag von Birke vor sieben Jahren).

- Heute sagt sie: «Ich war schweißnass, als ich meiner Freundin sagen wollte, dass ich keinen Alkohol in der nächsten Zeit in meiner Wohnung haben will. Ich war schweißnass, als ich den Satz endlich raushatte, ich will nicht mehr» (Birke, 35 Jahre).

- «Ich brauchte die Kontrolle, um mich sicher zu fühlen und glücklich. Aber über alles, was wirklich wichtig für mich war im Leben, hatte ich keinerlei Kontrolle. Klingt verrückt, aber so ist es» (Marie, 42 Jahre).

Überlebensqualitäten

Erwachsene Kinder von Alkoholikern haben Eigenschaften und Verhaltensweisen erlernt, die ihnen schaden. Die gleichen Muster können aber auch positive Aspekte haben.

Wenn man sich sehr sensibel auf die jeweilige Situation zu Hause einstellen, auf die Stimmung der Eltern antworten musste, dann kann man diese Fähigkeiten auch später im Umgang mit anderen Menschen nutzen.

Einfühlungsvermögen ist allerdings nur dann hilfreich, wenn man für die eigenen Gefühle genauso achtsam ist und sie nicht beiseiteschiebt oder sie verdrängt.

In turbulenten Situationen den Überblick behalten, ruhig bleiben und Chaos ordnen können ist in vielen Berufen hilfreich, wenn man diese Turbulenzen nicht benutzt, um durch Hektik, Stress und Aktion von sich, von persönlichen Gefühlen abzulenken.

Für andere Menschen da zu sein, ihnen zu helfen, sich um ihre Nöte und Probleme zu kümmern kann für ein Erwachsenes Kind gut sein, wenn keine Erwartungen damit verbunden werden.

- «Ich glaube, ich kann mich gut auf völlig kontrastreiche Situationen einstellen, das ist sozusagen die Konsequenz dessen, glaube ich» (Felix, 27 Jahre).

- «Ich kann gut Chaos aushalten. Ich bin auch im Dienst die Vermittlerin, die anderen bescheißen mich auch gar nicht. Ich weiß auch ganz genau, wann ich was sagen kann, wann ich was nicht sagen kann. Ich denke, das ist so, ich habe ein Händchen für Leute» (Gudula, 32 Jahre).

- «In unserer Jugendgruppe entglitt den Mädchen eine Situation. Viele Leute waren schon ganz aufgebracht. Ich bin dann auf die

Bühne gegangen. Ich wusste gar nicht, was ich sagen würde. Aber ich wusste auch, mir würde schon das Richtige einfallen. Und so war's auch. Hinterher kamen sowohl die Mädchen als auch andere Jugendliche und Erwachsene, um sich bei mir zu bedanken. Es war sicher nicht schlecht, was ich da gemacht habe. Aber ich habe diese Fähigkeit auch schon manipulativ eingesetzt, um die Leute rumzukriegen. Ich weiß immer irgendwie, was ich sagen muss und wie» (Angelika, 36 Jahre).

- «Man muss ungeheure Antennen entwickeln, die beste Vorbereitung, um Therapeutin zu sein, das beste Training» (Anna, 40 Jahre).

In der Forschung über die Folgen, die das missbräuchliche Trinken bei Kindern hat, verabschiedete man sich schon früh (1995/96) von dem «Damage Modell», bei dem Kinder ihrer kranken (dysfunktionalen) Umgebung unwiderruflich ausgesetzt sind. Stattdessen spricht man viel positiver und auf Veränderung abzielend vom «Challenge Modell». Darin heißt es, dass Kinder zwar eine pathologische Entwicklung vollziehen können, aber sie können auch herausgefordert werden, zu ihren eigenen Gunsten zu handeln. Dazu müssen bestimmte Bedingungen kommen, die der Einzelne für sich nutzen oder sich erarbeiten kann. So hat fast jedes Erwachsene Kind die Chance auf eine positive Entwicklung.[23]

Unterdrückte Gefühle – Das familiäre Beziehungsdrama

Kinder von Alkoholikern brauchen, wie andere Kinder auch, ihre Eltern. Sie lieben ihren Vater oder ihre Mutter oder beide. Und sie werden von ihren Eltern geliebt, vom alkoholkranken und vom nicht trinkenden Elternteil. Es ist jedoch keine einfache Zuneigung, die Kinder in ihrer Alkoholikerfamilie erfahren.

Ihr Zuhause stellt sich immer wieder als ungeschützter Ort heraus. Ihre Eltern geben ihnen nicht genug Geborgenheit und sind selbst diejenigen, vor denen sich ein Kind fürchtet oder für die es sich schämt, die es bemitleidet oder verachtet. Ihre Zuneigung zu den Eltern ist stets mit Angst und Enttäuschung gekoppelt.

Den Vater und die Mutter liebzuhaben bedeutet für diese Kinder, die Hand nach ihnen auszustrecken und gleichzeitig den anderen Arm schützend vors Gesicht zu halten. Diese ständig wechselnden Gefühle, die für Kinder von Alkoholikern normal sind, dürfen sie ihren Eltern nicht zeigen. Denn welche Alkoholikerin sieht schon gern, dass ihr Kind Angst vor ihr hat oder dass es sich ihretwegen schämt und deshalb keine Freundin nach Hause bringt. Jeder Alkoholiker kämpft mit seinem schlechten Gewissen, da mag er nicht auch noch durch ängstliches Verhalten seiner Kinder an sein nächtliches Trinken bis zum Kontrollverlust erinnert werden.

Deshalb müssen Kinder von Alkoholikern als Erstes einen Teil ihrer Gefühle vor ihren Eltern verstecken. Manche Eltern haben geglaubt, sie würden durch ihr So-tun-als-Ob ihre Kinder schützen. Einige Mütter sagten mir: «Meine Kinder haben nichts mitbekom-

Aus dem Tagebuch der elfjährigen Sonja (heute 29)

men, denn ich habe sie frühzeitig ins Bett gebracht. Wir haben uns immer erst gestritten, wenn die Kinder schon längst schliefen.» Das möchten diese Eltern gern glauben. Die Wirklichkeit sieht anders aus. Kinder erleben und hören allein in ihrem Zimmer die Auseinandersetzung mit. Selbst wenn sie nicht viel mitbekommen haben, spüren sie die Spannung zwischen den Eltern. Die Erwachsenen tun so, als ob nichts gewesen wäre. Das ist eine der verräterischen Regeln, die zum Skript der Familienkrankheit Alkoholismus gehören. Barbara erinnert sich:

- «Ich lag meistens oben in meinem Zimmer und kriegte das von da mit. Ich wusste immer genau, in welchem Raum sie waren, wer wo war, in dem Hin und Her. Da, wo die Türen geschlagen wurden, war meine Mutter. Ich hab dann oben immer zitternd gelegen und gedacht, hoffentlich geht's irgendwie vorbei, und ich kann schlafen.

Da war ich also am nächsten Morgen, vom Schlaf her ganz gut zufrieden, aber dann musste ich ja runter, du spürtest gleich die Spannung, was da unten los war. Die ganze Sache war dann noch geladen. Das ging dann drei, vier Tage, manchmal Wochen, und du wusstest nie, wie du dich verhalten solltest. Keiner sagte etwas. Offiziell war alles in Ordnung» (Barbara, 26 Jahre).

Als Kind darf man nicht sagen, ‹ich hatte Angst heute Nacht› oder ‹ich bin so enttäuscht, Mama, du hast mir doch versprochen, dass du nicht mehr trinkst›. Stattdessen muss es ein fröhliches Gesicht machen und mitspielen im Familienskript. Dabei fühlt es sich manchmal verrückt. Die Gefühle, die es hat, darf es nicht zeigen, die, die es zeigt, stimmen nicht.

▬ «Im Internat hab ich so ein Büchlein geschrieben und gebastelt, so ein ganz kleines mit 'nem Mädchen drin, das am Weinen war.

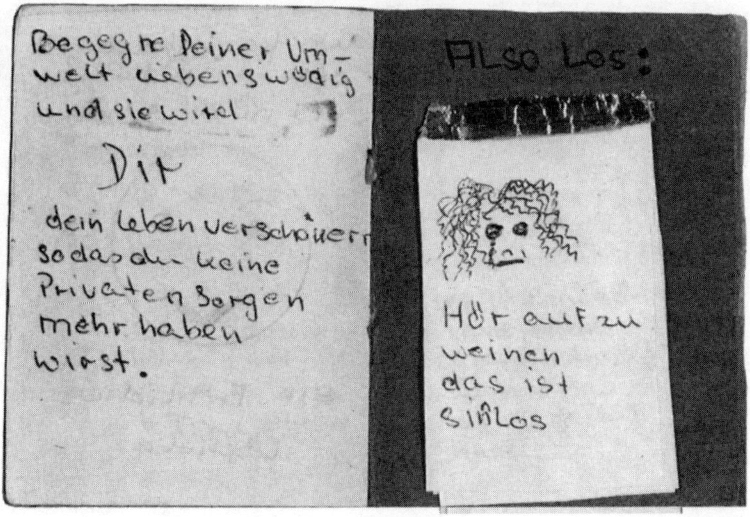

Und da hab ich druntergeschrieben, dass man das nicht darf und dass man sich die Haare kämmen und lachen muss. Das Resümee von diesem Buch war, dass man seine Traurigkeit nicht zeigen darf, dass man halt immer fröhlich sein soll. Und das hab ich meiner Mutter geschenkt» (Sonja, 29 Jahre).

Sonjas Büchlein beschreibt, wie sie vorgeht, um ihre Gefühle zu blockieren und die ‹richtigen› an deren Stelle zu setzen.

Häufig ziehen die Jungen und Mädchen in angstvollen Situationen die einzige Notbremse, die sie kennengelernt haben: nicht mehr fühlen, abschalten, verdrängen. Dieser Überlebensmechanismus, der schon zuvor ihre Wahrnehmungen abgeblockt hat, soll sie davor bewahren, sich nie mehr so allein gelassen zu fühlen, nie mehr so viel Panik zu erleben, nie mehr so enttäuscht zu werden, sich nie mehr so unvorstellbar verletzen zu lassen, soll auch helfen, die schlimmen Gefühle zu blockieren.

Für Kinder aus Alkoholikerfamilien ist es normal, Gefühle zu

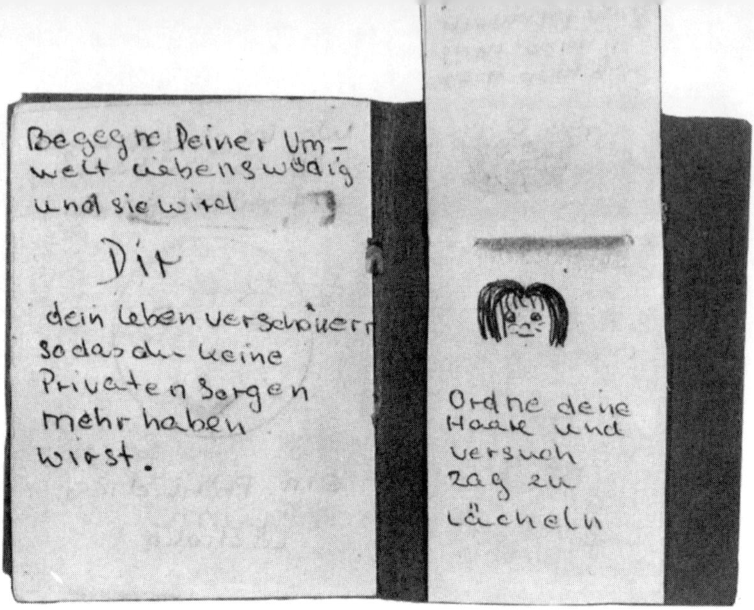

zeigen, die sie nicht haben, Gefühle zu unterdrücken und zu verleugnen, um von Vater und Mutter angenommen zu werden. Es ist normal für sie, Gefühle zu verdrängen und zu vergessen, sich und anderen etwas vormachen zu müssen. Übrig bleibt oft nur das unbehagliche Empfinden, irgendwie nicht echt zu sein.

Wenn man aber erwachsen ist, braucht man seine Gefühle nicht mehr zu verstecken. Hat diese Kindheit dann dennoch Einfluss auf die Emotionen Erwachsener Kinder?

Wenn sie als Kinder Gefühle vortäuschen mussten, wenn sie das Überlebensmuster *Verleugnen und Verdrängen aus Notwehr* erlernt haben, dann nehmen sie ihre unterdrückten Gefühle als Erwachsene nur schwer wahr. Denn was man nicht hat, was blockiert ist, das fällt einem nicht auf. Dann ist es für ein Erwachsenes Kind ebenfalls normal, in seinen Gefühlen verwirrt zu sein.

Am auffallendsten ist – auch für Erwachsene Kinder –, dass sie Probleme haben, bestimmte Gefühle ‹rüberzubringen›. Sie erzählen z.B. einer Freundin von sich und verstehen nicht, warum ihre Bot-

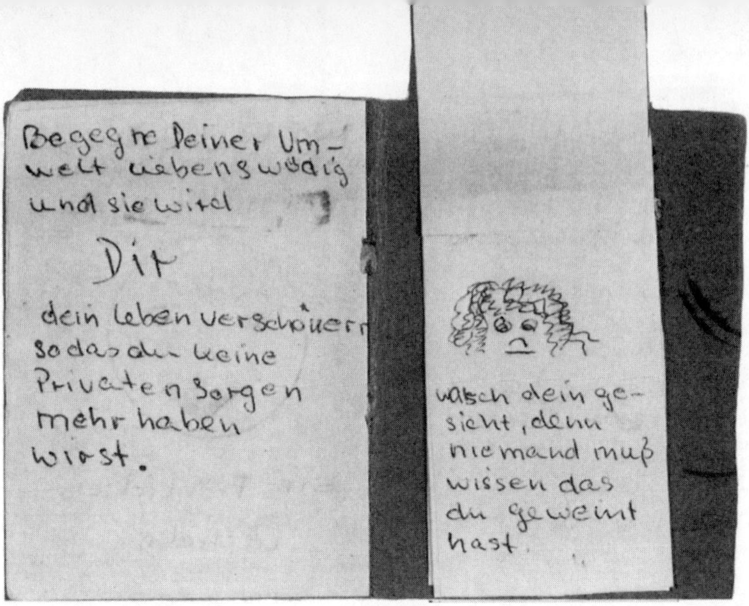

schaft bei ihrer Gesprächspartnerin nicht ankommt, warum andere die Gefühle, die sie ausdrücken, nicht annehmen können.

- «Gestern auf der Arbeit, da hab ich von meinen Problemen, von mir erzählt. Und ich lach dann dabei und erzähle das locker, flockig mal eben. Hinterher sprach mich dann eine Kollegin an: ‹Sag mal, macht dir das alles gar nichts aus? Du erzählst das so locker.›
Das ist typisch für mich, dass ich irgendwie vor den Leuten so anders tue. Ich hab auch eine Freundin, die unheimlich schlecht damit klarkam. Die sagt immer: ‹Wenn du traurig bist, komme ich so schlecht mit dir klar. Du zeigst das überhaupt nicht. Du sitzt da und sagst mir, es geht dir unheimlich schlecht, und lachst mir ins Gesicht. Ich kann damit nicht umgehen.› Das ist für mich eine schlimme Sache» (Martina, 25 Jahre).

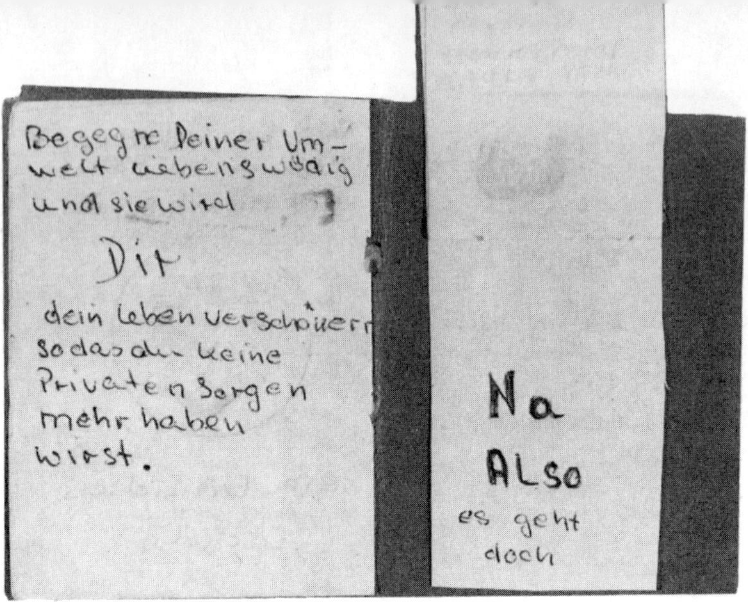

▬ «Ich hab irgendwie nicht den Mut, mich durchzusetzen, mich zu zeigen. Ich zeig nicht, was mit mir los ist. Nicht mal meiner Freundin zeig ich das. Ich bin immer erst fähig, etwas von mir zu erzählen, wenn ich denke, ich hab die Sache schon für mich auf die Reihe gebracht» (Katherina, 21 Jahre).

Für ihr Unvermögen, Gefühle wie Angst und Trauer authentisch auszudrücken, gibt Katherina sich selbst die Schuld:

▬ «Ich erzähle anderen Leuten viel. Sie müssen sich aber mehr darunter vorstellen. Doch das können die wohl gar nicht, weil ich denen nur bis zu einer gewissen Grenze erzähle. Ich erzähle gar nichts von mir, obwohl sich das so anhört» (Katherina, 21 Jahre).

So, wie Katherina und Martina es beschrieben haben, geht es vielen anderen auch. Manche greifen dann zu einem Notbehelf, sie stellen die Gefühle, die sie haben oder haben möchten, dar. Es gibt eine Reihe von Erwachsenen Kindern, die durch ihr ‹dramatisches› Verhalten auffallen. Sie inszenieren die Gefühle, die sie haben oder die sie ihrer Meinung nach haben sollten, genau so, wie sie es früher als Kind taten. Einige Erwachsene Kinder registrieren erstaunt, wie andere traurig werden oder erschrecken, wenn sie von ihrer Kindheit in der Alkoholikerfamilie hören:

- «Ich habe die Therapeutin angeschaut und war überrascht. Sie war erschrocken, ich meine, sie sah ganz erschrocken aus. Da begriff ich, dass sie das fühlte, weil ich von mir erzählt hatte. Also durfte ich auch über das, was ich erzählt hatte, erschrocken sein. Ich schaute in ihr Gesicht, und es war wie ein Spiegel für meine Gefühle, die ich durch sie wahrnahm» (Oliver, 35 Jahre, Gedächtnisprotokoll).

Manches Erwachsene Kind ist von bestimmten Gefühlen abgeschnitten. Wut gehört dazu, Angst, Scham und psychischer Schmerz. Zwar erlebt man diese Gefühle ab und zu auch als Erwachsener, doch es fällt schwer, sie authentisch auszudrücken. Erwachsenen Kindern fehlt nahezu jede Erinnerung daran, wie sie solche Gefühle als Kind empfunden haben. Besonders verwirrend ist es, sich nicht auf seine Gefühle verlassen zu können, nicht mehr zu wissen, ob man sich ein bestimmtes Gefühl nur einbildet, bzw. unsicher zu sein, ob dieses Gefühl aus einem anderen Zusammenhang herrührt und nur wenig mit der momentanen Situation zu tun hat.

- «Ich weiß nicht mehr, ob das, was ich fühle, ‹richtig› ist. Ich meine, ob meine Gefühle zu der Situation, in der ich bin, überhaupt passen. Ich weiß, meine Gefühle sind verwirrt. Wie kann ich aus meinem Innern handeln, wenn ich aus Erfahrung weiß, dass ich nicht mehr oben und unten in meinen Gefühlen unterscheiden kann. Was ist normal, habe ich gefragt, was ist richtig, was ist falsch. Wann ist Liebhaben Besessenheit, wann ist es erdrückend, wann ist es normal?» (Vera, 45 Jahre)

Will man verstehen, warum Kinder ihre Gefühle verstecken, verdrängen und sogar vor sich selbst verleugnen müssen, will man nachvollziehen können, wieso viel zu viele Erwachsene Kinder ihre Gefühle nicht ausdrücken oder nur übertrieben darstellen können, wieso sie von einigen Gefühlen noch immer abgeschnitten sind oder sie nur abgeflacht wahrnehmen, wieso sie sich auf ihre Gefühle nicht verlassen können, dann muss man sich das Beziehungsdrama, das zu Hause ablief, nochmal ansehen. Alle Beteiligten kommen in diesem Kapitel zu Wort, die Erwachsenen Kinder wie auch ihre Eltern, die alkoholkranken ebenso wie die nicht trinkenden Mütter und Väter. In einer Alkoholikerfamilie kann kein Kind fühlen, wie es fühlen möchte. Jede Äußerung kann, je nach Situation, von den Eltern als unpassend bestraft werden. Traurig, wütend und verletzt sein, sich schämen und Angst haben sind Gefühle, die in den meisten Suchtfamilien nicht erlaubt sind. Es sind auch Gefühle, die der Süchtige, die die Alkoholikerin hat und die von ihnen verleugnet werden. Gefühle, die der Vater oder die Mutter bei sich selbst bekämpft, werden bei ihren Kindern nicht zugelassen. Verleugnen heißt, es wird ‹natürlich› nicht darüber geredet. Das Drehbuch für die Alkoholikerfamilie braucht nicht laut vorgelesen zu werden. Jeder Erwachsene kennt seinen Part und sorgt bewusst dafür, dass die Kinder die Skriptvorschriften einhalten. Würde man sie aussprechen, wäre jedem gleich deutlich, wie unsinnig, verwirrend und schädigend diese Regeln für die Heranwachsenden sind. ‹Sag und zeig nicht, was du fühlst. Bestimmte Gefühle darfst du gar nicht haben.›

Dieses Verhalten der Eltern gehört mit zum Kapitel Gewalt gegen Kinder, da es eine psychische Form von Gewalt darstellt, die die Heranwachsenden in ihren Emotionen verletzt. Nun geht normalerweise kein Erwachsener hin und quält andere, wenn er/sie nicht selbst eine gequälte Person ist. Weder der Alkoholkranke noch der nicht trinkende Elternteil haben gewollt, dass Gefühle unterdrückt, verleugnet und verdreht werden sollen. Wenn eine Person an Körper, Psyche und Geist erkrankt, und Sucht ist eine *ganzheitliche* Krankheit, dann wird das Familiensystem krank. Wenn in einem Mobile ein Teil verändert wird, dann verändert sich das ganze Gleichgewicht. Es gerät aus der Balance, die Gewichte müssen dann neu verteilt werden. Das passiert auch in der Alkoholikerfamilie.

Jeder versucht, sich entsprechend richtig zu verhalten, doch «es gibt keinen gesunden Weg, sich dem Alkoholismus (in der Familie) anzupassen»[24].

Die Liebe zum alkoholkranken Elternteil

Kann ein Kind seinen betrunkenen Vater, der die Mutter schlägt, gernhaben? Kann es die betrunkene Mutter, die sich so oft vor anderen danebenbenimmt, mögen?

Kinder, die von ihrem alkoholabhängigen Vater geschlagen und missbraucht werden, reagieren mit Angst, Abneigung und auch Hass. Vor einer Mutter, die im betrunkenen Zustand immer wieder Männer nach Hause bringt, ekeln sich ihre Tochter und ihr Sohn.

Doch die weitaus meisten Kinder haben den alkoholabhängigen Vater, die süchtige Mutter sehr gern. Als Erwachsene revidieren sie ihr Elternbild durchaus, die Zuneigung bleibt aber oft auch dann warm und lebendig, wenn sie die Eltern realistischer sehen können. Überraschend für Außenstehende ist, dass viele Kinder von Alkoholikern den trinkenden Elternteil lieber mögen als den anderen, der sich doch so sehr um alles in der Familie bemüht.

Dabei ist es gar nicht so einfach, diesen Vater, der trinkt, lieben zu dürfen oder die Mutter, die man so oft vor Freundinnen verstecken musste, dennoch so herzzerreißend gernzuhaben. Seine Eltern zu lieben ist für ein Kind natürlich, für jeden ist es selbstverständlich, seinen Vater und seine Mutter gernhaben zu *dürfen*. Niemand braucht diese Zuneigung zu rechtfertigen. Aber für Kinder von Alkoholikern ist es nicht selbstverständlich, ihren Vater oder ihre Mutter zu lieben. Da wird der Vater, der die Mutter schlägt, verteidigt, sein häufiger Kneipengang entschuldigt oder nach Erklärungen für sein Trinken gesucht.

▬ «Auch als ich kleiner war, hat mein Vater schon deftig getrunken. Ich war zehn Jahre alt, als ich einmal mitbekam, wie er meine Mutter geschlagen hat. Das war kurz nach der Geburt meiner kleinen Schwester. Ich hab das immer darauf geschoben, dass Mutter ihn nicht zufrieden ließ. Ich hab ihr zigmal gesagt: ‹Wenn Papa was getrunken hat und nach Hause kommt, dann lass ihn und sei doch einfach still, schimpf doch nicht mit ihm.›
Ich hab also immer versucht, meinen Vater in Schutz zu nehmen. Wenn seine Trinkzeiten nicht so gravierend waren, das gab es ja immer wieder, dann brauchten wir uns nur anzugucken. Wir verstanden uns ohne Worte» (Doris, 40 Jahre).

Auch Tim versteht sich mit seinem Vater sehr gut. Auf meine Frage, wie er mit seinem Vater auskomme, begann er erst mal gegen die gängige Meinung zu argumentieren.

▬ «Wenn man sich das gängige Klischee mal anguckt, dann ist ein Vater, der trinkt, erst mal der Feind. Aber ich war der aus der Familie, der ständig zu meinem Vater gehalten hat. Ich war halt immer bei ihm, meistens zumindest.»
«Macht ihr viel zusammen?»
«Ja, alles Mögliche, was kaum jemand, den ich kenne, mit seinem Vater macht. Ins Freibad gehen oder ins Kino, oder wir reden ganz oft zusammen über Musik. Wir sind beide relativ beschlagen in Musik, wir kennen uns aus.»

«Das klingt wie Freundschaft.»
«Ist Freundschaft. Ja, ich könnte mir sogar vorstellen, wenn ich erwachsen bin und wenn man das Alkoholproblem herausnimmt, dann kann ich mir vorstellen, so zu werden wie er.»
«Du bist auch toll, so, wie du bist.»
«Entweder wie mein Vater oder wie Keith Richard von den Stones. Er ist der optimale Vater, finde ich. So wie er würde ich gerne werden» (Tim, 15 Jahre).

Warum erachten so viele Kinder und Jugendliche die Alkoholsucht des Vaters oder der Mutter als unwesentlich für die Beziehung zu ihren Eltern?

Hier spielt der erlernte Verdrängungsmechanismus eine, wenn auch nicht die einzige Rolle. Das, was ein Kind am Vater stört, wird ausgeklammert oder nur mit dem Alkohol in Verbindung gebracht. Für Kinder von Alkoholikern gibt es zwei Väter oder zwei Mütter. Die eine Person liebt es, mit der zweiten Person, die da trinkt, mit der wollen sie so wenig wie möglich zu tun haben. Dabei können sie nicht wissen, dass ein Alkoholiker, auch wenn er scheinbar nüchtern ist, in seinem Denken und Fühlen nicht wirklich bei seinem Kind ist. Kinder erleben das anders. Sie sehen, dass der Vater Zeit hat, geduldig ist und liebevoll. Sie finden ihre Mutter toll, die mit ihnen spielt und herumtollt oder sie wie kleine Erwachsene behandelt. Dass der Alkohol immer im Hintergrund die wesentliche Rolle spielt, ist für Kinder nicht auszumachen.

Carla, die bereits erzählt hat, wie sehr sie ihren Vater jedes Mal hasste, wenn er Milch (mit Alkohol) trank, die durch ihren Vater bis heute Probleme damit hat zu erkennen, was gut für sie ist, beschreibt ihren Vater dennoch als den warmen Mittelpunkt in ihrem Leben:

▬ «Also, mein Vater ist derjenige gewesen, der mir Geborgenheit und Liebe gegeben hat, und zwar in den ersten fünf Jahren. Er ist zwar sehr oft nicht da gewesen, aber wenn er da gewesen ist, hat er mir vermittelt, er traut mir was zu. Einfach ein liebevolles Gefühl. ‹Ich sag meiner Tochter was, und sie wird es verstehen!› Sicher, daraus kann dann später werden und wird auch daraus: ‹Sie hat zu verstehen.› Aber das war damals überhaupt nicht drin, sondern für mich war darin ein Stolz. Er hat mir z. B. beigebracht, mit einem Tonband umzugehen. Man musste ein bestimmtes kleines Knöpfchen vorher drücken, bevor man das Ganze ausmachte. Das wusste ich alles genau, bevor ich fünf Jahre alt war» (Carla, 32 Jahre).

Eine Mutter, die trinkt, ein süchtiger Vater können auch überwiegend von ihrer anderen Seite wahrgenommen werden. Ein Kind sieht dann nur den Trinker oder nur die ständig unter Alkohol stehende Mutter. Auch wenn man diese Person sehr gernhaben würde, wenn nur der Alkohol nicht wäre, blendet man die positiven Eigenschaften dieses Elternteils aus. Als Erwachsene können Kinder von Alkoholikern dann auf einmal den Vater oder die Mutter als ganze Person wahrnehmen. Vor allem, wenn sie sich eingestehen, dass der trinkende Elternteil suchtkrank ist.

▬ «Als ich 25 Jahre alt war, da hab ich über Vater in meinem Tagebuch geschrieben. Da ist es mir wie Schuppen von den Augen gefallen. Ich hab mir gesagt, jetzt guckst du erst mal den Fakten ins Gesicht:

1. dein Vater ist ein alter Säufer
2. er ist wahrscheinlich krank
3. und du hast ihn wahnsinnig lieb» (Birke, 35 Jahre).

Als ich diese Stelle vom Tonband abtippte, konnte ich nicht mehr weiterschreiben, weil ich plötzlich weinte, ohne zu wissen, warum. Mir waren vorher schon immer wieder mal Tränen gekommen, nicht so sehr aus Mitgefühl, sondern eher aus der Erleichterung des Wiedererkennens.

Ich spürte etwas, was ich all die Jahre wohl vor mir selbst sorgfältig verborgen hatte.

Ich hatte und habe meinen Vater lieb, er ist seit vielen Jahren tot, und ich habe mich zu seinen Lebzeiten fast immer ablehnend verhalten, verhalten müssen, um nicht die Liebe meiner Mutter zu verlieren, die ich so notwendig brauchte. Das war es, was mich zum Weinen brachte. Schon als er gestorben war, weinte ich die ganze darauffolgende Nacht, ohne zu begreifen, warum. Ich hatte den Vater verloren, den ich nie gehabt habe, so habe ich es mir damals erklärt. Heute weiß ich, ich habe den Vater verloren, den ich nicht als liebevoll und zärtlich, väterlich mir gegenüber zulassen konnte.

Den süchtigen Elternteil einfach lieben zu dürfen und zu können wäre schön gewesen, ist jedoch nie frei, nie einfach und hängt auch noch davon ab, wie der andere Elternteil sich verhält.

- «Mein Vater war jemand, den meine Schwester und ich sehr geliebt haben. Er war ohne Frage der, den wir von unseren Eltern absolut bevorzugten. Er war jemand, der nicht ständig an uns herumnörgelte. Damals hab ich das Toleranz genannt. Der immer sagte: ‹Du kannst das schon, du machst das schon.› Der sich nicht einmischte, wenn er nicht direkt gefragt wurde. Der mir also sehr viel Raum gab.
  Damals hab ich gedacht, das ist Verständnis, Toleranz. Heute sehe ich das ein bisschen anders.
  Wenn er wirklich gebraucht wurde, war er auch tatsächlich da, das kann man nicht anders sagen. Wenn ich mit Mutter mal echt ein Heckmeck hatte, dann war er schon da. Wenn man sich mit ihm mal verabredet hatte, was wir aber selten taten, dann kam er auch. Er war sehr sanft, sehr freundlich, sehr humorvoll. Obwohl er meistens gar nicht zu Hause war, war er mehr der ruhende Pol. Meine Mutter war unheimlich hektisch und aggressiv, die verhielt sich, wie man eine Mutter nicht unbedingt haben möchte. Vater war also derjenige, den wir am liebsten hatten und den

wir auch immer in Schutz nahmen. Also wenn Mutter an ihm rumtüdelte, dann hatten wir eigentlich Vater lieber. Ich ganz besonders» (Herma, 40 Jahre).

Der «andere» Elternteil

Der «andere» Elternteil wird häufiger abgelehnt von den Erwachsenen Kindern als der trinkende. Die Person, die nicht trinkt, hat so wenig Zeit für ihre Kinder, sie hat so wenig Lust am Spielen oder an herrlichen Albernheiten. Sie wird immer wieder als sehr ernsthaft beschrieben. Erwachsene Kinder sehen sie rückblickend als Manager der Familie, als die Person, die alles unter Kontrolle bringen will.

- «Meine Mutter würde nie im Leben trinken, die ist so durch ihren Mann dagegen eingestellt. Meine Mutter hat eigentlich immer das ganze Familienleben gemanagt. Sie hat alles geregelt, geguckt, dass alles läuft. Sie hat mich und meine Schwester erzogen. Meine Mutter macht halt auch Druck, dass mein Vater regelmäßiger zur Arbeit kommt» (Martina, 25 Jahre).

- «Meine Mutter ist sehr herrschsüchtig gewesen. Sie hat das Geschäft zusammengehalten. Als sie wegen Brustkrebs im Krankenhaus war, da sollte ich ihren Platz übernehmen. Ich sollte heimkommen, damit der Vater ja nicht versucht zu trinken, damit wir das Problem jetzt in den Griff kriegen sollten. Denn sie konnte es ja nicht mehr. Sie war ja im Krankenhaus» (Renate, 30 Jahre).

Manche Mutter vergisst, dass ihre Tochter, ihr Sohn noch ein Kind, ein Jugendlicher ist. Sie erwarten von ihren Kindern nicht nur zu viel, sondern wollen auch nicht akzeptieren, dass diese Probleme mit der

Situation zu Hause haben, dass diese mal nicht sich anpassen, sondern rebellieren. Stattdessen erwarten sie, durch die Kinder in ihrer Art, die Familie zu managen und zu kontrollieren, unterstützt zu werden.

- «Meine Mutter hat immer wieder gesagt, ‹du funktionierst nicht richtig›. Und dagegen habe ich mich – immerhin –, dagegen habe ich mich gewehrt, dagegengepowert. Trotzdem, der Stachel bleibt hängen, ‹du funktionierst nicht richtig›.
  Ich will leben, nicht funktionieren, also ich will nicht gewartet werden. Damals habe ich das nicht so ausgedrückt, aber ich habe mich so verhalten. Ich kann mich auch nur an zwei Abende erinnern, während meiner Kindheit, bevor ich ins Internat kam, wo meine Mutter mit mir zufrieden war und sie mir das gesagt hat. Sonst war es immer so, dass ich zu Bett gegangen bin mit dem Gefühl, ich bin unzulänglich» (Carla, 32 Jahre).

Auch an der Person, die nicht trinkt, am «anderen» Elternteil, kann man die eingangs beschriebenen Rollen aus dem Alkoholismusskript ablesen. Wenn Vater oder Mutter so sehr mit dem süchtigen Partner beschäftigt sind, fehlt Kindern die Geborgenheit, die sie besonders in solch einer Stressfamilie benötigen. Kinder empfinden den Mangel an Aufmerksamkeit, Fürsorge und Liebe als Kälte. Der «andere» Elternteil wird oft als hart und kalt beschrieben, während der Alkoholiker, die Alkoholikerin eher als warm und liebevoll gesehen und erlebt wird.

Anke stellt ihre Eltern vor, ihr Vater ist Alkoholiker.

- «Früher, das war auch ganz komisch, wenn wir beim Schlachter standen und warteten, da hab ich mir immer eine der Frauen, die da standen, ausgesucht und mir vorgestellt, die wäre meine Mutter. Ja, meine Mutter hat mir immer so ihre Probleme erzählt, und sie musste auch viel arbeiten, wegen dem Geld, das uns fehlte, und sie hatte eigentlich nie Zeit für uns.»

«Was hättest du dir denn für eine Mutter ausgesucht?»

«Ja, dass sie auch mal Zeit hat, mal einen so in den Arm nimmt, mal mit uns spielt. Ich weiß noch, wie ich ganz oft gefragt hab, ob sie nicht mal Lust hat, mit uns ‹Mensch ärgere dich nicht› zu spielen. Dann war sie immer zu müde. Und am Wochenende, da war dann der Stiefvater da. Mein Vater, der ist verständnisvoll, der nimmt mich auch mal in den Arm. Am Wochenende, da hat er auch mit mir gespielt, er konnt das nicht lange, so still sitzen. Aber er hat sich um mich gekümmert. Manchmal hat er auch weniger getrunken. Er hat nicht über mich hinweggesehen» (Anke, 22 Jahre).

Kinder werden leicht ‹übersehen› in Alkoholikerfamilien. Ankes letzter Satz trifft das Verhältnis zwischen Kindern aus Alkoholikerfamilien und ihren Eltern im Kern. Er gilt nicht nur für den «anderen» Elternteil, er gilt, auch wenn Anke das nicht so sieht, für die Alkoholiker. Während die einen so mit dem trinkenden Partner beschäftigt sind und schon allein deswegen ihre Kinder übersehen und vernachlässigen, benutzt der abhängige Vater, die trinkende Mutter das Kind als Ersatz für die Wärme und Liebe, die sie bei ihrem Partner, solange sie trinken, nicht bekommen. Das Kind erfüllt ihre Bedürfnisse nach Zärtlichkeit und Zuneigung in der Zeit zwischen den Trinkphasen. Die Erwachsenen wissen das. Die Kinder können das nicht wissen. Sie werden getäuscht.

Partei ergreifen

In der Suchtfamilie wird einander misstraut. Dieses zerstörerische Gefühl bestimmt die Art und Weise, in der Eltern miteinander umgehen und sich ihren Kindern gegenüber verhalten.

Misstrauen und die Notwendigkeit, Partei zu ergreifen, bedingen einander. Denn jeder der beiden erwachsenen Personen braucht Verbündete, die durch ihre Zuneigung beweisen, dass entweder der Vater oder die Mutter im Recht ist. Es geschieht durchaus, dass Eltern ganz offen fragen, ob das Kind die Mutter oder den Vater lieber hat. In der Regel vollzieht sich dieser Beziehungskampf eher verdeckt. Der andere Elternteil ist dann der schlechte, das kann der trinkende Vater sein, die betrunkene Mutter oder der nicht trinkende Elternteil. Ein Kind und auch ein Erwachsenes Kind stecken da in einem Dilemma. Es kann sich fragen: Wenn ich den Alkoholkranken lieber habe, ist das Verrat an dem anderen, der/die so viel für das tägliche Funktionieren der Familie tut?

Wenn ich Hilfe hole, weil ich mit dem Betrunkenen nicht mehr klarkomme, ist das auch Verrat? Wenn ich nichts sage, wegschaue, weggehe, ist das Verrat? Wenn ich Stellung beziehe, wird es nicht für einen Elternteil immer verkehrt sein?

Was ein Kind in einer Alkoholikerfamilie auch tut oder nicht tut, es ist in der Regel nicht geeignet, beide Eltern zufriedenzustellen. Partei zu ergreifen scheint ein Ausweg zu sein, um sich wenigstens mit einem Elternteil zu verstehen. Kinder suchen auf diesem Weg, Vater oder Mutter dazu zu bringen, ab und zu für sie da zu sein, zumindest hin und wieder mit ihnen zu reden.

Das ist trügerisch. Denn solange die Eltern sich nicht bemühen, aus der Familienkrankheit Alkoholismus herauszukommen und an ihrer Genesung zu arbeiten, bringen sie beide nicht die Kraft auf, für ihr Kind wirklich da zu sein und dessen berechtigte Bedürfnisse und Gefühle wahrzunehmen. Oft fühlt sich ein Kind dann von beiden im Stich gelassen.

— «Ich bin von meiner Mutter abgehauen und bin wieder zurück zu meinem Vater. Ich musste dann nicht zur Schule gehen, mein Vater hat richtig Zeit gehabt für mich. Ich meine, hinterher wäre es sicher wieder anders geworden. Wir haben zusammen tape-

ziert und gestrichen. Ich konnte ihm helfen, merkte irgendwie, er konnte was mit mir anfangen und ich was mit ihm.
Dann hat sie angerufen und gesagt, ich soll da und dahin kommen mit ein paar Sachen von mir. Sie hat mich dann abgeholt, eine Nacht haben wir bei Bekannten geschlafen, und dann kriegte ich mit, dass ich ins Internat sollte, und ich wusste davon gar nichts. Auf einmal, am nächsten Tag, saß ich im Internat, von meiner Mutter abgeschoben, habe ich mich dann auch von meinem Vater abgeschoben gefühlt, weil er mich nie da besucht hat» (Sonja, 29 Jahre).

- «Ich hatte meine Mutter angerufen und gesagt, dass er wohl betrunken ist, sie kam dann bei uns an und hat schlimm mit meinem Vater rumgeschimpft, allerdings in der Küche. Ich war im Wohnzimmer, da kam einfach mein Vater ins Wohnzimmer, Tür aufgerissen, geguckt und gesagt: ‹Ha, schön, ist ja klasse, wenn die Kinder jetzt auch schon mitziehen und ihre Mutter warnen.› Und dann war er weg» (Tim, 15 Jahre).

Partei ergreifen, das klingt so aktiv, als wenn die Kinder oder Jugendlichen wirklich eine freie Wahl hätten. Doch es sind die Eltern, die versteckt oder offen versuchen, ein Kind in der Familie auf die eigene Seite zu ziehen. Dabei wenden sie ein Mittel besonders häufig an, sie machen das Kind zu ihrem Vertrauten.

- «Ausgerechnet mich hat Mutter zu ihrer Vertrauten gemacht. Die Fahrten, die meine Mutter fürs Geschäft machen musste, das waren für mich immer die schönsten Fahrten. Denn da hatte ich meine Mutter ganz für mich alleine. Da saß ich dann neben ihr im Auto, ich durfte ihr sogar Zigaretten anstecken und so. Na ja, und dann erzählte sie immer. Sie konnte so toll mit mir reden, die hat mich so ernst genommen. Ich hab da immer so viel Liebe mit verbunden, liebt mich doch oder lieb mich. Ich bin mir sicher, dass meine Mutter mich am wenigsten mochte von ihren Kindern bis zu einem bestimmten Alter» (Gudula, 32 Jahre).

Gudula wurde jahrelang vom Vater und von ihrer alkoholabhängigen Mutter übersehen. Sie ist die Jüngste in der Familie, als Jugendliche wurde sie für ihre Mutter zu einer Person, die diese gebrauchen konnte. Gudula ist dankbar für das bisschen Zuneigung, das sie erhält, sie ist nicht viel Liebe gewöhnt. Die paar Stunden mit Mutter allein, die wenigen freundlichen Gespräche bedeuten für sie Liebe. Kinder von Alkoholikern haben so wenige Ansprüche an die Person, die sie lieben. Sie sind leicht von einem Elternteil zu gewinnen.

- «Das ist immer so schlimm, wenn zwei Parteien nicht miteinander auskommen, und du stehst mitten dazwischen. Von irgendwem wirst du dann doch reingezogen. Jeder versucht dich auf die eigene Seite zu ziehen. Bei uns war das mehr meine Mutter. Das hat sie ja auch prima geschafft. Ich war einfach so gutgläubig, so naiv, dass ich gedacht habe, es kann ja nur einer Schuld haben, und das ist mein Vater. Der muss sich ändern, dann ändert sich meine Mutter auch und hört auf zu trinken» (Barbara, 26 Jahre).

In Familien mit mehreren Kindern kommt es häufig zu folgender Konstellation: Der Vater zieht ein Kind auf seine Seite, die Mutter versucht, eines der anderen Kinder für sich zu gewinnen. Das übrig gebliebene Kind kann sich dann eher dem Parteienstreit entziehen. Als Kind ‹bleibt es übrig›, ganz wörtlich genommen, es wird übersehen, als Jugendlicher steht er oder sie allein da.

- «Von meiner Schwester weiß ich, dass die meinen Vater immer schon geliebt hat und unbedingt auch nach der Scheidung zu ihm wollte. Was meine Mutter unterbunden hat.

Bei mir ist das so gewesen, ich hab sie beide gerngehabt und gesagt, ich will nicht mit dir über Mutter reden und nicht mit dir über Vater. Ich hab tunlichst vermieden, wenn ich zu meinem Vater fuhr, ihm viel von meiner Mutter zu erzählen und umgekehrt ... Es gab auch Zeiten, wo ich meine Mutter in die Ecke gestellt habe, und auch Zeiten, wo ich meinen Vater nicht haben konnte» (Birke, 35 Jahre).

Vor allem durch wiederholte Grenzverletzungen verändert sich die Einstellung eines Kindes zu dem Elternteil, der ihm näher gestanden hat. Jugendliche ergreifen dann Partei für die Person, die sie für die schwächere halten. Als Erwachsene revidieren sie möglicherweise ihr Urteil und wechseln zur anderen Seite. Sie bleiben auch dann im Beziehungskampf, denn sie stehen weiterhin sehr verletzlich zwischen zwei Eltern, die ihre Kinder eher brauchen, als für sie da zu sein.

▬ «Mein Vater war fast nie zu Hause. Er hat sich gar nicht um uns gekümmert. Er war zwei Jahre weg.»
«Hättest du's gern gehabt, wenn er sich mehr um dich gekümmert hätte?»
«Klar, ich hab eine sehr starke Beziehung zu meinem Vater. Zu meinem Vater stärker als zu meiner Mutter. Ich war sehr viel mit ihm unterwegs. Ja, und dann war er weg, und danach fing's eigentlich erst auffallend mit dem Trinken an. Als er nach den zwei Jahren wiederkam, da hatte er eine Freundin. Da hat er mich mitgeschleppt. Das war seine ganze Geheimnistuerei vor meiner Mutter. So quasi ein Bündnis mit mir. Dann fing er an, meine Mutter zu schlagen. Das erste Mal, da war ich noch 12, da hat er sie total zusammengeschlagen, verdroschen, das hab ich oben in meinem Zimmer mitgekriegt. Einmal, ich war 17, da kam er nach Hause, kam in die Küche. Wir Kinder standen da, ich hab noch drei jüngere Brüder, und er schlug sie zusammen. Von da an ging's eigentlich den Bach runter.»

«Hast du dann Partei ergriffen?»
«Natürlich hab ich Partei ergriffen für meine Mutter.»
«Obwohl die Beziehung zum Vater früher stärker war?»
«Ja, in meiner Kindheit, bis er weggegangen ist, war die stärker zu meinem Vater, dann hab ich eigentlich ganz stark Partei ergriffen für meine Mutter» (Andreas, 27 Jahre).

Als Erwachsener hat Andreas sich wieder um seinen Vater, der immer noch trinkt, bemüht. Dabei ging es ihm körperlich schlecht, und er begriff, dass er aufhören musste, sich um seine Eltern zu kümmern. Ihm wurde bewusst: Er selbst ist die Person, die eigentlich Schutz gebraucht hätte. Schutz nicht nur vor Gewalt, Verleugnung und Misstrauen. Er hätte Schutz und Geborgenheit benötigt, um Gefühle offen zeigen und seine widersprüchlichen Emotionen erzählen und verstehen zu können.

Das Familiendrama aus der Sicht der Eltern

Die Alkoholiker

Bei meinen ersten Kontakten mit trockenen Alkoholikern und Alkoholikerinnen fragte ich sie, wie sie heute zu ihren Kindern stehen und wie sie ihre Kinder in der Trinkzeit wahrgenommen haben. Doch je drängender ich etwas darüber wissen wollte, umso eher erhielt ich ablehnende Antworten. Dies änderte sich, als ich einsah, dass ich von diesen Vätern und Müttern stellvertretend für meine Eltern Antworten haben wollte, sie sollten mir das mitteilen, was mir mein Vater, meine Mutter nicht gesagt hatten. Als ich sie lassen konnte, wer und wie sie waren, als ich wusste, ich kann nichts Vergangenes ändern, nur mich selbst, wurde es überflüssig, meine Alkoholikerfreunde herauszufordern. Erst dann entwickelten sich mit einigen längere, aufschlussreiche und offene Gespräche, z. B. mit Thomas, er hat zwei Kinder, er ist seit zwei Jahren trocken:

- «Ich mochte den Kleinen wirklich gerne. Ich weiß nur, dass, wenn ich getrunken habe, mir gar nichts nahe war, außer dem Alkohol. Ich habe nichts anderes gemacht, als die Fassade zu bewahren und weiterzulaufen. Das hieß für mich, über Tag möglichst nüchtern bleiben, und abends hab ich mich dann volllaufen lassen. Da haben mich abends auch die Kinder nicht interessiert. Ich weiß, dass ich häufig versucht habe, ein Kind aus dem Schlaf zu reißen oder mal zu drücken. Aber das erzählt mir meine Frau, daran kann ich mich nicht mehr erinnern.
  Ich weiß aber noch, dass ich mit besoffenem Kopf ins Auto gestiegen bin, mit meiner kleinen Tochter. Da war sie 2 oder 3 Jahre alt. Ich war Mitte 30. Da ist meine Frau hinterhergefahren und hat die Kleine aus der Kneipe geholt und mich sitzengelassen. Das hat mich im Grunde genommen kaum berührt. Warum ich jetzt das Kind mitgenommen habe, als Alibi oder als Schutzfunktion, ich weiß es nicht. Das kann ich wirklich nicht beantworten.
  Ich bin nur froh, dass damals nichts passiert ist mit dem Auto, mit dem Kind, mit mir. Ich bin sehr dankbar dafür» (Thomas, 40 Jahre).

Clemens hat ähnlich wie Thomas seine Kinder nachts besucht. Seine Schilderung hat mich anfangs sehr berührt, denn ich bekam endlich einen Einblick, wie sich ein Vater fühlt, wenn er betrunken nach Hause kommt. Ich war im ersten Moment betroffen von seinem Bedürfnis, die Kinder sehen und fühlen zu wollen. Er liebte also seine Kinder?

- «Ich habe mich nachts öfter ins Kinderzimmer geschlichen und sie angesehen. Ich habe eine Hand an ihr Gesicht gehalten, ganz dicht unter ihr Näschen. Ich wollte ihre Wärme spüren, das beruhigte mich. Ich habe dann einfach nur dagesessen» (Clemens, 38 Jahre, Gedächtnisprotokoll).

Später, viel später, war ich in der Lage, den Sinn dieser Szene richtig zu verstehen. Der Alkoholiker geht zu seinem Kind, um *für sich* etwas zu bekommen, *er* braucht Trost, Wärme und Geborgenheit. Die Kinder werden zum Objekt für ihn.

Paul redet schonungslos offen über sein Verhältnis zu seinen Kindern während der Trinkzeit, er spricht auch von seiner Gewalttätigkeit gegen die Kleinen:

- «Was habe ich damals für meine Kinder empfunden? Gar nichts. Als ich noch trank, haben mich meine Kinder überhaupt nicht interessiert. Sie haben mich nur gestört – beim Trinken. Wenn die Kleine in ihrem Bettchen schrie, dann störte mich das, dann habe ich sie geschlagen, hab draufgehauen. Für mich zählte nur die nächste Flasche, dass ich genug zu trinken hatte.
  Heute genieße ich meine Kinder, vor allem jetzt in der Vorweihnachtszeit freue ich mich, wenn ich nach Hause komme. Es ist alles anders. Ich spiele gerne mit meinem Sohn, und mit meiner 13jährigen Tochter verstehe ich mich besser als mit meiner Frau. Ich liebe meine Kinder» (Paul, 35 Jahre, Gedächtnisprotokoll).

Ich habe vielen Alkoholikern und Alkoholikerinnen zugehört. In ihren Lebensgeschichten kommen die Kinder nur nebenbei vor. Sie werden erwähnt, es wird registriert, dass sie viel mitansehen und -erleben mussten. Auf Einzelheiten, so wie Paul, gehen sie selten ein.

Margot berichtet über das Zusammenleben mit ihrem Sohn, der sie heute ablehnt und nicht mehr sehen will:

- «Es tut mir weh, dass mein Sohn immer noch keinen Kontakt zu mir will. Ich muss eben verstehen, dass es für ihn eine schlimme Zeit war, als ich dauernd fremde Männer in meinem betrunkenen Zustand zu Hause anschleppte. Er braucht sicher viel Zeit, um mir wieder vertrauen zu können, das muss er erst wieder lernen. Ich würde heute so gerne etwas für ihn tun, aber ich kann ja wenigstens Päckchen für die Enkelkinder fertig machen, da kann ich mich wenigstens etwas drum kümmern.
  Die Mutter von meinem Freund hat an meinem letzten Geburtstag zu mir gesagt, ‹ich hoffe, dass wir noch viele gute Jahre zusammen haben werden›. Sie mag mich sehr und achtet mich. Das bin ich heute, und mein Freund und sie, das ist jetzt meine Familie» (Margot, 48 Jahre, Gedächtnisprotokoll).

Nicht wenige Alkoholiker werden von ihren Kindern sehr geliebt, obwohl sie, bedingt durch die Sucht, die Mutter- oder Vaterrolle nicht wirklich ausfüllen konnten. Mich interessierte besonders, wie meine Gesprächspartner dies heute empfinden.

- «Das Klischee ist doch, der Vater trinkt, und der Sohn lehnt ihn dafür ab, denn ein Alkoholiker entspricht doch wirklich nicht dem Bild eines liebevollen Vaters.
  Also, dass Tim mich mag, ist gewiss nicht mein Verdienst. Ich hab es nie so aufgefasst. Weil ich weiß, dass Kinder, jedenfalls solange sie klein sind, gar nicht anders können.
  Es bewegt mich, es rührt mich einfach an. Nach der Trennung war es damals ganz schlimm, ich war auch verzweifelt und plagte mich mit Schuldgefühlen. Da sagte der Tim ganz unvermittelt zu mir, ‹ich hab dich lieb, so ein Rabenvater bist du gar nicht›.
  In meinen ganzen Jahren habe ich versucht, wiedergutzumachen durch Bestechung, dadurch, dass ich mich besonders angestrengt habe, lieb zu sein und freundlich und alles» (Klaus, 38 Jahre).

Schuldgefühle bestimmen deutlich das Verhalten der nassen Eltern. Sie versuchen, wie Klaus sagt, wiedergutzumachen. Wie das konkret aussieht, beschreiben drei weitere Alkoholiker und Alkoholikerinnen. Martin ist seit einem Jahr trocken, er erinnert sich noch gut an seine direkten Bestechungen:

- «Wenn ich dicke war, war ich großzügiger. Da hab ich auch schon mal zwanzig Mark gegeben oder mal zehn. Dann war ich freier, glaube ich, da gab ich mehr. Wenn ich nur Kleingeld bei mir hatte, habe ich ihnen das Kleingeld gegeben» (Martin, 36 Jahre).

Martin besticht mit Geld. Die Kinder sehen ganz schnell, dass Vater sie ‹kaufen› möchte.

Viel schwieriger ist es, Bestechung und Manipulation in den Verhaltensweisen der Eltern zu entdecken, die jedes Kind an seinen Eltern liebt: Sie mögen die Zärtlichkeit der Eltern und können nicht wissen, dass der/die Alkoholkranke sie für sich braucht und nicht verschenkt. Sie genießen die größere Freizügigkeit, wenn die Mutter aus schlechtem Gewissen vieles großzügiger erlaubt, als sie es sonst machen würde. Sie begeistern sich an der Spontaneität und Euphorie des Alkoholikers, die aus dem Wohlgefühl der ersten Rauschphase stammen und nichts mit dem Kind zu tun haben.

- «Meine Tochter, als sie so 16 war, die konnte jeden mit hierher bringen, Freunde und Freundinnen. Ich bin dann in die Küche gegangen. Ich weiß noch, das war damals die Zeit der überbackenen Toasts mit Tomaten und Käse. Alles das war mir nicht zu viel, alle kamen mit an den Tisch. Ich war gastfreundlich.
  Das machte aber das schlechte Gewissen. Und das muss ich auch noch dazu sagen, man tobt viel mit ihnen oder macht mehr mit denen, als wenn du normal, also wenn du jetzt nicht irgendwie angetörnt bist, hast du auch mal das Recht, einen schlechten Tag zu haben.

Aber wenn du trinkst, geht es einem ja nicht schlecht. Das gibt man ja nicht zu. Dann müsste man ja zugeben, warum es einem schlecht geht. Es geht einem also immer gut. Und das schlechte Gewissen, was in dir ist, das versuchst du durch besondere Großzügigkeit wegzuschieben. Wenn Vater sagt, ‹gibt es nicht›, kommt Mutter und sagt, ‹mach mal›» (Doris, 40 Jahre).

«Mein Sohn hat nie mitgekriegt, dass ich betrunken war.»
«Wie hast du das geschafft?»
«Ich hab unregelmäßig getrunken, morgens, mittags, abends, immer. Aber ich bin nicht besoffen gewesen, ich hab nicht irgendwo in der Ecke gelegen und hab gelallt. Ja, ich war aufgedreht, war lustig. Das fand er zum Teil ganz gut. Ich hab mit ihm dann auch Spaziergänge gemacht. Wir sind über die Weiden gegangen, haben Blumen gepflückt. Von mir aus einer Euphorie raus.
Vielleicht war da auch so ein innerer Widerspruch: Ja, jetzt haste getrunken, jetzt kannste dir das auf keinen Fall anmerken lassen. Er sollte ja nicht drunter leiden. Jetzt musst du irgendwas tun, was er gerne mag. Und er mag gerne über Weiden laufen oder sonst durch die Landschaft gehen. Und dann bin ich mit ihm losgetigert.
Ich hab das wohl eher getan, um mein eigenes Gewissen zu beruhigen, als das wirklich für meinen Jungen zu machen. Als Wiedergutmachung vielleicht.
Ich hab mit ihm getobt, mit ihm auf dem Fußboden rumgerangelt, das passiert auch heute noch, aber das ist anders, heute mach ich das bewusster. Wir haben von vorneherein so 'n kumpelhaftes Verhältnis, so: na du! Und das ist eigentlich auch so geblieben.
Vielleicht ist er zu leichtgläubig. Ich weiß nicht, ich konnte ihm immer leicht klarmachen: ‹Hör mal zu, jetzt ist Sense, jetzt ist Schluss. Ich bin jetzt kaputt, ich muss mich mal einen Augen-

blick hinlegen.› Ja, dann hab ich meinen Rausch ausgeschlafen, danach haben wir wieder was zusammen gemacht oder nicht» (Christine, 36 Jahre).

Als Christines Sohn erfuhr, dass seine Mutter Alkoholikerin ist, hat er die gemeinsamen schönen und spontanen Unternehmungen sicherlich nicht mit dem Alkoholismus in Verbindung gebracht.

Wie sollte er auch? Ihre kumpelhafte Gemeinsamkeit, die so anders war als bei den meisten anderen Kindern, die er kannte, gefiel ihm. Und er liebte seine Mutter, so, wie sie war. Und nun sollte seine Mutter nicht in Ordnung sein?

Seine Reaktion (als 14-Jähriger) zeigt seine ganze Verwirrung. Christine berichtet darüber:

«Was hätte ich ihm sagen sollen, wo ich einmal in der Woche hinfahre? Ich konnte ihm nicht sagen, ‹hör mal zu, ich treffe mich mit Freunden›. Das wäre ihm nicht genug gewesen. Ich wollte ihm nichts mehr vormachen. Das war mir einfach zuwider, ihm was vorzuerzählen. Da hab ich ihm klipp und klar gesagt, wo ich da hinfahre, obwohl ich schon seit einem Vierteljahr in die Gruppe (zu den Anonymen Alkoholikern, U. L.) fuhr. Da rastete er dann aus. Er war natürlich entsetzt. ‹Das stimmt nicht, du bist meine Mutti, du bist keine Alkoholikerin, und das ist doch gelogen.› Dann nahm er die ganzen Flaschen aus der Bar hier und hat sie alle weggeschmissen und ausgegossen. Er tobte sich hier fürchterlich aus. Das hat mir auch sehr wehgetan, aber ich hab ihn gelassen. Dann hat er sich nach 'ner knappen Stunde so weit beruhigt, dass ich mit ihm reden konnte.
Es mag sein, dass ihm heute im Nachhinein irgendwelche Situationen einfallen, die er jetzt von sich aus nicht mehr als Albernheit, die Spaß machte, bewertet, sondern dass er von sich aus auch denkt: ‹Oh, stopp, das war ein alkoholisches Verhalten, was sie an den Tag gelegt hat.› Und dass mein Verhalten von damals

im Nachhinein ihm nicht mehr gefällt. Nur, das hat er nie gesagt, auch nicht, wenn wir darüber gesprochen haben. Vielleicht verdrängt er auch diese Themen, nachbohren oder fragen möchte ich nicht» (Christine, 36 Jahre).

Die Mütter und Väter, die nicht trinken

- «Ich weiß nicht, ob sie (die Kinder) unter meinem Mann leiden, der alkoholabhängig ist, mit Sicherheit weiß ich, dass sie unter mir, ihrer Mutter, die dauernd mit ihrem Vater beschäftigt war, gelitten haben» (Ulrike, 34 Jahre).

Ulrike gibt nicht einfach dem Alkoholkranken die Schuld. Sie weiß um ihre eigene Rolle bei der Entwicklung der Familienkrankheit Alkoholismus. Sie sieht auch die Folgen ihres Verhaltens. Eltern streiten sich oft wegen der Kinder. Da man sich in Alkoholikerfamilien lange Zeit nicht mit dem Trinken auseinandersetzt, weicht man leicht auf Nebenschauplätze aus, z.B. die Erziehung:

- «Damals, als ich noch keine Ahnung vom Alkoholismus hatte, hab ich noch gedacht, der will mir in die Erziehung reinpfuschen. Ich verbiete was den Kindern, und er sagt: ‹ja›, nur um mich zu ärgern, und will mir zeigen, wer hier der Herr im Haus ist. So hab ich das interpretiert. Und ich hatte eine Stinkwut auf ihn.
  Die Kleine wurde jedes Mal wach, wenn er betrunken nach Hause kam und durch die Gegend torkelte. Die war eher wach als ich. Sie hatte ein Hochbett mit einer Leiter, da ist sie nachts runter, ist zu ihrem Papa ins Zimmer gegangen. Wir schliefen getrennt. Und dann hat sie verlangt, dass er vorliest. Das Buch stand oben rechts im offenen Bord vom Bücherschrank. Davor war ein langer Flur, der hat ihn immer gerettet, dass er nicht hinfiel. Denn

er schwankte von Wand zu Wand, die ihn auffing. Dann wieder zurück, und plumps aufs Bett. Da wurde vorgelesen, lallend mit schwerer Zunge. Aber ihr hat's gefallen.
Mein Mann hat auch den Nerv gehabt, ‹Mensch ärgere dich nicht› zu spielen. Das ist ein Spiel, das halt ich kaum aus, so nervt mich das. Ich hasse sowieso Würfelspiele, weil es da nicht um dein Können geht, sondern um Zufälle, und diese Scheiß-Zufälle mag ich nicht.
‹Mich nervt die Kleine so oft, och, lass uns mal ein Spiel zusammen machen, du kümmerst dich überhaupt nicht um mich.› Das ist immer wieder der Vorwurf. Ich hab nicht den Nerv, mit den Kindern zu spielen. Ich weiß nicht, woran das liegt» (Julie, 52 Jahre).

Die Abneigung der Mutter kann sich ganz subtil auf das Kind übertragen, wenn dieses zu offensichtlich den Vater bevorzugt.

Carola, die selbst Tochter eines Alkoholikers ist, erklärt, warum sie oft gar nicht mehr in der Lage war, auf ihre Kinder einzugehen oder mit ihnen zu spielen.

▬ «Ich glaub, die Kinder mögen Martin, weil er ja auch in seinem ganzen Wesen freier ist. Z. B. hat er mit den Kindern auf dem Bett rumgetobt und Kissenschlacht gemacht und diese ganzen wilden Sachen, die ich also nicht gemacht habe. Und ich glaube, dadurch hat er dann in dem Moment mehr die Zuneigung der Kinder gehabt. Auch mit dem Kartenspielen, ich kann keine Karten spielen, das mussten sie dann immer mit Martin, und dadurch hat er dann eben mehr die Zuneigung gekriegt.»
«Warum hast du das alles nicht mit den Kindern gemacht oder ähnliche Sachen, die ihnen Spaß machen?»
«Ich war mit meinem täglichen Programm, was man so hat als Mutter, beschäftigt, wie z. B. Schularbeiten, arbeiten gehen, Haushalt und dann natürlich die Sorge um Martin. Was wieder

passieren kann – vor allen Dingen dies: Sorge. Und eben auch dieses Vertuschen, damit die Nachbarn das nicht mitkriegten.
Ich hab manchmal mittags schon 'ne Vorahnung gehabt, dass er abends nicht nach Hause kommt. Dann hab ich mir wirklich die dollsten Geschichten vor Augen gehalten. Was alles passieren könnte, wenn! Und es sind ja auch wirklich Sachen davon eingetreten. Wenn ich den ganzen Tag gearbeitet habe und abends dann endlich zu Hause war, dann rief er nachts irgendwann an, ich musste ihn abholen. Das hat bei mir Herzklopfen und Aufregung verursacht bis zum höchsten Grad, bis zum Gehtnichtmehr.
In der Zeit konnte ich nicht mit den Kindern spielen. Ich musste mir Gedanken machen, was passierte, wenn! Und darum kreisten meine Gedanken, und darum, wie ich reagieren würde. Für mehr hatte ich keine Kraft.» (Carola, 30 Jahre. Ihr Vater und ihr Mann sind Alkoholiker.)

Auch Herma ist die Tochter eines Alkoholikers. Als ihr bewusst wurde, dass das Familiendrama ihrer Kindheit sich für die eigenen Kinder wiederholte, versuchte sie, es besser zu machen.

«Anders ist richtig, besser, weiß ich nicht. Ich hab also versucht, die Kinder herauszuhalten, so weit das ging. Während meine Mutter bedacht war, dass sich das vor unseren Ohren abspielte, die Auseinandersetzungen und dann die Kommentare wie: ‹Hab ich nicht recht› und ‹Stimmt das nicht›, ‹Guck doch mal›. Nun, wir waren damals auch älter als unsere Kinder damals. Schon als sie klein waren, hab ich versucht, dieses Problem, angetrunkener oder betrunkener Vater, zu verstecken. Ich hab also die Kinder ganz pünktlich ins Bett gebracht. Punkt sieben waren unsere Mäuse im Bett. Vor halb acht kam Thomas nie nach Hause. Bis halb neun waren die Kinder eingeschlafen.
Wenn wir gestritten haben, dann hab ich das nicht vor den

Kindern gemacht, also ganz bewusst nicht. Und wenn das doch mal hochkam, irgendwo, dann hab ich die Kinder zwar nicht rausgeschickt, sie sind häufig von allein gegangen. Sie sind recht eigenständig. Sie wissen auch, wann sie besser nicht mehr da sind.

Aber ich hab nie gefragt, mich nie an die Kinder gewandt im Streit, das tu ich also nie. Weil ich das als Kind als abartig empfand, ich als Oberschiedsrichter. Das war genau das, was ich ja nicht leisten konnte, wenn ich versuchte, mich anzupassen. Wenn ich einem recht gab, hatte der andere automatisch unrecht. Dann bin ich nicht mehr das, was ich sein will, um von allen auch gemocht zu werden. Diese Situation war bei uns zu Hause mit die unerträglichste. Weil damit ja die allgemeine Verunsicherung noch größer wurde. Mein ganzes Muster, das ich mir aufgebaut hatte als Kind, ging damit ja erst mal über die Wupper.

Das wollt ich meinen Kindern ersparen. Auch wenn wir uns heute streiten, das tun wir natürlich auch noch, zieht keiner die Kinder mit rein» (Herma, 40 Jahre).

Herma macht es anders. Ihre Kinder haben nie zwischen Vater und Mutter gestanden. Dennoch sagte sie: «Ich habe es mit meinen Kindern zwar anders gemacht als meine Mutter mit uns, aber unsere Älteste zeigt durch ihr Verhalten, dass sie doch was abbekommen hat.»

Es sind eben nicht nur die offensichtlichen Situationen, nicht nur die direkte Gewalt, die deutlich betrunkene Gegenwart des/der Süchtigen, die Spuren im Erleben der Kinder hinterlassen. Niemand kann sich vormachen, dass das Kind nichts mitbekommen habe, nur weil es Vater oder Mutter nie deutlich betrunken gesehen hat. Die *direkten* Auswirkungen der Trunksucht sind für alle in der Familie bedrohlich und ekelerregend.

Doch funktioniert das Skript der Familienkrankheit Alkoholismus gerade, indem sich der nicht trinkende Elternteil bemüht, die Alkoholsucht des Partners/der Partnerin vor den Kindern zu verschweigen, zu verstecken und so zu tun als ob. So wird es den Kindern unmöglich gemacht, ihre Gefühle mitzuteilen. Sie geraten nahezu zwangsläufig in einen Konflikt zwischen den eigenen Empfindungen und der ‹Realität›, die der nicht trinkende Elternteil inszeniert.

Wichtig ist es, festzuhalten, dass der nicht trinkende Elternteil vieles auffangen kann. Eine Untersuchung in Polen zeigt, dass die Kinder weniger vom Alkoholismus in ihrer Familie beeinträchtigt waren, deren Väter und Mütter, die nicht tranken, offen über die Alkoholkrankheit des Partners sprechen konnten, diese auch nicht vor Verwandten und Nachbarn verheimlichen mussten, und wo Trauer und Angst um die Süchtigen miteinander geteilt wurden und die Kinder auch die Liebe zum Trinkenden miterlebten.[25]

Zwiespältige Gefühle

In Alkoholikerfamilien sind die Beziehungen der Kinder zu den Eltern sehr ambivalent. Ist der Vater stark und brutal, schwankt ein Kind zwischen Sicherheit und Angst, wie Sonja.

- «Für mich ist Papa halt ein starker Mann. Er hat meine Mutter geschlagen, das wollte ich nicht. Ich hatte so zwiespältige Gefühle ihm gegenüber. Auf der einen Seite gab er mir Sicherheit, weil er so groß und stark ist und mich auch verteidigen kann gegen alle. Und auf der anderen Seite war die Angst. Die Stärke, die er ja auch gegen mich verwenden konnte. Und das hat er ja auch gemacht, er hat mich ja auch geschlagen. Ich bin oft genug mit meiner Schwester abgehauen, wenn er getrunken hatte» (Sonja, 29 Jahre).

Es ist schwer zu akzeptieren, dass Gefühle so widersprüchlich sind, so extrem auseinanderklaffen können. Auch wenn es für jemanden, der nicht aus einer Suchtfamilie kommt, verrückt erscheint, so ist es doch für Kinder und Erwachsene Kinder aus Alkoholikerhaushalten natürlich, mit extrem gegensätzlichen Gefühlen auf ihre Erlebnisse zu Hause zu reagieren.

Es fällt auch schwer, sich einzugestehen, dass man als Jugendlicher den Tod von Vater oder Mutter herbeigewünscht hat. Einige Male las ich in Zeitungen, dass ein Jugendlicher seinen Vater erschlagen hatte, mich überraschten stets die entsetzten und entrüsteten Kommentare. Ich empfand in dem Moment nur Dankbarkeit, nicht in eine solche Situation gekommen zu sein. Auch Marianne wünscht, ihr Vater wäre tot. Die Zuneigung zu ihm ist schon früh in Hass umgeschlagen. Sie hat ihren Hass zu Hilfe nehmen müssen, um am Leben bleiben zu können. Hass funktioniert anstelle der Liebe als Lebensenergie!

- «Hast du ein schlechtes Gewissen, wenn du solche Gedanken hast?»

  «Nein, kein bisschen. Wenn das so wie bei uns in der Familie ist, dann glaube ich nicht, dass man sich deswegen schämen müsste. Vater hat uns allen Grund gegeben. Ich lebe jetzt seit siebzehn Jahren. Seit ich denken kann, krieg ich Prügel, werd ich ausgemotzt oder sonst irgendwas. Als ich kleiner war, war es noch schlimmer.

  Ich weiß noch, ich war vielleicht 10 Jahre alt, da bin ich einmal total durchgedreht. Da wollte ich mich sogar umbringen. Das weiß ich noch ganz genau, wollte abhauen. Ich hab schon den Versuch gemacht, abzuhaun, ich hab's aber einfach nicht geschafft. Ich bin dann wieder nach Hause gegangen! Da hat keiner was gemerkt, auch nicht, dass ich mir schon vorher Sachen zusammengepackt hatte. Die hatte ich im Park versteckt. Aber ich hab's nicht geschafft. Dann bin ich wieder zurückgekommen.

  Dann wollte ich mich umbringen, ich bin total zusammengebrochen. Ich weiß nicht, wie man das so nennt. Ich hab voll geheult, voll rumgeschrien. Meine Eltern waren nicht da. Ich war allein, für mich.

Dann dachte ich mir, wart mal ab, irgendwann, wenn ich ein bisschen stärker bin, dann gibste alles wieder zurück, was er dir als Kind angetan hat.

Ich weiß nicht, ich schätze, ich hätte damals den Mut gehabt, mich selbst umzubringen. Aber dieser Gedanke damals, dieser Hass schon alleine, die Verachtung, die ich ihm gegenüber empfunden habe, hat mich immer aufrechterhalten. Ich dachte immer, den machste irgendwann mal fertig. Also, das ist, glaube ich, der einzige Grund, dass ich alles ausgehalten habe» (Marianne, 17 Jahre).

Ich möchte sie in den Arm nehmen und sie zu Menschen bringen, bei denen sie ihre Wut, ihren Hass zeigen und danach auch um ihre Kindheit trauern darf. Sie braucht Menschen außerhalb ihrer Familie, bei denen sie angenommen wird.

Verlass dich nicht auf deine Gefühle

Dieser kurze Satz fasst die Fülle der Erfahrungen, die Kinder in Alkoholikerfamilien machen, zusammen. *Verlass dich nicht auf deine Gefühle!*

Für ein Kind von Alkoholikern ist es Norm, nicht zu zeigen, was es fühlt. Vielmehr ist es gezwungen, Gefühle zu demonstrieren, die erwünscht sind, unabhängig davon, ob es sie empfindet oder nicht. Diese Kinder sind daran gewöhnt, ihre Zuneigung zu einem Elternteil zu verstecken, zu erklären oder verteidigen zu müssen. Sie haben zu dem Alkoholkranken eine ‹Ja, aber›-Beziehung, zu dem nicht trinkenden Elternteil ein ‹Ja, weil›-Verhältnis. Ihre Gefühle zu den Eltern sind vor allem von Widersprüchlichkeiten geprägt.

Diesen Kindern und Jugendlichen steht niemand zur Seite, der ihnen erklärt, was in ihnen selbst und was in der Familie abläuft. Niemand hilft ihnen, ihre widerstreitenden Gefühle auszusprechen. Niemand sagt ihnen, dass es in Ordnung ist, einen betrunkenen Vater abzulehnen, auch wenn man ihn sonst lieb hat.

Stattdessen werden sie von den Eltern häufig als Alibi und Zeuge gegen den Partner benutzt. Der «andere» Elternteil sieht meistens über die Gefühle und Bedürfnisse der Kinder hinweg. Der Alkoholiker/die Alkoholikerin blickt nur scheinbar hin und wieder auf das Kind. Die Flasche steht immer zwischen ihnen. Wie soll ein Kind das begreifen?

Erwachsen gewordene Kinder nehmen diese Verwundungen und Verwirrungen ihrer Gefühle mit in ihr heutiges Leben. Sie beschreiben, dass sie ihre Gefühle nur abgeflacht wahrnehmen, diese zeitweilig taub werden und dass sie plötzlich gar nichts mehr empfinden. Einige erleben dies als Erleichterung, da sie als Erwachsene schmerzlichen Gefühlen wie schon als Kind mit Verdrängung begegnen. Dieser innere Mechanismus unterliegt jedoch nicht der willentlichen Entscheidung.

Ebenso häufig werden Erwachsene Kinder von Emotionen überwältigt und sind unfähig, diese in den Griff zu bekommen. Sie durchleben Angst- und Panikattacken, ohne den genauen Anlass dafür zu kennen. Sie reagieren auf letztlich unwichtige Veränderungen in ihrem Umfeld überaus heftig. Viele leiden zeitweilig unter Depressionen und sind gequält von einer inneren Leere und Unruhe. Die Zuneigung zu einem Menschen kann plötzlich in das Bedürfnis, nur noch allein zu sein, in die Sehnsucht nach Schutz (ohne zu wissen, wovor) umschlagen.

Die Überflutung von Emotionen und die Stillstellung aller Gefühle sind zwei markante Formen, die sich als Folge der verletzten und verwirrten kindlichen Gefühle bei den Erwachsenen zeigen. Sie können auch ein Anzeichen für Traumatisierung sein. Es fällt Erwachsenen Kindern schwer, verwirrte Gefühle von heute mit Erfahrungen, die in der Kindheit gemacht worden sind, zu verknüpfen. Da man nicht weiß, warum man so stark oder gar nicht reagiert, da man nicht weiß, wie man sich selbst helfen kann, wachsen die Angst und die Verwirrung der Gefühle oftmals noch weiter.

«Ich hab immer danebengestanden»

Simone, 22 Jahre alt, erzählt hier, stellvertretend für andere, wie sie versuchte, zwischen Vater und Mutter ihren Weg zu finden. Ihr Beispiel zeigt das ganze Dilemma eines Kindes, das Partei ergreifen und Gefühle vortäuschen muss, das verstehen soll, was es gar nicht begreifen kann, dessen Gefühle missachtet werden, dessen Zuneigung in Ablehnung umschlägt und das am Ende allein dasteht.

Simones Vater ist Alkoholiker. Sie hat den Realschulabschluss gemacht, aber keine Berufsausbildung begonnen. Sie lebt mit ihrem sechs Monate alten Sohn von der Sozialhilfe. Hin und wieder jobbt sie. Seit sie 16 ist, lebt sie mit einem Freund zusammen. Simone ist lebhaft. Sie redet gerne, diskutiert leidenschaftlich und gut.

▬ «Ich weiß, dass mein Vater meiner Mutter so gut wie überhaupt kein Geld für die Hauswirtschaft gab. Wir hatten Sachen aus dem eigenen Garten, aber es fehlte Geld zum Einkaufen. Es gab auch immer Riesenstreit darum.»

«Hast du diese Streitigkeiten mitbekommen?»

«Ja, ich hab viel Streit mitbekommen. Erst mal, mein Vater kam von der Arbeit, meine Mutter zitterte dann gleich. Mir hat Vater nie was getan.

Man konnte ihm schon ansehen, es war dann irgendwas falsch. Er ging herum und hat irgendwas gesucht, wo er seine Wut ablassen konnte, und wenn's ein Teller war, der irgendwo verkehrt stand. Dann flog der Teller durch die Bude, der Blumentopf hinterher, und dann kriegte meine Mutter einen Satz Prügel. Einmal, da hat er sie so geprügelt, dass sie am Boden lag, mit den Füßen hat er reingetreten.»

«Was hast du dann gemacht?»

«Ich hab danebengestanden. Ich hab's jedenfalls gesehen. Ich kann mich nicht mehr genau erinnern. Ich hab meistens nichts gesagt. Mal hab ich geheult, ich hab manchmal gesagt: ‹Lass doch.›

Meine Mutter hat das selber nicht so gerafft und ist überhaupt nicht damit fertig geworden. Die wird jetzt auch nicht damit fertig.»

«Wie ist dein Verhältnis zu Mutter gewesen?»

«Ganz schlecht. Die Sachen, die mein Vater an ihr auszusetzen hatte, die hab ich ganz gut verstanden. Sagen wir mal so, ich fand, dass er recht hatte. (Sie lacht verlegen auf, U. L.) Meine Mutter, die hat versucht, mir das alles mit dem Trinken klarzumachen, aber auf eine Art und Weise, als ob man versuchen würde, einen 18-Jährigen mit Blumen und Bienen aufzuklären. Das hat mich dann so genervt, das fand ich so blöd.

Sie hat dann immer bei mir Gefühle vorausgesetzt, die gar nicht da waren, wie: ‹Du hasst ihn doch auch!› War aber nicht so. ‹Du findest ihn doch auch ekelhaft!› Das war aber nicht so. Ich konnte auch nicht sagen: ‹Nein, das finde ich nicht.›

Und dann hat sie natürlich auch immer geheult, mit ihrem Heulen hat sie mich immer erpresst. Sie wollte mich auf jeden Fall auf ihre Seite kriegen. Mein Bruder und meine Schwester sind beide älter und haben sich sowieso ganz rausgehalten. Bei denen hatte sie gar keine Chance mehr gehabt.

Ab und zu war es auch, dass meine Eltern sich im Bett in die Wolle kriegten, dann kam sie nachts in mein Bett gekrochen. Ich wär dann am liebsten raus. Ich fand das so schrecklich, so widerlich. Auch vor allen Dingen, weil sie so kriecherisch war.

Also, ich lass mir überhaupt nichts gefallen, schon als Kind damals nicht. Ich bin in diesem Sinne nicht wie normale Kinder erzogen worden. Ich habe bestimmte Dinge von meinen Eltern angenommen, aber ich habe mir nichts sagen lassen. Ich bin mit 10, 12 Jahren schon nachts durch die Gegend getigert. Meine Mutter sagte: ‹Nein.› Und ich sagte: ‹Doch.›

Ich fand das Kriecherische bei meiner Mutter immer so scheußlich. Sie kam dann bei mir angekrochen, ‹du magst doch deine Mutter, du liebst mich doch!› Das fand ich so aufdringlich, diese ganze Art! Nach der Scheidung durfte ich ihn sowieso nicht erwähnen, dann brachen bei ihr sofort die Tränen aus. Sie hatte immer panische Angst, dass ich irgendetwas Positives über ihn erwähnen könnte.»

«Sie hat mitbekommen, dass du ihn mochtest?»

«Ja, sie hat das wohl irgendwie mitgekriegt, aber sie hat das ganz versteckt.»

«Was fandest du an deinem Vater gut?»

«Tja, mein Vater war von Kindheit an stolz auf mich. ‹Meine Kleine, guckt mal, ist sie nicht toll, und das ist *meine* Tochter!› Ich war immer strahlender Mittelpunkt, auch in den Kneipen.

Da waren mal Leute vom Schützenverein, die hatten eine Querflöte dabei, alle versuchten darauf zu spielen, keiner hat einen Ton rausgekriegt, und ich hab das dann geschafft. ‹Ja, meine Tochter, die muss das ja auch können. Die kann alles.›

Dann haben wir auch viel unternommen, was ich unheimlich gerne mochte. Wir sind viel spazieren gegangen zusammen. Wir sind zum Teil sonntagmorgens zusammen zum Angeln gegangen und den ganzen Tag unterwegs gewesen. Wir haben zusammen den Garten gemacht. Ich hab selber einen Garten gehabt, wir haben immer unheimlich viel zusammen gemacht, auch Sachen, die ich geliebt habe. Mein Vater hat sich ein Boot selber gebaut, damit sind wir in der Gegend rumgetuckert. Hier gibt's einen kleinen Fluss, und es ist alles unheimlich romantisch und idyllisch. Wir haben auch Picknick gemacht. Also, das habe ich immer alles ganz fürchterlich geliebt.

Er hat auch immer mit mir ganz wahnsinnig zusammengehalten. Er hat mich nur ein- oder zweimal angemeckert. Einmal hab ich in meinem ganzen Leben einen Klaps auf'n Hintern gekriegt. Da war ich auf ein Baugerüst geklettert und runtergeflogen. Das war mehr Schreck als sonst was. Dafür hat er sich auch noch entschuldigt später.
Heute spricht er bei seiner zweiten Frau immer noch von unserer wahnsinnig tollen Beziehung. Er sagt immer, ‹wir haben uns doch immer so gern gemocht, und jetzt kommt so was›. Ich sag dann, ‹Moment mal, diese wahnsinnige Beziehung, die ist schon etwas länger kaputt, damals, als dies und das passierte›. Da sagte er nur, das ist doch alles Quatsch, das sei gar nicht so gewesen. Ich müsste die ganze Vergangenheit vergessen und vor allen Dingen niemanden mehr beschuldigen. ‹Niemanden›, hat er gesagt, er hat sich nicht genannt dabei.»
«Was denkst du zu Vaters Vorschlag?»
«Ich denke, so einfach vergessen, das ist totaler Quatsch. Ich finde, man sollte das so weit aufarbeiten, dass das kein Problem mehr ist, durch Reden. Ich mein, das ist nicht unbedingt gesagt, dass man das unbedingt auseinanderkriegen kann. Ich glaube inzwischen, dass mein Vater und ich so verschiedene Weltanschauungen haben, dass wir da niemals auseinander (! U. L.) kommen würden.»
«Vergessen geht wohl nicht, aber verzeihen?»
«Ach, verziehen habe ich ihm schon längst, das mit dem Trinken hab ich ihm schon damals nicht übelgenommen. Irgendwann habe ich als Kind versucht, ihn von der Kneipe nach Hause zu schleppen. Er flog in die nächste Hecke und lag dann da und war am Heulen. Er hat sich dann entschuldigt dafür und gesagt: ‹Scheiße, ich bin besoffen. Ich kann nicht mehr stehen, und du bist ein kleines Kind und bringst mich nach Hause. Was denkst du von mir.› Das hat er damals gesagt, ich hab ihm das nicht übelgenommen. Ich hab das verstanden.

Er hat mir auch gesagt, als ich noch ein kleines Kind war, ‹es ist alles so schrecklich, und ich sauf immer, eigentlich will ich das gar nicht›.
So was hat er mir gesagt, und ich hab das verstanden, deswegen habe ich ihm *das* auch nie übelgenommen» (Simone, 22 Jahre).

Lieben – Die schwierige Suche nach einem Zuhause

Erwachsene Kinder ziehen, sobald sie können, von ihren Eltern fort, sie wollen sich ein eigenes Zuhause schaffen und jemanden finden, dem sie vertrauen und nahe sein können, sie wollen lieben und geliebt werden. Erwachsene Kinder aus Alkoholikerfamilien sehnen sich besonders intensiv nach einem Zuhause, in dem sie das zu finden hoffen, was sie bei ihren Eltern nicht bekommen haben: Sie wollen vertrauen und sich auf die geliebte Person verlassen können, sie möchten ihre Gefühle zeigen und so handeln dürfen und so akzeptiert werden, wie sie sind.

Es ist jedoch kein Wunder, dass Erwachsene Kinder, die tief in ihren Gefühlen verletzt worden sind, große Probleme haben, die Personen zu finden, die ihnen guttun, die ihnen Liebe, Aufmerksamkeit und Fürsorge geben.

Viele Erwachsene Kinder suchen ein liebevolles Zuhause und erhalten ein dramatisches, sie suchen Nähe und erhalten Distanz. Sie suchen etwas Besonderes und finden sich in Familiensituationen wieder, die ihnen aus der Kindheit vertraut sind. Sie wollen normal glücklich leben und brechen immer wieder aus dieser Normalität aus.

Störungen in Liebes- und Freundschaftsbeziehungen hängen davon ab, wie stark ein Erwachsener als Kind in seinen Gefühlen verletzt worden ist, wie wenig Verständnis da war, wie wenig Geborgenheit seine Eltern ihm geben konnten, wie wenig es als die Person gesehen wurde, die es war, wie sehr es als Ersatzpartner zu früh Verantwortung übernehmen musste, wie häufig Gewalt seinen Alltag zerbrochen hat. In den heutigen Beziehungen macht sich bemerkbar, wie lange sich ein Kind an die kranke Familienstruktur anpassen und sich psychisch verbiegen musste.

Wenn Erwachsene Kinder sich einen liebevollen Partner, eine Freundin wünschen, wenn sie sich nach einem Zuhause sehnen und wenn dennoch viele von ihnen trotz enormer Anstrengungen das Ersehnte nicht finden, dann müssen starke Gegenkräfte vorhanden sein, die nahe Beziehungen erschweren oder unmöglich machen.

Ich habe dargestellt, dass für Erwachsene Kinder Vertrauen schwierig und Gefühle nie einfach sind. Nun beschreibe ich in diesem Kapitel, wie die einschneidenden emotionalen Erfahrungen im Leben erwachsen gewordener Kinder von Alkoholikern sich in ihrer Angst vor Nähe äußern. Diese Angst drückt sich in verschiedenen Lebensweisen aus. Sie umfasst Einstellungen und Gefühle, die auch ich nicht mit mir in Zusammenhang gebracht hätte, da sie sich für einen selbst so versteckt zeigen. Auch als *co-abhängig* hätte ich mich nicht gesehen.

Die verborgene Angst vor Nähe wirkt sich bei Erwachsenen Kindern größer aus als ihr Wunsch nach Liebe und einem Zuhause. In ihrem bewussten Verhalten scheinen sie zwar auf andere Menschen zuzugehen, doch unbewusst steuern sie die Entwicklung ihrer sozialen Kontakte in die genau entgegengesetzte Richtung. Enttäuscht und allein gelassen, beginnen viele die Suche nach einem anderen Menschen, der sie liebt und den sie lieben können, von neuem. Oftmals suchen sich Erwachsene Kinder «falsche» Partner, lassen sich auf Beziehungen ein, deren ruinöser Ausgang von Beginn an vorprogrammiert zu sein scheint. Diesen Kreislauf kann man durchbrechen. Es ist möglich, befriedigende Partnerschaften aufzubauen und sich nicht länger selbst in den eigenen Wünschen zu sabotieren. Der erste Schritt zur Durchbrechung dieses Kreislaufs besteht darin, zu erkennen, welche Ursachen einen daran hindern, die ersehnte Geborgenheit und den Halt zu finden.

Sich wertlos fühlen

Einen anderen Menschen lieben zu können und selbst als Person geliebt zu werden, das ist ein Wunsch, den wohl jeder hat. Doch gerät die auf Gegenseitigkeit beruhende Liebe für viele Menschen aus Suchtfamilien zu einem schwierigen Balanceakt. Ganz häufig stellt sich ein emotionales Ungleichgewicht schon zu Beginn einer Partnerschaft ein.

Um als Person angenommen zu werden, muss sich jeder öffnen und vertrauen können und dem anderen und auch sich nichts vormachen. Sich dem anderen ohne Maske zu zeigen fällt leichter, wenn man sich selbst annimmt. Sich selbst zu mögen ist die Voraussetzung, um an die Liebe eines anderen zu einem selbst überhaupt glauben zu können.

Sich selbst zu akzeptieren, wie man ist, fällt Erwachsenen Kindern unglaublich schwer. Da ist die Scham über das Elternhaus, sie sind nicht stolz auf Vater oder Mutter. Sie mögen diese Eltern zwar lieben, aber deren wahre Existenz verleugnen und verstecken sie oft.

Statt selbst jemand zu sein, wollen sie zuerst jemand nicht sein, nicht das Kind eines Trinkers oder einer Süchtigen. Ungefragt sagten mir viele, mit denen ich gesprochen habe: «Vaters/Mutters Trinken hat ja schließlich nichts mit mir zu tun, ich kann ja nichts dafür.» Sie müssen lernen, sich aus dieser Negativposition heraus anzunehmen.

Für den trinkenden Elternteil ist immer der Alkohol wichtiger als das Kind, für den anderen stehen die süchtige Person und das vergebliche Bemühen um Kontrolle der Situation im Mittelpunkt. Wenn das Trinken begann, existierte das Kind praktisch nicht mehr. Ein Kind zieht daraus den Schluss: ‹Ich bin nicht wichtig, ich bin nicht liebenswert. Ich bin wertlos.›

- «Ich weiß nicht, was ich von mir halten soll, weil ich immer merke, wenn ich versuche, mich anzugucken, dann gucke ich mich durch die Augen anderer Leute an. Die sehen ja total was

anderes. Die sehen *mich* eigentlich kaum noch. Ich hab Schwierigkeiten damit, mich liebenswert zu finden. Ich merke, wenn Leute zu mir nett sind und auf mich zugehen, dass ich mich darüber wundere. Der oder die mag mich anscheinend, warum denn eigentlich, denke ich dann. So nach dem Motto, es gibt ja nichts Besonderes an mir, warum mögen die mich denn.»
«Was magst du an dir am liebsten?»
«Weiß ich nicht», sagt sie sehr leise nach einer Pause (Martina, 25 Jahre).

- «Letztendlich halte ich überhaupt nichts von mir. Also auf anderen Gebieten wohl, jedenfalls bin ich nicht liebenswert. So schlicht» (Anna, 40 Jahre).

Das Gefühlsmuster, sich selbst nicht liebenswert zu finden, geht damit einher, sich und die eigenen Bedürfnisse nicht wichtig zu nehmen. Erwachsene Kinder können sich meist sehr gut für andere einsetzen, Dinge nur für sich zu tun, fällt ihnen dagegen ungeheuer schwer. Deshalb ist es ein wichtiger Schritt auf dem Weg zur Entwicklung eines positiven Selbstwertgefühls, sich in den kleinen Dingen wichtig zu nehmen:

- «Ich übe, handlicher zu werden für andere Menschen. Es fällt mir eben sehr schwer zu sagen, ich brauche Menschen.
  Handlich meine ich im Sinne von zugänglich, also aussprechen zu können, ‹ich brauche jemanden›. Das erste Mal, wo ich das bewusst gesagt hab, da stand ich da neben meinem Therapeuten in einer Versammlung aller Klienten und hielt seine Hand. Der hat nun hin und wieder mal seine Hand weggenommen, weil er was machen musste. Da hab ich das erste Mal gesagt, ‹ich brauche deine Hand›. Ich hätt mir am liebsten auf die Zunge gebissen. Da bin ich wieder ein Stück weitergekommen» (Carla, 32 Jahre).

Wenn es einem Erwachsenen Kind gelingt, sich einem anderen Menschen anzuvertrauen, entsteht das Gefühl, sicher zu sein, nicht unmittelbar. Diese emotionale Sicherheit kann nur langsam durch gute Erfahrungen wieder aufgebaut werden.

In ihren Familien haben Erwachsene Kinder sich selbst dafür verantwortlich gefühlt, von den Eltern so oft mit ihren Gefühlen allein gelassen zu werden. Sie glaubten, schuld an den Streitereien der Eltern zu sein. Da Kinder Negatives wie Positives auch dann auf sich beziehen, wenn gar kein Grund dafür vorhanden ist, empfinden Erwachsene Kinder einen starken Drang, diese ‹hässlichen› Stellen in der persönlichen Geschichte vor anderen zu verbergen. Dies ist kein bewusster Vorgang. Man lässt – ohne sich dessen bewusst zu sein – die Angst-, Scham- und Schuldgefühle nicht zu, da sie, auf einmal erlebt, zu schmerzhaft, zu überwältigend wären. So kommen auch bei den Erwachsenen Kindern, die sich mit ihrer Vergangenheit auseinandersetzen, Erinnerungen erst nach und nach hoch. Wenn diese Gefühle identifizierbar werden, schiebt man sie dennoch oft wieder zur Seite, da sie dem Bewusstsein so paradox und unsinnig vorkommen. Wofür sollte man sich als Erwachsenes Kind noch immer schämen, warum Angst haben, wenn doch gar kein Grund da ist, warum sich dabei schuldig fühlen, wenn man endlich für sich besser sorgt und sich um sich selbst mehr kümmert? Yvonne beschreibt dieses Bedürfnis, ‹hässliche Stellen› verbergen zu müssen. Obwohl sie erst 17 Jahre alt ist, überrascht die erschreckende Klarheit ihrer Worte:

- «Auch das Gefühl der Nacktheit und der Bloßheit vor anderen ist schrecklich, so verletzlich dazustehen! Denn man möchte das, was man verbergen möchte, um jeden Preis verbergen. Weil es einem selbst so schmutzig und verabscheuungswürdig vorkommt, dass man alles dafür tun würde, um nicht erkannt zu werden.

Und der Mensch ist ja gewitzt, der schafft es ja gut, sich Leiden und Schmerzen vom Leib zu halten.
Eigentlich schafft man es nicht, weil es ja da ist. Aber man kann so tun, als wäre es nicht da, indem man einfach wegschiebt, indem man nicht versucht, darüber nachzudenken, und indem man eben lügt, indem man sich und anderen was vormacht» (Yvonne, 17 Jahre).

Die Erfahrungen, die Kinder sammeln, die in einer Alkoholikerfamilie aufwachsen, habe ich in den ersten Kapiteln dieses Buches dargestellt. Für ein Erwachsenes Kind sind dies keine ‹toten›, von seinem gegenwärtigen Leben abgeschnittene, sondern akut wirksame Erfahrungen.

Alle Personen in einer Alkoholikerfamilie, in der eine Person trinkt, haben ein geringes Selbstwertgefühl. Wenn ein Alkoholiker meint, seine Sucht in seiner Familie und nach draußen verstecken zu müssen, wenn er mit dem Ekel vor sich selbst und seinem täglichen Versagen lebt, bleibt nicht viel Selbstachtung übrig. Darum schafft sich der Süchtige Gründe, um weiter trinken zu dürfen. Die Ansprüche an alle in der Familie wachsen, niemand kann sie erfüllen. Schon gibt es wieder einen Grund zu trinken.

Kein Kind kann den Eltern immer die ‹richtige› Antwort geben oder alles ‹richtig› machen. Es gibt für den angetrunkenen wie den nüchternen Alkoholiker immer wieder Gelegenheiten, sein Kind runterzumachen, es zu blamieren und ihm die Schuld für sein Trinken zu geben. Kinder versuchen sich anzupassen, immer das zu bringen, was gewünscht wird. Auch das geht schief, denn die Mutter oder der Vater ist unberechenbar.

So wird der Alltag immer wieder durcheinandergebracht, und die Energie, die ein Junge oder ein Mädchen für Schule, Freunde, Spaß am Leben und an sich selbst haben sollte, wird zum bloßen Überleben aufgebraucht.

Das Selbstwertgefühl von Kindern kann zwar auch außerhalb des

Elternhauses gestärkt werden, z.B. in der Schule. Doch sind Lehrer bisher noch zu wenig auf die besonderen Probleme der Kinder von Alkoholikern aufmerksam gemacht worden und haben daher kaum Möglichkeiten, diesen Kindern gezielt und sinnvoll zu helfen. Dabei ist die Schule für viele Jungen und Mädchen aus Alkoholikerfamilien ein Schonraum, in welchem sie überschaubare Situationen, klare Strukturen erfahren. Sie können Zuneigung und Anerkennung erleben. Leider hängt die Möglichkeit solcher positiver Erfahrung oft davon ab, ob die Kinder trotz ihrer familiären Belastungen gute Leistungen erbringen und ob sie sich von den Lehrpersonen akzeptiert fühlen. In der Praxis erhalten bedauerlicherweise nur solche Kinder und Jugendliche diese Chancen, deren Verhalten sich durch überdurchschnittliches Anpassungs- und Leistungsvermögen auszeichnet. Auch wenn ein Alkoholiker den Stolz auf ein leistungsstarkes Kind offen zur Schau trägt, so ist dennoch nicht die Skriptvorschrift außer Kraft gesetzt, dass niemand in der Familie gesünder sein und sich wertvoller fühlen darf als der Alkoholiker. Das, was laut gesagt wird, ist in Alkoholikerfamilien eben nicht identisch mit der zwar unausgesprochenen, aber wirkungsvollen Realität. Ulla hat in der Schule und im Studium viel erreicht. Ihre Aussage verdeutlicht einen Bruch zwischen der Anerkennung ihrer Leistung und ihrer ganzen Person, den Erwachsene Kinder immer wieder als prägend bezeichnen:

- «Mein Selbstwertgefühl ist gespalten. Ich verkaufe nach außen ein hohes Selbstwertgefühl. Das kommt auch bei Leuten an, alle sagen: Gerader Weg, lässt sich nichts gefallen, attraktiv. Mir sagen auch Leute, dass ich selbstbewusst bin. Und mit dem, was ich halt so geleistet habe, da denke ich, da habe ich schon was geschafft, auch unter schlechteren Bedingungen als andere.
  Was diese emotionale Sache angeht, da hab ich gar keins, ich habe kein Selbstbewusstsein. Z.B. bei diesem Mann habe ich kein Selbstwertgefühl. Ich denke immer, ich muss kämpfen, kämpfen, um von ihm angenommen zu werden.

Ich bin eben gespalten, total gespalten, das weiß ich auch. Richtig schizophren. Ich fühle mich echt gespalten mit meiner Fassade, wo ich mich dahinter so kaputt fühle» (Ulla, 27 Jahre).

Kinder, Jugendliche und Erwachsene Kinder, die durch die massiven Angriffe auf ihr Selbstwertgefühl, auf ihr klares Denken und Fühlen geschädigt worden sind, glauben im Grunde, Aufmerksamkeit für sich gar nicht zu verdienen.

Die Angst, verlassen zu werden

Nicht nur Erwachsene Kinder haben Probleme mit nahen Beziehungen.

Streit, Ausweichen, Trennungen, das kennen auch Frauen und Männer, die nicht aus Suchtfamilien stammen. Störungen im Freundschafts- und Liebesbereich können nicht nur auf die Alkoholsucht des Vaters oder der Mutter zurückgeführt werden. Für fast alle Menschen ist der Prozess, eine selbständige Person zu werden, die sich und andere annehmen und lieben kann, eine schwierige Aufgabe. Die Furcht, nur zu zählen, wenn ich für jemanden etwas tue, wird durch unsere Ellenbogen- und Konsumgesellschaft genährt. Heute sind Beziehungen oft ‹Wenn … dann›-Bündnisse: ‹Wenn du dies und jenes tust, dann werde ich dich lieben›, oder: ‹Wenn ich dies und jenes tue, dann musst du mich immer lieben.›

Im Beruf, im Umgang mit unserer Umwelt zählen fast nur messbare Leistungen. Es ist heute manchmal wichtiger, was jemand verdient, als wer er oder sie als Person ist. Nicht wenige Menschen haben daher ein geringes Selbstwertgefühl.

Für Erwachsene Kinder geht es darum zu erkennen, dass ihre Gefühle zu anderen Menschen von den Erfahrungen im Elternhaus stark beeinflusst und geprägt sind. Eine Frau oder ein Mann aus einer Suchtfamilie hat eine schlechtere Startsituation als Menschen, die aus ‹intakten› Familien stammen. Das heißt, die Schwierigkeiten, die Menschen heute sowieso schon in Beziehungen zueinander haben, wirken sich für Erwachsene Kinder von Alkoholikern gebündelter aus.

Viele Menschen durchleiden Trennungen, werden verlassen. Sie trauern und erholen sich wieder, haben etwas gelernt, sind reifer geworden. Menschen, die als Kind wenig Geborgenheit erlebten, wie das fast immer bei Erwachsenen Kindern der Fall ist, brechen bei Trennungen unverhältnismäßig stark zusammen. Je stärker das Kind Gefühlen wie Angst und Entsetzen, Wut oder Hoffnungslosigkeit alleine ausgesetzt war, je weniger Geborgenheit, Sicherheit und Nähe ein Kind erlebt hat, umso unverhüllter werden eine Frau, ein Mann von der Angst vor dem Verlassenwerden überwältigt.

Die ursprünglichen Verlassenheitserfahrungen aus der Kindheit hat man vergessen, für nicht so wichtig gehalten, oder man hat sie abgehakt. Wenn das Thema auf bestimmte Kindheitszeiten kommt, klingt oft kein Gefühl an, eigentlich ist alles nur noch eine Story, oder man sagt: Das ist Vergangenheit, was hat das heute noch mit mir zu tun?

Diese Frage, die ich oft gehört habe, zeigt, dass die meisten von uns diese Gefühle verdrängt haben und sich nicht bewusst sind, wie sehr die Gefühle von damals die heutigen Situationen mitbestimmen, und zwar umso stärker, je weniger man sich dessen bewusst ist.

Wird zum Beispiel durch ein heutiges Ereignis an eine angsterregende und kaum erträgliche Situation aus der Kindheit angeklopft, dann wird man von den «alten» Gefühlen überflutet. Diese reißen einen mit, und man reagiert ganz so wie früher mit heftigen Gefühlen, von denen man gar nicht ahnte, dass sie existieren.

Meine Freundin Rose aus Palo Alto wurde als Kind immer wieder im Auto allein zurückgelassen, weil die Mutter mal eben etwas im Pub «einkaufen» wollte. Sie saß als kleines Mädchen oft Stunden in dem Auto, konnte nicht zur Toilette, hatte Durst, Hunger, Angst, da sie nicht herauskonnte. Denn das Auto wurde immer abgeschlossen. Das passierte im Sommer wie im Winter, und häufig blieb sie die ganze Nacht lang eingesperrt, während die Mutter sie beim Trinken vergessen hatte. Das Gleiche passierte auch zu Hause, die Mutter war weggegangen und kam erst irgendwann am anderen Morgen zurück.

Rose heiratete später einen traumatisierten Vietnam-Veteranen, mit dem sie 10 Jahre lang eine scheinbar glückliche Ehe führte. Ihr Mann verließ sie wegen einer Frau von den Philippinen, die er seit zwei Wochen kannte. Rose hatte zum Glück, so dachte ich, damals noch ein eigenes Leben, war sehr engagiert in ihrem Beruf, sie hatte einige wirkliche Freundinnen, ein eigenes Haus. Sie erkrankte ein Jahr nach der plötzlichen Trennung an einer besonders aggressiven Form von Multipler Sklerose und starb zwei Jahre später.

Ich weiß heute, dass *sie* diese Trennung nicht überwinden *konnte.* Sie war wieder verlassen worden – einmal zu viel.

Das Beispiel mag sehr krass ausgefallen sein. Gerade Menschen, die aus Alkoholiker- und anderen Suchtfamilien stammen, haben als Kinder häufig existenzielle Verlassenheit erfahren. Es gibt oft körperliche Trennung von Vater und/oder Mutter. Die fast ständige emotionale Abwesenheit, die durch das Trinken des Elternteils und der mangelnden Kraft der Eltern herrührt, verhindert, dass sie ihre Kinder so lieben, wie sie es gebraucht hätten.

Sie hätten eine Mutter benötigt, «die mit dem Kind einen intensiven Austausch pflegt. Und wenn die Mutter dem Kind eine sichere Bindungsfähigkeit mitgeben möchte, wird sie ‹feinfühlig› sein. Das bedeutet: Sie wird die Signale des Babys und kleinen Kindes erkennen, wird prompt darauf reagieren, so gut sie das kann, sanft und freundlich. Sie wird sich auf das Kind ‹einschwingen› und wie von selbst wird sie es wiegen, es herzen, es liebevoll umsorgen und pflegen, es schützen und in jeder Hinsicht achtsam mit ihm sein.» (Michaela Huber: Der innere Garten, Paderborn 2005 S. 24) Auf diese Weise entsteht eine Bindung, die ein Gefühl für einen selbst entwickeln hilft, für die eigenen Bedürfnisse, ein Gefühl, dass man Gutes erwarten darf. Wie soll eine Mutter oder ein Vater diese Verbundenheit, die ein Kind dringend braucht, herstellen, wenn die Eltern sich auf dem Karussell des Alkoholismus befinden?

Hinzu kommt, dass Kinder häufig auch physisch alleingelassen oder zu anderen Menschen gebracht werden, ohne dass sie irgendwelchen Rückhalt erfahren würden. Ein Kind reagiert entsetzt, wenn es physisch und/oder emotional alleingelassen wird. Panik, nicht überleben zu können, packt es. Ohnmacht lähmt das kleine Menschenkind, es fühlt sich in größter Angst von Auflösung bedroht.

Dies ist die Quelle vieler Verhaltensweisen, die Außenstehende meist nicht verstehen und die Erwachsene Kinder so schwer verändern können. Niemand will solch ein Entsetzen nochmal erleben, jeder tut daher alles, um solch eine Situation zu vermeiden.

Kommt ein Erwachsener, der mit so wenig Bindung aufgewachsen ist, in eine Situation, in der er verlassen wird oder sich damit bedroht sieht, dann übernimmt das kleine Kind in ihm die Regie. Die verdrängten Gefühle von damals schießen an die Oberfläche und überfluten die Gefühle des Erwachsenen. Die Situation ähnelt dem Treffen eines Erwachsenen mit einem Kind, bei dem der Erwachsene voller Angst die Hand des Kindes ergreift und paradoxerweise dem Kind die Führung überläßt, weil dieses ähnliche Situationen schon kennt. Gegenwart und Vergangenheit verschmelzen miteinander.

Das Kind nimmt die Hand des Erwachsenen und geht mit ihm wieder und wieder ins Entsetzen, in die Panik, in die Ohnmacht, denn das Kind kennt keinen Ausweg. Angst wird jetzt zum häufigen, oft nicht sichtbaren Begleiter.

Eine erwachsene Frau weiß, sie kann für sich selbst und ihr Einkommen sorgen. Sie kann, wenn sie Kinder hat, auch für sie da sein. Das Gleiche gilt für einen Mann. Normalerweise wird ein Erwachsener trauern, wenn eine Beziehung in die Brüche geht, auch wütend und verletzt sein. Oft fühlt sich derjenige, der die Beziehung fortsetzen möchte, dem anderen gegenüber machtlos.

Der Erwachsene aus einer Suchtfamilie jedoch, der physische und/ oder emotionale Verlassenheit erlebt hat, verknüpft unbewusst die Kindheitsgefühle mit dem früheren Erlebnis des *Verlassenwerdens* und regiert genauso wie früher mit Ohnmachtsgefühlen.

Ohnmachtsgefühle wirken zerstörender, als wenn man sagt: Ich kann die Situation nicht ändern, er/sie macht das, was er/sie will. Ohnmacht katapultiert einen zurück in die Zeit, in der man klein war, ganz und gar abhängig von Mutter und Vater. Damals ging es ums Überleben. Ein Kind kann selten allein überleben, wenn es niemanden hat, der für einen da ist. Ein Kind weiß nichts von Sozialfürsorge, die einspringen könnte, Pflegeeltern oder Heimen. Vater oder Mutter sind existenziell wichtige Personen. Trennung von ihnen lässt Kinder immer leiden und zu viele von ihnen verzweifeln. Da bleibt nur die schiere Panik, die – sobald sie vorüber ist – verdrängt wird, die jedoch bei jeder neuen Verlassenheitserfahrung auch den Erwachsenen erneut überfällt. Das Entsetzen, das sie hinunterreißt, ist so groß, wie es für sie als Kind war.

Als Erwachsener erlebt man heute in solchen Trennungssituationen bewusst, was man als Kind und Jugendlicher verdrängen – ja – abspalten musste: die Ohnmacht und den Schmerz. Beides war für das Kind zu groß, als dass sie es hätten ertragen können. Erinnert sich ein Erwachsener noch an Momente in der Kindheit, an Erlebnisse, die so schlimm waren, dass man alles abspalten musste, an den Schrecken, das Leid?

Nein, natürlich nicht, sonst hätte man es nicht ins Vergessen wegdrängen müssen! Ich erinnere mich auch nicht an diese Momente. Ich kann nicht zurück in die Kindheit gehen und so tun, als wäre ich ein Kind, die Welt mit meinen Kinderaugen sehen und sie auch so beschreiben, nur, um zu beweisen, dass es wirklich so schlimm war. Ich brauche das auch gar nicht. Ich weiß, wie ich mich als Kind gefühlt habe, ich weiß genau, wie ich mich in den Stunden gefühlt habe, an die ich mich gar nicht erinnere. Gerade diese aus dem Bewusstsein gerutschten Stunden kommen wieder zu mir zurück. Sie packen mich, lassen mich zusammenzucken und wegrennen oder mich verteidigen. Sie drücken mir den Hals zu, lösen Panik aus, ich spüre Angst. Wie lächerlich, sage ich zu mir, du hast gar keinen Grund, Angst zu haben. Doch sie breitet sich aus, bis der Tag zugehängt ist mit ihrer Düsternis. Sie überfällt mich, und ich will noch sagen: Nein, ich bin erwachsen, und mir tut niemand etwas. Vergebens. Die vergessenen Stunden und Ereignisse haben ihre Spuren tief in mich eingegraben, wie tiefe Schnitte in die lebenswichtige Rinde eines Baumes oder wie bei einer Software, die vor dem Löschen geschützt ist und die auch ein Hacker nicht von der Festplatte runterbekommt.

Meine Kindheitsgefühle mit ihrer dichten Konsistenz, ihrer schmerzlichen Ursprünglichkeit und ihrem Aufruhr schlummern in meiner Psyche, fast möchte ich sagen, Seele. Sie warten immer wieder auf eine Gelegenheit hervorzubrechen, um endlich die große Beruhigung zu erhalten, die es damals nicht gab, nach der sie sich so sehr sehnen. Meine alten Gefühle kennen ihre Auslöser und wachen sofort auf, sind augenblicklich da. Erschreckend gültig.

▬ «Mein Freund und ich, wir hatten auch Probleme mit der Sexualität, und ich wollte die in Angriff nehmen. Andererseits merkte ich, dass ich das nicht konnte, also ich bin so ein Mensch, ich hab Wahnsinnsängste, verlassen zu werden. Ich musste z. B. immer wissen, wann er nach Hause kommt. Ja, gut, er sagt, er kommt um zehn und ist um halb elf noch nicht da. Und ich bin dann fix und fertig. Ich lag da und dachte, der kommt nie mehr wieder. Es ging dann nichts mehr. Ich bin völlig abgedreht in solchen

Situationen. Nur noch, ‹der kommt nie mehr wieder›, und ‹ich bin jetzt ganz alleine›. Totale Panik» (Martina, 25 Jahre).

Ihr Freund hat sie inzwischen verlassen. Martina erkennt heute, dass ihr Bedürfnis, sich zu kümmern, nichts anderes als Festhalten, sogar Festklammern bedeutet. Doch sie konnte sich trotz besserer Einsicht nicht anders verhalten, da sie immer wieder von ihrer Panik überwältigt wurde.

Sie weiß nicht, dass sie das Leben mit ihrem Freund mit den Erfahrungen in der Kindheit verbunden hat. Sie mag denken: Dieses angstvolle, traurige, schmerzliche Gefühl hat etwas mit dem zutun, was ich heute erlebt habe. Dabei wurde von ihrem Freund «nur» der Auslöser betätigt.

Sie ist erwachsen, es gibt gar keinen Anlass, so panisch zu reagieren oder so abgrundtief verzweifelt oder sich so ganz und gar verlassen zu fühlen, so sehr, dass viele, wenn sie mit dem Verlassenwerden konfrontiert werden, glauben: ich muss sterben. Doch die Grenzen zwischen der Erwachsenen, die heute lebt und ihren Kindheitsgefühlen sind verschwunden.

Ein Mensch, der keine gute Bindung an die Eltern erlebt hat, keine Sicherheit und kein Geborgensein, hat einen großen Verlust erlitten und «neigt zu Angst- und Unsicherheitsbindungen, die sich durch übermäßiges Anklammern äußern.»[26]

Festhalten an Beziehungen, fast um jeden Preis

■ *»Ich habe da ein Loch in mir, eine starke Sehnsucht nach Geborgenheit, nach Ankommen und Zuhause sein. Sicherheit bräuchte ich und jemanden, der oder die es mir verspricht und wichtiger* *noch, der Mensch, der dieses Versprechen einhält. Dafür tue ich viel, ich tue fast alles dafür, manchmal mehr als ich je gewollt habe»* (Anja, 52 Jahre).

Die Angst, verlassen zu werden, verbunden mit dem geringen Selbstwert und dem Gefühl, als Frau, als Mann nicht gut genug zu sein, bilden den Nährboden für Beziehungen, die einem nicht guttun. Das bedeutet nicht, dass Liebe nicht vorhanden wäre. Gerade hier sind sehr intensive Gefühle im Spiel.

Die intensivste Liebe erleben die Menschen, die jemanden gefunden haben, der ähnliche Verletzungen wie sie selbst in seiner Kindheit oder Jugend erlebt hat. Fast ohne Worte entsteht eine Nähe, die so groß ist, wie sie nur in der frühen Kindheit gefunden wird: Der andere versteht mich, fühlt wie ich, will für mich da sein. Man erlebt, wie man getröstet und angenommen wird und will niemals mehr aus diesem Paradies vertrieben werden, so wie in dem Film ‹Harry und Sally›, wo die Frau zu ihrem frisch Angetrauten sagt: «Lass mich nie wieder hinaus in diesen Zirkus.» Zu meinem ersten Mann hab ich gesagt: «Falls du mal gehst, lass mir deine Schulter da.»

Das Paradies hält nicht, da zur Liebe mehr gehört als das Gefühl: Ich liebe dich, ich werde geliebt. «Die Kunst zu lieben» besteht auch darin, auf gleicher Augenhöhe miteinander umgehen zu können, sich selbst anzunehmen, wie man ist, sich selbst zu mögen, Konflikte austragen können, sagen was man möchte und was nicht und vor allem keine Verurteilungen, keinen Missbrauch dulden, keine Übergriffe, kein finanzielles und emotionales Ausbeuten.

Gudula hat immer alles für ihren Mann geregelt, darüber hinaus hat sie ihm ihre Zuneigung, Energie, Arbeitskraft und ihr Geld gegeben. Sie war auf ihn in einer Weise konzentriert, die sie für ihre eigenen Bedürfnisse blind machte. Auf Gudula trifft zu, was Janet Woititz über Erwachsene Kinder sagt, «sie stellen die Bedürfnisse anderer Menschen vor ihre eigenen»[27].

«Piet stand überhaupt nicht im Leben. Ich habe früher nie so über ihn gedacht. Er hat eine ähnliche politische Herkunft, so haben wir uns kennengelernt. Er hat kurz vor dem Abitur die Schule geschmissen und hat immer einen auf Hilfsarbeiter gemacht, aber nie durchgehalten, irgendwo lange zu bleiben. Er hat höchstens mal ein Jahr gearbeitet. Hat immer dieselben Probleme gehabt, keine Disziplin, morgens aufzustehen, immer schnell krankgemacht. Ich war rutz, putz total verknallt. Das bin ich auch immer viel zu schnell und blind. Er hat dann bei mir ein halbes Jahr herumgehangen. Dann hat er sich ein einziges Mal herausgezogen und fing an zu arbeiten. Aber auch nur mit meiner Kraft hat er das geschafft. Weil ich ihn jeden Morgen zur Arbeit gefahren habe und ihn nachmittags oder abends von der Arbeit abgeholt habe. Ich arbeitete auch. Im Winter konnte ich's dann nicht mehr organisieren. Ich hab ihn gezwungen, das muss ich dazusagen. Er hat sich überhaupt nicht um unseren Sohn gekümmert. Er kam nach Hause und war total genervt von dem Kind.

Dann hab ich gesagt, ich trenn mich von dir, ich schaff's nicht, ich halt das nicht aus. Ich bin nicht die geborene Mutter gewesen von Anfang an. Da hat er aufgehört zu arbeiten, er stand allerdings sowieso schon auf der Abschussliste.

Dann hat er studiert. Das Studium habe ich im Wesentlichen auch für ihn gemacht. Ich hatte auch studiert, danach sind wir aufs Land gezogen, weil ich spürte: Er sucht unbedingt den Weg zur Natur. Das Haus hab ich gekauft, ich hatte Geld geerbt beim Tod meiner Mutter. Er hat das Haus weiter ausgebaut, und immer hab ich Geld da reingesteckt. Ich hab's gemacht. Ich bin nicht nur Opfer. Er hat bei der Trennung jetzt seine Hälfte behalten, die andere Hälfte hat mir die Schwiegermutter abgekauft. Ich hab viel Geld dabei verloren. Ist auch egal. Weil ich aber endlich mal anfangen will, für mich was zu tun, ist es eigentlich gar nicht egal.

Ich habe doch eigentlich nichts für Piet getan. Man sollte eh nichts *für* jemanden tun. Ich hab einfach gedacht, ich möchte, dass er glücklich ist» (Gudula, 32 Jahre).

‹Alles, was ich für dich tue, mache ich eigentlich für mich.› Das ist wahr. Doch verbirgt dieser Satz auch die unausgesprochene Hoffnung, *wenn* die andere Person glücklich ist, *dann* bleibt sie bei mir und verlässt mich nicht. Der andere gibt mir dann, was ich so dringend brauche, gibt mir das Gefühl von Sicherheit, von Selbstwert.

Diese geborgte Sicherheit stellt sich nicht automatisch ein. Ich stelle mir eine solche Beziehung als Wippe vor. Unten sitzt die Person, die arbeitet, sich kümmert, die sich verantwortlich fühlt, die an der Beziehung arbeitet, an sich und am Partner, die die andere Person emotional öffnen will, die um sie kämpft, die sich immer wieder anpasst, die sich selbst buchstäblich vergisst beim ständig wiederholten Versuch, den anderen dahin zu bringen, wo es für beide ‹richtig› sei.

Auf der anderen Seite der Wippe sitzt die Person, die den Auftrag hat, die unten Sitzende so zu lieben, wie diese es braucht, und sie nie zu verlassen.

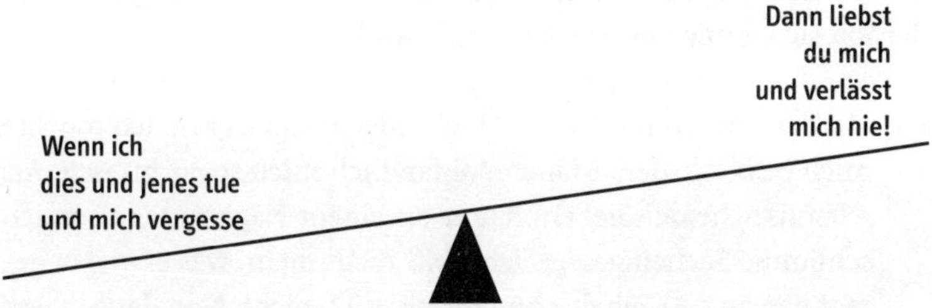

Diese ungleich gewichtete Wippe zerstört jede Beziehungsbalance. Trotz all der Anstrengungen, Opfer und der Beziehungsarbeit ist die äußere oder innere Trennung die Folge. Streit, Auseinandersetzungen und Trennungen rufen bei allen Menschen Verlustängste hervor, doch Erwachsene Kinder haben häufig keine Basis, von der aus sie mit diesen Gefühlen in einer nicht selbstzerstörerischen Weise umgehen können. Stattdessen bricht ihr Selbstwertgefühl zu schnell völlig in sich zusammen, durch einen Streit oder eine Trennung fühlen sie sich immer wieder existenziell bedroht.

Die äußere Sicherheit, die einem ein anderer Erwachsener zu geben scheint, reicht normalerweise nicht aus. Ein Mann, eine Frau sind menschlich. Das bedeutet, sie können Fehler machen, andere tief verletzen, ihre Meinung grundlegend ändern, das Leben anders sehen und beurteilen, sich scheiden lassen, andere bevorzugen. Sie können verunglücken und sterben.

Fühlt sich ein Mensch nur durch die Beziehung zu einem anderen behütet und in Sicherheit, so ist er in Gefahr, diese geborgte Sicherheit schnell wieder zu verlieren. Nach der Partnerwahl erleben viele diesen erneuten Verlust. Die Trennung vom Partner oder das Ausharren in einer dysfunktionalen, missbräuchlichen Beziehung wiederholt Erfahrungen aus der Kindheit.

Gerade Menschen aus Suchtfamilien können Wiederholungen ihrer Kindheitssituationen nicht gut verkraften. Sie werden dadurch in ihre alten Kindheitsgefühle geschleudert, und ihr Unglück wiederholt sich, ohne dass sie das jemals wollen.

> «In der Ehe hat mein Mann viel heilgemacht in mir. Ich mochte mich besser leiden. Manchmal fand ich mich sogar hübsch. Als wir uns scheiden ließen, hat er an einem Nachmittag ziemlich schlimme Sachen gesagt. Ich weiß nicht mehr, was er genau gesagt hat, an den Inhalt erinnere ich mich nicht. Nur, danach war alles wieder in Scherben, so, als wenn das ganze Selbstwertgefühl als Frau nur eine Illusion gewesen wäre. Nichts stimmte mehr hinterher.
>
> Trotzdem bin ich immer wieder zu ihm hingegangen. Ich konnte einfach nicht anders, ich geriet in Panik, die ich nicht aushalten

konnte. Ich konnte nicht alleine bleiben dann. Ich hab meinen kleinen Sohn nachts ins Auto gepackt, wo er weiterschlief, und bin nach X gefahren. Da hab ich mich vor die Tür gestellt, bis er nach Hause kam. Ich hab da auch schon mal die halbe Nacht im Auto geschlafen, bis er an die Scheibe klopfte. Dann hab ich geweint und gesagt, ‹du musst nach Hause kommen, ich halt das nicht mehr aus›. Er kam dann mit. Aber nach ein oder zwei Tagen ging es wieder los mit der Streiterei. Ich wusste selbst, es hatte keinen Zweck, ich hab ja auch selbst die Scheidung eingereicht. Aber da war diese verrückte Panik manchmal, sich so verlassen zu fühlen» (Angelika, 36 Jahre).

Wenn die äußere Struktur der Beziehung sich plötzlich durch Unfall, Krankheit oder Schwangerschaft verändert, gerät die Beziehungswippe mit ungleich verteilten Gewichten vollends aus der mühsam aufrechterhaltenen Balance. Denn beide Partner haben, als sie sich kennenlernten, genau diese andere Person gewählt; zu ‹Wenn-dann-Beziehungen› gehören zwei Personen. Verändert sich eine, wodurch auch immer, so hat sie den wortlos vereinbarten Vertrag gebrochen. Es bleiben dann drei Möglichkeiten: Man kann so schnell wie möglich in die alten Verhaltensweisen zurückkehren, man kann sich trennen, oder *beiden* gelingt es, ihre *eigenen* Einstellungen, Gefühle und Handlungen zu überprüfen. Dies ist ein langwieriger und schwieriger Prozess, aber der einzig lohnende. Besonders häufig fallen beide Partner nach solchen Krisen in die gewohnten Verhaltensmuster zurück.

Gudula war den Belastungen in ihrem Leben nicht mehr gewachsen, sie wurde schwer krank. Zum ersten Mal war sie schwach, und ihr Mann hatte Gelegenheit, sich um sie zu kümmern und ihr Fürsorge und Unterstützung zu geben, die er bisher reichlich erhalten hatte.

«Ich habe eine schwere Operation hinter mir. Das war ein Todeskampf im Körper, das merkte ich. Ich erinnere mich nicht mehr an viel, weil ich die ganze Zeit unter Medikamenten stand. Mein Mann kam mich jeden Tag unter Stress besuchen, er musste immer unseren Jungen wegorganisieren, da der nicht mit auf die Intensivstation durfte.

Ich habe ihn immer gefragt, wie hast du das geschafft, mich nur erkundigt, wie es *ihm* geht, was ich heute ziemlich pervers finde. Als ich die Operation hatte und wach wurde, da sitzt er da, und ich denke, ‹toll, er ist dein Freund›. Das hab ich ganz tief gedacht. Nach fünf Wochen komme ich nach Hause mit dem Krankenwagen, ich werde nicht begrüßt, er liegt oben im Bett und ist krank.

Da war klar, ich muss es schaffen. Es war überhaupt nicht klar, und irgendwie war's doch klar. Es war klar, ich muss es wieder schaffen. Ich wollt auch ganz viel wissen aus der Zeit, ich wollt viel wissen von der Sorge, die er um mich gehabt hat, dass ich sterbe. Ich wollt so an seine Liebe herankommen. Da hat er sich unheimlich geweigert. Was er gemacht hat, ist, er hat mich beruhigt und ins Bett gebracht, als es ihm wieder besser ging. Ganz schnell hat er mir gezeigt, Mädchen, glaub jetzt nicht, es kann immer so weitergehen. Ich habe ganz viel Angst – immer vor dem Schmerz, allein gelassen zu sein, ganz furchtbare Angst vor psychischem Schmerz. Das muss ja irgendwo herkommen. Ich kämpfe, dass ich da ganz schnell durch bin.

Die Ärzte hatten mir nach der Operation gesagt, ich sollte mal ein Jahr zu Hause bleiben, ich sei so ein Machertyp. Und ich hab gesagt, ich geh jetzt arbeiten» (Gudula, 32 Jahre).

Gudula hatte sich als Partner einen Mann ausgesucht, der nur begrenzt fürsorglich sein konnte. Obwohl sie Erholung nach ihrer lebensbedrohenden Krankheit nötig hatte, übernahm sie wie zuvor die Verantwortung für ihre Familie. Sie nennt sich selbst einen Machertyp. Gudula hat ‹machen› als ihre Art, mit dem Alkoholismus ihrer Mutter umzugehen, gewählt. Dieses Verhaltensmuster ihrer

Kinder- und Jugendzeit hat sie mit ins Erwachsenenleben hinübergenommen.

Jedes Kind in einer Alkoholikerfamilie versucht, Schmerz, Scham und Wut sowie die Angst vor dem Verlassenwerden auszublenden und zu verdrängen. Diese Emotionen werden dann von den Erwachsenen meist gar nicht mehr deutlich empfunden, stattdessen breitet sich eine vage, doch quälende innere Leere aus, man wird unruhig, möchte weglaufen und verharrt doch traurig in diesem Gefühl und dem dazugehörigen Leben. Man verspürt ein Unbehagen, oft ein Unglücklichsein, dem man entkommen möchte, und weiß nicht wie.

Betty fasst dieses in ihrem Leserbrief zusammen.

»Obwohl ich zutiefst unglücklich bin, mich vernachlässigt und schlecht behandelt fühle, schaffe ich es nicht, mich aus der Beziehung zu befreien. Der Gedanke an das Ende löst bei mir eine solche Panik aus, dass ich es mit der Angst zu tun bekomme.»

Janet Woititz, die viel über Kinder und Erwachsene aus Suchtfamilien geforscht hat zieht, diesen Schluss: «Die Herausforderung, die Liebe dieser unberechenbaren und manchmal zurückweisenden Person zu erringen, wiederholt die Herausforderung eurer Kindheit. Ihr seid dankbar, wenn die unbeständige und widersprüchliche Person euch ein paar Brotkrumen zuwirft ... Ihr stellt eure Kindheit dar, wieder und wieder, weil die einzige Beständigkeit, die ihr kennengelernt habt, das Fehlen der Beständigkeit war.»[28]

Die vielen Krisen in solch einer Beziehung bringen die gleiche Aufregung hervor wie früher. Intellektuell mag man das einsehen, doch «es mag länger dauern, bis man wirklich diese Wahrheit in sich fühlt, denn man wurde in solch jungen Jahren auf Aufregung konditioniert.[29]

Dieser Adrenalinstoß fühlt sich vertraut an, wie auch die Leere anschließend, die von einer inneren Unruhe begleitet wird. Jeder versucht dieser Beunruhigung oder dem, was da fehlt, zu entkommen. Die Gefühle nicht fühlen zu müssen, etwas Ruhe zu finden, wird ein wesentliches, wenn auch unbewusstes Ziel. Es gibt verschiedene Wege, die meisten führen noch tiefer ins Unglücklichsein hinein. Ich beschreibe sie hier, weil es wichtig ist, sie im eigenen Leben zu entdecken und sich möglicherweise mit einem dieser Verhaltensweisen zu identifizieren – eine Voraussetzung für Veränderung überhaupt.

Co-Abhängigkeit

Eine Möglichkeit, um von sich selbst, von seinen Gefühlen abzulenken, ist, sich andauernd oder phasenweise auf jemand anderen zu konzentrieren. Das kann der Partner/die Partnerin sein, die wichtiger wird als man selbst, bis das ganze Denken und Fühlen fast ausschließlich um den Partner/die Partnerin kreisen. Man kann auch eine Aufgabe wählen und sich um hilfsbedürftige Kinder oder Erwachsene kümmern.

Die eigenen Gefühle zu übergehen und sich stattdessen gefühlsmäßig stark für andere einzusetzen wird auch als eine der Folgen des Verlassenwerdens in der Kindheit gesehen. Die eigenen Gefühle wurden, als man klein war, nicht beantwortet und gespiegelt. Als Kind erlebte man, dass seine Gefühle unwillkommen waren, vor allem seine «negativen». Es musste diese Emotionen blockieren und hat dieses Verhalten als aktive Schutzmaßnahme im erwachsenen Leben beibehalten.

Mit Intellekt und Anpassung haben viele ihr Leben ertragen können und auch geschafft, schmerzliche Befindlichkeiten zu ignorieren. Doch es gibt ein Bedürfnis, sich doch gefühlsmäßig zu engagieren, Liebevolles zuzulassen. Dies gelingt solchen Menschen eigentlich nur, wenn sie sich für andere einsetzen und dann warme und mütterliche Gefühle auf die Kinder oder Erwachsenen richten. Für sich selbst bringen sie wenig oder gar keine Mütterlichkeit auf.[30]

Viele, die auf diese Art ihre Aufmerksamkeit von sich ablenken, leisten aufopferungsvolle Arbeit für andere. Daraus resultieren allerdings untragbare Belastungen. Ihre eigenen Gefühle werden verdrängt. Diese suchen sich eine Bahn in Angst oder Panik, die einen überfallen können, andere reagieren mit Depressionen oder psychosomatischen Beschwerden und Krankheiten. Die tiefe Beunruhigung, die fast alles ist, was sie noch von den unterdrückten Gefühlen wahrnehmen, quält sie weiter, wie auch das Gefühl der Leere. Erwachsene Kinder, auf die diese Beschreibung zutrifft, bemühen sich um Halt in ihrem Leben, indem sie noch mehr arbeiten, sich noch intensiver um die Probleme anderer kümmern oder sich ärgern und Kritik zum Thema ihres Lebens machen. Die kann bei Männern ein Symptom für eine Depression sein. Sie sind dauernd beschäftigt und erschöpfen sich.

Diese Erwachsenen sind in Gedanken meistens bei anderen Menschen, deren Leben sie mehr beschäftigt als ihr eigenes. Sie urteilen über deren Lebensweise. Sie können sich anderen gegenüber anbietend und fürsorglich verhalten oder drängen sich auf. Auf jeden Fall richtet sich der Focus nach außen, weg von einem selbst: Was andere denken, tun oder ihnen sagen oder ihnen antun, bestimmt ihr Leben. Sie handeln und fühlen fast ausschließlich als Re-Aktion auf andere, ihre eigenen Gefühle sind damit zu sehr an andere gekoppelt. Jeder kann sie nun verletzen, in das größte Unglück stürzen. Sie geben anderen so viel Macht über sich.

Auf der Strecke bleiben die eigenen Bedürfnisse und Pläne, die meist gar nicht mehr realisiert werden. Das eigene Wohlergehen ist so sehr von anderen Menschen abhängig, dass fremde und eigene Bedürfnisse bis zur Ununterscheidbarkeit miteinander verschmelzen. Das gilt für berufliche wie auch für private Beziehungen. Eine Zeit lang funktionieren von diesem Ungleichgewicht geprägte Beziehungen aus allen Lebensbereichen scheinbar gut. Der eine gibt, der andere ‹dankt› es mit seiner Anerkennung und gibt einem diese geliehene «Geborgenheit».

Der emotionale Mechanismus, von sich selbst abzulenken, wirkt besonders gut in einer Liebesbeziehung. Dort kann man sich in der Atmosphäre wiederfinden, die schon in der Kindheit für Ablenkung sorgte, die ‹half›, die eigenen Gefühle gar nicht erst zu spüren. Dazu gehören Drama und ständiger Kampf, manchmal peinliches Kontrollieren, Misstrauen, aber auch Fürsorge und die unendlichen Möglichkeiten, für den anderen etwas zu tun, um ihn oder sie durch Liebe zu heilen, zu retten und glücklich zu machen. Am sichersten *misslingen* diese ‹Heilungsversuche› bei einem Süchtigen. Diese senden oft die von früher her vertraute doppelte Botschaft aus: ‹Ich hab dich lieb› – ‹Geh weg, ich will dich nicht›.

- «Wie ich schon erzählt habe, war mein erster Freund ein Sexsüchtiger, der zweite war ein Depressiver. Einer hatte nie Zeit für mich, der machte immer alles andere, und ich bin immer nur hinterhergelaufen. Der Letzte war wieder mit Alkohol beschäftigt.
  Die hab ich alle kennengelernt, weil ich immer die Therapeutin herauskehrte. Also, das mach ich nicht mehr, da muss ich aufpassen» (Sonja, 29 Jahre).

- «Mein Mann und ich kennen uns schon zwanzig Jahre. Als ich ihn kennenlernte, da hab ich peinlich drauf geachtet, dass er nicht trinkt. Ich war immer ganz stolz, dass er meinen Vater aus der Kneipe holen konnte und als junger Mann gar nicht trank.
  Als wir verheiratet waren, da wohnte er zwischenzeitlich in einer anderen Stadt, da hab ich erst mitgekriegt, dass der auch trinkt. Vorher hab ich das gar nicht bemerkt. Das hätte mir irgendwie auffallen müssen, aber sehr wahrscheinlich hat er das gemerkt und hat sich entsprechend verhalten, sodass das nicht auffiel.»

«Du hast trotzdem an der Ehe festgehalten?»

«Ja, ich weiß eigentlich nicht, was mich da gehalten hat. Wenn ich mir das überlege, dann widerspricht das so allem, was ich sonst machen würde. Mit 21 hatte ich geheiratet, mit 23 hatte ich die Nase voll. Da wollte ich eigentlich abhauen, aber weiter als bis zu einem Urlaub allein hab ich das nicht geschafft. Ich hab immer gedacht, das gibt sich. Da war der Verstand nicht besonders groß ausgebildet.»

«Könntest du sagen, es war halt die große Liebe?»

«Nein, glaub ich nicht, nein, in der Zeit war da nicht mehr viel» (Herma, 40 Jahre).

- «Ich hab gedacht, ich muss was tun, das war in dem Moment, wo meine Freundin sich so verhielt, dass ich dachte, die hat's ja echt nicht mehr unter Kontrolle mit dem Saufen.
  Früher hab ich mir dann gesagt, Strich drunter, Schluss mit dieser Beziehung. Das konnte ich bisher immer. Aber das ist jetzt eine Beziehung zu einer Frau, an der mir wirklich was liegt» (Birke, 35 Jahre).

Warum bleibt eine Frau, die selbst bei Alkoholikern aufgewachsen ist, bei einer Person, die trinkt, oder bei jemandem, den man wie ein Kind umsorgen muss, der nie eine nahe Beziehung eingehen will? (Dazu gehören auch alle Süchtigen, solange sie ihre Sucht nicht zum Stillstand gebracht haben und nicht an ihren emotionalen Schwierigkeiten arbeiten.)

Warum halten so viele Erwachsene Kinder von Suchtkranken es bei Partnern und Partnerinnen aus, die ihnen schaden und sie verletzen? Sie lassen sich anschreien, heruntermachen und ausnutzen. Sie lassen zu, durch Lügen, Betrug oder Schläge verletzt und gedemütigt zu werden. Sie kämpfen um jemanden, der nicht erreichbar ist, weil aktiv süchtig, verheiratet oder gar nicht bindungsfähig.

Es handelt sich bei den Frauen und Männern, mit denen ich gesprochen habe, um intelligente, gutaussehende Personen. Keines der möglichen Vorurteile traf auf sie zu. «Warum verlässt du deinen Mann nicht?», wird gefragt. Gleichzeitig schwingt die Kritik mit: Was bist du für eine schwache Person, dass du ihn nicht verlässt. Ab und zu traut sich jemand, diese Verachtung direkt anzusprechen: «Du bist ja abhängig.»

Das ist die gängige Bezeichnung vor allem für Frauen: beziehungsabhängig, von einem Mann gefühlsmäßig abhängig. Ein Stempel, der nichts deutlich macht.

Was sieht man, wenn man genauer hinschaut? Solch eine Frau (Gleiches gilt für einen Mann) verknüpft unbewusst ihre Kindheitsgefühle mit den heutigen Ereignissen, die zu Auslösern ihrer unerträglichsten Gefühle werden. Ihre erwachsene Hand greift noch immer die Hand des kleines Mädchens, und beide halten sich aneinander fest. Die Hände sind fest ineinander verschränkt, wie auch die Gefühle untrennbar zu sein scheinen. Die Erwachsene reagiert – ohne sich dessen bewusst zu sein – mit heftigen Gefühlen aus der Kindheit, Gefühle, die damals wie heute nicht aushaltbar sind.

Sie muss daher etwas tun – nicht bei sich, so denkt und fühlt sie, sondern beim anderen. Sie muss den Mann überzeugen zu bleiben, sie versucht, so zu sein, wie er es für richtig hält, nimmt seine verbalen Ausfälle und körperlichen Schläge hin, hält – wenn auch mit Groll – sein Trinken, seine Drogenräusche und Affären aus, verzeiht ihm manchmal oder hat gelernt, den Mund zu halten. All dieses macht sie wie unter Zwang, wenn er nur mithilft, dieses Gefühl von Sicherheit und Geborgenheit wiederherzustellen. Ist er wieder trocken, vielleicht sogar reumütig oder liebevoll, wirkt er wie sein besseres Selbst.

Sie glaubt seinen Worten, erlebt inneren Frieden. Es ist ein Friede, aber nur einer wie im Auge eines Wirbelsturms. Die Sonne scheint, der Himmel ist blau, kein Wind regt sich, für einige Zeit hat sie Ruhe. Dann kommt der Moment, indem er wieder ihre Auslöser betätigt, weil er selbst jemand ist, der nicht nahekommen kann und sich selbst nicht aushält, weil er selbst Wege sucht, seine eigenen Gefühle zu unterdrücken. Er fällt in seine alten Verhaltensweisen oder in die Sucht zurück. Sie hatte an Veränderung geglaubt, dachte, das Auge des Sturms würde sich in einen südlichen Himmel verwandeln und so bleiben.

Gerade dieses wechselnde Verhalten: liebevoll friedlich und danach der übliche «Sturm», erinnert jeden Erwachsenen aus Suchtfamilien an seine Kindheit. Gebrochene Versprechen ließen sie misstrauisch werden, trotzdem hofften sie wieder und glaubten mit ganzem Herzen der Zusicherung: Ab jetzt sofort wird alles anders! Daraus entsteht ein Paradox: *Erwachsene Kinder misstrauen jedem und glauben alles!*

Diese Wechsel in den eigenen Gefühlen sind so vertraut. Das Szenario erinnert an diese Art aufregender Liebe von zu Hause. Der Vater, die Mutter oder einer von beiden ist high vom Alkohol oder anderen Suchtmitteln, zugänglich und liebevoll, dann wieder abweisend und unerreichbar oder körperlich brutal und niedermachend. Alles ist so schrecklich vertraut. Vertrautes fühlt sich auch für den Erwachsenen immer noch sicherer an als neues Verhalten. Verlässt man das vertraute Unglück, schießen ungebändigte Angst-, Zorn- oder Panikgefühle hervor. Dieses Szenario war der Nährboden, auf dem kindliche Liebe wuchs. Nicht der ideale Boden, zu wenig Nahrung für Liebe zu sich selbst.

Kinder lieben eben, was für *sie* liebenswert ist, so verdreht uns Erwachsenen das auch vorkommen mag. Sie lieben den schwachen oder den starken Vater. Sie lieben die fürsorgliche Mutter oder die distanzierte. Sie lieben, weil Liebe für ihr Überleben wichtig ist, da spielt es erst mal keine Rolle, ob die Eltern unter dem Einfluss eines Suchtmittels stehen. Doch jedes Kind, das so aufwächst, spürt, dass diese Liebe trügerisch ist. Man muss auf der Hut sein, da die Stimmung gefährlich umschlagen kann. Man muss sich erklären, entschuldigen, Tatsachen verdrehen, eigene Gefühle übersehen und Theater spielen, um geliebt zu werden.

Wie in der Kindheit sagen sich Erwachsene Kinder: Vertrau dich niemandem wirklich an, bleib auf Distanz, fühl den Schmerz nicht, den du dir dabei antust, und sieh die Wirklichkeit nicht, wie sie ist. Nimm das Schöne, was du nehmen kannst, aber hab kein Vertrauen auf harmonische Zustände. Glücksgefühle sind mit Gefahr verbunden, alles kann jeden Moment wieder anders sein. Verlass dich nur auf dich selbst! Und dann finden sie einen Menschen, der ihnen für einige Zeit die Nähe gibt, die sie so suchen. Es verschmelzen Liebe und der Verlust von Geborgenheit miteinander. Alles ist wieder wie früher – ein mächtig gefühltes Gefängnis. Jede Frau, jeder Mann könnten durch die Tür hinausgehen und frei sein, nur auf sich selbst horchen. Doch man bleibt in dem vertrauten Gefühlschaos, in dem zur Liebe Angst, Demütigung, Alleingelassensein und manchmal auch körperliche Gewalt gehören, in dem immer etwas anderes wichtiger ist, so wie früher der Alkoholpegel des alkoholkranken Vaters oder der Muter. Diese Verbindung können viele bei sich aufdecken.

- Eine junge Frau sagte zu mir: «Ich verstehe gar nicht, warum ich Probleme habe mit Beziehungen. Ich würde das verstehen, wenn ich meine Eltern gehasst hätte, wenn sie mich im Stich gelassen hätten. Aber ich habe meinen Vater (Alkoholiker und vor einigen Jahren gestorben, U. L.) sehr geliebt und er mich. Wir haben uns sehr gut verstanden. Seit er tot ist, komme ich mit meiner Mutter sehr viel besser klar, und ich hab sie auch mehr lieb (auch die Mutter ist süchtig, U. L.). Es gibt also gar keinen Grund, dass ich da solche Probleme mit Beziehungen habe» (Kirsten, 26 Jahre, Gedächtnisprotokoll).

Die Erwachsenen Kinder, die beide Eltern ablehnen oder von sich wissen, dass sie einen Elternteil von sich weisen oder hassen, ahnen meist, dass dies ihr Vertrauen in eine Liebesbeziehung immer wieder erschüttern kann.

Doch auch Kirsten ist sehr in ihren Gefühlen verletzt worden, auf eine gefährliche Art verletzt worden, denn sie durfte nichts von den Verletzungen offenlegen, um die Liebe zum Vater zu erhalten.

Welche Form der Liebe lernen denn Kinder kennen, die in einer Suchtfamilie aufwachsen? Fragen Sie sich einmal:

Liebe ich – wenn ich mich um Mutter kümmere, sie ausziehe, zu Bett bringe, für sie sorge, obwohl ich eigentlich noch ein Kind bin?

Liebe ich – wenn ich ein Fehlverhalten wie Trinken und seine Folgen vor mir und dem anderen Elternteil erkläre, entschuldige und verteidige?

Liebe ich – wenn ich über meinen Vater, meine Mutter schweige, sie am Telefon verleugne, für sie lüge?

Liebe ich – wenn ich meinen Vater, der zu Hause wegen Gewalttaten rausgeflogen ist, aufsuche, ihn tröste, bei ihm bleibe, damit *er* nicht allein ist?

Liebe ich – wenn ich aus Angst vor Vaters oder Mutters Trinken meine Eltern kontrolliere, die Flaschen wegschaffe oder zu Hause anrufe, um jederzeit sprungbereit mich wieder einspannen zu lassen?

Liebe ich – wenn ich Mutter immer wieder anschreie, sie beschimpfe oder schlage, weil ich hilflos werde vor Mit-Leiden?

Liebe ich – wenn ich mich immer wieder anpasse, so bin, wie es für alle am besten ist, damit nichts Schlimmes passiert?

Liebe ich – wenn ich mit dem nicht trinkenden Elternteil Mitleid habe und mir alles anhöre, weil er oder sie sonst ja niemanden hat?

Oder verwechsle ich dann vielleicht ‹Liebe› mit einer immer neuen Mischung aus Fürsorge und Kontrolle, aus Aufregung und Angst, Zuneigung und Mitleid. Bin ich noch fähig, die Realität zu erkennen, wie sie ist?

Ich habe Kirsten geantwortet: Mein Vater war dann besonders lieb, wenn er einen bestimmten Alkoholpegel im Blut hatte. Meine Mutter war gutgelaunt und oft sehr zuversichtlich, wenn sie ihre ‹Tropfen› genommen hatte. Alkoholiker und andere Süchtige brauchen einen bestimmten Pegel, um sich wohlzufühlen. Wir Erwachsenen Kinder haben immer wieder Liebe erfahren, die auch von der Euphorie des Alkohols, des Suchtmittels, getragen wurde.

Wenn du und ich Probleme mit Beziehungen haben, dann, weil wir damals gespürt haben, dass das Verhalten unserer Eltern nicht immer echt war. Ich habe den Verrat an mir damals nicht sehen wollen und mir nicht erlaubt, meine Mutter irgendwie negativ zu sehen. Aber tief in mir habe ich gespeichert, dass diese Art Liebe (und eine andere kannte ich nicht) etwas sehr Widersprüchliches ist, dass Liebe und Unberechenbarkeit zusammengehören, dass Enttäuschtsein und Allein-gelassen-Werden für mich ‹natürliche› Bestandteile von Liebe sind, dass ich meist nur eine Funktion erfüllte: Man brauchte mich. Ich wurde nicht gesehen, durfte nicht die Kleine sein, die ich war. Für mich und viele andere Erwachsene Kinder heißt Liebe auch, nie das bekommen zu können, wonach man sich eigentlich sehnt: Geborgenheit und dass Lieben und Traurigsein zusammengehören.

Wie kann Liebe zu einem anderen Menschen für ein Erwachsenes Kind einfach sein?

Es verwundert jetzt sicher nicht, dass Kinder von Alkoholikern an Partnern Interesse haben, bei denen sie die vertrauten Widersprüche wieder erleben. Es sind auf jeden Fall aufregende Beziehungen, oft prickelnd vor Lebendigkeit. Es ist die Liebe, bei der Herz sich auf Schmerz reimt. In einer Alltagsbeziehung, die beide tragen kann und in der Glück sehr viel stiller daherkommt, gibt es diese sprudelnde Aufregung bei Treffen, diese Verzweiflung, wenn alles aus zu sein scheint, nicht. Man braucht auch nicht zu kämpfen und gegen jede Vernunft zu hoffen, die Wirklichkeit ändern zu können.

Es ist die Liebe, die blind macht statt sehend, die an der Grenze zum Außer-sich-Sein schon immer Romanautoren beflügelt hat. Nur, es ist keine Liebe, in und mit der man dauerhaftes Glück erreicht. Es ist immer nur eine geliehene Nähe und Geborgenheit ohne wirklichen Halt. Jemand, der/die im Strudel solch einer Ablenkungsverliebtheit lebt, sieht die Folgen nur mit Mühe und nur in den Stunden, in denen diese Liebe zu sehr wehtut. Wirklich sehen, was los war, kann man erst, wenn es zu oft, zu sehr wehgetan oder man das Ende einer solchen Beziehung akzeptiert hat.

- «Als ich am Montag bei einer Freundin saß, da hab ich gesagt, klar, ich hab mit ihm auch ‹glückliche Beziehung› gespielt. Jetzt kann ich das so sagen, dass ich so getan hab, als wenn wir fürchterlich glücklich miteinander wären. Als gab es da überhaupt nichts anderes. Jetzt denk ich, dass wir uns was vorgemacht haben.
  Also, ich hab mir da wirklich so einen Typen herausgesucht mit dieser Spannung, er war ein Chaot. Ich konnte mich auf nichts verlassen, dabei brauche ich das so unheimlich, dass ich mich auf jemanden verlassen kann. Es war so eine ständige Spannung, da kann man sich wieder ganz toll freuen, da ist es dann schön. Eigentlich ist es das totale Chaos» (Martina, 25 Jahre).

- «Ich erleb das im Nachhinein so, als wenn ich mich in der Beziehung nur an den schönen Sachen festhalten wollte. In bestimmten Situationen, wenn es für mich unerträglich wurde, dann schalteten sich meine Gefühle einfach ab. Ich spürte dann gar nichts mehr. Das war mir auch recht, irgendwie konnte ich dann meinen Kram weitermachen. Das passierte immer, wenn ich nah dran war, die Situation, in der ich steckte, zu begreifen. Also wenn mir klar wurde, der trennt sich nicht von seiner Frau, der bleibt bei ihr, nicht nur wegen der Kinder, der findet die Situation, wie sie ist, ganz gut. Das Einzige, was ihn stört, ist, dass ich das nicht einfach hinnehme. Aber dann erinnerte ich mich ganz schnell an seine lieben Worte, wie wichtig ich für ihn sei, dass er mich liebt, dass er sich wünscht, dass ich in seinem Leben bleibe. Ganz schnell verloren die anderen Sachen dann an Gewicht, oder meine Gefühle kippten einfach um, zack! Wie ein Lichtschalter, den man ausmacht. Dann wurde ich ruhig, plötzlich war mir alles gleichgültig, ich funktionierte dann wenigstens eine Zeit lang. Es tut ganz gut, mal ohne diesen Gefühlssturm zu sein. Das hielt aber meist nur wenige Stunden an» (Gisela, 44 Jahre).

- «Heute würde ich mit 20 Jahren etwas ganz anderes machen. Ich würd die Tür aufmachen und sagen: Das bin ich! Damals habe ich die Tür nur so einen Spalt aufgemacht, mehr auch nicht. So ganz durchgepasst hab ich da nicht.
  Dann hab ich mir was ausgesucht, was mich ganz legal daran hindert, was für mich zu unternehmen. Ich hab einen Alkoholiker geheiratet. So seh ich das heute bei mir» (Herma, 40 Jahre).

Herma berichtet hier stellvertretend für viele, dass sie nicht erst in der Ehe bestimmte Verhaltensweisen entwickelt hat, sondern dass sie sich ihren alkoholabhängigen Mann unbewusst ‹ausgesucht› hatte, da sie genau so eine Person brauchte, um sich von ihren eigenen Problemen abzulenken und nichts für sich in Gang bringen zu müssen.

Co-Abhängigkeit nennt man diesen ständigen Versuch, sich von sich selbst abzulenken. «Co-Abhängigkeit ist eine dysfunktionale (zerstörende) Art zu leben … die sich darin auswirkt, dass wir auf Dinge außerhalb von uns überreagieren und die Dinge in uns kaum wahrnehmen.»[31]

Für Frauen gelten einige Verhaltensweisen, die man bei Co-Abhängigen findet, in Teilen unserer Gesellschaft als wünschenswert. Doch eine Person, die sich kümmert, fürsorglich und hilfsbereit ist – Eigenschaften, die für Frauen und Männer erstrebenswert sind –, solch eine Person ist noch lange nicht co-abhängig.

Die Symptome der Co-Abhängigkeit müssen im Verhalten überwiegen und häufig und über einen langen Zeitraum vorkommen, bevor man von Co-Abhängigkeit sprechen kann.[32] Wenn jemand mit einem Süchtigen über lange Zeit lebt, so weist dies auf eine Co-Abhängigkeit hin.

Co-Alkoholismus, wie die Amerikaner zuerst dieses Bündel an Verhaltensweisen und diese Form, sich selbst zu vernachlässigen, nannten, umfasst mehr als die Opfer- oder Märtyrerrolle. Co-Abhängigkeit wurde zuerst bei den Familienmitgliedern von Alkoholikern festgestellt und umfasst alles Leiden, das durch eine zu starke Konzentration auf die Bedürfnisse oder das Verhalten eines anderen entsteht.[33]

Der Ursprung der Co-Abhängigkeit liegt in der Kindheit. Mädchen und Jungen, die emotional und/oder körperlich missbraucht oder vernachlässigt werden, müssen zu Verhaltensweisen greifen, die ihre Angst, Scham, Wut und ihre Schuldgefühle betäuben. Robin Norwood hat nur auf einige der Verhaltensmuster hingewiesen, tatsächlich existieren wesentlich mehr Verhaltensvarianten, als die bekannte Autorin beschreibt.

Denn auch unangepasstes Sündenbockverhalten ‹schützt› eine Zeit lang vor der inneren Qual. Wieder andere suchen die Schuld für alles, was in ihrem Leben schiefgeht, permanent bei anderen. Sie müssen selbst immer recht behalten und verlieren sich zu häufig in Ärger über andere, um nicht die Wunden und Schmerzen aus der Kindheit zu spüren.

«Einige unterdrücken ihre Pein durch Medikamente, indem sie alkohol- oder drogenabhängig werden. Man kann den Schmerz betäuben, indem man aufopfernd wie ein Heiliger oder das ewige Opfer ist. Andere werden zum Workaholic (arbeitssüchtig), müssen zwanghaft das Haus säubern, werden … abhängig vom Fernsehen, von Beziehungen oder Affären. Einige manipulieren andere, um deren Verhalten zu steuern, oder werden manipuliert, und die meisten erleben beides abwechselnd.

Wenn wir co-abhängig sind, bedeutet es auf einer tiefen, unbewussten Ebene, dass wir nicht das Recht haben, zu existieren, zu leben oder zu überleben. Wir fühlen so, da wir entweder wörtlich und offensichtlich oder eher versteckt und im psychischen Sinn wieder und wieder in unserer Kindheit im Stich gelassen und vernachlässigt wurden, bis Vertrauen ausgerottet war, sodass wir niemandem mehr vertrauen konnten.»[34]

Co-abhängige Menschen haben tiefe Grenz-Verletzungen erlitten, ihre Persönlichkeitsrechte sind immer wieder übertreten, ja niedergetrampelt worden. Es fällt ihnen deshalb schwer, sich losgelöst von anderen zu sehen, zu wissen, was sie selbst möchten und was ihre Bedürfnisse sind, die sich auf sie selbst und nicht auf eine andere Person beziehen.

Wer sich als co-abhängig erkennt, weiß von seiner Empfindlichkeit, mit der er auf das, was andere sagen und tun, reagiert, weiß, wie sehr die vermeintlichen oder tatsächlichen Bedürfnisse anderer die eigene Planung beeinflussen oder bestimmen.

- «Ich bin halt sehr brüsk, um möglichst zu vermeiden, dass mir Menschen zu nahe kommen. Ich hab also eher Schwierigkeiten gehabt ‹ja› zu sagen als ‹nein›. Und dann ist mein ‹Ja› gleich wieder grenzenlos, das andere Extrem. Mit der gleichen Folge, keine Grenze setzen zu können, die für *mich* gut ist» (Carla, 32 Jahre).

Wenn die Grenzen eines Kindes übertreten wurden, wenn ein Jugendlicher keinen oder zu wenig Schutz seiner Intimität erfährt, wenn seine Identität sich nur gehemmt entwickeln kann, dann fehlt auch dem Erwachsenen Kind oft die deutliche Grenze zwischen sich und anderen.

Beziehungssucht und Angst vor Nähe sind die beiden Seiten ein und derselben Medaille, die eine Person erleben kann, die sich nicht genügend entwickeln durfte, die keine eigene Identität gefunden hat und heute, ohne es zu wollen, mit den gleichen Verhaltensweisen wie in der Kindheit reagiert.

Deshalb «holt» sich ein Erwachsenes Kind oft das wieder in sein Leben, was es als Kind erlitten hat: den Alkoholismus, die kranke Familie und die aufregenden, aber zerstörerischen Beziehungen.

Angst vor Nähe

Die Angst, sich so zu zeigen, wie man ist, spüren viele Erwachsene Kinder von Alkoholikern. Diese teilen sie mit Menschen unserer Zeit. Den Schein wahren, das kennen auch andere. Wie groß die Angst ist, hängt zum einen davon ab, was versteckt werden ‹muss›, und zum anderen, wie stark dieses Bedürfnis zu verbergen zu Ersatzhandlungen zwingt.

Die Furcht, jemand könnte einen sehen, wie man wirklich ist, verbinden Erwachsene Kinder mit der Angst, dann verlassen zu werden, da sie sich selbst als nicht gut genug, nicht schön genug, nicht liebenswert genug empfinden.

Ein nicht gemachtes Bett kann man hinter der geschlossenen Tür verbergen, wenn man glaubt, sich sonst dafür schämen zu müssen. Gefühle, die man nicht zulassen will, müssen durch Handlungen überlagert werden, die keinen Raum für sie mehr lassen.

Männer sind es eher gewohnt, Gefühle nicht hochkommen zu lassen (‹Jungen weinen nicht› wird auf vielfältige Art variiert). Ihr Training gegen sich selbst wird gesellschaftlich unterstützt. Ihr Distanzbedürfnis können sie eher durch Arbeit außerhalb des Hauses, Hobbys, Sport und Männerrefugien ausleben, ohne dass dies besonders auffallen muss.

Frauen, die das gleiche Bedürfnis nach Distanz haben, fürchten sich oft zugleich davor, verlassen zu werden. Dieser Alles-oder-nichts-Position weichen sie aus, indem sie *nicht aktiv Distanz herstel-*

len, sondern sie *durch den Partner erleben* und dies in immer neuen Wiederholungen aushalten.

Frauen, die sich ihrer Angst, verlassen zu werden, und ihren Gefühlsverwirrungen (noch) nicht stellen können oder mögen, weichen ihren Gefühlen aus, indem sie unbewusst aufregende, ärgerliche oder neue schmerzliche Erfahrungen aufsuchen und an deren Stelle setzen.

Beide, Männer wie Frauen, deren Angst vor Nähe zu groß ist, können einerseits die Distanz in ihrer Beziehung selbst herstellen. Denn auch *in* Beziehungen kann man Abstand zum Partner wahren, z.B. durch viel Arbeit oder Süchte. Man kann sich andererseits auch die notwendige Distanz, von der man meist gar nicht ahnt, wie sehr man sie selbst braucht, durch eine Liebe zu jemandem schaffen. Häufig wählt man unbewusst eine Person, die selbst Distanz braucht, z.B. wählt man jemanden, der verheiratet, süchtig oder der aus anderen Gründen nicht bindungsfähig ist. Da ist man dann ‹sicher›. Fühlt man sich wertlos, kann man dies durch doppelte Anstrengung wettmachen, und man braucht, so glaubt man, keine Angst davor zu haben, verlassen zu werden, da man den anderen ja gar nicht ‹hat›. Meistens wird der Partner/die Partnerin als die Person gesehen, die einem selbst nicht nahekommen kann. Der andere wird als emotional verschlossen beschrieben, der sich mit viel Arbeit zupackt, suchtkrank ist, andere Partner vorzieht und der vor einer Beziehung, in der er Verantwortung mitübernehmen soll, wegläuft.

Trotz der Klagen über den Partner halten viele an ihrer Beziehung fest. Sie überlegen sich die nächste Szene im immer gleichen Film. Im Drehbuch stehen dann Sätze wie diese: ‹Wenn ich dies mache, wird er dann …? Ich halte mich besser etwas zurück, damit er nicht das Gefühl hat, ich laufe hinter ihm her. Ich rufe diese Woche nicht an. Ich lass ihn einfach mal stehen.›

Das sind Spiele, Tricks, hilflose Versuche, das zu bekommen, was einem freiwillig – einfach – nicht gegeben wird. Man macht immer das Gleiche wieder und wieder und erwartet andere Resultate. Das ist falsches und zerstörerisches Denken.

Schwieriger, aber lohnender wirkt sich der Prozess aus, den *eigenen* Anteil an dieser Beziehungsstruktur zu untersuchen und zu erkennen.

Es mag wahr sein, dass der Partner einem nicht nahekommen will oder kann und sich psychisch oder durch seine Lebensweise vor dem/der anderen verschließt. Doch auch wenn es schwerfällt und auch wenn es schmerzt, man muss den Blick auf sich selbst richten und dies erkennen und sich eingestehen: Es ist auch wahr, dass *ich* die sicherste Methode gewählt habe, um erst gar nicht die Angst fühlen zu müssen, die Angst, dass *mir* jemand zu nahekommen kann, dass ich gar nicht will, dass *mir* jemand nahekommt.

‹Angst vor Nähe› nennen die Psychologen dieses Phänomen. Es ist die Angst, sich einem anderen zu zeigen, wie ich bin, die Angst, den anderen miterleben zu lassen, wer ich bin. «Das Letzte, was ich sonst niemandem verrate» (Yvonne), meine dunkle Seite, die ich selbst nicht akzeptieren, die ich niemandem zeigen kann. Dafür konzentriert man sich auf ‹entfernte› Partner, die unter Umständen die gleiche Angst hegen. Keiner von beiden kann dem anderen die Hilfe geben, die sie beide brauchen. Erwachsene Kinder ‹nützen› auch die Fähigkeit, schmerzliche Tatsachen zu verdrängen und die Wirklichkeit so zu drehen, dass sie ‹ins Lot› kommt.

- «Ich hab ja auch diese besondere Gabe, ich habe einen Verdrängungsmechanismus, der unheimlich ist. Ich weiß nicht, ob du den nicht auch hast. Ich kann alles wegschieben, das gelingt mir für Wochen. Also ich nehme 'ne große Bürste und schieb das untern Teppich. Auch wenn der schon Falten wirft, geh ich immer noch drüber. Das geht! Bloß, darum ist mir auch so lange nicht aufgefallen, dass ich mit *mir* Probleme hab. Bloß, wenn ich dann anfange nachzudenken!» (Herma, 40 Jahre)

Das Nachdenken ist der Anfang eines mühevollen Weges, sich über sich selbst klar zu werden. Wie schwer dieser Prozess ist, wie sehr man sich in den Netzen der verwirrten Gefühle verfangen kann, gerade dann, wenn man anfängt, genau hinzuschauen, zeigt das folgende ausführliche Beispiel. Die junge Frau, die über ihre Beziehung zu einem wahrscheinlich bindungsunfähigen Mann spricht, bemüht sich zwar, zu einem Urteil über ihre Liebe zu kommen. Doch Trennung kommt für sie gar nicht in Frage, sie braucht zu diesem Zeitpunkt noch zu sehr die Ablenkung von ihren Schmerzen.

— «Ich las einen Artikel über das Peter-Pan-Syndrom. Das sind Männer, die von ihrer Mutter so verhätschelt werden. Genau wie der Mann, um den es hier geht. Die haben mehrere Beziehungen nebeneinander laufen und sind zu unreif für eine richtige Beziehung. In dem Artikel war ein Buch angegeben. Das hab ich mir sofort gekauft und verschlungen. Das war er, jetzt wusste ich, was dieser Mann für ein Problem hat. Ich hab stundenlang über ihn nachgedacht, wie ich ihm helfen kann, wie ich mich verhalten muss. Und all das andere lief weiter. Ich war inzwischen bei meinem Mann ausgezogen. Aber dieser andere Mann hatte immer wieder auch andere Frauen.

Irgendwann war mir alles zu viel. Da hab ich eine Stelle weit weg von hier angenommen. Aber mein Chef stellte mir nach, und da hab ich gekündigt. Ich ging wieder zurück zu meinem Mann.

Dieser andere Mann hat mich auch während der Zeit, die ich da gearbeitet hatte, öfter besucht als Peter. Mein Mann wäre in der Woche nie gekommen, das war ihm viel zu stressig. Der musste morgens früh aufstehen und arbeiten gehen, er war vernünftig. Wir sahen uns am Wochenende und fertig.

Der andere kam aber in der Woche. Der fuhr abends um acht Uhr los oder auch erst um zehn. Das war toll, dass der dann kam. Da konnte ich mich wieder eine Woche daran hochziehen, dann gingen wir schön essen und na ja. Und dann fuhr er wieder weg.

Zu dieser Zeit hatte er eine feste Beziehung zu einer Frau, die bei ihm wohnte. Ich hatte nichts anderes zu tun, als diese Frau zu ärgern. Das ging über anonyme Anrufe. Vom Äußeren her war sie nicht gerade attraktiv, ich hab mich dann mal in der Kneipe ihr gegenübergesetzt, ich saß nur da und guckte. Die war fertig. Das war der Triumph für mich. Irgendwann war diese Beziehung zu Ende. Weil sie dahinterkam, dass er nicht nur mit mir, sondern womöglich noch mit anderen was hatte. Die zog also aus.
Dann hatte er eine Freundin in München, die war sehr praktisch für ihn, weil die kam nur am Wochenende. Aber auch das wurde ihm irgendwann zu viel, weil die drei Tage hatte er da zu sein. Dann hab ich gedacht, jetzt ist deine Stunde gekommen. Ich wohnte hier schließlich alleine, mit der Scheidung, das lief auch.
Erinnerst du dich an meinen tollen Spruch, ‹ich will mit gar keinem Mann was zu tun haben, ich muss erst mal herausfinden, wer ich eigentlich bin, und mit mir selbst klarkommen›. Das war ich damals auch, alleine.
Ich wusste aber, in die und die Kneipen geht der, ich hatte immer Blickkontakt. Ich hatte auch einen siebten Sinn dafür, wo er nun hinging. Ich setzte mich in eine Kneipe, sagte nichts und guckte nur. Und der kommt rein. Der setzt sich auch nicht zu mir hin, der guckt, grinst, setzt sich irgendwo anders hin. So ging das die ganze Zeit. Immer wieder, immer wieder. Dann hat er mich hier mal wieder besucht, hat auch gleich versucht, hier mit mir in die Kiste zu gehen. Ich hab gesagt, ‹nein, tut sich nichts›. Das war natürlich absolute Fassade, ich machte jetzt die Coole. Ich hätte ja nichts lieber getan als das. Ich hab gesagt, nein, so nicht. Das war im Prinzip eine Erpressung, ich wollte ihn ja für mich alleine.
Dann hat er natürlich massiv versucht, mich in die Gänge zu kriegen. Das Ende vom Lied war, dass ich ihn wieder mit nach Hause nahm. Da nahm der ganze Klüngel wieder seinen Anfang

bis heute. Diese Münchnerin war ab dem nächsten Wochenende tabu. Ich dachte, oh, toll, auch schon erledigt. Aber es war trotzdem keine feste Beziehung. Aber die wollte ich. Dann war mir wiederum klar, nein, der ändert sich nicht. Das wird immer so weitergehen. Im Kopf hatte ich, klar, du musst dich von dem Kerl lösen. Das hat überhaupt gar keinen Zweck.

Einmal wollte er sich aussprechen, und dann hat er gesagt, ‹vielleicht finden wir ja im neuen Jahr doch eine gemeinsame Basis›. Ich sagte bloß, ‹das haste mir doch schon vor einem halben Jahr erzählt›. ‹Ja›, sagte er, ‹vielleicht hätte man das da schon machen sollen.›

Und in dem Moment denke ich nicht, dass der lügt! Ganz ehrlich nicht, der lügt nicht! Obwohl ich weiß, das ist kein Typ, der mir treu war. Ich hab wirklich im Innersten das Gefühl, dass der mich liebt. Das hab ich wirklich. Ich lass mir auch von keinem einreden oder ausreden, dass es nicht so ist.

Wenn ich das Richtige für mich herausfinden will, dann frage ich mich, wann fühle ich mich am besten. Dann weiß ich nicht, manipuliere ich mich in die Richtung, dass ich mich am besten fühle, wenn er z.B. hier ist. Oder ist es wirklich mein Gefühl, dass ich mich dann am besten fühle. Das ist nämlich die Frage. Es kann ja sein, da ich ja nun weiß – es ist kompliziert –, da ich ja nun weiß, ich muss darauf hinarbeiten, dass ich mich gut fühle. Im Hinterkopf hab ich den Mann. So, jetzt schalte ich das so zusammen, ich fühl mich am besten, wenn der Mann da ist. Und ich fühl mich dann auch am besten! Ich hab dann keine Magenbeschwerden, ich bin relativ ruhig, irgendwo glücklich. Wenn er dann weg ist, fühle ich mich nicht so gut, sondern irgendwie alleine und auch unsicher, weil ich nicht weiß, was der macht. Das ist wieder dieses Kontrollverhalten, oder dann fühle ich mich verarscht, dass ich mir sage, nein, wenn der sich vier Tage nicht meldet, kann das nichts Ernstes sein. Kann es trotzdem. Aber ich red mir dann ein, kann es nicht sein. Und da steigere ich mich dann so rein, dann fühle ich mich beschissen. Panik, ja sicher. Also ich fühle mich am besten, wenn er da ist. Also denk ich doch, ich fühl mich immer gut, wenn ich immer mit ihm zusammen bin.

Es gibt auch Situationen, wo ich alles ehrlich rauslasse, wo ich angerufen habe und gesagt habe: ‹Ich möchte jetzt, dass du kommst, mir geht es so schlecht.› Er ist nie gekommen. ‹Ich komme doch nicht aus Mitleid›, sagt er mir dann» (Ulla, 27 Jahre).

Ulla ist eine attraktive, intelligente, spannende Frau. Warum kämpft sie um diesen Mann, warum hängt sie fest an dieser Beziehung, die ihr wenig Liebe und Nähe, aber viel Schmerz und Aufregung und Distanz beschert?

Ulla, stellvertretend hier für viele, kann im Innersten offensichtlich nicht glauben, dass sie Grenzen setzen und sich damit wohlfühlen kann. Das Kind in ihr traut einer solchen Liebesbeziehung nicht, da hilft es auch nicht, intelligent zu sein, leistungsstark und attraktiv. Die Sicherheit im Herzen, ich bin liebenswert und gut genug, ich kann anderen vertrauen, mich auf jemanden verlassen, tue das aber nicht mehr blind, ich kann erkennen, wenn mich jemand verletzt, und entsprechend handeln, all dies fehlt oder ist noch wenig entwickelt.

Wenn man sich überlegt, in welcher familiären Atmosphäre Erwachsene Kinder ihre Erfahrungen mit Zuneigung, Sich-jemandem-Öffnen und -Anvertrauen machten, dann ist es nicht verwunderlich, dass sich eine tiefe Bindung zu einem Partner entwickeln kann, der genau wie Vater und/oder Mutter unberechenbar, nicht verlässlich, aber ab und zu liebevoll zu einem ist. Eine Double-Bind-Situation, in der das Kind früher unbedingt daran glaubte, trotz der emotionalen Vernachlässigung, der psychischen und/oder körperlichen Gewalt, geliebt zu werden. Fühlt sich ein Erwachsenes Kind in einer zerstörerischen Beziehung, wie Ulla sie erlebt, dennoch geliebt, hat es große Probleme, sich daraus zu lösen. Zu wirksam sind die alten Muster, nach dem es zu lieben gelernt hat. Nähe kann in solch einer Beziehung nicht entstehen. Vertrauensvolle Nähe hat ein Erwachsenes Kind in den meisten Fällen nicht kennengelernt. Nähe ist mit Angst besetzt, unvertraut und wird unbewusst vermieden.

Vera hat ihre Angst und Panik, die sie manchmal überfallen, wenn sie mit ihrem Partner zusammen ist, identifiziert. Hier ein Ausschnitt aus einem Brief an ihren Freund:

▬ «Auch die Erinnerung an Vaters Gebrüll, nachts, wenn er bei Mutter und mir die Tür eintrat, hat mir bewusst gemacht, woher diese für mich lange unerklärliche Angst gekommen ist. Seine Worte kamen mir wieder in den Sinn, sein ‹wörtliches› Gebrüll: ‹Muss ich mir als Mann den Zugang zu meiner Frau erst erzwingen? Was bist du für eine Frau, die die Tür vor ihrem Mann abschließt! Was bist du nur für eine Frau. Warte, ich komme, ich krieg dich schon noch!› Dazwischen Fußtritte gegen die Tür, der dumpfe Schlag und das Krachen im Türrahmen, wenn er sich dagegenwarf. Ich wusste nicht genau, was so schlimm daran war, sich einzuschließen vor Vater, wo er doch so oft besoffen nach Hause kam. Ich ahnte aber, dass da noch mehr im Spiel war zwischen Mann und Frau, etwas ganz Bedrückendes.
Das ist Vergangenheit. Die Männer, mit denen ich zu tun hatte in meinem Leben, waren nicht besoffen. Aber die Angst, bedrängt zu werden, die Panik, wenn jemand mich ganz für sich in Anspruch nehmen will, die ist da. Ich brauche dann Luft. Du hast miterlebt, wie ich in solchen Situationen Schwierigkeiten habe zu atmen. Ich brauche mehr Raum um mich als andere. Ich fühle so, ich habe keine anderen Gefühle. Ich kann mir dann keine schönen einreden. Im Gegenteil, sie überdecken oder zerstören jedes andere liebevolle Gefühl. Dann bin ich lieber allein» (Vera, 44 Jahre).

Vera hat seit der Zeit, in der sie diesen Brief schrieb, versucht, nicht mehr vor den unbequemen, quälenden Gefühlen wegzulaufen. Und sie will auch keine Ersatzhandlungen mehr an deren Stelle setzen. Sie hat inzwischen mehr Vertrauen zu sich selbst gefunden und kann ihr Distanzbedürfnis besser identifizieren. Sie bemüht sich zu akzeptieren, dass sie so ist und so fühlt.

Es ist schwierig, diese Angst in sich zu erkennen, bevor sie zugedeckt und weggeschoben wird. Kirsten beschreibt, wie sie ihr Distanzbedürfnis immer überspielte, indem sie sogar auf andere locker zuging. Sie spricht auch aus, dass es für sie, wie für viele Erwachsene Kinder, wichtig ist, die Kontrolle zu behalten, auch über die Gefühle. Eine Kontrolle, die man so lange brauchen wird, bis man diese Gefühle zulassen darf/kann und sie nicht immer wieder unterdrücken muss.

«Ich hatte nie Angst vor Nähe. Das hätte mir mal einer erzählen sollen. Ich kann doch jeden, den ich mag, in den Arm nehmen und Küsschen geben! Ich bin doch diejenige, die immer auf Leute zugeht.

Das erste Mal, als ich ahnte, was wirklich los ist mit mir, war, als meine beste Freundin bei mir zu Besuch war. Ich saß auf dem Sofa, und auf einmal setzte die sich zu mir hin. Ich fand das ganz schlimm. Ich bekam einen Schweißausbruch, ich wurde ganz unruhig und all das. Dann wurde mir klar, es ist das gleiche Gefühl, das ich habe, wenn mir sonst jemand zu nah kam. Da wusste ich, hoppla, du kannst also nicht haben, wenn jemand zu dir hinkommt, du kannst Nähe nur ertragen, wenn *du* sie kontrollierst. Du musst selbst bestimmen, ob du neben jemandem sitzen willst oder wenn du jemanden in den Arm nimmst. Jemand anders darf das nicht einfach. Du kannst Nähe nur ertragen, wenn du sie selbst bestimmst, wenn du die Kontrolle darüber hast» (Kirsten, 26 Jahre. Gedächtnisprotokoll).

Das Bedürfnis nach Distanz

Ein Teil der Menschen, die Angst vor Nähe und Angst vor dem Verlassenwerden haben, stellt bewusst diese Distanz zu anderen her. Dies kann man, indem man versucht, die Kontrolle über eine Beziehung zu behalten, indem man den Charakter der Beziehung bestimmt.

- «Für mich ist Papa ein starker Mann, der hat mich geschlagen und auch meine Mutter. Das wollte ich nicht. Deswegen hab ich mir einen Dünnen ausgesucht, den ich fertigmachen kann, wo ich immer die Kontrolle hab. Früher hab ich mich hässlich gefühlt, das hat sich erst gegeben, jetzt, wo ich dick bin. Jetzt kann ich besser zu mir stehen als vorher. Eine ganze Weile hat das Dicksein mir geholfen.»
  «Wie hilft dir das Dicksein?»
  «Mir hilft's, damit Männer nicht an mich herankommen. Das hat einfach zu sehr geschmerzt. Ich hab einige Zeit Männer mitgenommen und gesagt: ‹Ich schlaf nicht mit dir, ich möchte nur Nähe haben. Ich möchte mit dir zusammenliegen und kuscheln und nichts sonst.›
  Das wollten die natürlich nicht. Ich hab's dann aber für mich hingekriegt. Aber dieses Kämpfen drum war natürlich immer Scheiße. Ich wollt das Kuscheln natürlich gerne ohne diese Kämpfe. Aber das waren so die Momente, wo ich als Einzige relativ ehrlich war, was meine Bedürfnisse angeht. Wenn ich daran denke, dass ich danach wesentlich schlechter mit mir umgegangen bin, indem ich's halt zugelassen habe, obwohl ich gar keine Lust hatte, mit dem dann zu schlafen» (Sonja, 29 Jahre).

Nähe zulassen kann man nur, wenn man die eigenen Bedürfnisse entdeckt, sie nicht mehr beiseiteschiebt, sondern sich selbst erfüllt oder als Wunsch äußert.

Wenn man um einfache Bedürfnisse immer wieder kämpfen muss, dann ist dieser Partner nicht jemand, dem *ich* nahekommen kann. Eine einfache Schuldzuweisung, ‹die Männer wollen nur das eine›, trifft nicht den Kern. Denn auch wenn die Aussage stimmen sollte, so ist die Zielrichtung wieder nur ablenkend auf den Mann gerichtet. Den anderen kann ich nicht ändern. Aber ich kann mich ändern.

Hier kommt oft der Einwand von Frauen, warum sollen *wir* uns immer ändern, haben die Männer etwa nicht Grund genug, endlich bei sich mal zu gucken, bei sich anzufangen. Irgendjemand muss ihnen das doch mal klarmachen.

Diese Diskussionen werden auch häufig mit Männern geführt. Ich erinnere mich gut an den Abend, an dem ein Mann besonders hartnäckig mit mir diskutieren wollte! Er war recht intelligent, und Bücher lesen und nachdenken konnte er auch selbst, fand ich plötzlich. Ich stand auf und erklärte diesem Mann, ich würde jetzt tanzen (das heißt, auf *meine* Bedürfnisse eingehen). Ich hätte keine Lust mehr, ihm zu erklären, warum Männer sich auch ändern müssten.

Den jeweiligen Mann ändert eine Frau nicht, aber sie kann Beziehungen, in denen sie um ihre Bedürfnisse kämpfen muss, aufgeben. Zugleich kann sie sich fragen, wozu sie diesen Dauerkampf eigentlich braucht, einen Kampf, der einen nur verletzt und auslaugt, der die Mauer zwischen beiden Partnern nicht niederreißt.[35]

Viele Erwachsene Kinder spüren die Mauer, die sie zwischen sich und den anderen gezogen haben, ganz deutlich. Sie wissen um ihre Schwierigkeit, Kontakt mit anderen Menschen aufzunehmen. Sie sehen auch, wie schwer es ist, sich zu verändern.

▬ «Ich war eben wirklich Liebling zu Hause. Damit kann ich gar nicht umgehen. Das führt bei mir eher zur Distanz. Das hat zwei Seiten. Da steckt auch immer dieses Festhalten drin, womit ich nicht umgehen kann. Ich denke schon, dass ich ein bisschen lernen muss, sozusagen einfach spontan mit einer Situation umzugehen. Aber das ist wirklich sehr, sehr schwer und gelingt mir nur manchmal» (Felix, 27 Jahre).

- «Ich bin die ganzen Jahre anderen Leuten gegenüber kühl und abweisend gewesen. Man meinte immer, ich wäre so kalt wie ein Fisch. Es kamen auch öfter schon mal Bemerkungen wie: Wir brauchen ja gar kein Eis, wir haben ja dich dabei.
  Das war solch eine Fassade. Ich saß dann da, war oftmals gar nicht anwesend innerlich. Das hat mir eigentlich ziemlich wehgetan. Die anderen konnten viel spontaner miteinander umgehen, den anderen mal umarmen, mal Hand geben. Das waren für mich Sachen, die kamen absolut nicht in Frage. Ich wollte also überhaupt keine Berührungen, überhaupt nichts. Zu Männern hab ich ein recht merkwürdiges Verhältnis gehabt. Das war für mich irgendwie schwer, auf die zuzugehen. Ich hab mich die meiste Zeit als Kumpel gezeigt. Bis dahin machte ich diesen ganzen Joke mit. Aber wenn was Ernsteres kam, dann habe ich mich schnell aus der Affäre gezogen, oder ich hab mich in Sachen hineingesteigert, wo eh nichts draus werden konnte. Weil der in einer ganz anderen Bindung lebte. Das lief im Kopf dann alles total durcheinander.
  Nach außen hin dann unantastbar und nach innen total aufgewühlt. Ich kam damit nicht klar» (Barbara, 26 Jahre).

- «Ich möchte überhaupt keinen Kontakt, keine Beziehung haben. Manchmal bewerte ich mich schlecht, sag mir selber, dass ich nicht gut genug bin. Infolgedessen sag ich mir, man wird mich wahrscheinlich schnell überhaben. Obwohl, ich habe auch schon die Erfahrung gemacht, dass ich durchaus akzeptabel bin. Im Krankenhaus war ich ein Gesprächspartner für Mitpatienten, Schwestern und für die Ärzte selber auch, die haben mich da sehr geschätzt» (Josef, 33 Jahre).

Die Frage ist eben, wie weit kann ich mich auf jemand anderen einlassen, ohne Gefahr für mich? Das ist für viele ein ganz schwieriger Balanceakt zwischen ihrer Entscheidung, sich nur auf sich zu verlassen, sich zu schützen und ihrem Bedürfnis, jemandem zu vertrauen und zu lieben und sich dann aber eingeengt und zu verletzbar zu fühlen. Da manch ein Erwachsenes Kind ahnt, dass es nicht immer deutlich erkennen kann, wann eine Beziehung oder auch ein Kontakt schädlich ist, bleiben sie auf der Hut.

- «Abhängigkeiten von anderen Leuten sind für mich nicht akzeptabel. Das ist mir zu eng. Ich will nicht finanziell abhängig sein, auch mein eigenes Ich will ich haben und nicht nur für einen anderen da sein. Ich will auch nicht von den Entscheidungen und Denkweisen von anderen abhängig sein. Das darf nicht sein, dass ich nicht so reagieren kann, wie ich möchte. Deswegen halte ich mir so ein Hintertürchen auf» (Barbara, 26 Jahre).

- «Ich hasse Abhängigkeiten jeder Art. Augenblicklich glaube ich, dass ich wieder völlig beziehungsunfähig bin. Verstecke mich hinter dem Lesbischsein und leide unter Einsamkeit. Ich versuche dauernd, mich zu erklären, weiß nie was zu sagen, wenn ich Gefühle habe, kontrolliere mich dauernd» (Birke, 35 Jahre, vor 10 Jahren in ihrem Tagebuch).

Fast jede engere Beziehung ruft bei Erwachsenen aus Suchtfamilien Angst hervor, sich ganz einzulassen. Lebt man alleine, muss man sich nicht an den Angewohnheiten und Einstellungen des anderen reiben. Man kann wenigstens zu Hause alles so tun wie es einem passt. Man hat die Kontrolle über sein Leben alleine.

Was für andere ganz selbstverständlich ist, seine Wünsche zu nennen, und respektiert zu sehen, bringt viele Erwachsene Kinder in Schwierigkeiten. In einer Partnerschaft bleibt es nicht aus, dass man mal anderer Meinung ist, sich anders entscheidet.

Einige brauchen eine fast symbiotische Übereinstimmung und können eigene Entscheidungen, die zu Spannungen führen würden, nicht offenlegen. Lieber schaffen sie eine Scheinharmonie und leben mit der Angst, vereinnahmt zu werden, sowie mit zunehmendem Groll, der wie ein Schwelbrand wirkt und doch eines Tages ausbrechen wird.

Die Flucht in eine Scheinharmonie ist eine Zeit lang angenehmer, als sich zu zeigen und mitzuteilen, wie man denkt und was man fühlt. Die Selbstachtung wird dabei jedoch immer geringer. Ein Teufelskreis, der zu Alles-oder-nichts-Lösungen führt: «Ich trenn mich von ihm» oder «Ich lebe symbiotisch in weitesgehender Übereinstimmung mit ihr», man gibt seine Identität auf.

Streit birgt in der Kindheit oft die Gefahr, das eigene Selbst zu verlieren. Doch dazu braucht es keine Prügel. Bemerkungen, die ein Kind lächerlich machen, Abwertungen vor anderen, nie gut genug zu sein, nicht die Person sein zu dürfen, die man ist, nicht gesehen zu werden, das alles sind psychische Schläge, die einzeln oder summiert die Identität des Kindes stark bedrohen.

Als Erwachsener distanziert man sich lieber innerlich vom Partner/der Freundin, statt sich auseinanderzusetzen, oder bricht die Beziehung ab. Offenheit, indem man sagt, was man wirklich möchte oder gar was man fühlt, wird als zu bedrohlich erlebt. Diese Art Vertrauen überfordert manchen, der in der Kindheit oder Jugend traumatisiert wurde. Lieber flüchtet sich solch eine Mensch ins Schweigen und Verschweigen. Die Beziehung wird von solchen Menschen als Bedrohung ihres Selbst empfunden. Wird diese für alle Beteiligten problematische innere Struktur nicht angeschaut, wird meistens wieder einmal eine Beziehung abgebrochen.

Am Ende bleibt nur die Resignation: keine Beziehungen mehr zuzulassen und allein zu bleiben, ohne die Nähe und Wärme eines anderen Menschen, nach der man sich so sehnt.

- «Im Grunde bin ich aber immer noch hoffnungslos, mir fehlt einfach noch der feste Glaube, dass auch ich vielleicht einmal eine glückliche und befriedigende Partnerschaft haben könnte» (Betty, Leserbrief).

Die Schwierigkeit, bei sich anzukommen

Eine der Frauen, mit denen ich sprach, erzählte mir, dass sie sich immer wieder plötzlich sagen hört: «Ich will nach Hause.»

- «Dabei bin ich ja zu Hause oder, vielmehr, eigentlich fühl ich mich nicht so, als wenn ich zu Hause wär. Meine Wohnung ist so, als würde ich bald wieder aufbrechen. Sie ist gemütlich, und alles Wichtige ist da, aber man sieht, dass ich mich nicht niedergelassen habe. Die Studentenbudenatmosphäre ist immer noch da. Ich brauch auch das Gefühl, ich könnte jederzeit hier weggehen und nochmal woanders neu anfangen, ins Ausland zum Beispiel oder einen neuen Beruf lernen. Ich weiß auch, dass ich hier nicht bleiben werde. Ich hab kein Zuhause, ich *bin* ein Zuhause, für mein Kind» (Angelika, 36 Jahre).

Andere berichteten, wie sie alles genau geplant haben, wie das ganze Jahr bei ihnen fest im Terminkalender verankert ist, weil sie wissen müssen, wann was auf sie zukommt. Der Urlaub ist gebucht, die Wohnung aufgeräumt, alles ist immer an seinem Platz, zumindest da, wo jemand etwas sehen könnte.

Da ich viele meiner Gesprächspartner zu Hause aufgesucht habe, sah ich viele unterschiedliche Wohnungen. Die Extreme wurden deutlich, hier die Studentenbude, die Wohnungen, die wirkten, als ob man nur vorübergehend bleiben würde, und auf der anderen Seite die ordentlichen Wohnungen, in denen man angekommen zu sein schien. Wenn das Gespräch auf die Wohnung kam, dann wurde die ‹ordentliche› Art zu wohnen fast genauso begründet wie die ‹lässigere›. «Ich brauche die Kontrolle über mein Leben!» Entweder braucht man den Überblick, um täglich und im Voraus zu wissen, was da kommt, oder man braucht die Sicherheit, jeden Tag für Neues, für Veränderungen gewappnet zu sein, auch wenn man dafür tägliche Unbequemlichkeit in Kauf nehmen muss.

Beide Verhaltensweisen sind anstrengend und helfen nicht, sich entspannt zurückzulehnen und endlich zu Hause zu sein.

- «Als der Vater meiner Tochter auszog, nahm er die Hälfte der Möbel mit. Das war zwar eine geliehene Geborgenheit, so sehe ich das heute, aber es war eben eine Geborgenheit, die ich mir selber nicht schaffen konnte. Die war dann weg. Dann durft ich mich halt selber drum kümmern. Das ist schon drei Jahre her, und es sieht immer noch so aus, als wäre ich gerade eingezogen. Ich überlege immer noch, wie schaffe ich es, die Sachen so zu haben, dass ich sie schnell einpacken kann und dann weg. Das hat wohl mit einem bestimmten Perfektionismus zu tun, eben in jeder Lebenslage gewappnet zu sein. Deswegen vermies ich mir das Leben am Tag, heute. Damit, wenn was ist, ich bereitstehe, Gewehr bei Fuß, und loslegen könnte» (Carla, 32 Jahre).

Das vergebliche Bemühen, die Kontrolle zu behalten, kennzeichnet nicht nur den Umgang Erwachsener Kinder mit ihren Wohnungen. Eine tiefe Unruhe durchzieht alle Bereiche ihres Lebens. Ein Versuch, diese Beunruhigung zu überwinden, ist, im Ausland neu zu beginnen.

- «Ich will nach Australien, dafür arbeite ich. Ich will da Freunde besuchen, dann will ich mir das Land angucken. Es ist ein Land, das bestimmte Reize hat. Der eine Grund war, dass ich dahin möchte, ich hatte mich in einen Australier verliebt. Ich weiß inzwischen, dass der völlig daneben ist, deswegen fahr ich auch gar nicht dahin. Jetzt fahr ich halt, um mir ein Vergnügen zu machen oder um ein anderes Leben zu finden, wenn es mir da gefällt» (Sonja, 29 Jahre).

Natürlich holt einen dort genauso wie im letzten Ort die Beunruhigung wieder ein. Denn dieses Gefühl ist nicht an einen bestimmten Ort, eine bestimmte Person, einen bestimmten Arbeitsplatz gebunden, sondern hat seinen Ursprung in der Person selbst. Darin besteht die eigentliche Qual, wenn es einem eigentlich gut geht, wenn man sich eingerichtet hat mit den Möbeln, dem Partner, dem Kind und mit dem Beruf, dann tritt die tiefsitzende Unruhe wieder ein. Dann wird ‹Harmonie› nicht mehr ertragen. Lieber zerstört man sie selbst, als dass (wieder wie früher?) jemand kommt und sie auf unvorhersehbare und unkontrollierbare Art kaputt macht.

- «Wenn es mir gut geht, dann fängt das schon wieder an zu kribbeln. Da muss ich irgendwas machen, damit es mir auch wieder schlecht geht. So, ich weiß auch nicht, warum, es ist ganz witzig.
  Dann ist hier zu Hause alles gut, es stimmt alles mit meinem Mann. Und einer muss dann wieder ausrasten und Mist verzapfen. Also, ich renn dann meistens in irgendwelche Männergeschichten rein» (Anke, 22 Jahre).

- «Was mir oft passiert, ist, dass ich Harmonien zerstör, also wenn irgendwas harmonisch anklingt bei mir. Wir machen auch ein richtiges Kleinfamilienleben, es beschränkt sich auf den Sonntag. Da macht jeder bei uns, was er will. Da wird nicht gearbeitet, außer es liegt was Besonderes an bei uns in der Landwirtschaft.
  Ich zerstör dann die Harmonie. Plötzlich halt ich das wohl nicht

mehr aus. Ich merk das dann gar nicht. Dann gibt's einen Bruch, und der Rest des Tages ist gelaufen.
Wenn dann mein Mann und mein Sohn anfangen rumzuturnen, ich weiß, ich werd dann wie meine Mutter» (Renate, 30 Jahre).

Vielen gelingt es nicht, bei sich anzukommen, sich selbst auszuhalten, solange sie nicht bereit sind, sich mit ihrer Geschichte auseinanderzusetzen. Sie müssen erst lernen zu sehen, wie nötig es für sie war, sich als Kind bestimmte Verhaltensweisen anzueignen, und wie sehr ihre lebendigen Gefühle verleugnet werden mussten, um zu überleben. Es geht für sie darum zu erkennen, wie diese damals durch das Skript der Familienkrankheit festgelegten Verhaltensweisen und verdrängten Gefühle ihr Leben heute noch behindern und bestimmen.

Wenn man sich diesen Tatsachen nicht stellen kann, weil man gar nicht weiß, dass die Verletzungen aus der Kinderzeit bis heute prägen, und/oder weil die Verdrängung bis heute wirksam ist, dann wird das Ankommen bei sich unmöglich. Dann wird immer wieder eine andere Person gesucht, *für* den oder die man ein Zuhause schaffen wird, und/oder eine Arbeit oder Ärgernisse, Aufregungen, die ablenken. Immer wieder wiederholt sich die Flucht vor den eigenen Gefühlen, den unangenehmen bis panikerfüllten Gefühlen, und vor der Leere, die da ist, wenn der innere Schalter umspringt und keine Gefühle mehr wahrgenommen werden.

Und man wird immer wieder in den alten Kreislauf geraten, der in der Kindheit aufgezwungen wurde: handeln und Action, statt zu fühlen. Reagieren, statt sich seiner Möglichkeiten bewusst zu werden. Gudulas Geschichte, die sie gleich erzählen wird, hat sehr nachhaltig auf mich gewirkt, hat mir den Anstoß gegeben festzustellen, wie sehr ich alles offenlassen wollte, wie wenig ich ‹ankommen› konnte.

— «Als die Lütte geboren wurde, im letzten Jahr, da hatte ich mir vorher mein Zuhause eingerichtet, das Kinderzimmer schön fertig gemacht. Ich hatte so das Gefühl, *ich bin angekommen* irgendwo. Und da tauchen Leute auf und fragen: Wollt ihr nicht auf einen anderen Hof gehen? Ich wollte nicht dahin.

Na ja, mein Mann kriegte glänzende Augen, endlich eine Perspektive, ein größerer Hof. Ich hab mich dann zwei Nächte da durchgeweint. Es geht immer ganz schnell mit dem Durchweinen bei mir. Und dann hab ich gesagt: ‹O.k., wir ziehen dann auf den Hof.› Aber schon bevor wir da waren, wusste ich, ich tu mir nur einen Horrortrip an. Aber *für ihn* ist es gut. Dann sind wir nur noch in die Scheiße reingelaufen. Ich hab das gemacht, weil ich einen glücklicheren Mann wollte, hab immer daran gedacht, endlich lacht er mal.

Letzten Endes glaube ich, dass die Harmonie doch nicht entstehen konnte, von der ich geträumt hatte. Denn ich hab noch nie das Gefühl gehabt, dass ich irgendwo angekommen bin.

Seit meiner Krankheit damals hab ich immer wieder gedacht, ich muss endlich mal aufhören mit diesem Leben, wo ich einfach nie Ruhe und nie Glück habe. Und so ein bisschen besinnungslos glücklich war ich in der Schwangerschaft mit meiner Tochter. Da hatte ich ein paar Monate, wo ich einfach nur doof im Kopf war, schön doof. So war's auch, als ich sie dann gesehen hab. Beim ersten Mal hatte ich nur Schmerzen, da wollt ich von dem Kind echt nichts wissen. Beim zweiten Mal wusste ich, dass ich angekommen bin. Ich weiß nicht, das war ein Stück Sehnsucht, aber es ist auch was, was ich vermutlich noch nicht aushalten kann. So einfach mal glücklich sein. Es wär auch nicht mit meinem Mann gegangen. Bei Schmerz, da fühlt man sich einfach besser. Ist das so, weil man als Kind auch nur Schmerz erlebt hat?

Weißt du, was ich gerne tue, ich tröste gerne, meine Kinder, meinen Sohn. Wenn er traurig ist, und er fühlt sich einfach wohl bei mir. Ich muss da auch nichts sagen. Aber nur dann, wenn ich sehe, warum er weint. Wenn ich nicht weiß, warum er weint, dann muss ich immer fragen.

Ich weiß gar nicht, was das heißt, glücklich zu sein, ich kenne

diesen Zustand nicht. Ich kenn den Augenblick. Den Augenblick, meine Tochter beim zweiten Mal im Arm zu halten oder meinen Sohn zum ersten Mal mit der Lütten zusammen sehen – glücklich! So 'ne Sekunden kenn ich. Aber wenn ich glücklich bin, finde ich's doof. Dann bewegt sich nichts.
Ich vermute bei mir, dass ich selber nicht weiß, wer ich bin. Jeder ist stark und schwach zugleich. Ich konnte immer vor meinem Mann heulen, das ist für mich nicht der Gradmesser für Schwäche, ob man heult oder nicht heult. Das Heulen finde ich sogar ganz sympathisch, nur bei mir selbst nicht so. Aber diese Seite an mir kann ich nicht ertragen, diese wirklich schwache. Die kann ich mir keine drei Tage leisten oder so, vor mir selber kann ich mir die nicht leisten. Also diese Seite kenn ich nicht, daher weiß ich nicht, wer ich bin. Wie das eigentlich wirklich ist, wenn ich schwach bin.
Ich hätte mir gewünscht, ein Arzt schreibt mich als depressiv krank, und ich hätte ins Krankenhaus gemusst. Einfach daddeldu, Ende. Der Rest kann sich um den Scheiß kümmern. Das kann ich nicht! Obwohl ich eigentlich den Wunsch habe.
Ich weiß nur nicht, ob das ein Weg zum Glück ist, wenn man die schwache Seite auch verwirklichen kann! Denn irgendwie ist es mir auch sympathisch, der Macher zu sein. Aber andererseits, wenn mir eine andere Frau sagt, du bist ja auch so ein Machertyp, und vielleicht ist dein Mann damit nicht klargekommen, dann hat das Erste wehgetan und das Zweite noch viel mehr.
Ich denke, dass ich all das auch weitergebe an meine Kinder. Das ist etwas, das meine Mutter auch an mir verstärkt hat.
Ich war 13, und sie war besoffen. Da hat sie mir mal was gesagt, das hab ich voll für mich übernommen. Sie hat gesagt, ‹wenn du dir jetzt mal mein Herz rund vorstellst, dann ist die äußere Schale so meine Umgebung, das Innere dahinter, das sind meine Freunde und Verwandten, danach kommt ihr, ihr seid schon mein engerer Kreis, und ganz drinnen, da bin ich, ganz tief drin-

nen, und da kommt keiner ran›. Und dann hat sie gesagt, ‹da sitzt mein ganzer Schmerz, und da kommt keiner ran›.
Ich hab das damals nicht verstanden, aber ich hab's voll für mich übernommen» (Gudula, 32 Jahre).

Ein Zuhause bedeutet wesentlich mehr als nur die Wohnung, in der man bleiben will, das Haus, das man baut. Ein Zuhause sind nicht allein der Mann, die Frau und die Familie, die man gründet oder die Freundin, mit der man sich austauschen kann. Nach Hause kommen kann man nur, wenn man in sich selber ein Zuhause gefunden hat. Wenn man bei sich ankommen, sich so annehmen kann, wie man ist. Bei sich anzukommen heißt: stark und schwach sein, Nähe und Alleinsein, streiten dürfen um Distanz und sich seinen Freiraum selbst nehmen können, aufrichtig zu sich selbst in seinen Gefühlen zu sein und auch dem Partner gegenüber, auch wenn es unangenehme sind. Ganz sein dürfen, ganz und gar die Person, die man ist. Wenn jemand sich zulassen, annehmen, lieben kann, dann ist er oder sie zu Hause, dann ist man angekommen.

«Wie findet man diesen Frieden für sich, wie überwindet man immer wieder diese schmerzvollen menschlichen Enttäuschungen, die Demütigungen, die Trennungen, die Alleinseinsängste?», fragte mich eine Frau aus Berlin in ihrem Brief. Sie fand, ich hätte meinen Frieden wohl schon gefunden.

Das hatte ich auch geglaubt. Ich hatte Frieden mit Wissen verwechselt, Wissen, das ich mir erworben hatte, indem ich viele Geschichten von «Geschwistern» erfuhr. Ich verstand, was mit uns allen geschehen war. Unsere Familien sind so verschieden, und doch gleichen sie sich im Wesentlichen. Ich hatte meinen Gesprächspartnern intensiv zugehört. Ich war oft entsetzt gewesen und voll Mitgefühl und hatte mit ihnen geweint. Ich hatte gedacht, ich muss mich zurücknehmen, sonst kann ich das Buch nicht schreiben.

Jahre später ging es nicht mehr, mich holten die Kindheitsgefühle ein, sie ließen sich nicht mehr verdrängen. Jetzt reichte mein Erklären und Analysieren nicht mehr aus. Ich hatte mich so sehr an meinem Intellekt festgehalten. Wissen und Erklären konnte mich lange Zeit in meinem Leben stabilisieren. Es war meine Art, die Gefühle in Schach zu halten.

Wissen hatte ich als ersten Schritt gebraucht, um herauszufinden, was das heimliche Unglück in mir ist, wo es herkommt. Es half auch, sich anderen gegenüber, besser, nicht mehr so co-abhängig zu verhalten. Aber es löste nicht das zugrunde liegende Problem, dass ich mich meinen «alten» überwältigenden Emotionen ausgeliefert fühlte und dem Kind in mir die Führung überlassen musste. Es führte mich wieder und wieder in die Schrecken der Kindheit zurück. Ich hatte mir, ohne es bewusst zu wollen, meine Kindheit mit ihrem Schmerz und Ihrer Verunsicherung in mein heutiges Leben zurückgeholt. Ausgesucht hätte ich mir das nie.

Ich fing noch einmal an, mich den Verletzungen des kleinen Kindes in mir zu stellen, sie zu fühlen und sie anzusehen. Dieses ist in Teil 2 im Kapitel: «Sich helfen und helfen lassen» mit eingeflossen.

Zunächst möchte ich noch etwas mehr Wissen über wichtige Muster im Leben von Erwachsenen aus Suchtfamilien vermitteln. Vielleicht finden Sie sich darin wieder, registrieren die eigenen Wunden und können sich mit dem einen oder anderen identifizieren.

2. TEIL

Rollen als Überlebensmuster

Als ich mit den ersten zwanzig Kindern, Jugendlichen und Erwachsenen gesprochen hatte, die alle wie ich aus einer Alkoholikerfamilie stammen, erkannte ich immer deutlicher meine Überlebensmuster in ihren Erzählungen wieder. Ich bekam Antworten auf Fragen, die ich gar nicht gestellt, die ich nicht mal gedacht hatte. Ich begriff, dass vieles von dem, was ich an mir nicht verstanden hatte, was mich an mir selbst verwirrte und was mich unglücklich gemacht hatte, direkt mit der Familiensituation zu tun hatte, in der ich aufgewachsen war. Zwar hatte ich erwartet, auf Spuren zu stoßen, die mir helfen würden, einiges mehr an mir zu verstehen. Indem andere mir erzählten, wie sie aufgewachsen waren und wie sie heute leben, kamen jedoch auch wichtige Erinnerungen zurück, und die Spuren verdichteten sich zu Wegen, die ich jetzt deutlich zurückverfolgen kann. Ich dachte plötzlich wieder über wichtige und prägende Ereignisse nach, die mein Bewusstsein wohl zensiert und für nicht bedenkenswert gehalten hatte.

Um die Folgen, die eine Kindheit bei einem alkoholabhängigen Elternteil für einen selbst hat, besser einschätzen zu können, helfen Beschreibungen der Rollen, die Kinder in ihrer Familie übernehmen mussten und die ein Erwachsenes Kind mitnimmt. «Diese Beschreibungen dienen als Fenster, um die unterschwellige Realität zu sehen, die das Leben in einem Alkoholikerzuhause hat, und sie helfen Erwachsenen Kindern von Alkoholikern, ihre Kindheitserfahrungen genau mit der Person zu verbinden, die sie als Erwachsene sind.»[36]

Die in diesem Kapitel beschriebenen Rollen kann man im Ansatz in vielen nicht suchtkranken Familien beobachten, aber dort kann die Rolle abgelegt werden, ohne dass die Familie dadurch gesprengt wird. Virginia Satir, eine bekannte Familientherapeutin, beschreibt das Verhalten von Kindern aus Stressfamilien als «Rollenspiel, bei dem individuelles Ge- und Verstörtsein als Liebe und Hilfe maskiert wird»[37]. Ihre Schülerin Sharon Wegscheider und unabhängig davon Claudia Black sind auf diese Rollen von Alkoholikerkindern aufmerksam geworden und haben sie benannt.

Warum brauchen Kinder ein bestimmtes festgelegtes Rollenverhalten, warum können sie nicht so sein, wie sie sind? Es ist schon deutlich geworden, warum Kinder von Alkoholikern oft ihre wahren Gefühle verbergen müssen, warum sie nach außen und vor sich selbst vieles verleugnen. Offen bleibt dennoch, warum Kinder unterschiedliche, aber in ihren Verhaltensweisen festumrissene Rollen übernehmen.

In einer Alkoholikerfamilie ist die Person, die trinkt, die bestimmende Person. Die Verhaltensweisen eines Alkoholikers sind rigide darauf ausgerichtet, genug zu trinken zu bekommen. Alles andere ist untergeordnet. Obwohl der Alkoholiker in der Suchtfalle sitzt, ist er zugleich die Person, die die Regeln setzt, z. B. auch diese: Jeder in der Familie muss durch sein Verhalten mithelfen, dass der/die Abhängige die Sucht fortsetzen kann.

Selten widersteht jemand dieser unausgesprochenen Regel und reagiert ‹gesund›, indem er sich nicht anpasst, sondern offen über die tatsächlichen Alkoholprobleme, über seine Gefühlsverwirrungen, über Enttäuschung und psychischen Schmerz spricht. Das Risiko ist zu hoch, dass man physisch verletzt wird und möglicherweise sich die Familie von einem abwendet und man allein dasteht. Deswegen passen sich fast alle Familienmitglieder an und halten das kranke System um jeden Preis aufrecht. Sie greifen in ihrer Not zu den gleichen Verhaltensweisen wie der Alkoholiker, sie verleugnen und verstecken ihre wahren Gefühle, sie produzieren künstliche Verhaltensweisen, die im Skript der Alkoholikerfamilie zur Unterstützung der Sucht zwingend vorgeschrieben werden.

«Mehr und mehr werden die Bedürfnisse der einzelnen Familienmitglieder zweitrangig auf Kosten der verzweifelten Ansprüche der Familie.»[38]

Kein Kind sucht sich seine Rolle im Alkoholismus-Skript aus, sie wird unbewusst übernommen. Die Rollenvorschriften wirken zweifach entlastend, sie dienen dazu, die instabilen Familienverhältnisse wieder ins Gleichgewicht zu bringen, und sie ermöglichen es den Kindern, diese krank machende und/oder gefährliche bis verrückte Familiensituation psychisch zu überleben.

In den letzten Jahren werden zunehmend Survival-Trainings angeboten für Aktivurlaub; Erwachsene Kinder sind Survival-Spezialisten auf psychischem Gebiet. Sie haben überlebt und trotz oft schlimmster und widrigster Umstände ihren Weg gemacht. Damit zeigen sie Fähigkeiten und Qualitäten, die sie sicherlich auch behalten wollen.

Da die verschiedenen Verhaltensweisen nicht bewusst oder gar freiwillig gewählt werden, finden sich Kinder und Jugendliche, wie auch Erwachsene, in einer Rolle wieder, die mit dem, was sie fühlen und wer sie eigentlich sind, sehr wenig zu tun hat.

«Jede Rolle wächst aus ihrem eigenen Schmerz heraus, hat ihre eigenen Symptome, bietet ihre eigene Entlastung für beide an, für das Individuum und für die Familie, und fordert letztlich ihren eigenen (unterschiedlichen) Preis ... Welche Rolle von welcher Person übernommen wird, hängt mehr mit seiner Position in der Familie zusammen als mit Persönlichkeitsfaktoren.»[39]

Diese Rollenbeschreibungen dienen *nicht* dazu, Kinder, Jugendliche oder Erwachsene zu etikettieren oder deren Verhalten vorherzusagen. Sie sollen vielmehr Einsicht in die innere Dynamik ihrer Verhaltensweisen geben und Verständnis für sie wecken.

Die jeweilige Rollenbeschreibung ist nie eine vollständige Charakterisierung einer Person. Kinder von Alkoholikern, wie auch Kinder aus anderen Stressfamilien, verfügen über mehrere ‹Anpassungsrollen› gleichzeitig und leben diese je nach Bedarf aus. Obwohl diese

Rollen in der Kindheit entwickelt wurden, ist es wahrscheinlich, dass viele Erwachsene Kinder sie in ihr heutiges Leben mitgenommen haben.

Diese Rollen sind in der Kindheit überlebenswichtig. Daher tragen sie *positive Aspekte* in sich, die auch im Erwachsenenalter noch unterstützend wirken können. Wenn man sich der *negativen Aspekte* seiner Rollenkombination bewusst wird, kann man darangehen, sie zu ändern. Die Motive, die zu dem in der Kindheit gelernten Verhalten führten, sind heute nicht mehr gegeben, das Verhalten ist veränderbar geworden.

Das Chamäleon

‹Nicht so sein dürfen, wie ich bin› heißt für einige: ‹Wie hättest du mich denn gerne?› Sie richten ihr Einfühlungsvermögen ganz auf andere aus. Was will diese Person von mir, was möchte sie hören, wie soll ich mich verhalten? Das geschieht zunächst unbewusst, fast automatisch, obwohl die eigenen Gefühle verleugnet werden.

— «Als ich noch bei meiner Mutter wohnte, da blieb mir gar nichts übrig, als den ganzen Tag perfekt zu schauspielern, sonst hätte ich keine Chance gehabt, überhaupt klarzukommen in dem ganzen Leben da. (Ihr Vater ist Alkoholiker, ihre Mutter nicht, U. L.)
Ich hab überhaupt keine eigene Meinung gehabt. Ich hab gelächelt, obwohl mir zum Kotzen zumute war. Ich hab gegessen, hab gesagt, es schmeckt gut, obwohl es mir überhaupt nicht geschmeckt hat.
Ich hab gesagt, diesen Film finde ich toll, obwohl ich ihn beschissen fand. Also, das ganze Leben war eine reine Schauspie-

lerei. Ich hab also gemacht, was mir keinen Spaß machte, hab gelacht. Ich hab über Witze gelacht, die ich bescheuert fand» (Simone, 22 Jahre).

- «Ja, ich pass mich an, nach dem Motto: Wie hätten Sie mich denn gerne! Man muss mir nur signalisieren, willst du unterhalten werden, oder hast du ein Problem, und schon verhalt ich mich entsprechend. Aber irgendwie richtig bin ich nie für meine Freundinnen, nur für eine oder zwei» (Angelika, 36 Jahre).

- «Ich komme mit jedem in Kontakt, wenn ich das möchte. Das konnte ich immer, damit hatte ich nie Probleme.
Was mir schwerfällt, ist, wirklich auf die Leute zugehen zu können und mehr als nur diesen oberflächlichen, charmanten Kontakt zu haben. Das fällt mir, glaube ich, deshalb schwer, weil ich selbst ja gar nicht genau weiß, wer ich bin. Wie soll ich mich denn da vorstellen, wenn ich das ernsthaft vorhabe. Welche Herma hätte man denn gerne.
Ich kann mich darauf einstellen, sicher. Aber genau das ist ja das Problem. Da hab ich meine Schwierigkeiten, wenn ein Mensch mir wirklich was bedeutet, erst mal zu wissen, wer bin *ich* eigentlich, und nicht zu fragen, wie hätte der mich wohl gerne, in diesem Augenblick.
Das macht mir Schwierigkeiten, das ist eine meiner Schwierigkeiten und eine, die mich heute sehr zögerlich macht.
Ich kann ja gefallen, wenn ich möchte. Ich konnte meiner Mutter gefallen, konnte meinem Vater gefallen, ich konnte den Lehrern gefallen. Ich kam mir vor wie ein Chamäleon. Du legst mich auf eine Platte, und ich nehm die Farbe der Umgebung an. Das kann ich, das hab ich gelernt.
Nachher weiß ich gar nicht mehr, welche Farbe ich in Wirklichkeit habe» (Herma, 40 Jahre).

- «Du hättest mich vor meiner Trinkerei sehen müssen, ich hab also zu allem Ja und Amen gesagt. Ich hab nur das gemacht, was andere Leute von mir erwarteten, aber nicht nur, was mein Mann von mir erwartete, sondern was meine Mutter von mir erwartete, was die Nachbarn von mir erwartet haben. Alles nur, damit die Menschen sagen, was ist die lieb.
  Ich hab also nie gewagt, 'ne andere Meinung zu haben als ein anderer.
  Ich hab immer den bequemen Weg gewählt und habe zu jedem das gesagt, was ich glaubte, was andere hören wollten von mir» (Doris, 40 Jahre).

Menschen, die versuchen, so zu sein, wie andere sie gerade brauchen, müssen nicht besonders angepasst wirken. Da sie Konflikte fürchten, beziehen sie ungern selbst Position und werden eher Vermittler, Schiedsrichter oder Berater.

Als Kind war es für diese Menschen nicht ratsam, sich um die eigenen Gefühle zu kümmern, es war viel wichtiger, diese zu verdrängen. Ihre Überlebensentscheidung bestand darin, für andere da zu sein, sich mit all ihrer Energie, ihrem Können und ihrer Zuneigung anderen zuzuwenden.

- «Meine Eltern hatten ständig Zoff nachts, das Schreien, fürchterlich! Und dann hab ich nachts gedacht, nein, du redest überhaupt nicht mehr mit ihnen, da kommt ja überhaupt nichts bei rum. Doch immer wieder hab ich mich da reinmanövrieren lassen. Hab mich auseinandergesetzt mit Leuten, die überhaupt nicht klar denken konnten, das war irgendwie nicht machbar» (Ulla, 27 Jahre).

Jetzt als Erwachsener bleiben die Verhaltensweisen unverändert. Immer noch sind die Antennen ausgerichtet auf andere, diese sollen sich wohlfühlen, sollen gut von einem denken, sollen einen brauchen und mögen. Als Erwachsener fühlt sich jemand, der diese Rolle in der Kindheit übernommen hatte, leicht zu Menschen hingezogen, die ihn oder sie brauchen. Es ist ja nicht falsch, für andere da zu sein, aber es darf nicht auf Kosten des eigenen Wohls, der eigenen Entwicklung gehen. In ihren engen Beziehungen wählen sie eher Menschen, die nicht gerne Verantwortung für das gemeinsame Wohl übernehmen, die nicht gerne von sich reden und distanziert bleiben.[40]

Menschen, die so übersensibel auf die Wünsche anderer reagieren, neigen dazu, immer wieder in Krisensituationen hineinzugeraten, die sie dann lösen müssen. Bringen sich Erwachsene Kinder unbewusst immer wieder in solche Situationen, um dann Verantwortung übernehmen zu können?

Was diese Menschen, die versuchen, es allen recht zu machen, vor allem lernen müssen, ist, sich von anderen helfen und unterstützen zu lassen. Sie sind gewöhnt daran, anderen bei der Lösung ihrer Probleme und Krisen zur Seite zu stehen. Nun müssen sie Bereitschaft entwickeln, emotionale Unterstützung von anderen anzunehmen und zu akzeptieren, dass andere für sie da sein mögen.

Man muss begreifen, dass zwischen der Hilfe zur Selbsthilfe und der Hilfe, die den anderen steuern will, ein großer Unterschied besteht.

Hilfe zur Selbsthilfe gibt man, wenn man bei jemandem, der einen braucht, anwesend ist, zuhört und nur die Unterstützung gibt, um die man konkret gebeten wird.

Jede andere Hilfe manipuliert. Denn man glaubt schon zu wissen, was für den Freund, die Partnerin oder den Jugendlichen gut ist, und das, auch ohne zu fragen. Man ‹weiß› es sogar besser als die betreffende Person. Man denkt für eine Person, die das selbst kann, und oft handelt man auch für sie. Man benutzt im Grunde die Schwächen anderer, um sich wohlzufühlen. Es handelt sich dabei nicht unbedingt um Besserwisserei, bei der man zeigen will, wie gut und kompetent man ist. Das wäre zu oberflächlich gesehen. Denn Erwachsene Kinder haben oft gute Intuitionen für andere. Sie blicken leichter hinter die Fassade anderer und können mit ihren Ratschlägen durchaus in die richtige Richtung weisen. Aber diese Hilfe ist wie eine Sucht, um ständig von sich selbst abzulenken, um seine Gedanken und Intuitionen nicht auf sich selbst richten zu müssen, um letzten Endes sich nicht selbst verändern zu müssen.

«Wenn anderen helfen solch eine gute Idee ist, dann hilf dir erst mal selbst mit deinen Ideen. Du kannst niemandem helfen, einen inneren Frieden zu erreichen, wenn du ihn nicht für dich selbst erreicht hast. Bring deine Sachen in Ordnung, bevor du draußen anderen damit kommst!»[41]

Der Macher – das leistungsstarke und verantwortungsbewusste Kind

Die Rolle des Machers[42] oder des Verantwortlichen übernimmt oft das älteste oder Einzelkind in einer Familie. In Alkoholikerfamilien bleibt dem ältesten Kind meist gar nichts anderes übrig, als sich sehr viel Verantwortung für die Geschwister oder auch für einen Elternteil aufzubürden.

- «Von uns allen hab ich noch den stärksten Willen, mich gegen das Chaos zu halten, mich zu wehren, wenn Vater randaliert, und alles zu organisieren. Einer muss da sein. Wenn ich nicht da gewesen wäre, dann wär in der Familie schon längst alles vorbei. Mutter wär vielleicht nicht mehr am Leben. So oft so fertig, wie die manchmal war» (Marianne ist 17 Jahre alt, ihr Vater und ihre Mutter sind Alkoholiker, sie hat zwei jüngere Geschwister).

Diese Kinder haben als älteste unter den Geschwistern oft keine andere Wahl, als die jüngeren zu schützen, Mutter zu verteidigen oder für sie im Haushalt einzuspringen. Sie übernehmen Pflichten und Arbeiten der Erwachsenen. Sie sind die Kinder und Jugendlichen, die am häufigsten als Ersatzpartner missbraucht werden. Sie sind viel zu früh erwachsen.

Rückblickend sagen viele Erwachsene Kinder, ihnen fehle die Zeit, in der andere Kinder gespielt haben, dass sie als Jugendliche viel zu sehr mit den Problemen in der Familie, mit der Schule und/oder dem Beruf beschäftigt gewesen seien, als dass sie sich und ihre Möglichkeiten spielerisch hätten ausprobieren können. Sie waren zu beschäftigt und zu belastet, als dass sie so jung hätten sein können, wie sie waren. Ein Kind, das sich als das starke, belastbare entwickelt, bekommt viel Aufmerksamkeit und damit verbunden Anerkennung. Hier fühlt ein Kind seine Chance, sich wichtig und wertvoll zu fühlen. Erwachsene Kinder sind oft sehr redegewandt, was ihnen hilft, die wahren Verhältnisse zu Hause und auch später, bei ihnen selbst, zu verschleiern.

Sie verlassen sich stark auf sich, Vertrauen in andere erscheint ihnen zu gefährlich. Abwarten, passiv bleiben bedeutet für sie, dass dann die alten Ängste wieder hochkommen. Ihre Anpassung an das innere und äußere Chaos zu Hause besteht darin, die Dinge selbst in die Hand zu nehmen, sich selber die Verantwortung zu geben, um nicht mehr hilflos dem, was zu Hause passiert, ausgeliefert zu sein. In der Familie und nach außen sind sie die netten, ‹funktionierenden Vorzeigekinder›.

- «Ich hab auch immer so meinen Kram für mich alleine gemacht, meine Wäsche alleine gebügelt, mein Zimmer sauber gemacht, schon mit 12. Für andere Mädchen war das gar nicht vorstellbar. Man lernt, dass das geht. Ich war dabei immer fröhlich und guter Laune. Und meine Eltern verkauften mich auch immer als die absolute Tochter, und was ist sie nett und fleißig, und die Schule, das klappt alles, und im Studium steigerte sich das plötzlich noch mehr» (Ulla, 27 Jahre).

Dieses Verhalten wird als Erwachsener fortgesetzt, besonders, da es sich erst mal auszuzahlen scheint. Sie sind beruflich meist sehr kompetent, und ihr Verantwortungsbewusstsein wird geschätzt.

Ulla sagt von sich, «ich funktioniere prima!». Wie dieses glatte, reibungslose Funktionieren heute für sie aussieht, schildert sie nun:

> «Der Extremfall war wohl, als meine Mutter starb vor zwei Jahren. Am nächsten Tag saß ich wieder an meiner Examensarbeit, die musste Mitte des nächsten Monats abgegeben werden. Ich hatte sofort die Verlängerung beantragt, am nächsten Tag, telefonisch, Attest vom Arzt hingeschickt mit allen anderen Unterlagen, ganz perfekt. Und das lief weiter. Und die Arbeit war sehr gut. Meine Professorin sagte, ‹Sie hatten die Arbeit sicherlich schon fertig, als Ihre Mutter starb!›» (Ulla, 27 Jahre).

Hinter der kompetenten Erscheinung stecken Personen, die als Kind dieses Verhaltensmuster als Schutz vor Hilflosigkeit und Angst wählten, die sich heute unbewusst so vernachlässigen, wie sie früher von ihren Eltern behandelt worden waren. Alles, was sie tun, gilt anderen, sie haben nie gelernt, für sich selbst liebevoll zu sorgen, sich Zeit für sich zu nehmen und für ihre Bedürfnisse. Sie kennen sie nicht einmal. Sie brauchen die äußeren Erfolge, um sich wertvoll zu fühlen. Trotz der oft positiven beruflichen Bilanz erleben sie sich in vielen Stunden als wertlos. Denn wer sind sie, wenn sie mit dem Tun, dem Machen und dem Verantwortlichsein aufhören? Was bleibt dann von ihnen übrig? Mag man sie dann auch noch? Oder ist solch ein Erwachsenes Kind nur die Summe seiner Taten?

Der Teil der Person, der sich nicht nur nach Leistung messen lässt, wird dieser dauernden Anstrengung, immer gut genug sein zu müssen, untergeordnet und kann sich nicht entwickeln. Die alte Angst ist weiterhin existent, viele erleben Depressionen, fühlen sich einsam, sind angespannt und voll unbestimmbarer Furcht. Sie können sich nicht entspannen oder unbeschwert sein. Oft stecken sie fest in ihrer Alternativlosigkeit.

- «Du bist die Starke in der Familie?»
  «Ich glaube, ich würde lieber Bettnässer sein wie meine Geschwister, als diese Rolle beizubehalten. Aber das werde ich müssen.»
  «Du hast dadurch nicht nur Negatives gelernt, du hast eine Stärke, die du im Leben brauchen wirst.»
  «Ja, das schon. Aber ich glaube, ich würde diese Stärke gerne eintauschen. Du bist ja dein ganzes Leben lang gezeichnet» (Marianne, 17 Jahre).

- «Ich weiß nicht, wie ich mich anders als bisher verhalten könnte, ich weiß gar nicht, wie ich das machen soll. Ich übernehme eben jedes Mal die ganze Verantwortung. Ich überfordere mich ständig» (Ralf, 35 Jahre).

Erwachsene Kinder, die sich aus dieser rigiden, engen Rolle herausbewegen wollen, müssen Alternativen zu ihren Ansichten und Verhaltensweisen in Erwägung ziehen. Er oder sie kann lernen, nicht mehr überall der oder die Beste sein zu wollen, und begreifen, dass Anerkennung, die nur durch Leistung erreicht wird, nicht der Person, sondern eher der Sache gilt. Sein oder ihr Selbstwertgefühl kann unabhängiger vom Vergleich mit anderen werden. Ein Erwachsenes Kind kann sich annehmen lernen, sich als ‹normal› akzeptieren, als wertvoll und liebenswert. Es braucht nicht zu glauben, dass es allein für vieles verantwortlich ist. Das fällt vielleicht leichter, wenn man sich die Arroganz, die hinter dieser Rolle steckt, vor Augen führt.

Genauso wie die Personen, die Züge der fürsorglichen Rolle übernommen haben, brauchen die Erwachsenen Kinder, die sich verantwortlich fühlen, Unterstützung und Zuwendung. Sie brauchen

Menschen, bei denen sie angenommen werden, ohne Angst haben zu müssen, sich ihnen auszuliefern.

Erwachsene Kinder, die Züge dieser Rolle bei sich entdecken, werden feststellen, dass sie sich sehr nach außen ausgerichtet haben. Vieles zu erreichen, was andere für erstrebenswert halten, bedeutet nicht, dass man sich weiterentwickelt hat. Sondern es bedeutet nur, auf dem Anerkennungsmarkt der anderen bestehen zu können – für eine Weile, bis der Kampf weitergeht, der Kampf, gut genug zu sein. Ein Weg, bei dem man nie ankommen kann!

Sich selbst besser kennenzulernen und die eigenen Bedürfnisse zu entdecken und Schritt für Schritt als berechtigt zuzulassen ist der Anfang, um der Enge, der Alternativlosigkeit und dem Alleinsein zu entkommen.

Das unsichtbare Kind

«Meine Schwester war immer ziemlich laut, sie hat viel von sich erzählt und ihre Probleme auch nach draußen geplärrt. Dann war auch immer jemand da, der hat zugehört.
Dann dachte ich mir, so ganz direkt drüber nachgedacht hab ich nicht, war mehr unterbewusst, dass ich eben dachte, na o.k., mit der haben sie eigentlich schon genug zu tun, soll ich auch noch Ärger machen oder losweinen. Da hatte ich keine Lust zu. Wenn ich Probleme hatte, dann ist das irgendwann auch so geregelt, dann macht es nichts mehr, irgendwann geht es vorbei. Und ich habe überhaupt nichts mehr erzählt. Ich bin weggegangen, nach oben in mein Zimmer oder sonst wohin» (Yvonne, 17 Jahre).

Nicht jedes Kind reagiert so aktiv wie in den vorhergehenden Rollen. Wenn es einem Kind gelingt, so wenig wie möglich beachtet zu werden, dann ist es zugleich auch vor den unkontrollierbaren Aktionen der Eltern wenigstens im Moment sicher. Wie Yvonne hofft es, dass alles irgendwie schon wieder vorbeigehen wird.

Diese Rolle übernimmt wohl jedes Kind hin und wieder. Einige bleiben für lange Zeit in ihrer ‹unsichtbaren› Position. Diese Kinder erhalten kaum Aufmerksamkeit, keine Anerkennung, höchstens für ihr Stillhalten und Bravsein werden sie mal gelobt, wenn die anderen Familienmitglieder Raum dafür lassen, dass dieses scheue Kind überhaupt bemerkt wird.

Bleibt ein Kind lange die/der Passive in der Alkoholikerfamilie, dann entwickelt es Eigenschaften, die sein späteres Leben massiv beeinträchtigen können.

In einem Alkoholikerhaus ist keiner ausschließlich Zuschauer, jeder muss reagieren. Die Reaktion solcher Kinder besteht darin, möglichst nicht aufzufallen, keinen Widerstand zu bieten und allen Konflikten aus dem Weg zu gehen. Sie wirken unsicher und hilflos. Ihre Gefühle nehmen sie im Vergleich zu dem, was sonst in der Familie läuft, nicht so wichtig. Sie reden nicht über sich, verlernen fast ganz, von sich zu erzählen, auch, weil sie Angst haben, sich so zu zeigen, wie sie sind. Sie vermeiden Kontakte, da sie denken, ‹wenn du mich ganz kennen würdest, dann würdest du mich nicht mehr mögen›.

«Du musst ja für dich ein Schema finden, um da durchzukommen, um so zu überleben, dass du nicht ständig aneckst. Und das möchte ja in deiner Umgebung auch keiner, dass du aneckst. Du musst ja das unauffällige Kind sein, denn es ist ja schon so viel Trouble in diesen Familien. So hab ich das gesehen bei uns, dass es eine unzumutbare Belastung, auch für den anderen Elternteil, wäre, wenn jetzt auch noch das Kind!
Und das war ja auch bei uns 'ne stehende Redewendung, ‹nun machst du mir auch noch den Ärger›. Und wenn ich nicht gehorchen wollte oder wenn ich eigene Ideen hatte, dann hieß es, ‹nun fängst du auch noch an›» (Herma, 40 Jahre).

- «Ich hatte immer gedacht, ich bin anders als die anderen. Ich dachte echt, ich bin gefühlskalt, denn für mich selbst empfand ich ja auch nichts.
  Ich hab nicht Wert auf Klamotten gelegt, Schminke schon gar nicht, graue Maus und Aschenputtel zusammen. Damit ich für die Leute überhaupt nicht sichtbar, so ‹unter ferner liefen› durchmarschierte. Das war ganz unauffällig, sich so zu verhalten. Nachher ist mir bewusst geworden, dass ich für die Leute nicht existent sein wollte, jedenfalls nicht so, wie ich war. Sodass man mich nicht fragte, was mit mir los war, sondern dass man mich gleichgültig gehen ließ» (Barbara, 26 Jahre).

Jedes Kind im Alkoholikerhaushalt versucht hin und wieder, sich unsichtbar zu machen, keinen neuen Ärger durch sein bloßes Dasein zu provozieren. Wenn dieses Verhaltensmuster einem lange Jahre hindurch als die einzige Alternative erscheint, dann wird auch das Erwachsene Kind für sich wenig Wahlmöglichkeiten sehen. Es fehlt solchen Menschen häufig das Gefühl, aktiv über das eigene Leben bestimmen zu können. Das Leben lebt sie, statt dass sie aktiv Verantwortung für sich übernehmen. Es fehlt ihnen manchmal ein Sinn für die Richtung, in die sie gehen wollen, oder sie haben zu viele Pläne auf einmal. Beides hat die gleiche Wirkung, man entscheidet sich nicht. Man bleibt passiv und setzt sich nicht für sich ein.

Diese Menschen müssen lernen, dass sie Rechte haben, sie dürfen und können sich für sich selbst einsetzen. Sie können nicht andere für ihr Leben verantwortlich machen: ‹Heute ist der erste Tag meines restlichen Lebens.›

Sie können sich die Fähigkeit zurückholen, dem Leben mehr zu vertrauen, indem sie handeln und sich nicht durch Grübeln und Reflexion davon abhalten lassen. Sich selbst zu vertrauen, auf die Eingebungen und die eigene Intuition zu horchen, kann ihnen ein Gefühl für die richtige Richtung geben.

Beim Neuanfang liegt ihr Schwerpunkt darauf, sich wichtig zu nehmen, sich selbst zu mögen und ihren Wert zu erkennen.

Sie haben durch ihre Art der Anpassung an die Suchtsituation auch positive Verhaltensweisen erlernt. Sie sind sehr flexibel und spontan. Sie können mit wechselnden Verhaltensweisen umgehen, sie sind nicht sehr anspruchsvoll, kommen mit vorübergehend ungünstigen Situationen klar und sind wahrscheinlich sehr kreativ.

Wenn sie lernen, sich selbst wichtig zu nehmen, und sich als liebenswert erleben, dann können sie auch ohne die sonst vorhandene Angst in einer Partnerschaft glücklich werden, in der der Partner nahekommen will. Sonst wählen sie eher sehr verschlossene, distanzierte Partner.[43]

Der Sündenbock – das auffällige Kind

«Eines Tages kam meine Mutter dazu, mich zu fragen, was wohl die härteste Strafe für mich wär. Da hab ich gesagt: Fernsehverbot. Sie sagte, sie wüsste nicht mehr weiter, sie wäre hilflos mir gegenüber. Ich bin mit 10 Jahren ins Internat gekommen, weil meine Mutter nicht mehr fertig wurde mit mir. *Ich* wurde nicht fertig mit meiner Mutter. Mit 9 Jahren war ich bei einer Erziehungsberatung. Meine Mutter ist diejenige in der Familie, die immer den ganzen Psychokram gelesen hat, die das beste und neueste Buch kennt und jetzt aber wirklich *die* Methode, um das Leben in den Griff zu kriegen. Aber sie hat gemerkt, sie kommt mit mir nicht klar. Jeden Morgen gab's einfach unwahrscheinlichen Terz. Sie hat mich nicht aus'm Bett rausgekriegt, sie hat mich nicht fertig gefrühstückt gekriegt, sie hat mich nicht rechtzeitig zur Schule losgekriegt. Ich hab mich da ständig verweigert.

So vom Kopf her, meine Gefühle mal ganz draußen gelassen, vom Kopf her ist das ganz einfach zu sagen: Erst mal war da 'ne ganze Menge Aufmerksamkeit, die ich da gekriegt habe. In der Schule war ich Außenseiterin» (Carla, 32 Jahre).

Diese Rolle ist sicher am bekanntesten geworden, da das ‹auffällige› Kind nicht zu übersehen ist. Mancher mag die Mutter oder den Vater bedauern, dass sie oder er zu dem Alkoholproblem sich noch mit solch einem problematischen Kind herumschlagen muss. Doch zwei Parteien profitieren von dieser Rolle. Das Kind bekommt, wie Carla sagte, viel Aufmerksamkeit. Es wird ständig bemerkt, während das ‹unsichtbare› Kind darauf verzichten muss.

Negative Aufmerksamkeit ist besser, als gar nicht für die Eltern da zu sein. Das auffällige Kind weiß, dass es wichtig ist, mit ihm wird gekämpft, es wird bestraft, es wird erzogen, die Eltern wollen etwas von ihm.

Offiziell wollen die Eltern, dass das Kind sich einfügt und nicht so viel Ärger macht. Doch das problematische Kind dient auch dazu, das Alkoholproblem vom Tisch zu bekommen. Die Familie bekommt eine ‹Hilfe› bei der Problemdefinition. Jetzt gibt es einen Sündenbock für all die Aufregungen, oft auch noch für das Trinken. ‹Wenn du nicht … dann brauchte ich nicht …›

Diese Kinder fallen in der Schule auf, sie schwänzen z.B. oder passen sich in den vorgegebenen Unterrichtsrahmen nicht ein. Es ist schwer für sie, ohne die Hilfe von Lehrern, Lehrerinnen und Beratungsstellen aus dieser Sündenbockrolle auszusteigen. Denn auch in der Schule holen sie sich einen Teil negativer Aufmerksamkeit. Sie bekommen für ihr unangepasstes Verhalten aber wenigstens von einigen in der Klasse positive Anerkennung.

Wenn Therapeuten in der Beratungsstelle oder in der Schule nicht wissen, dass dieses Kind sich so auffällig verhalten muss, um sich und die Familie von der Alkoholsituation abzulenken, dann zielen alle noch so gutgemeinten Bemühungen ins Leere. Die negative

Aufmerksamkeit, die sich diese Kinder scheinbar freiwillig holen, muss durch positive Akzeptanz der Person, so, wie sie ist, abgelöst werden. Wenn dies gelingt, dann wird der verhängnisvolle Verhaltenskreislauf durchbrochen, und das Kind kann andere Verhaltensweisen ausprobieren. Schule kann für ein Kind, einen Jugendlichen der Ort werden, wo man sich psychisch von den unvorhersehbaren häuslichen Geschehnissen und Konflikten erholt, wo die Person, die hinter der Rolle steckt, erkannt und akzeptiert wird.

Wenn statt Hilfe Strafe eingesetzt wird, wenn das Kind unerreichbar zu sein scheint, dann kommt es oft in ein Heim. Es gibt inzwischen Institutionen, in denen Kinder aus Alkoholikerfamilien so gut und kompetent wie möglich betreut werden, doch bieten sie keinen vollwertigen Ersatz für ein richtiges Zuhause.

Manchmal führt ein Lebensweg, der im Heim begonnen hat, gar ins Gefängnis. Aber auch andere Jugendliche, die in einem bürgerlichen Elternhaus mit Alkoholismus aufgewachsen sind und straffällig werden, können ins Erziehungsheim oder ins Gefängnis kommen. Alkoholiker konnten nach der früheren Gesetzgebung oft damit rechnen, dass ihre Taten, im Vollrausch begangen, einen milden Richter fanden. Sie hatten ihr Vergehen ja nicht bei vollem Bewusstsein begangen. Erwachsene, die aus Alkoholikerfamilien stammen, vor allem Jugendliche, erleben oft eine härtere Gangart. Sie werden für ihr Vergehen doppelt bestraft, da bei ihnen die Kindheit als Sohn oder Tochter eines alkoholkranken Elternteils nicht in dem Maße berücksichtigt wird wie beim Alkoholiker der Vollrausch. Zur Entlastung der Richter muss man zugeben, dass der Richter oft nichts über den Alkoholismus in der Familie weiß, da hier das Familientabu greift und die Angehörigen dem Anwalt aus Scham noch nicht mal davon berichten.

Da wird es sicher schwerfallen, als Erwachsener nicht die Schuld weiterhin bei den Eltern zu suchen. Doch so schwer es auch einzusehen ist, es sind nicht ‹die anderen›, die das Leben eines Erwachsenen bestimmen. Auch wenn ein Schulabschluss fehlt oder wenn man arbeitslos ist, so sind das zwar Bedingungen, die das Leben stark prägen. Doch jeder ist letztlich für sein Verhalten anderen gegenüber selbst verantwortlich. Die schlimmen Startbedingungen haben jeden gezeichnet. Ein Erwachsenes Kind, das über viele Jahre hinweg immer den Sündenbock, den Troublemaker gespielt hat, muss andere Verhaltensweisen von Grund auf neu erlernen und einüben.[44]

Das unterhaltsame Kind – das Familienmaskottchen

Alle in der Alkoholikerfamilie sind glücklich darüber, wenigstens zeitweise ein fröhliches und unterhaltsames Kind zu haben. An diesem Familienmitglied zeigt sich doch, dass bei ihnen alles in Ordnung ist, da solch ein Sonnenschein bei ihnen aufwachsen konnte. Diese Kinder bringen alle zum Lachen, sie entspannen die Situation zu Hause durch Humor und ihre scheinbare Fröhlichkeit.

Meist handelt es sich um das spätgeborene, das jüngste Kind, das von den älteren Geschwistern besonders geschützt wird. Es erhält keine Informationen darüber, was eigentlich in der Familie los ist. Es muss im Bett bleiben, wenn Vater betrunken nach Hause kommt, oder es wird abgelenkt, wenn Mutter zu viel getrunken hat, und aus dem Zimmer gebracht, wenn Streit beginnt. Die Erwachsenen denken, das Kind bekomme nichts mit.

Doch jedes Kind spürt durch seine unverdorbene Intuition für Stimmungen, dass da etwas ganz gefährlich nicht in Ordnung ist, aber niemand sagt etwas. Auch auf Fragen erhält es keine übereinstimmenden Antworten. Ein Kind bekommt in einer solchen Situation Angst, es weiß nicht mal, wovor es sich fürchtet, es kann es nicht benennen. Dadurch wird die Angst nur noch irrationaler und größer.

Die Spannung im Kind vergrößert sich und entlädt sich in Aktionen. Diese wirken bei Kleinen fast immer niedlich. Ein Kind lernt schnell, dass es auf diese Art sich für eine Weile wohlfühlt, dass seine innere Anspannung sich löst, da alle in der Familie fröhlich sind. So viel Verstärkung für ein Verhalten sorgt dafür, dass dieses beibehalten wird. Bei einigen reicht der Spannungsabbau nicht, sie werden hyperaktiv, kommen dauernd in Situationen, in denen sie aus ‹Versehen› etwas zerstören, umwerfen oder andere, ohne böse Absicht, nerven.

Diese Kinder erfüllen für die Alkoholikerfamilie eine ähnliche Funktion wie der ‹Sündenbock›, sie dienen dazu, dass die anderen ihre Spannungen untereinander wenigstens für ein paar Stunden vergessen. Über dieses Kind wird viel gelacht, geschimpft und erzählt. Der Streit in der letzten Nacht, die Sorge um die Kündigung, der Ärger über die Bemerkung der Nachbarin rücken in den Hintergrund.

Wie jede Rolle hat auch diese einen lebenslangen Effekt auf ein Kind, das auf diese Art seine nicht greifbare Angst so unsichtbar gemacht hat. Da viele dieser Kinder als hyperaktiv beschrieben werden, bekommen sie schon als Kinder Beruhigungstabletten. Tabletteneinnahme als Stressabbau wird für sie normal. Sie können dadurch auf eine chemische Ruhigstellung als Erwachsene leichter eingehen, Tablettensucht ist eine mögliche Folge. Denn das vorherrschende Gefühl aus der Kindheit, die Angst, lebt auch im Erwachsenen Kind weiter. Es ist die alte Furcht, dass die Lebensgrundlage in Gefahr ist. Diese Furcht ist nicht genau zu benennen, nicht für das Kind, weil es damals nicht wusste, worum es ging, weil die Familiengeheimnisse vor ihm verborgen gehalten wurden, und ebenso wenig für den Erwachsenen, denn heute ist die Angst doch eigentlich grundlos. Niemand sieht einem Erwachsenen, der diese Familienrolle übernehmen musste, die Angst an. Zwischen all den Menschen, unter denen er sich aufhält, versteckt er seine Angst so gut, dass jeder denkt, der oder die ist aber gut drauf! Der Erwachsene wirkt fröhlich, er macht Stimmung und spielt oft den Clown. Es ist eine perfekte Maske. Die

Angst hinter der Maske bleibt und gibt ihm manchmal das Gefühl, verrückt zu sein. Selbst wenn ein solches Erwachsenes Kind versucht zu zeigen, wie es sich wirklich fühlt, wird es meist nicht gehört.[45]

- «Heute auf dem Altstadtfest ging's mir so gut, und ich hab da aufgedreht, mitten auf der Straße rumgelacht und lauthals Sachen erzählt, Leute angesprochen, die ich gar nicht kannte. Leute haben mir auch auf die Schulter geklopft und gesagt, dass ich unheimlich gut drauf bin.

  Klar, manchmal ist dieses überdrehte Fröhlichsein mehr ein Zeichen, dass es innerlich total am Brodeln ist. Das kippt dann manchmal auch plötzlich ab. Dann sitz ich da und stiere vor mich hin. Und dann hab ich auch schon fast Tränen in den Augen.

  Wenn ich ein wahnsinnig tiefes Glücksgefühl in mir habe, das ist dann meistens, es ist eigentlich eine unbeholfene Art. Wenn das dann mit irgendwelchen Menschen zu tun hat, dann sag ich das, weil ich es unheimlich wichtig finde, das rüberzukriegen, wie's in mir aussieht. Mit der ganzen Gestik, aber ich muss es noch nach außen sagen.

  Es gibt wenig Leute, denen ich sagen kann, wie's mir geht. Also, ich hab wenig Bekannte, Freunde schon mal gar nicht. Meistens ist drüberweggegangen worden. Wenn dann dieser Spruch kommt: ‹Wie geht's?› Und ich hab gesagt, ‹saumies›. Da kam dann erst so ein Moment Stille, dann hab ich ein paar Wörtchen gesagt, aber das war's auch schon wieder, dann haben sie vom Wetter angefangen.

  Ich zeig auch eher durch Witzeleien und Kichern, dass es mir mies geht, durch Grinsen, das ist so das Zeichen, dass es mir nicht gut geht.»

  «Diese Zeichen können andere oft schlecht lesen.»

  «Wenn ich in dem Moment in Tränen ausbrechen würde, würde das vielleicht ganz anders ankommen. Stattdessen sage ich ganz eiskalt: ‹Mir geht's mies.› Wir hatten mal Besuch, und ich hatte gesagt, ‹mir geht's saubeschissen›. Keiner reagierte, und ich machte alles weiter. Wir saßen draußen, ich bin in die Küche gegangen und hab alles, was mir in den Weg kam, runtergescheppert, runtergepfeffert. Es flogen die Scherben durch die Gegend. Die Türen knallten, ich bin in mein Zimmer gegangen und hab geheult. Dann kam jemand hinterhergeschlichen: ‹Dir geht's ja wirklich mies.› Doch das stimmt, ich bin unheimlich beherrscht. Aggressionen brechen bei mir normalerweise überhaupt nicht aus, nicht mal, dass ich jemanden anschreie oder so. Man merkt höchstens an der Stimme, dass ich etwas verzweifelt werde. Aber sonst ist immer alles schön unter Kontrolle» (Simone, 22 Jahre).

Die Angst, die man als Kind nicht haben durfte, die Vater möglicherweise verletzt und Mutter noch mehr verunsichert hätte, kann man als Erwachsener manchmal nur als starke Stimmungsschwankungen, als Störung, deren Grund man nicht kennt, erleben. Ein Gefühl, das man nicht empfinden, geschweige denn ausleben durfte, ist auch für einen Erwachsenen schwer zu erkennen und einzuordnen.

Diese Erwachsenen Kinder fühlen sich oft gespalten, da sie nach außen ein so ganz anderes Bild von sich zeigen. Diejenigen, die immer noch auf Spannungen und Angst (wenn sie sie bemerken) mit Sprüchen, lautem Lachen, Herumreden und Witzen reagieren, müssen versuchen, ihre Spannungen anders zu lösen. Für sie ist es wichtig, aufzuhören, die Erwartungen anderer erfüllen zu wollen, sich immer nur in den Aussagen der anderen zu spiegeln. Sie sollten stattdessen ihre Augen auf die wichtigste Person in ihrem Leben richten, auf sich selbst.

Rollen als wechselnde Verhaltensmuster

Niemand von meinen Gesprächspartnern und -partnerinnen verfügte nur über eine der beschriebenen Rollen allein. Die Benennung dieser Rollen dient vielmehr der Beschreibung der unterschiedlichen Versuche, sich an den gestörten Familienrhythmus anzupassen, um in einer krank machenden Umgebung zu überleben.

Wenn man weiß, dass Kleinkinder ohne genügend Zuwendung und Aufmerksamkeit nicht nur psychisch benachteiligt sind, sondern an diesem Mangel sterben können, dann ist der Begriff ‹Überleben› nicht übertrieben.

Fluchtreaktionen und Überlebensmechanismen, die die menschliche Ausprägung des biologischen Kampfes darstellen, unterstützen ein Kind in seinen persönlichen Entscheidungs- und Anpassungsmustern. Das Fluchtmuster kann Expansion bedeuten, d.h. Sicherheit durch Aktivität, durch Aggression, zwanghafte Erfüllung von Aufgaben, durch Showauftritte. Ein anderes Fluchtmuster ist der Rückzug in die Depression, in Scham und Erniedrigung. Es ist eine Verteidigung, indem man stillhält und sich einbunkert.[46] Ein beide ergänzendes Fluchtmuster ist das Abspalten von Gefühlen.

Der Platz in der Geschwisterreihe spielt eine wichtige Rolle bei der Entscheidung für ein bestimmtes Anpassungsmuster. Daneben sind die individuelle Persönlichkeit und die Fähigkeit des jeweiligen Kindes zur Stressbewältigung entscheidend.

Es kommt häufig vor, dass Kinder Rollen nacheinander übernehmen, weil die älteren Geschwister aus dem Haus gehen, oder dass der Wechsel zwischen mehreren Anpassungsmustern ihnen die größte Entlastung verschafft.

Jugendliche und Erwachsene Kinder fragen sich, ist mein Verhalten echt, bin ich echt? Wer bin ich eigentlich wirklich? Bin ich die Person, die ich nach außen zeige, oder die, die ich bin, wenn niemand mich sieht? Habe ich eine Wahl, so zu sein, wie ich möchte, oder funktioniere ich automatisch? Kann ich mein Verhalten überhaupt ändern? Sind das alles nur Masken, die ich zeige? Wer bin ich ohne diese Maske, Fassade, Rolle?

Tim stellte sich diese Fragen schon mit 15 Jahren:

▬ «Ich weiß nicht, ob das schizophren ist. Es ist nur so, dass ich denke, dass ich alles bin.
Also Clownspielen ist an manchen Tagen ich und einfach nur dasitzen an manchen Tagen und gucken ist auch ich. Ist also alles zu gleichen Teilen Tim und Maske.
Bei mir ist das so, wenn ich gut drauf bin, so einen Witz, einen guten Spruch nach dem anderen, da bringe ich alle zum Lachen. Bin also schon so ein Alleinunterhalter, so wie Frank Elstner halt. Ja so, aber besser, das muss klar sein!
Und 'ne Woche später, bei mir wechselt das auch fast täglich, vielleicht schon zwei Tage später, hab ich die ‹Fass-mich-bloß-nicht-an-Tour›. Bloß alleine sein. Wenn ich dann sitze und irgendwo denke, dann überleg ich: ‹Tim, was biste doch für ein Heini, was hast du nur alles gemacht. Das passt doch gar nicht zu dir, das warst du doch gar nicht.› Irgendwann kommst du dann drauf, das warst du doch. Nur irgendwie anders, 'n anderer, aber trotzdem du – strange!
Das ändert sich manchmal von Minute zu Minute. Da wird aus dem coolen Typen, der Power hat, der Feten rettet, auf einmal so ein Nachdenklicher, Nichtssagender, der einfach nur dasitzt und guckt.»
«Wie kommen Leute damit klar, Menschen, die dir wichtig sind?»
«Och, ich kenne wenige Leute, die mir wichtig sind, die mir wirklich total wichtig sind. Da gibt's drei, vier, zwei.
Damit haben die meisten Leute, mit denen ich zusammen bin, tatsächlich Probleme. Z. B. der Kalle, der testet schon vorsichtig, morgens, wenn er zum Bus kommt, wie ich so drauf bin.»

«Kann es sein, dass man dich für launisch hält?»
«Ja, bin ich vielleicht auch» (Tim, 15 Jahre).

Erwachsene Kinder kennen die Rolle, in der sie feststecken, meist recht gut. Sie fühlen sich in dieser Rolle oder hinter ihrer Fassade, wie einige sagen, einigermaßen sicher. Jede Veränderung macht ihnen Angst. Auch wenn sie begreifen, dass diese Rolle ihre Verhaltensalternativen einschränkt, dass ihnen etwas fehlt, dass sie die ‹Antworten›, die sie brauchen, im Kontakt mit anderen nicht bekommen, bleiben sie bei ihren Überlebensmustern.

Zwei junge Frauen, Yvonne und Thea, die sich mit mir gemeinsam darüber unterhielten, beschreiben, warum sie immer wieder schnell auf ihre gewohnten Anpassungsmuster zurückgreifen.

— «Ich rede so über Sachen, die für andere Leute sehr intim, sehr wichtig zu sein scheinen. Für einen selber sind sie gar nicht intim, weil man es nicht selbst ist, was man da erzählt. Es sind zwar auch Sachen, von denen dann andere sagen, das ist ja schwierig, aber im Grunde treffen sie nie den Kern, um den es eigentlich geht.»
«Was ist der Kern, warum kommt das nicht rüber, was du bist?»
«Weil es schwierig ist, sich selbst zu erkennen, weil man oft nicht weiß, was ist es überhaupt, was mich da so verletzt, was ist es genau, das mir wehtut?»
«Ich glaube auch, dass man zum größten Teil Angst davor hat, das zu erkennen, was dann wirklich in einem vorgeht, und dass man deshalb irgendwie drumrum redet.»
«Was würde passieren, wenn du nicht drum herum reden würdest?»
«Ja, dass ich dann irgendwelche Sachen in mir erkenne und sehe, die mir vorher noch nicht aufgefallen sind, und die machen mir dann irgendwie Angst.
Ich schaff es dann, das fernzuhalten. Eigentlich schafft man es

nicht, weil es da ist, das ist ganz klar. Aber man kann so tun, als wär's nicht da, indem man es einfach wegschiebt, indem man nicht versucht, darüber nachzudenken, und indem man eben lügt, indem man sich und anderen was vormacht.»

«Ich mache das, indem ich mich ablenke, irgendwie das beiseiteschiebe, mir schnell irgendwelche neuen Gedanken oder Aktivitäten suche, möglichst schnell versuche, das irgendwie zu vergessen.»

«Ich rede über alles andere, über ganz viel, nur nicht über das Eigentliche. Man redet über alles ganz viel und ganz schnell, man möchte alles möglichst offen darlegen, aber nur nichts merken lassen» (Yvonne, 17, und Thea, 18 Jahre).

Es scheint oft so, als hätte man als Erwachsener keine Wahl, sich anders zu verhalten, sich anders zu fühlen. Auf das Kind traf das zu, für das Kind war die Anpassungsrolle die Antwort auf die Situation, in der es sich bedroht, allein gelassen fühlte und mit Angst vor unkontrollierbarem Verhalten lebte. Sich entsprechend zu verhalten war ein Muss für das Kind. Die Rolle, die es jeweils wählte, war die einzige Lücke, die es sah und in die es schlüpfte, um so weit wie möglich mit der Situation zu Hause fertig zu werden.

Als Erwachsener hat jeder die Wahl. Um erlernte Rollen abzulegen, um neue Verhaltensweisen wählen zu können, um sich den damit verbundenen Gefühlen aussetzen zu können, muss man sich zunächst fragen:

Was für Sicherheit, welche Hilfe hat mir mein Verhalten in der Kindheit und in der Jugend gegeben?

Wofür habe ich meine Anpassungsmuster gebraucht?

Wann habe ich sie wechseln müssen und warum?

Wofür brauche ich dieses Verhalten heute noch?

Wozu nützt mir mein Verhalten, wobei schadet es mir, woran hindert es mich?

Wenn man einen Zettel nimmt und die Antworten aufschreibt, wird man sowohl auf gute Gründe für seine Verhaltensweisen als Kind als auf auch heute noch gültige Anpassungsmuster stoßen.

Die ersten Schritte zur Selbsterkenntnis kann man gut allein machen. Der eine schreibt seine Lebensgeschichte auf, jemand anders skizziert nur Stichworte, die persönliche Schlüsselbegriffe darstellen, ein Nächster spricht über sein Leben auf eine Kassette. Die Methode ist hierbei erst mal unwichtig. Wichtig ist der Versuch, ehrlich zu sich selbst zu sein. Wichtig ist, sich selbst möglichst jeden Tag einige Minuten anzuschauen. Durch die Übung, sich so anzusehen, wie man ist, kann jeder langsam lernen, sich realistischer zu sehen. Um sich selbst dabei nicht zu schaden, sollte man Hinweise aus dem Kapitel «Sich annehmen» berücksichtigen.

Die Auseinandersetzung mit der eigenen Geschichte beginnen

Erwachsen gewordenen Kindern von Alkoholikern fällt es schwer, sich mit ihren Eltern auseinanderzusetzen. Gilt das nicht für die meisten Menschen, haben nicht viele Probleme, mit Vater oder Mutter über sich zu reden? Über private Dinge mit den Eltern zu sprechen und sich mit Vater oder Mutter auseinanderzusetzen ist gerade für junge Leute selten einfach. Inwiefern unterscheiden sich junge Erwachsene aus Alkoholikerfamilien von anderen jungen Menschen?

Man muss sich die Kindheit und Jugend dieser jungen Erwachsenen in Erinnerung rufen, um die überaus schwierige Beziehung zu ihren Eltern, und manchmal auch zu den Geschwistern, zu verstehen.

Alle Skriptregeln im Alkoholikerhaus unterbinden einen offenen Austausch von Meinungen oder Wahrnehmungen. Bestimmte Gefühle müssen unterdrückt, Wahrheiten umdefiniert und der jeweiligen Situation angepasst werden. Jeder spielt seine derzeitige Rolle, ohne sich dessen bewusst zu sein, und daher auch ohne die Chance, sich daraus zu lösen. Das alles lindert nicht die unterschwellige Angst, jederzeit wieder mit einer unerträglichen, schamvollen Situation konfrontiert zu werden.

In intakten Elternhäusern oder in anderen Stressfamilien findet man die Probleme, die junge Menschen mit Vater oder Mutter haben, nicht in dieser Bündelung. Dort werden Vorschriften und Erlaubnisse nicht mit der gleichen Willkür erteilt und wieder aufgehoben. Dort gibt es nicht die unterschwellige Angst und Unsicherheit.

Besonders schwierig sind die Jahre zwischen der Pubertät und dem Erwachsenwerden. In dieser Phase erleben diese jungen Erwachsenen wieder die Enttäuschungen, die sie als Kinder und Jugendliche schon kennengelernt haben.

Es ist erstaunlich, dass sie nicht aufgeben und Vater und Mutter reden lassen. Warum versuchen sie nicht, sich auf ihr Leben zu konzentrieren?

Sie umgehen so genau die Verhaltensweise, die sie schon früh vermeiden mussten, um mit der Alkoholsituation zu Hause leben zu können. Statt sich auf sich zu konzentrieren, lenken sie sich ab. Bei suchtkranken Eltern erwarten außerdem die Verwandten und Nachbarn, dass man sich um Vater kümmert und Mutter nicht im Stich lässt. Eine große Anzahl der Erwachsenen Kinder bleibt lange in der Nähe der Eltern, in der Nähe der Sucht. Sie lassen sich durch die Eltern von ihrer eigenen Aufgabe ablenken, und sie lenken durch ihre ‹Hilfe› die Eltern von den Folgen des Alkoholproblems ab. Das Familiendrama geht weiter.

Doch auch die, die von zu Hause weggegangen sind und sich sehnlichst wünschen, das Alkoholproblem hinter sich zu lassen, fühlen sich weiterhin an Vater oder Mutter gebunden. Schuldgefühle sowie die gemeinsamen Geheimnisse lassen ihnen wenig Spielraum, sich von ihrer Herkunftsfamilie zu lösen.

Die Nabelschnur, die sie mit den Eltern verbindet, spüren sie weiter auf eine letzten Endes bedrohliche Weise. Sie durchzuschneiden, abzubinden, um dann die Wunde heilen zu lassen, fällt schwer. Es reicht nicht aus, wegzuziehen und zu versuchen zu vergessen. Man muss offensiv werden und sich, um seiner selbst willen, mit beiden Eltern auseinandersetzen.

Der Dialog mit dem trinkenden Elternteil

- «Als ich hier wegging, war es, als hätte ich noch Verbindung, eine telepathische Verbindung. Ich hab genau gespürt, wenn mein Vater trank, ‹jetzt trinkt er›, dachte ich. Ich wusste es, ich hab's genau gespürt. Tatsächlich hab ich mich manchmal vergewissert, hab angerufen, hab gefragt, wie's ist, weil ich's nicht mehr ausgehalten habe. Und dann war's tatsächlich so» (Renate, 30 Jahre).

Wenn Erwachsene Kinder ihre Eltern zu Hause besuchen, dann steht zwischen ihren Eltern und ihnen oft noch die alte Barriere: *Sieh nicht hin – Sprich nicht drüber*. Doch als Erwachsener will man das Trinkdilemma nicht mehr hinnehmen. Häufig wird zum ersten Mal der Versuch unternommen, mit Vater oder Mutter über ihr Trinken zu sprechen und einen offenen Dialog mit dem trinkenden Elternteil zu beginnen. Die Erwachsenen Kinder machen dabei die Erfahrung, wie schwierig es ist, sich selbst zu überwinden und das gewohnte Schweigen und Verleugnen zu durchbrechen, vor allem, wenn sie mit dem ‹nassen› Elternteil über das Trinken reden wollen.

- «Ich weiß nicht, ob Mutti mittlerweile sagt, sie ist suchtkrank. Ich hab so das Gefühl, sie versteht immer noch nicht, was das bedeutet. Wir sprechen eigentlich überhaupt nicht darüber. Ich merke immer, wie peinlich ihr das ist. Von selber kommt sowieso nichts, jedenfalls nicht mir gegenüber. Es kann sein, dass sie mit meinem Vater darüber redet. Mit mir redet sie überhaupt nicht darüber. Ich mag sie auch irgendwie nicht ansprechen, weil ich immer merke, wie peinlich ihr das ist, wie nervös sie dann wird.
  Wenn sie mal eine Trinkpause gehabt hat und ich merke, dass sie wieder was getrunken hat, dann habe ich so Bemerkungen fallengelassen. ‹Ja, dir geht's wohl nicht gut› und so. Oft hat sie dann

auch richtig mit Lügen reagiert, auch dann, wenn's offensichtlich war, dass sie wieder getrunken hatte. Sie sagte dann: ‹Wie kamst du da drauf und überhaupt welche Unverschämtheit›, hat sie mich dann angeschrien, ‹das finde ich eine Unverschämtheit, mir hier so was zu unterstellen!›
Dann dachte ich mir, es hat einfach keinen Zweck, mit ihr darüber zu reden. Wenn sie das nicht will, dann bringt das auch nichts» (Thea, 18 Jahre).

Anke ist selbst Alkoholikerin und würde gern mit dem Vater, den sie sehr mag, sprechen:

- «Ich wollte immer mit meinem Vater über das Trinken sprechen. Das kann ich heute noch nicht, so ihm sagen, was ich fühle. Beim letzten Mal, da hat er mich in den Arm genommen und hat gesagt, toll, was du alles geschafft hast, und ich bin richtig stolz auf dich. Denn ich hatte in der Zwischenzeit viel getrunken und dann eine Therapie gemacht. Aber 'ne Stunde später wiederum hat er mir ein Bier angeboten!
Ich kann schlecht so reden, überhaupt aus mir rauskommen. Ich weiß nicht, da ist irgendetwas, vielleicht hab ich Angst vor seiner Reaktion. Dass er sagt, ‹das ist alles gar nicht wahr› oder was anderes, auf das ich gar nicht vorbereitet bin.
Vielleicht denkt er dann, dass ich ihn nicht mehr mag, aber vielleicht will ich ihm auch nicht wehtun» (Anke, 22 Jahre).

Um sich mit dem alkoholkranken Elternteil wirklich auseinandersetzen zu können, muss man warten, bis er oder sie nüchtern ist. Dann empfindet man auch erst die ungeheure Macht, die das Schweigen bisher hatte. Das Reden fällt so schwer, zugleich gibt man auch zu, ‹ich hab bisher immer so getan als ob›! Wie wird der Vater, die Mutter darauf reagieren? Die alte Angst vor unberechenbaren Reaktionen ist plötzlich ganz frisch, auch beim Erwachsenen, wieder da.

- «In ihrem betrunkenen Zustand hat ja jeder mit ihr gesprochen. Erst mal zu erkennen, dass das überhaupt nichts bringt, das ist ja auch schon mal ein Stück.
  Aber was ja viel schwieriger ist, dann im nüchternen Zustand das Thema anzusprechen. Gesprochen haben wir mit ihr, alle zusammen, im Anschluss an irgendwelche Konfliktsituationen, wo's wirklich schlimm war, z.B. nachdem sie im Krankenhaus war (zum Entzug, U. L.)» (Felix, 27 Jahre).

- «Nein, ich kann mit meiner Mutter nicht reden, wenn sie angetrunken ist. Einmal, sie war am nächsten Tag wieder nüchtern, hab ich ihr gesagt, ‹Mam, das fand ich nun überhaupt nicht gut, und warum hast du das denn gemacht? Du, ich muss dir ehrlich sagen, wenn du wieder anfängst, dann komm ich nicht mehr. Ich will also nicht, dass die Kinder dich dann so sehen. Das ist sogar meinem Ältesten aufgefallen, dass du was getrunken hast, und die anderen merken das doch auch.›
  Wenn sie so dasitzt und sich dann immer so über den Mund reibt, fürchterlich. Wie mein Vater sagte, war sie nach meinem Besuch wohl sehr deprimiert. Seitdem hat sie noch nichts wieder angefasst. Aber ich bin jetzt ganz misstrauisch, ob ich mich überhaupt noch drauf verlassen kann» (Karin, 29 Jahre. Ihre Mutter hatte nach einer langen Trinkpause wieder angefangen zu trinken).

Die vergeblichen Versuche, die der nicht trinkende Elternteil in den vergangenen Jahren unternommen hat, werden meistens von einem der Kinder fortgeführt. Sie sagen sich, was Vater/Mutter nicht geschafft hat, das werde ich jetzt bringen! Es wird liebevoll sich gekümmert, gesorgt und gebeten, aber auch gedroht, beschuldigt und geweint, in jedem Fall wird für den Alkoholkranken gedacht und gehandelt.

Will man sich tatsächlich mit dem trinkenden Elternteil und dem

Alkoholismus in der Familie auseinandersetzen, beginnt man am besten damit, seine eigene Rolle in der Suchtfamilie zu beleuchten. Schon bald wird es einem wie Schuppen von den Augen fallen, wie man selbst mitgeholfen hat, dass der/die Alkoholkranke nur selten mit den Folgen der Sucht konfrontiert wird. Man wird die Überlebensmuster entdecken und nach und nach auch die verdrängten Schmerzen und Erinnerungen.

Als Nächstes versucht man, sich über den Alkoholismus zu informieren. Zwar hat man als Familienmitglied den Alkoholismus erlebt, weiß aber dennoch kaum etwas davon. Diese Wissenslücke schließt man am besten durch Besuche bei trockenen Alkoholikern und Alkoholikerinnen, bei Beratungsstellen für Suchtkranke und ihre Familien. Aber auch durch Bücher kann man sich erst mal darüber informieren, dass Sucht eine *Krankheit* ist.

Mit dieser Krankheit umgehen zu können, ist wohl das Schwierigste, was ein Erwachsenes Kind, das seinen alkoholkranken Vater, seine süchtige Mutter liebt, lernen muss. Normalerweise kann man Kranken helfen, indem man ihnen Pflichten abnimmt, gut für sie sorgt und sich um ihre Probleme kümmert. Um zu verstehen, dass es richtig ist, einen suchtkranken Menschen sich selbst zu überlassen, ihn nicht dauernd zu unterstützen und ihn auch nicht zu seinem Wohl zwingen zu wollen, dazu braucht man Zeit. Um die Wahrheit dieser Aussage zu überprüfen, spricht man am besten mit trockenen Alkoholikern und Alkoholikerinnen. Diese erzählen, was ihnen geholfen hat, ihre Sucht zu erkennen, wie sie dennoch lange Zeit nicht mit dem Trinken aufhören konnten. Sie erzählen auch, wie ihre Familie vergeblich versucht hat zu helfen und wie es kam, dass sie selbst sich Hilfe geholt haben.

Die Erwachsenen Kinder, die ihre alkoholkranken Eltern verachten und nur wegen des anderen Elternteils noch Verbindung mit zu Hause haben, bekommen durch diese Besuche bei trockenen Alkoholikern eine Chance zu verstehen, dass Sucht keine Charakterschwäche ist, sondern dass ihr Vater, ihre Mutter suchtkrank ist. Dies müssen sie begreifen, um sich lösen, um gelassen mit ihren Eltern umgehen zu können. Diese Gelassenheit gibt ihnen Freiheit, sich um ihr eigenes Leben zu kümmern und die Wunden der Kindheit heilen zu lassen.

Diese Kehrtwende, weg vom Alkoholkranken, hin zu sich selbst, fällt schwer. Karins Mutter hat wieder angefangen zu trinken. Karin überlegt, wie sie sich verhalten soll/kann, wenn diese damit nicht aufhört.

- «Wie schrecklich das sein wird, wenn ich dann wirklich so konsequent sein muss. Sie trinkt weiter, und ich muss dann wirklich den Kontakt abbrechen, weil ich meine, das muss sein. Das würde mich unheimlich quälen. Ich könnte mir das überhaupt nicht vorstellen, zu meiner Mutter keinen Kontakt mehr zu haben. Ich behaupte mal, dass ich mich abgestoßen fühle. Also, früher ist sie mir eigentlich nie so hilflos vorgekommen. Ich war ja immer das Kind. Ich hab sie dann einfach liegen gelassen. Mein Vater kam dann irgendwann, hat sie ausgezogen und ins Bett gebracht. So hilflos … nun, ich weiß nicht, wie ich als Erwachsene reagieren würde» (Karin, 29 Jahre).

Ulla hat beides ausprobiert, sie hat sich bis vor kurzem um Vater gekümmert und nur sein ‹Bestes› gewollt. Dann hat sie erkannt, dass sie sich aus diesem Teufelskreis retten muss.

- «Ich hab mich bei meinem Vater immer weiter in die Scheiße hineinverstricken lassen. Ich hab mich um jeden Blödsinn gekümmert. Dann hab ich zu meiner Hausärztin gesagt, ich versuche, dass ich ihn hierher kriege zur Behandlung. Die hat mir gleich die Hoffnung genommen und gesagt, selbst wenn der kommt, das allein reicht nicht. Sie wusste, dass das nichts bringt, wenn er meinetwegen dahin geht. Und so war's auch. Ich habe ihn massiv unter Druck gesetzt, Tränendrüse und mach mir nicht solche Sorgen, ich hatte ja auch noch meine Scheidung am Hals und musste mir einen Job suchen, das alles lief nebenher. Das andere, das war die Hauptsache, der Tanz um die Flasche und um ihn. Dann ist er zum Arzt gegangen, und siehe da, er schaffte es drei Wochen ohne Alkohol. Ich war euphorisch. Sonntags nach drei Wochen kam dieser Anruf. Ich hörte gleich an seiner Stimme, er hatte getrunken. Danach bin ich noch ein paarmal zu ihm gegangen. Dann hab ich ihm gesagt, ‹du, ich komme morgen nochmal wieder, und morgen sagst du mir, ob du eine Entziehungskur machst oder nicht›. Er hat dann gesagt, ‹das käme überhaupt nicht in Frage›, dann bin ich gegangen. Das ist jetzt fünf Monate her. Weihnachten hab ich von ihm eine Karte gekriegt. ‹Dir liebe Ulla von ganzem Herzen, Dein Papi.› Da saß ich erst mal wieder und war am Heulen» (Ulla, 27 Jahre).

Ulla kann sich wohl nur so konsequent verhalten, da sie Unterstützung von Menschen erhält, die selbst erfahren haben, wie schwer es ist, nicht mehr das Leben des Alkoholikers in den Mittelpunkt zu stellen.

Ein Erwachsenes Kind ist für das Leben der süchtigen Eltern nicht verantwortlich. Die Eltern sind erwachsen. Die Kinder haben die schwierige Aufgabe, ihre Illusion abzulegen, die sie glauben lässt: Wenn ich nur das Richtige tue, verändert das andere! Daran halten sie zu lange wider alle Erfahrung fest. Aber man kann innere Gelassenheit erwerben, indem man sich wieder und wieder verdeutlicht, dass man den Alkoholkranken nicht ändern kann. Man muss sich weder altruistisch für ihn aufopfern noch gegen ihn ankämpfen. Es ist Zeit, sich abzuwenden und sich auf das eigene Leben zu konzentrieren. Das ist nicht Egoismus, sondern ein Anfang, sich auf die eigene Realität einzulassen.

«Jetzt seit einem halben Jahr hab ich wieder Kontakt zu meinem Vater. Er leugnet halt schlicht, dass er Alkoholprobleme hat. Alle

paar Wochen geht er auf die Rolle, versumpft für 'ne Woche, dann kontaktiere ich ihn auch nicht.
Ich habe ihm das Angebot gemacht, was in der Vergangenheit gelaufen ist, ist gelaufen. Wir können uns jetzt begegnen, wie wir uns begegnen sollten, nämlich als erwachsene Menschen. Ich werf dir nichts mehr aus der Vergangenheit vor, du wirfst mir nichts mehr aus der Vergangenheit vor. Wir probieren wirklich, eine gesunde Beziehung zu halten, so wie es zwischen normalen Menschen, die sich begegnen, möglich ist.
Ich hab ihm auch klare Konsequenzen angedroht, wenn's nicht läuft. Dann ist die Sache die, dass ich einfach dann abhaue.
Früher hab ich mich in endlose Diskussionen verwickelt. Doch ich weiß, dass ich das Recht habe, ihn sitzenzulassen. Weil, wenn es an meine Grenze geht, dass es eben meine Grenze ist, dass ich da überhaupt keine Skrupel zu haben brauch.»
«Wodurch hast du das gelernt, so mit ihm umzugehen?»
«Ich habe sehr starke körperliche Symptome, Ekzeme und so weiter, dass ich mich in Psychotherapie begeben habe. Dann hab ich einfach gemerkt, wie das mit meiner Familie zusammenhängt. Dass ich einfach nicht mehr verantwortlich bin für die Leute, wo ich gemerkt habe, dass ich reif bin, wie meine Eltern, dass ich zu der Reife auch stehe und sage, ‹du, hör mal, wir haben ein Verhältnis, wir sind blutsverwandt, aber das bindet mich nicht›» (Andreas, 27 Jahre).

Es ist eine gute Möglichkeit, für sich selbst Grenzen zu ziehen, sie dem Vater, wenn dieser nüchtern ist, mitzuteilen, und sie auch, im eigenen Interesse, einzuhalten. Das fällt ‹leichter›, wenn sich – wie bei Andreas – körperliche Reaktionen zeigen.

Man darf allerdings nicht übersehen, dass ein süchtiger Mensch nicht unbedingt seine Abmachungen und Versprechungen einhält, einhalten kann, da der Suchtdruck sein Verhalten und seine Ansichten weitgehend bestimmt.

Es ist vielen Erwachsenen Kindern nur möglich, auch innerlich ruhiger mit ihren ‹nassen› Eltern auszukommen, wenn sie sich Unterstützung in einer der vielen Angehörigengruppen oder bei einem Therapeuten holen, der sich mit der Familienkrankheit Alkoholismus und der Arbeit in den Selbsthilfegruppen auskennt.

Barbara und Birke holen sich in einer «Angehörigen-Gruppe der Anonymen Alkoholiker» Unterstützung. Über diese Gruppen und andere Hilfsmöglichkeiten berichte ich ausführlich im letzten Kapitel und im Anhang.

- «Wenn ich jetzt nach Hause komme und meine Mutter ist betrunken, dann fahre ich gleich wieder. Ich sag dann, das ist nicht mein Problem, ich halt mich aus der Sache raus. Ich muss mir das auch nicht angucken. Ich melde mich dann wieder. Ich flipp nicht mehr so aus und lass mich nicht mehr wie sonst reinziehen. Ich versuche auch nicht mehr eine Reaktion zu vertuschen, auch wenn offen die Fetzen fliegen, das ist mir heute egal» (Barbara, 26 Jahre).

- «Damals bin ich oft mit dem Auto hingefahren, hatte mir halt vorgenommen, stellst das Auto richtig in Abschussrichtung. Wenn's böse wird, dann rein ins Auto und weg. Und meinem Vater hab ich das auch gesagt, auch mit blöden Bemerkungen: ‹Wenn du trinkst, fahr ich.› Heute würde ich das nicht mehr machen.»
  «Warum nicht?»
  «Heute würde ich mir eben überlegen, kann ich es ertragen? Wenn nicht, dann geh ich wieder weg. Ich würd ihn nicht mehr erpressen wollen. Da ich weiß, dass er nicht anders kann. Hab ich auch die letzten Jahre in seinem Leben nicht mehr gemacht» (Birke, 35 Jahre).

Wenn man anders mit dem ‹nassen› Alkoholiker umgeht, verändert sich das Verhältnis zu den Eltern, es verändert aber vor allem das eigene Ich. Wenn man einem anderen nicht mehr wehtut, ihn oder sie nicht mehr beschuldigt, anschreit, runtermacht, behandelt man sich selbst gut. Die negativen Handlungsweisen verletzen einen selbst, während die positiven einen stärken. Wenn man statt zynisch und verächtlich zu sein, ruhig dem Alkoholkranken zuhören kann, dann hilft man sich selbst am meisten. Selbstachtung kann wieder wachsen und auch Selbstliebe, die Erwachsene Kinder so sehr brauchen.

- «Ich habe meine Mutter wieder besucht. Seit ihrem letzten Selbstmordversuch, wo ich sie in die Klinik bringen musste und wo sie mich hinterher nur beschimpft hatte, bin ich nicht mehr zu Hause gewesen. Ich bin ganz ruhig gewesen, bin auch nicht wieder von den Tabletten angefangen. Sie hat von sich aus dann erzählt, dass sie jetzt immer nur eine bestimmte Menge Tabletten bekommt. Wir haben uns dann noch über andere Dinge unterhalten, nichts Ernsthaftes. Aber es war schön, so ohne Streit, das ging auf einmal ganz prima. Das war ganz toll. Ich hab mich über mich selbst gewundert» (Simone, 22 Jahre. Ihre Mutter ist tablettenabhängig. Gedächtnisprotokoll).

- «Wenn meine Ma was getrunken hat, dann macht mich das unheimlich aggressiv, und ich versuche dann, ihr aus dem Weg zu gehen, weil ich nicht möchte, dass ich sie angreife, dass ich mich irgendwie mit ihr streite. Ich möchte das einfach nicht mehr.
  Sie wirft mir dann allerdings vor: ‹Ja, ich bin nur für die Hausarbeit da! Wieso guckst du mich nicht an, fragst aber hinterher um das Auto!› Nur, um mal ein Beispiel zu nennen. Ich denke dann immer, was sollst du jetzt machen. Sollst du dich jetzt mit ihr befassen, dann läufst du Gefahr, dass du wütend wirst, dass du sie anschreist, dass wieder ein Heidenkrach entsteht. Oder ist es nicht vielleicht besser, sich wirklich zurückzuziehen, zu den-

ken, lass sie machen. Ich kann sie sowieso nicht ändern. Damit muss sie selber fertigwerden» (Thea, 18 Jahre).

- «Zwei Wochen lang hab ich meinen Vater nicht im Krankenhaus besucht, obwohl ich ihn sonst immer als Einzige von uns Kindern besucht habe. Jetzt bin ich doch wieder hingegangen. Aber diesmal habe ich ihm keine Vorwürfe gemacht, sondern war einfach da und habe zugehört. Als er von alleine anfing, über Alkohol zu sprechen, er will jetzt die scharfen Sachen weglassen, da hab ich nicht mit ihm argumentiert und gestritten wie früher. Ich bin froh, dass ich hingegangen bin und dass ich mich so verhalten habe» (Luise, 25 Jahre, Gedächtnisprotokoll).

Obwohl man den Alkoholkranken scheinbar im Stich lässt, wenn man die Rettungsversuche unterlässt, geht man letzten Endes menschenwürdiger mit ihm um. Man respektiert ihn als einen Erwachsenen, der die Folgen seines Tuns erleben und aushalten kann. Der für sich selbst herausfinden muss, wie er sein Leben gestalten will. Man kann ihm helfen, sich nicht in Lebensgefahr zu begeben, man muss andere vor ihm schützen, wenn er in irgendeiner Form Gewalt ausübt.

Doch vor allem gilt es, den Blick von ihm zu lösen und mehr auf sich selbst zu schauen. Diese neue Art, mit dem Alkoholkranken umzugehen, hilft dann auch, Vater oder Mutter anders wahrzunehmen und hinter der Fratze des Alkohols den liebenswerten Menschen zu erkennen.

- «In den letzten zwei Jahren haben wir uns meistens sehr gut verstanden. Weil ich lernen konnte, ihn zu lieben, also so hinter seine Brille zu sehen. Zu sehen also, dass er ein sehr einsamer Mensch ist. Und er ist auch voller Liebe gewesen. Er ist so der mütterliche Part von meinen Eltern» (Carla, 32 Jahre).

- «Ich hab ihn ja auch kennengelernt in Phasen, wo er nicht getrunken hat. Er ist eigentlich ein lieber Mensch, der sich bestimmt gerne um uns gekümmert hätte. Aber der hat keinen Zugang dazu gekriegt, und jetzt könne er halt nicht mehr. Er hat nicht gelernt, Vater zu sein» (Renate, 30 Jahre).

Solange die Alkoholiker-Eltern sich noch selbst versorgen können, gelingt es Erwachsenen Kindern eher, sich zunehmend um sich selbst zu kümmern. Ab und zu kommt allerdings der Gedanke, was wird sein, wenn Mutter oder Vater stirbt.

Obwohl man versucht, mit Hilfe anderer Menschen, denen es ähnlich geht, sich von seinen trinkenden Eltern zu lösen, sie nicht mehr zu behüten, ihnen nicht vorzuschreiben, was sie machen sollen, und sich nicht mehr selbst die Schuld zu geben, wenn es Vater oder Mutter nicht so gutgeht, da fragt sich doch mancher: «Was ist, wenn die Eltern nicht ‹trocken› werden und plötzlich sterben? Mache ich es mir zu einfach, indem ich mich um mich kümmere? Hätte ich nicht (obwohl ich es besser weiß) mehr für Vater, für Mutter machen können? War es wirklich richtig, sie die Folgen ihrer Trinkerei selbst ausbaden zu lassen? Hätte ich meinen Vater, meine Mutter nicht zwingen müssen, einen Entzug zu machen?»

Eine Frau sagte:

- «Was nach dem Tod meiner Mutter kommt, weiß ich nicht. Das ist wie eine schwarze Fläche. Ich kann es mir nicht vorstellen» (Dagmar, 26 Jahre).

Zur Sorge kommen ein Gefühl der Hilflosigkeit und das Wissen, dass Alkoholismus eine fortschreitende Krankheit ist, sie wird nie besser, sondern schlimmer, und sie führt früher oder später zum Tod.

- «Er trinkt noch immer, er ist nicht trocken. Ich hab auch Angst, dass er bald stirbt. Sein Gesicht geht kaputt, alles offen und so. Ich weiß nicht. Er vergisst jetzt auch so viel» (Anke, 22 Jahre).

Ist der Vater oder die Mutter gestorben, wird man sich bewusst, dass die Chance, einen liebevollen Vater zu haben oder eine Mutter, die zu einem steht, für immer vorbei ist. Statt traurig zu sein, kann man sich auch betrogen fühlen, wie Sonja, deren erste Reaktion Wut war, als sie vom Tod ihres Vaters hörte.

- «Ich war wütend, denn ich wollte mich noch mit ihm auseinandersetzen. Ich wollte noch was von ihm. Ich möchte, dass er mir sagt, das machst du gut. Indem er mich so bestätigt, wie ich lebe.
  Ja, und er soll mich in den Arm nehmen, mich so sehen, wie ich halt bin. Mich nicht verändern wollen, sondern mich so stehen lassen. Und er soll mir auch Zärtlichkeit geben, vielleicht auch Schutz» (Sonja, 29 Jahre).

Für Sonja, wie für viele, deren alkoholkranke Väter und Mütter schon gestorben sind, ist es schwer, sich von ihnen zu trennen. Sie können sich nur noch mit dem Vater, mit der Mutter auseinandersetzen, die in ihren Gedanken, in ihrem Herzen weiterleben.

Ob Vater oder Mutter noch lebt oder schon gestorben ist, im Grunde geht es darum, sich zu erlauben, sein eigenes Leben zu leben, sich um sich selbst kümmern zu dürfen und dies sogar, will man nicht in der Familienkrankheit Alkoholismus gefangen bleiben, zu müssen.

Bei der Selbsterforschung wird jeder auf die zahlreichen Demütigungen und bewussten Verletzungen stoßen, die jedes Kind seinen Alkoholiker-Eltern zugefügt hat. Die Eltern können einem nicht verzeihen, man kann sich nur selbst vergeben. Diese Erinnerungen können auch Anstoß sein, vieles an sich selbst wiedergutzumachen. Denn die Demütigungen, die man in seiner hilflosen Not seinem

Vater oder seiner Mutter zugefügt hat, die haben einen selbst unter Umständen sehr tief verletzt.

- «Mit 17 Jahren erhielt ich endlich ein eigenes ‹Zimmer›, es war ein Teil der Küche, der mit einer Sperrholzplatte abgegrenzt wurde. Es hatte nur ein winziges Fenster, aber es war mein Raum, wo ich endlich ungesehen sitzen und schlafen konnte. Wenn jemand in der Küche war, konnte man mich wohl hören, genau so, wie ich alles mitkriegte. Als ich einen Freund hatte, kam meine Mutter auf die Idee, dass ich mit Vater tauschen sollte. Sein Zimmer war groß, hatte zwei Fenster. Ich wollte nicht, ich brauchte nur dieses winzige Zimmer. Doch dann informierte meine Mutter meinen Freund, und ich hätte mich massiv wehren müssen. Ich hab nicht mit angefasst, als sie umräumten, aber ich hab's passieren lassen. Mein Vater hat danach oft bitter gesagt, ja, ihr habt mich ins Hundeschott abgeschoben. Für mich war das kleine Zimmer eine Verbesserung gewesen, für ihn war das ein Abstieg, der damit begründet wurde, dass er ja nur ein Bett zum Schlafen brauchte und kein Zimmer. Dass ich das zugelassen habe, tut mir noch immer weh. Ich hab ihm das nie sagen können, das nicht und vieles andere nicht» (Ursula, 45 Jahre).

- «Schick deinem Vater liebe Gedanken. Schau mal, mein Vater war auch Alkoholiker. Ich bin der Einzige von uns Geschwistern, der Alkoholiker geworden ist. Soll ich meinem Vater dafür böse sein? Das geht doch nicht, ich bin für mich selbst verantwortlich. Du kannst dich selbst nur liebhaben, wenn du deinem Vater liebe Gedanken schickst. Du musst ihn loslassen, nicht so verbittert dran festhängen. Schick ihm immer wieder liebe Gedanken. Hab ihn heute lieb» (Fritz, 70 Jahre).

Von all den trockenen Alkoholikern, die ich traf, war Fritz meinem Vater am ähnlichsten. Durch ihn habe ich gelernt, dass Alkoholismus eine Krankheit ist, dass mein Vater und meine Mutter krank waren. Ich glaube, als ich anfing, ihn gernzuhaben, einen alten Trinker (der heute schon sehr lange trocken ist), da fing ich auch an, mich von der Bitterkeit, die ich meinem Vater gegenüber fühlte, zu verabschieden.

Der Dialog mit dem nicht trinkenden Elternteil

Die Familienkrankheit Alkoholismus erfasst alle Personen in der Familie. Verdrängen, Verleugnen, Co-Abhängigkeit bestimmen auch über die Lebensgeschichten der nicht trinkenden Mütter und Väter. Der «andere» Elternteil wird von den Kindern sehr kritisch gesehen. Da sie nicht trinken müssen, gibt es für diese Mütter und Väter erst mal keine Entschuldigung dafür, ihre Kinder nicht genug geschützt zu haben, so abweisend und unehrlich gewesen zu sein. Die Enttäuschung über eine Mutter oder einen Vater, die/der nicht liebevoll ausgleichend, sondern eher gereizt und unter Zeitdruck handelt, geht tief, denn an diese Eltern werden höhere Erwartungen gerichtet als an die trinkenden.

Will man mit dem «anderen» Elternteil ins Gespräch kommen, werden ähnlich wie gegenüber dem Alkoholiker unterschiedliche Gefühle wach, die sich mit vielen Fragen verknüpfen: Warum hat Mutter/Vater den Alkoholismus in der Familie geleugnet und vertuscht? Warum hat er/sie sich und den Kindern nicht erlaubt, jedes Gefühl zu zeigen, zu teilen und darüber zu sprechen? Warum musste man sich immer nach dem Alkoholiker richten, durfte ihn nicht aufregen oder ihm widersprechen? Warum hat Mutter/Vater sich so wenig um einen gekümmert und so viel geschimpft und kritisiert? Warum wurde man gezwungen, Liebe zu heucheln oder zwischen den Eltern zu wählen? Warum fühlte man sich gar nicht wirklich geliebt?

Dies sind Fragen, die man erst mal sich selbst stellt. Viele werden schon beantwortet und müssen nicht mehr Mutter oder Vater vorgeworfen werden, wenn man sich klarmacht, dass in einer Suchtfamilie Kinder immer unter dem Einfluss der Familienkrankheit Alkoholismus aufgezogen werden. Man lebt mit der Mutter (oder dem Vater), die alles regelt, überprüft und kontrolliert, die einfach glaubt, alles im Griff haben zu müssen, sodass für Spiele, für heiteren Unsinn, für Wärme und deutlich gezeigte Zuneigung so wenig Kraft und Zeit übrig bleiben. Man kann sich vor Augen führen, dass die Mutter oder der Vater für das vom Alkohol geprägte Familienleben das tat, was für sie oder ihn möglich war. Das hilft, sich mit dem «anderen» Elternteil zu versöhnen. Als Erwachsener erst ist es möglich, die wahre Rolle, die der nicht trinkende Elternteil im Familiendrama übernommen hat, zu sehen: die Rolle der Person, die vertuscht, nach außen leugnet, die die Schäden wieder ausgleicht und durch höheren Kräfteeinsatz das Familienleben weiter möglich macht. Aber es ist auch die Rolle der Märtyrerin, derjenigen, die trotz des hohen Einsatzes immer verlor und somit zum Opfer wurde.

Auch wenn die Beziehung zu dem «anderen» Elternteil im Alltag weiterhin schwierig ist, löst das Verständnis für das problemüberfrachtete Leben die negative Bindung, die man zur Mutter, zum Vater hatte, nach und nach.

- «Man sagt bis heute in unserer Verwandtschaft, dass mein Vater diese Frau geheiratet hat, das konnte ja nicht gutgehen. Meine Mutter wurde zänkisch, geizig, rechthaberisch, herrschsüchtig und nachtragend genannt. So sehe ich sie auch, obwohl ich heute manches anders einordnen kann. Ich sehe das heute nach zig Jahren und Al-Anon anders als früher. Und ich ertrage sie auch besser, heute. Ich habe aufgegeben, sie zu erziehen» (Herma, 40 Jahre).

Man kann mit Vater oder Mutter auch auf andere Art umgehen und versuchen, offen mit diesem Elternteil zu reden. Man kann den Vater als Vater herausfordern, so wie Thea das von ihrer Schwester abgeschaut hat:

- «Mit meinem Vater ist das so, da ist unsere Beziehung in letzter Zeit etwas besser geworden. Denn meine Schwester hat mir gesagt, ‹du, mit Papi kann man unheimlich gut reden›. Und das hab ich einfach mal von ihr angenommen. Ich hab es einfach mal versucht und ihn wegen irgendwas mal angesprochen. Da merkte ich wirklich, der befasst sich damit. Mit ihm kann man wirklich drüber reden. Da versuche ich jetzt auch, öfter mit Problemen zu ihm zu gehen.
  Vorher hatte ich ein ähnliches Verhältnis zu meinem Vater wie Yvonne: Vater kommt nach Hause, man sieht ihn vielleicht ein, zwei Stunden, dann geht man selber ins Bett. Morgens sieht man ihn vielleicht noch am Kaffeetisch. Und das will ich jetzt versuchen zu ändern, weil es eben mit meiner Mutter nicht möglich ist, über irgendwelche Probleme zu reden, weil, na ja» (Thea, 18 Jahre).

Falls es möglich wird, miteinander zu reden, wird man auch über die frühere Situation und über den trinkenden Elternteil sprechen. Wenn man wie Birke bisher nur Nachteiliges über den Vater gehört hat, dann sind positive Erzählungen über ihn eine Medizin, die hilft, sich besser zu fühlen:

- «Meine Mutter redet jetzt ab und zu über Vater, das ist toll. Vor einem Jahr, da war meine Mutter hier bei mir zu Besuch und hat mir Gardinen genäht. Da kam ein Anruf mit der Nachricht, dass

ein gemeinsamer Freund meiner Eltern gestorben sei, das hat sie getroffen. Sie hat erzählt und erzählt. Sie hat drei Situationen am Stück erzählt, wo sie mit meinem Vater ganz viel Spaß gehabt hat. Und ich hatte das Gefühl, eine Wunde in meiner Seele geht zu. Ich sagte ihr, ‹es ist richtig toll, dass du mal was Nettes von Papa erzählst, das tut mir richtig gut›.
Da war meine Mutter ganz betroffen. Am nächsten Morgen kam sie mit Kaffee ans Bett, setzte sich dazu und sagte, ‹ich kann dir noch ein paar schöne Geschichten von Papa erzählen›. Und dann wurde die Liste so lang! Und ich hab dann dagesessen, wie son Fünfjähriges und hab gedacht: ‹Oh, guck, das gibt es auch!›» (Birke, 35 Jahre).

Birke bekommt nicht nur ein anderes Bild von ihrem Vater, sie erlebt auch ihre Mutter ehrlicher, da diese nicht mehr nur schwarz-weiß malt. Diese Gespräche über den Vater haben Birke aber noch in anderer Hinsicht geholfen. Da ihre Mutter bereit zu sein scheint, sich mit der Wirklichkeit aufrichtiger zu befassen, schwindet in Birke die Angst davor, ihre Mutter so zu sehen, wie sie ist. Sie beginnt sich zu fragen, warum ihre Mutter sie früher nicht genug geschützt hat, warum sie und ihre Schwester offensichtlich so unwichtig für die Mutter waren.

- «Ich weiß, ich muss das noch genauer angucken, weißt du, dass meine Mutter mich so gar nicht geschützt hat. Ich darf noch gar nicht ernsthaft darüber nachdenken, aber ich weiß, dass ich mich mit meiner Mutter auch noch befassen muss» (Birke, 35 Jahre).

Es ist auch möglich, dass der «andere» Elternteil zu sehr in der Familienkrankheit steckengeblieben ist. Er bringt dann gar kein Verständnis für das Erwachsene Kind auf, das jetzt als undankbar und egoistisch beschimpft wird. Das Erwachsene Kind verstößt, da es sich um sich selbst kümmert, gegen die Skriptvorschriften der Familienkrankheit. Wenn ein Erwachsenes Kind unter solchen Umständen aus dem kranken Familiensystem ausbricht, endet die Beziehung zu den Eltern oft abrupt im Streit. Dieser heftige Abschied, mit einem vorläufigen Abbruch der Kontakte, ist in jedem Fall besser, als weiter im kranken Familiensystem zu verharren.

Nimmt ein Erwachsenes Kind für sich Hilfe in Anspruch, will es die Vergangenheit heilen lassen, gerät es leicht in die Gefahr, gleich andere daran teilhaben lassen zu wollen. Die Neigung zur Rolle der Familientherapeutin, des Beraters von Vater, Mutter und den Geschwistern, lenkt aber, genauso wie früher, nur ab.

Es ist auch wahrscheinlich, dass die Mutter, der Vater oder Geschwister den trinkenden Elternteil nicht als abhängig, als suchtkrank, sehen können oder wollen. Ob jemand tatsächlich abhängig ist, kann nur der Trinkende, die Person, die Drogen zu sich nimmt, entscheiden. Für einen selbst zählt jedoch nur, ob man unter den Folgen des Trinkens, des Drogenmissbrauchs leidet, so, wie es hier beschrieben wurde. Es ist möglich und in vielen Fällen sinnvoll, für sich selbst etwas zu tun, ohne zuvor das Eingeständnis der Familie einzuholen. Wenn jemand spürt, dass er unter den Folgen eines Alkoholproblems in der Familie leidet, ist es Zeit, aktiv zu werden und sich von jedem familiären Druck freizumachen.

Ein Erwachsenes Kind, das sich um sein eigenes Leben kümmert und sich nicht mehr in die endlosen Gespräche über andere, meist nicht Anwesende hineinziehen lässt, das nicht mehr mit Mutter oder Vater streitet und kämpft, gibt seiner Familie ein Beispiel.

Inzwischen habe ich erfahren, dass mehrere Mütter und Väter, über die in diesem Buch berichtet wird, mit ihren Erwachsenen Kindern über deren Erfahrungen gesprochen haben.

Vater oder Mutter ist trocken, ist jetzt alles gut?

Es wäre schön, wenn allein durch die Tatsache, dass die alkoholkranke Person nicht mehr trinkt, alles in Ordnung wäre, wenn dann das Familienskript Alkoholismus nicht mehr gelten und jedes Familienmitglied die Folgen einfach abstreifen könnte. Bisher ist jedoch deutlich geworden, dass nicht nur das betrunkene Verhalten Konsequenzen hat, sondern dass die Familienkrankheit die Art, mit der Realität umzugehen, zu denken und zu fühlen, beeinträchtigt.

Ob das Trockensein des Alkoholkranken für die Kinder mehr bedeutet als nur einen Ausstieg aus der akuten Notlage hängt davon ab, inwieweit alle in der Familie bereit sind, über den Alkoholismus und seine Auswirkungen auf jeden Einzelnen reden zu können. Jeder muss das Recht haben, über seine Gefühle sprechen zu dürfen, ohne dass Kinder, Jugendliche und Erwachsene Kinder dabei erneut als psychischer ‹Mülleimer› missbraucht werden.

Eltern können nicht erwarten, dass ihre Kinder initiativ werden. Ihre Kinder sind auch jetzt schutzbedürftig, sie müssen die Erfahrung machen, von den Eltern nicht mehr belogen und emotional verletzt zu werden.

Einfach ist das alles nicht, und inneren Widerstand gibt es bei allen Beteiligten. Gerade jüngere Kinder und Jugendliche wollen oft nicht mit Vater oder Mutter darüber reden. Sie spüren wohl, dass die alkoholkranke Person ihr Gewissen erleichtern will und eine neue Folge unangenehmer, bedrängender Gespräche auf sie zukommen könnte. Die ersten Gespräche werden oft vom Verlangen des Abhängigen dominiert, seine Schuldgefühle loswerden und Verständnis beim Jugendlichen wecken zu wollen. Doch sollte diese wichtige Aussprache nicht zu einem erneuten Missbrauch von Kindern und Jugendlichen führen. Ein Erwachsener, der seine Sucht zum Stillstand gebracht hat, muss diese Gespräche mit anderen Erwachsenen führen. Die Kinder brauchen Gelegenheit und Erlaubnis, *alles* was ihnen in den Sinn kommt, alles was in der Erinnerung wach wird, auszusprechen.

Ihre früheren und gegenwärtigen Ängste, ihre Vorwürfe, ihre Fragen, ihr Unverständnis, ihre Scham, Wut und Liebe müssen sie ungefiltert artikulieren, ohne gleich wieder mit Erklärungen, Rechtfertigungen und Versprechungen das Wort abgeschnitten zu bekommen. Der Vater, die Mutter muss unterstützend zuhören.

Die Söhne und Töchter tasten sich vorsichtig vor. Sie trauen der Trockenheit nicht so leicht. Sie setzen sich nicht hin und sagen, ‹so, lass uns mal darüber reden›. Sie wollen auch nicht, dass die Eltern ihnen einen Vortrag halten. Das Abgrenzungsbedürfnis eines jungen Menschen zu respektieren und es nicht als Ablehnung misszuverstehen, ist keine leichte Aufgabe. Doch sollten sich alle Suchtkranken vergegenwärtigen, wie ungeheuer schwierig es ist, als Kind alkoholabhängiger Eltern aufzuwachsen.

Gerade wenn Kinder ihren alkoholabhängigen Elternteil besonders lieben, wollen sie sich nicht gern mit möglichen Folgen, die der Alkoholismus für sie haben könnte, auseinandersetzen.

- «Glaubst du, dass es für dich Folgen durch die Alkoholkrankheit deines Vaters gibt?»
  «Nein, gibt es nicht. Ich bin, wie ich bin, mit mir hat überhaupt keiner was zu schaffen, mein Vater nicht, meine Mutter nicht, Freunde nicht, Lehrer auch nicht.
  Ich halte nichts davon, wenn jemand herumläuft und sagt, ich bin Punk geworden, weil mein Vater Alkoholiker war. Das erlebt man nämlich häufiger, wenn man Interviews liest mit Punks und so. Da bin ich fast nirgendwo skeptischer, als wenn jemand so was sagt. Aus dem einfachen Grund, weil ich mir nicht vorstellen kann, dass sich jemand von irgendwas so stark beeinflussen lässt, dass er sein ganzes Leben oder alles Mögliche umkrempelt» (Tim, 15 Jahre).

Tim will keine Schuldzuweisungen. Es war erleichternd für ihn zu erfahren, dass Alkoholismus eine Krankheit und keine Charakterschwäche ist. Vielleicht mag er sich später, wenn er erwachsen ist, mit den Folgen, die er durchaus ahnt, auseinandersetzen, und vielleicht muss er es sogar.

Bei anderen Kindern und Jugendlichen stieß ich auf die Angst, der Alkoholiker könnte, wenn man anfängt, mit ihm über seine Trinkzeit zu reden, genauso unberechenbar wie früher reagieren und wieder anfangen zu trinken. Hier schleichen sich durch die Hintertür die Schuldgefühle von Kindern aus Suchtfamilien, wieder ein. Diese Kinder sind insgeheim davon überzeugt, ihr Verhalten sei schuld an bzw. bewirke Vaters oder Mutters Trinken.

▬ «Jetzt, wo Papa trocken ist, ist er so, wie ein richtiger Vater sein soll.»
«Hast du mal mit ihm über sein Trinken gesprochen und dass jetzt alles anders ist?»
«Nein.»
«Und er auch nicht?»
«Nein, vielleicht will er das vergessen oder so, weil er denkt, es ist jetzt vorbei. Da will er das bestimmt vergessen.
Ich würd auch mit ihm nicht darüber sprechen, weil sonst erinnert er sich daran. Vielleicht wird er dann wütend oder trinkt wieder» (Ute, 14 Jahre).

Kinder haben auch Angst, ihre Eltern könnten erfahren, dass sie mit anderen über den Alkoholismus in ihrer Familie geredet haben. Die äußere Sicherheit, die sie an den Tag legen, ist gerade bei Jugendlichen nur eine dünne Schicht, unter der die Furcht hockt, alles was sich zu Hause zum Guten gewendet hat, könnte sich wieder mal als trügerisch erweisen.

Doch zugleich ist auch die Erleichterung zu spüren, endlich mal wenigstens über einen Teil dessen, was man innen verschlossen hielt, reden zu können.

▬ «Ich habe noch nie darüber gesprochen, dass mein Vater Alkoholiker ist. Ich weiß nicht, warum ich anderen überhaupt alles sagen soll über mich. So richtig jemand, dem ich alles erzählen kann, hab ich nicht, und das hat mir bisher auch nicht gefehlt. Weißt du, was selten ist, das ist verdammt selten, jetzt sitze ich hier, Mikrofon, Kassettenrekorder, einer relativ fremden Person gegenüber – wo sonst immer ‹distance, keep distance›, und rede über alles, was ich immer so drinnen habe. Mach ich sonst bei kaum jemandem.
Ich möchte das, was in meiner Familie im Moment läuft – meine Eltern freunden sich im Moment wieder an, schmusen miteinander und solche Sachen. Ja, ich möchte vor allem das nicht kaputt machen, was da läuft. Das muss nicht sein. Also ärztliche Schweigepflicht!» (Tim, 15 Jahre)

Viele Kinder von Alkoholikern haben Probleme damit, plötzlich über etwas reden zu sollen, was bisher verschwiegen wurde, plötzlich sich zu erinnern, wo's vorher besser war zu vergessen, plötzlich sich mitzuteilen, wo's immer sicherer gewesen ist, Gefühle und Gedanken nur gesiebt durchzulassen, plötzlich sie selbst zu sein, wo vorher Anpassung erwünscht war, oder wo man sich in seiner Rolle verbarg. Dies gilt unabhängig von ihrem Alter.

Genauso haben die Eltern Probleme damit, über sich, über das Vergangene, über heute zu sprechen und ihre Gefühle vorsichtig wieder zu spüren und mitzuteilen.

Das akute Stadium der Krankheit hat viele Jahre gedauert. Alle, auch die Alkoholiker, scheinen Zeit zu benötigen, um Leugnungsstrategien und Schweigen zu durchbrechen.

Ich hatte allerdings auch den Eindruck, dass viele Eltern sich in der Hoffnung wiegen, die Kinder hätten keinen Schaden genommen, sodass man ihnen und sich diese Aussprache ersparen könnte. Dies gilt genauso für nicht abhängige Väter und Mütter. Jede und jeder hofft, dass ausgerechnet ihre Kinder wenig von dem Alkoholproblem mitbekommen haben. Wenn diese die verantwortliche, fürsorgliche oder unterhaltsame Rolle als Überlebensmuster annahmen, gibt es bis hin zur Pubertät auch weniger deutliche Zeichen für die negative Wirkung, die die Familienkrankheit bei ihnen hinterlassen hat. Das Schweigen dauert zum Schaden aller weiter an.

- «Sprichst du mit deinen Kindern über dein früheres Trinken?»
  «Nein, an sich nicht, noch nie.»
  Seine Frau: «Ich hab mit den Kindern schon drüber gesprochen, weil auch meistens die Fragen an mich kamen.»
  «Mich fragen die nicht, wenn die fragen würden, würde ich eventuell versuchen, ihnen das zu erklären. Die fragen nicht, die gehen zu ihr, das macht alles meine Frau, nehme ich an. Wenn sie mich fragen, sag ich's ihnen» (Martin, 36 Jahre. Ein Jahr trocken. Christine, 32 Jahre. Die Kinder sind 11 und 14 Jahre alt).

- «Es ist doch die wichtigste Veränderung hier bei euch, dass du nicht trinkst. Das wird vor den Kindern nicht erwähnt. Aber dass ihr zu einer Gruppe geht, das wissen sie schon. Weiß die Älteste (9 Jahre, U. L.), welche Gruppe das ist?»
  «Sie weiß nicht, welche Gruppe es ist, nein.»
  «Besteht dann das Merkmal, das den Alkoholiker begleitet, nicht weiterhin, das Verleugnen?»
  «Das ist richtig, aber ich bin selbst noch nicht imstande dazu, mich vor Fremden, mir nicht bekannten Menschen zu öffnen. Ich kann z. B. auch meinem Bruder nicht sagen, dass ich Alkoholiker bin. Ich kann nicht einem Fremden, der mir ein Glas anbietet, sagen, dass ich Alkoholiker bin. Ich bin aber sicher, dass das alles eine Frage der Zeit ist. Ich habe für mich gelernt, dass das ganz wichtig ist, mit dem, was für mich machbar ist, vorsichtig umzugehen und es einfach der Zeit zu überlassen und meiner Therapie, die für mich sehr wichtig ist.
  Ich weiß, dass ich mit dem, wie ich meine Zukunft anfasse, wie

ich mit mir umgehe, sehr vorsichtig sein muss, weil ich eine sehr dünne Haut habe, weil ich noch sehr verletzlich bin und auch noch viele Ängste habe. Aber das ist für mich eine Frage des Lernens, des Erwachsenwerdens, des Zu-mir-selbst-Findens.»
«Sind deine Kinder für dich Fremde?»
«Überhaupt nicht» (Thomas, 40 Jahre, seit zwei Jahren trocken).

▬ «Wir reden sehr wenig darüber. Also das Verleugnen ist so, das stimmt. Aber da ist auch noch etwas anderes. Also, womit ich mich plage, das sind die Schuldgefühle. Dafür kann mein Sohn nichts, dafür kann keiner außer mir selbst. Ich hab das auch schon erlebt, dass ich so schnell getröstet werde. Ich hab 'ne Idee, wie ich mir das wünschen würde. Also, wenn ich das Gefühl habe, über meine Schuldgefühle sprechen zu müssen, dass man sich das in Ruhe anhört und sagt, ‹ja, so ist es wohl›. Aber ich hab das bisher immer anders erlebt.
Es ist nicht so, dass es verboten ist, vom Saufen zu reden, und ich kann auch zu Hause drüber reden, das hat dann eher so 'ne bisschen lockere, scherzhafte Beinote. Dann kann man da vielleicht ein bisschen drüber lachen, aber meistens nicht.
Was sich da in mir widersetzt, darüber zu sprechen, ist auch einfach das Unvermögen, den Kindern gegenüber diese elementare Schwäche zuzugeben. Das ist es, vor den Kindern zu kapitulieren. Ich weiß gar nicht, ich hab das Gefühl, die können das gar nicht richtig verstehen. Ich erfahre, wie schwer das oft ist Erwachsenen gegenüber. Aber vielleicht ist das verkehrt, vielleicht verstehen die Kinder viel unmittelbarer. Ich erfahre ja auch bei anderen Gelegenheiten, wenn ich was erzähle, ob sie's hören wollen. Die gehen entweder weg, oder mein Sohn sagt, ‹ja, ja, ist schön, mich interessiert's im Moment nicht›. Das geht auch.
Also irgendwas daran ist entsetzlich unbequem und schwierig. Es geht eher bei Erwachsenen, weil da hab ich inzwischen ge-

lernt, da kann man ja auch darauf hinweisen, seit der und der Zeit sauf ich nicht, und dann kriegt man noch ein Lob. Das darf man bei den Kindern ja gar nicht erwarten. Das sagen die ja nicht. Also nicht mal dieses kleine Bonbon ist drin. Das ist sehr viel schwerer» (Klaus, 38 Jahre, die Kinder sind 8 und 15 Jahre alt, er ist seit einem Jahr trocken).

Alkoholismus ist für die Familie nicht bloß eine Sammlung vieler Einzelstorys, über die man sich anschließend, da es ja gut ausgegangen ist (Vater/Mutter ist trocken), amüsiert oder entsetzt. Alkoholismus in der Familie hat sich tief in die Kontakt- und Liebesfähigkeit, in die Gefühle und Denkmuster der Kinder und Erwachsenen Kinder eingegraben.

Deshalb müssen Eltern, die suchtkrank sind, sich damit auseinandersetzen, dass ihr Trinken und die damit verbundene Persönlichkeitsänderung die Kinder verletzen und ihnen dauerhaft geschadet haben. Diese Verletzung ist mit Schweigen nicht zu heilen.

Einige trockene Alkoholiker antworteten mir auf meine Frage, warum sie mit ihren Erwachsenen Kindern nicht über die gemeinsam erlittene Trinkzeit reden würden, ausweichend. Sie würden im Heute leben, das wäre wichtig, da sie damit aufhören müssten, sich dauernd schuldig zu fühlen. Das würde in die falsche Richtung gehen. Sie würden ihren Tag heute so verantwortungsbewusst, wie sie es könnten, leben. Dabei wäre «jeden Tag das erste Glas (Alkohol) stehen zu lassen» für sie das Wichtigste. Diese Tatsache zähle doch auch für die Kinder. Sie sähen ja, dass Vater oder Mutter trocken sei. Wenn die Kinder mit Fragen kämen, würden sie diese schon beantworten. In der Vergangenheit rumzuwühlen sei auf die Dauer zu schädlich.

Diese Aussagen haben mich am Anfang daran gehindert, ein Aber zu erwidern. Ich wusste damals wie heute, wie wichtig es für trockene Alkoholiker ist, sich nicht mit der ganzen Bürde ihrer Vergangenheit auf einmal auseinandersetzen zu müssen.

Doch heute möchte ich ein Aber hinzusetzen. Erwachsene Kinder haben viel zu häufig ihre Gefühle unterdrücken müssen. Das darf nicht so weitergehen, wenn Vater oder Mutter trocken ist. Wenn die Kinder, Jugendlichen oder die Erwachsenen Kinder nicht von allein von sich erzählen wollen (das ist nach dem Zusammenleben mit einem abhängigen Elternteil eine ‹normale› Reaktion), dann müssen die Eltern von sich aus anfangen, ihre Kinder zu informieren und Fragen zu stellen, die ihrer Tochter, ihrem Sohn helfen.

Da dieses Miteinanderreden in der Alkoholikerfamilie sehr schwer ist, gebe ich einige Hinweise, wie Eltern vorgehen können und wie sie die schlimmsten Fehler, die gerade süchtige Eltern unbedacht machen, vermeiden können:

Sagen Sie Ihrem Kind (Jugendlichen oder Erwachsenen Kind), dass Sie alkoholkrank sind, und erklären Sie ihm, was das bedeutet. Es geht darum, die Fakten mitzuteilen und nicht um Verständnis zu werben.

Informieren Sie Ihr Kind darüber, was Sie aktiv gegen diese Krankheit unternehmen.

Fassen Sie sich bei diesen ersten Aussagen kurz, und bleiben Sie bei der Information. Teilen Sie Ihre Freude darüber mit, dass Sie nun wissen, was mit Ihnen los ist.

Wenn Ihre Kinder Fragen haben, antworten Sie auf die Fragen, halten Sie das, was Sie gern loswerden möchten, aber zurück.

In den folgenden Gesprächen reden Sie so wenig wie möglich. Fragen Sie Ihr Kind, was ihm früher Angst eingeflößt, was ihm wehgetan, wann es sich geschämt hat und womit es nicht klargekommen ist.

Hören Sie Ihrem Kind dabei zu, so schwer es Ihnen auch fällt, rechtfertigen Sie sich bitte nicht, versuchen Sie auch nicht, dem Kind Ihre Situation zu erklären, damit es *Sie* versteht.

Bei Gesprächen mit Ihren Kindern geht es darum, dass Sie Ihr Kind verstehen. Die Storys, die Sie zu erzählen haben, die schockierenden Berichte sowie die im Nachhinein amüsant anzuhörenden

Geschichten sind nur wieder schädlich für Ihre Kinder, signalisieren Sie doch damit, wie ‹spannend› oder wie ‹lustig› Alkoholismus für Sie aussieht. Damit verharmlosen Sie die fürchterliche Situation, in der Ihre Kinder jahrelang gelebt haben.

Ihre Probleme wie auch Ihre Schuldgefühle und Ihr Selbstmitleid gehen Ihre Kinder nichts an, sprechen Sie hierüber mit einem Sponsor, mit Ihrer Gruppe oder Ihrem Therapeuten. Sie dürfen Ihre Kinder nicht benutzen, um sich besser zu fühlen.

Bei diesen Gesprächen werden Gefühle hochkommen, bei Ihnen und bei den Kindern: wütende und traurige, verwirrte und klare. Es wird nicht einfach sein, sie auszuhalten. Bestätigen Sie dann Ihr Kind darin, dass es gut ist, diese Gefühle zuzulassen, und dass es wichtig für Sie ist, zu erfahren, wie es Ihrem Kind geht.

Unterstützung und Vorbereitung für diese Gespräche holen Sie sich am besten in einer der Selbsthilfegruppen für Alkoholiker.

Bisher wurde dort wenig über Kinder geredet, doch mit wachsenden Informationen über die Folgen der Familienkrankheit Alkoholismus, auch für Erwachsene Kinder, wird man sich zunehmend mit diesem Thema beschäftigen. Diese Erfahrung habe ich in einigen Gruppen schon gemacht.

Ein junger Mann, Jan, und eine junge Frau, Yvonne, berichten von ihren Erlebnissen mit ihren heute trockenen Müttern:

- «Meine Mutter hatte noch einige Rückfälle, dann wurde sie trocken. Nur, damit hat alles das ja nicht aufgehört. Gut, ich konnte auf einmal Leute mit nach Hause nehmen. Es war bei uns nicht mehr so chaotisch, sondern schön ordentlich. Nur, dann kamen ganz andere Probleme. Meine Mutter wollte nicht, dass ich andere mit nach Hause brachte. Sie fragte dann, ‹warum kriegst du so viel Besuch, und was soll das überhaupt?› Meine Mutter war jetzt so furchtbar pingelig in allen Sachen. Es waren jetzt andere Probleme, die ich mit ihr hatte. Nur, die waren genauso schlimm.

Ich hab den Leuten immer gesagt, ‹wir können das nicht bei uns zu Hause machen, meine Mutter hat was dagegen›. Und wenn wir es doch bei uns zu Hause machen mussten, dann war meine Mutter immer ganz besonders freundlich. Dadurch hat sie mich lächerlich gemacht.
Es war halt das alte Spiel, das genauso weiterging. Für mich hatte das nur eine Veränderung, es gab zu Hause jetzt immer was zu essen, Sachen wurden gewaschen. Aber so vom Gefühl her, da war wenig.
Wir haben eben auch wenig drüber geredet, sie hatte nur immer Schuldgefühle. Und als das vorbei war, ist man halt, ohne was zu erwähnen, miteinander umgegangen.
Ich weiß fast nichts von ihr. Dementsprechend habe ich mich ihr auch nicht mitgeteilt. Ich wollte mich da abgrenzen. Früher war ich ihr immer böse, und zum Teil habe ich sie für ihr Trinken gehasst, inzwischen habe ich ihr das Ganze verziehen. Was ich ihr im Moment nur nicht verzeihe, ist, wenn sie sagt, sie ist alkoholkrank, und sie tut nichts dagegen. Der Alkoholismus hört ja nicht auf, er ist auch im Kopf. Was mich einfach krank macht, ist ihre Art zu denken. Sie tut nichts dagegen und wälzt alles auf mich ab. Das macht mich total böse» (Jan, 23 Jahre).

- «Also, diesen Anspruch fand ich unmöglich. Dass da jemand erwachsen ist, logisch denken kann, Verstand hat und vernünftig ist und plötzlich wieder meint: ‹So, jetzt trinke ich nicht mehr, jetzt ist alles wieder beim Alten.› Genau diesen Anspruch, den hat meine Mutter gestellt. Das kam so wie eine Faust, damit bin ich nicht klargekommen.
Ich weiß nicht, ob sie's bis heute verstanden hat, weil wir noch nie drüber geredet haben. Es ist eigentlich erstaunlich, es ist ein ziemlich langer Zeitraum, seit vier Jahren trinkt sie nicht mehr. Aber da haben wir nie drüber gesprochen. Ich glaube, es ist für sie auch gar kein Problem.»

«Übers Trinken und diese ganze Zeit hat sie mit dir nicht gesprochen?»
«Doch, sicher. Darüber reden wir schon. Aber so konkret eigentlich nicht. Es bleibt immer alles mehr abstrakt. Und das ist eine Sache, also sie bekennt sich ganz eindeutig dazu. Sie ist Alkoholikerin, sie ist abhängig, suchtkrank, Familienkrankheit, bitte schön.
Und sie scheut sich auch nicht, Situationen, in denen sie sich uns früher dargeboten hat, drastisch darzustellen. So meinetwegen: Sie lag irgendwo besoffen in 'ner Ecke mitten in ihrer eigenen Kotze, von mir aus. Aber über wesentliche Sachen redet sie nicht. Z. B. das, was ich gerade sagte, dieses Auf-einmal-wieder-vollständig-Dazustehen ohne diese akute Trinksituation, wo sie ja für uns Kinder gar nicht als vollwertige Mutter da war. Und dann auf einmal, als sie mit dem Trinken aufgehört hatte, dass sie dann den Anspruch stellte, ‹jetzt bin ich wieder da, jetzt habt ihr gefälligst mich wieder mit einzubeziehen›. Solche Sachen, über die redet sie einfach nicht.
Wenn ich ihr das sagen würde, würde sie erst mal mit Unverständnis reagieren, weil sie meint, es ist ja eigentlich alles in Ordnung. Abstrakt gesehen ist sie zwar bereit, zu glauben und zu akzeptieren, dass es Probleme gibt, dass es Folgen gibt aus dieser Trinkzeit, dass wir seelisch unter Umständen auch irgendwie geschädigt sind oder gefühlsmäßig.
Abstrakt ist das alles o. k., aber sobald es wirklich an ihre eigene Person geht, da sieht es schon wieder ganz anders aus. Und es wird sehr schwierig, mit ihr darüber zu reden, weil sie abblockt, weil sie es auch noch nicht wahrhaben will.
Ich meine, wer will das schon gerne wahrhaben, dass man sich selbst ändern muss» (Yvonne, 17 Jahre).

Keine Erwartungen mehr an die Eltern zu stellen und sich nur noch darauf zu konzentrieren, sich selbst zu helfen und zu verändern, das wird wohl einem Erwachsenen Kind erst dann möglich sein, wenn es sich mit den Folgen der Familienkrankheit auseinandergesetzt hat, wenn es bereit ist, sich um sich selbst zu kümmern, um sich zu helfen. Jans und Yvonnes Aussagen geben trockenen Alkoholikern und Alkoholikerinnen einen Hinweis, worüber ihre Kinder etwas hören, wonach sie gefragt werden möchten, selbst wenn sie von sich aus nicht zu fragen und zu reden wagen.

Eltern, die in der vorher beschriebenen Weise auf ihre Kinder zugehen, durchbrechen die starren Regeln der Familienkrankheit Alkoholismus. Zum ersten Mal würden dann die Bedürfnisse der Kinder im Mittelpunkt stehen.

Die eigene Sucht

Es liegt in der Natur der Sache, dass ich nur mit den Erwachsenen Kindern über die eigene Sucht sprechen konnte, die trocken sind, die ihre Sucht vor sich selbst und anderen zugegeben haben. Ihnen ist bewusst, dass sie ihrem Vater oder ihrer Mutter keine Schuld für ihr Trinken geben können. Sie mussten unter schwierigsten Umständen, als Süchtige, lernen, dass sie selbst für sich verantwortlich sind.

Anke, die als Erste berichtet, ist erst 22 Jahre alt. Sie ist seit zwei Jahren trocken. Mit dem Alkoholismus kämpfte sie, seit sie 17 Jahre alt ist.

▬ «Ich war in so 'ner Clique. Ich hab damals immer meinen Ur-Opa bestohlen, der hat bei uns gewohnt. Ein Jahr ging das bestimmt gut, bis er das merkte. Wir haben uns davon Bier gekauft in der Clique. Mit 12 Jahren hab ich eigentlich angefangen zu trinken. Erst war es nicht viel, nachher wurde das auch so regelmäßig. Erst war das nur so am Wochenende, und da – komisch,

da fällt mir ein, dass ich doch mal eine Freundin gehabt habe. Mit der bin ich dann auch so am Wochenende losgezogen. Mit der ging's mir auch ganz gut, denn ihr Vater ist auch Alkoholiker, und somit konnte ich dann ab und zu mit ihr reden. Wir haben dann zwar beide das Trinken unserer Väter ins Lächerliche gezogen, ein bisschen. Aber wir haben uns gut verstanden.
Wir sind da immer tanzen gegangen, samstags nachmittags um fünf. Wir haben auch immer ein Bier getrunken. Einmal haben wir uns überlegt, ob wir eigentlich davon auch Alkoholiker werden könnten. Ganz komisch, das fällt mir jetzt erst wieder ein.
Ja, und so fing das dann langsam an. Dann mit 17½ hab ich meine erste Therapie gemacht.»
«Du meinst einen Entzug?»
«Ja, ich war erst im Krankenhaus zwei Wochen. Ich hatte einen Freund, der hat mich zusammengeschlagen, vorher war ich schon ein paarmal im Krankenhaus mit Alkoholvergiftung. Ich war auch schon mal bei einer Beratungsstelle. Als ich im Krankenhaus war, hab ich meinen Bruder angerufen, der hat meiner Mutter Bescheid gesagt. Dann hab ich ihr gesagt, dass sie bei der Beratungsstelle vorbeigucken soll, dass da mal jemand vorbeikommt. Das ging auch ganz schnell.»
«War dir da klar, dass du schon abhängig warst?»
«Nein, so richtig drin war ich, glaub ich, noch nicht. Aber ich glaub, das wäre ganz schnell gegangen, und da war ich erst 17. Dann hab ich eine Therapie gemacht. Als ich wiederkam, war meine Mutter im Krankenhaus, und da hab ich niemanden gehabt. Zwei Wochen später hab ich wieder getrunken, aber viel mehr. Also, das ging sehr schnell bergab mit mir. War überhaupt nicht mehr zu Hause, hab mal hier geschlafen, mal da. Wo ich jetzt drüber sage, o Gott!
Da bin ich auch noch nicht ganz durch mit.
Ja, dann hab ich noch eine Therapie gemacht, aber nur drei Monate. Die hab ich dann abgebrochen, weil mir das zu tief

ging. Mein Therapeut hat, glaube ich, meinen Punkt getroffen, und dann bin ich gegangen. Seitdem bin ich trocken, seit der Therapie. Zwei Jahre. Ich war erst bei den Guttemplern, dann hab ich mich für AA entschieden, da kann ich besser über meine Probleme reden, zu der Gruppe hatte ich dann Vertrauen.

Also, meinem Vater kann ich jetzt nicht die Schuld geben, das wär für mich, als wenn ich jetzt den Buhmann suchen würde dafür, dass ich vielleicht, dass ich Alkoholikerin bin» (Anke, 22 Jahre).

Doris berichtet jetzt über ihre lange Trinkzeit. Ihr Vater ist Alkoholiker, sie ist Mutter von drei Kindern. Sie hat also beide Rollen miterlebt, die der Tochter und die der süchtigen Mutter. Ich gebe fast das gesamte Gespräch wieder:

- «Immer wenn ich heute über meine trinkende Zeit nachdenke, dann frag ich mich, warum ist das so gewesen. Man soll sich das zwar nicht fragen, warum habe ich getrunken? Aber ich glaube, jeder halbwegs normale Mensch macht es trotzdem. Ich kann das alles nicht so hinnehmen und nur sagen, es ist eine Krankheit. Dann frag ich mich einfach, warum hab ich die Krankheit nicht erkannt oder warum bin ich dahin gekommen? Ich kämpfe auch nicht dagegen an. Solange ich die Schuld nicht bei anderen suche, ist es mein Problem, wenn ich nun darüber nachdenken will, warum ich getrunken habe.

  Für mich ist es so, ich habe getrunken, weil ich geschluckt habe, alles. Weil ich nicht erwachsen war. Ich habe es zu dem Zeitpunkt noch gar nicht schlimm gefunden, dass ich nicht erwachsen war. Ich war rund um die Uhr beschäftigt, weil ich drei kleine Kinder hatte. Und als die Kinder mich nicht mehr so sehr brauchten, da kam das große Loch. Da hätte ich jetzt erwachsen werden müssen.

Hätte mal sagen müssen, ‹also, so nicht mit mir, so will ich nicht›. Das hab ich eben nicht gemacht. Das war die Flucht zurück, die Flucht in den Alkohol. Das hätten genauso gut auch Medikamente oder sonst was sein können oder eine andere Krankheit. Also, so seh ich das.»

«Du und ich, wir haben ja als Kinder erlebt, was Sucht heißt. Du warst auch auf der anderen Seite als trinkende Mutter. Wie hast du das aus dieser Sicht erlebt?»

«Das war eigentlich das Grausamste. Das war vielleicht auch das Rettende für mich, dass ich ja nicht unbedarft in diese Geschichte hineinging. Ich hab es ja zu Hause mitgekriegt. Man musste mir nicht erzählen, was Alkoholismus ist. Ich wusste es.

Ich habe gesehen, wie mein Vater, den ich sehr geliebt habe, wie der abfiel, auch rein menschlich immer weniger wert wurde. Wie der sich charakterlich veränderte, wie er sich körperlich veränderte. Dass das nachher ein Mensch war, mit dem man doch gar nichts mehr anfangen konnte, dem man überhaupt nichts mehr glauben konnte, der nachher mit zu den Niedrigsten gehörte. Der hatte also im letzten Jahr keine Arbeit mehr, schlauchte hier in der Nachbarschaft in den Kneipen rum, leerte die Aschenbecher aus, um da Zigarettenkippen zu kriegen, etwas, was ich von meinem tollen, stolzen Vater eigentlich nie vermutet hätte. Früher, bevor er was geschenkt nahm, hätte er lieber jedem einen Geldschein gegeben. Das habe ich also gesehen. Ich kann dir nicht sagen, wann ich wusste, dass ich Alkoholikerin geworden war. Ich hab also so ein Erleichterungstrinken gemacht. Wenn mich irgendwas bedrückt hat, wenn wieder irgendetwas danebenging, hab ich was getrunken. Das war nicht gleich morgens, sondern erst im Laufe des Tages.

Aber als ich dann morgens aufstand und meine Hände zitterten, da wusste ich, was los war. Das hab ich dann vor anderen Leuten nicht zugegeben, natürlich nicht. Mir persönlich hab ich es da schon zugegeben.

Ich werd das nie vergessen, ich war unten im Keller, da hatte ich meine Flasche versteckt, so in Richtung Waschmaschine. Und da hab ich manches Mal gestanden und geheult und hab dann so nach oben unter die Decke geguckt und hab gedacht: ‹Mensch, Papa, was hast du mir für ein Erbe hinterlassen.›
Da wusste ich das also schon. Ich wusste auch, obwohl meine Kinder mir das selten zu verstehen gegeben haben, was ich meinen Kindern antat. Die haben mich also während meiner trinkenden Zeit ganz selten darauf angesprochen. Meine Söhne sowieso nicht. Meine Tochter einmal, als ich total betrunken war. Da hat sie alles weggeschüttet und ist dann heulend weggegangen. Aber trotz allem, was bei mir kaputt war, konnte ich nachempfinden, wie's in denen aussah. Und das war's, was mich am meisten kaputt gemacht hat. Denn vom Körperlichen her hätte ich noch weitertrinken können. Wenn ich ein paar Tage nicht getrunken hatte, war mein Körper wieder ganz schön fit. Ich war innerlich kaputt, weil ich ganz genau wusste, was ich meinen Leuten antat. Ich wusste, was ich meiner Mutter antat, die wohnte ja nun genau nebenan, die das mit ihrem Mann mitgemacht hatte. Wenn ich den anderen auch mal was vorspielen konnte, meiner Mutter konnte ich nichts vorspielen. Die habe ich manchmal vorne herausgeschmissen, und hinten kam sie wieder herein.
Mein Mann hat mir zwar auch die Wahrheit gesagt, also so: ‹Im anständigen Haus säuft man nicht. Man trinkt, ja, aber man säuft nicht.› Der kam also rein, und wenn der sah, dass es bei mir so weit war, dann drehte der sich um und fuhr wieder. Der hatte also keine heißen Diskussionen mit mir gemacht, der hat mir nur irgendwann mal gesagt: ‹Also, ich bleibe mit dir verheiratet, bis die Kinder dich nicht mehr brauchen.› Denn das hab ich ja noch immer krampfhaft versucht. Ich meine, ich hab's nicht hundertprozentig lösen können, aber ich hatte ja immer wieder dieses Auf und Ab.

Es war bei mir nicht so, dass ich von morgens bis abends immer betrunken war. Ich hab mich immer wieder selber rausgerissen, bin dann natürlich wieder abgestürzt. Nach außen für den lockeren Betrachter lief alles noch so. Der oberflächliche Rahmen passte noch, wenn du nicht dahinterguucktest.
Meine Kinder haben immer zu mir gestanden. Meine Mutter hat sich die Kinder immer genommen, hat mit denen geredet, sie sollten mir richtig den Kopf waschen. Meine Kinder haben mich immer in Schutz genommen. Ich meine, das ist so, weil meine Kinder da auch die andere dominierende Person gesehen haben, ihren Vater. Und ich war da wieder so ein bisschen in die Rolle gerutscht, wie früher mein Vater. Ich war die Hilflose. Die haben sich sicher manchmal gedacht, ‹ach, was hat die Arme auch, wenn sie sich mal ein Glas Wein trinkt›.
Auch im Nachhinein sagen sie ja immer, dass sie's nicht so schlimm empfunden haben, wie's gewesen ist. Sie haben das zum Teil nicht so gesehen, weil ich's wahrscheinlich so geschickt und heimlich gemacht habe. Und ich nehme an, dass sie einen ganzen Teil einfach verdrängt haben. Das hab ich denen auch gesagt, ‹Kinder, das habt ihr verdrängt›.
Mein Trinken haben sie nicht wahrhaben wollen. Du kannst dich ja in so 'ne Scheinwelt hineinmanövrieren, genauso wie ich das als trinkende Alkoholikerin gemacht habe. Ich hatte irgendwann auch mal Phasen, da wusste ich, dass ich was getrunken hatte, wusste, dass ich betrunken war, und trotzdem meinte ich, ich bin nicht betrunken, und keiner merkt etwas. Und in diese Scheinwelt haben sich wahrscheinlich meine Kinder geflüchtet. Die haben mich nicht kritisch gesehen.
Meine massive Trinkzeit hatte ich in der Zeit, als der Jüngste 14 war. Vorher habe ich, wenn ich nachdenke, etwa 10 Jahre getrunken.»
«Was hat dich dazu gebracht aufzuhören?»
«Man sagt ja immer, wenn der Tiefpunkt erreicht ist. Ich bin also

schon ungefähr ein Jahr, bevor ich aufgehört habe zu trinken, zu meinem Arzt gegangen. Den hab ich erst angerufen, ich hab's ihm nicht ins Gesicht gesagt. Ich hab ihm dann gesagt, ich hätte Alkoholprobleme. Er war ganz begeistert, dass ich so ehrlich war. Dann bin ich hingegangen, er hat mich untersucht, Leberwerte. Und hat mir das auch bestätigt. Dann hat er mir gesagt, also es gäbe nur eins für mich, ich müsste eine Gruppe aufsuchen und so weiter und so fort. Das war also etwas, was für mich überhaupt nicht in Frage kam. Eine Gruppe brauchte ich nicht. Weil ich mir nicht vorstellen konnte, dass da so ein paar Leute, die auch mal getrunken haben, dass die mir irgendwo helfen könnten. Das war für mich einfach ein Unding.
Dann sagte der Arzt zu mir, versuchen wir das erst mal so. Sechs Wochen lang trinken Sie nichts, und dann kommen Sie wieder. Ich hab das versucht, das hat hundertprozentig geklappt. Der Arzt hat dann meine Werte untersucht, und es war also alles in Ordnung. Und dann kam ja dieses kranke Denken: ‹Siehst du, das hast du so schnell geschafft, der hat doch mit dir nichts gemacht, der hat nur mit dir geredet. Also kannst du auch wieder was trinken.›
Ich hab mir natürlich nicht sofort fürchterlich einen getrunken, sondern peu à peu. Des Abends war ich irgendwann mal alleine, dann wurde ein Gläschen Wein getrunken, oder, wenn ich ehrlich bin, ich hab es bewusst darauf angelegt. Ich habe ein besonders schönes Essen gekocht, dann kam natürlich die Flasche Wein auf den Tisch. Wenn mein Mann am Abend keine Zeit hatte, dann musste ich des Abends die Flasche alleine austrinken. Heute weiß ich, dass alles auf eines hinzielte. So ging das immer wieder. Es ging eine Zeit gut, nur die Abstände wurden immer kürzer, bis ich so richtig danebenlag.
Und was ich jetzt im Nachhinein als meinen Tiefpunkt bezeichnen kann, das war die Konfirmation meines Sohnes.
Am Samstag vor der Konfirmation führten sie etwas vor, und

mein jüngster Sohn war unheimlich stolz, denn er musste mitmachen. Es ging also darum: ‹Mutti, du gehst doch mit!›
Mein Mann ging nicht mit, unsere Ehe funktionierte fast überhaupt nicht mehr. Jeder ging so seiner eigenen Wege. Für mich war klar, zu der Aufführung musste ich hin, da wollte ich hin.
Unglücklicherweise war freitags eine Feier. Da hatte ich wahnsinnig viel getrunken, und den ganzen folgenden Samstag habe ich gekämpft, um nicht zu trinken. Das ist mir wieder nicht gelungen. Samstagnachmittag um fünf fing die Kirche an. Seit Mittag lag ich vollkommen betrunken im Bett. Und dann hab ich mich irgendwann aufgerappelt, bin aufgestanden und ins Badezimmer gegangen und habe mich fertig gemacht, geschminkt, gekämmt. Und dann kam mein Sohn herein, guckte mich an von oben bis unten und sagte: ‹Mutti, dir geht's nicht gut, bleib doch lieber zu Hause.› Ja und dann bin ich wieder, kehrt marsch!, ins Bett, hab fürchterlich geheult, hab mir entsetzliche Selbstvorwürfe gemacht. Aber da hab ich immer noch nicht aufgehört zu trinken. Dann kam die Konfirmation, da hatten sie mich alle unter Kontrolle hier.
Meine Mutter ist an dem Samstag mit ihm zu der Vorstellung gegangen. Sie hat mir auch wahnsinnige Vorwürfe gemacht, dass mein Sohn der Einzige war, der ganz ohne Eltern da war und traurig in der Kirchengemeinde saß. Das hat mir unheimlich zu schaffen gemacht. Ich glaube, es hat ein halbes Jahr gedauert, bis ich das in der AA-Gruppe hab erzählen können. Das hab ich also immer gerne vergessen.
Jetzt kam also diese Konfirmation, da hatte ich morgens im Keller eine kleine Flasche versteckt, und damit hab ich tatsächlich den ganzen Tag überstanden. So ganz ohne ging's einfach nicht. Und als die Leute weg waren, habe ich natürlich noch an den Resten genippt, aber ich musste den Montag auch noch überstehen, denn da kamen die Nachbarn. Das habe ich mit Tafelwasser überstanden, und dann am Dienstag ging's richtig rund.

Da hab ich dann also wahnsinnig zugeschlagen. Am Mittwoch musste ich arbeiten, und ich hab mich verschlafen, was mir noch nie passiert war. Mir war hundeelend, ich hab meiner Chefin was vorgespielt wie: viel arbeiten, Konfirmation und Magen. Die hat nichts mitgekriegt und mich dann nach Hause geschickt. Da habe ich meinen Arzt angerufen und gesagt, ‹ich kann nicht mehr›.
‹Ja›, hat er gesagt, ‹Frau … Sie müssen zur Gruppe, das hab ich Ihnen immer gesagt, anders läuft's nicht.›
‹Ich kann da nicht hin, ich kann da nicht alleine hin›, hab ich ihm gesagt. Da hat er mir die Telefonnummer von einer AA-Frau gegeben. Da hab ich dann angerufen, die hat mich schon am nächsten Nachmittag zu sich eingeladen zum Kaffee. Morgens musste ich wieder arbeiten. Ich hab mir schnell so einen kleinen Pikkolo Sekt gekauft. Es ging nicht anders. Die ganze Nacht hab ich nicht schlafen können. Ich hab geschlottert so ohne Alkohol! Irgendwo hatte ich wohl noch was versteckt. Ich hab also noch was getrunken, nur das Nötigste, was eben sein musste, um zu überleben. Dann bin ich am Donnerstagnachmittag mit dem Fahrrad hingefahren.
Ich weiß nicht mehr, was sie mir erzählt hat, ich kann dir einfach nicht erzählen, kann dir nur sagen, dass es ihr genauso beschissen gegangen ist wie mir. Teilweise noch beschissener. Und dass sie's irgendwie durch die Gruppe geschafft hat. Mein Glück war, dass es mir wirklich beschissen ging. Ich konnte nicht mehr rauchen, mir gingen die Hände, so, ich hab den ganzen Kaffee bei ihr verschüttet, ich war hundeelend, und sie sagte, ‹komm heute Abend mit›.
Ich hätte alles gemacht, alles, was man mir gesagt hätte. Ich hab zwar nicht geglaubt, dass es hilft, ich muss dir auch sagen, ich hab keine Hoffnung gehabt. Ich dachte, ‹du probierst dies noch, und wenn das auch nicht hilft, dann machst du Schluss›.
Dann bin ich wieder nach Hause gefahren, hab meinen Leuten

gesagt, dass ich da mit zu einer Gruppe fahre, zwischendurch hab ich schnell noch was getrunken, denn es ging nicht anders, war also nicht anders zu machen. Dann kam aber schon wieder, nachdem ich zwei Cognac getrunken hatte, der Gedanke, was willst du da, Mensch? Aber jedenfalls bin ich dann mit zur Gruppe gefahren. Es ging mir ganz mies, und ich hab immer gedacht, ‹nee, das schaffst du nie›. Aber als H. mir seine Geschichte erzählt hat, da hab ich gedacht, ‹du meine Güte, wenn der da rausgekommen ist, warum sollst du das nicht schaffen›?
Dann hab ich mir einfach mal nichts vorgenommen, einfach nur gedacht, ‹du versuchst es›. Ich hab mir kein Ziel gesetzt. Ich hab gedacht: ‹Du musst es einfach versuchen. Du versuchst es einfach, nächsten Donnerstag wieder hinzugehen und zu sagen, ich habe diese Woche nicht getrunken.›
Das konnte ich mir zwar nicht vorstellen, eine ganze Woche nicht zu trinken, das war einfach zu utopisch für mich. Ich lag dann also abends in meinem Bett. Ich war total aufgekratzt und elend und was weiß nicht alles. Ich habe eine AA-Zeitschrift gelesen. Da war die Geschichte einer Frau drin, die ihr einjähriges Trockensein hatte. Das war für mich das Größte, ein Jahr lang nicht trinken. Da kam so ein bisschen Kampfgeist in mir hoch. Ich hab gedacht, was muss das für ein Gefühl sein, wenn du mal irgendwann bei AA Einjähriges hast. Und wenn du das mal erreichen solltest, wirst du ganz toll feiern. Da kam so ein bisschen Hoffnung auf.
Ja und dann ist es so geworden. Ich hab's also eine Woche lang geschafft, bin also ganz stolz am Donnerstag in die Gruppe marschiert. Eine Frau sagte – so einige Sätze vergisst du nie –, sie sagte, ‹ich hab die ganze Woche an dich gedacht und hab gedacht, ob sie wohl wiederkommt›. Und dann sagte der eine oder andere, ‹siehst aber schon besser aus›. Das gab mir natürlich Auftrieb, und dann war ja auch der Suchtdruck schon ein bisschen weg, ja und dann ist es immer so weitergegangen.»

«Wie sieht deine Ehe heute aus?»
«Ja, das kann ich dir sagen, wie meine Ehe aussieht, nach außen hin gut. Denn es ist ja alles da, gesunde tüchtige Kinder, attraktive Eltern, ein schönes Zuhause, ein schönes Boot, ein schönes Auto, und innen ist nichts, Fassade.»
«Wie kommst du damit klar?»
«Für mich ist eigentlich wichtig, innere Zufriedenheit. Ich muss dir dazu sagen, dass ich bei allem, was mich belastet, innerlich zufrieden bin, weil ich nicht trinken muss.
Ich bin immer noch am Suchen und finde jeden Tag ein Stück von mir. Ich war ein Jahr damit beschäftigt, nicht mehr zu trinken. Und dann dachte ich, so, jetzt trinkst du nicht mehr, jetzt muss aber alles ganz toll werden. Und das passierte dann nicht. Im Gegenteil. Da kam dieses Verhältnis, das mein Mann zu einer anderen Frau hatte, das hat mich unheimlich fertiggemacht. Es war sehr gut, dass ich da die Gruppe hatte, dass ich da jeden Donnerstag meine Probleme wieder auf den Tisch bringen konnte, das hab ich auch gemacht. Einer sagte mir dann eines Abends, ‹hör auf, denk nicht immer nach, was du machst. Du merkst das schon irgendwann, wenn du was verändern musst. Mach dich nicht verrückt.›
Und heute dränge ich mich nicht, gleich Lösungen haben zu müssen, wenn es so weit ist, werde ich das wissen.
Mein Mann ist nicht zu Al-Anon gegangen, das würde der auch nie machen, das ist für ihn kein Thema. Er sagt dann zwar zu anderen Leuten, z.B. zu meiner Mutter, dass er mich unheimlich bewundert. Aber das würde er mir gegenüber nicht zugeben. Im Gegenteil, wenn wir uns mal über Alkoholismus unterhalten, dann meint er eben, das ist eine Charakterschwäche. Er meint auch, dass es albern ist, wenn ich beim Essen darauf achte, dass nicht irgendwas mit Alkohol ist. Er meint, ich könnte ohne weiteres, wenn ich nur wollte, ein Glas Sekt oder irgendwas mittrinken. Alles, was ich mach, mache ich ja angeblich extrem. Ich

würde das jetzt ja wohl interessant finden und mich in diese Rolle als Alkoholikerin hineinsteigern. Das ist eben meine Masche, er sieht das nicht als Krankheit an.
Inzwischen bleibe ich einen Abend lieber für mich alleine, als z. B. mit meinem Mann zum XY zu fahren und mir das dumme Gerede da anzuhören. Dieses Oberflächliche, da bleibe ich lieber zu Hause und denke über den Tag nach, das gibt mir mehr.
Ich war im ersten Jahr so mit mir beschäftigt, ich konnte da nicht großartig um mich rumgucken. Ich hatte was zu tun, damit ich nicht wieder trank. Jetzt war ich für mich die Erste. Das hat es in den 20 Ehejahren nicht gegeben, dass ich für mich die Erste war, es kamen immer die anderen zuerst. Heute bin ich die Erste für mich, ich bemühe mich, für meine Familie und meine Mitmenschen zu überlegen, wie kannst du dem eine Freude machen, das ist normal für mich, so was zu machen. Aber trotzdem stehe ich für mich ganz oben, immer. Das hab ich lernen müssen. Ich brauche z. B. jeden Tag etwas Zeit für mich, und die nehme ich mir einfach. Es muss nur eine halbe Stunde sein, da kann ich alles Revue passieren lassen. Und Streicheleinheiten für mich, die brauch ich auch. Die hole ich mir durch meinen Beruf. Das ist etwas, was mir vorher gefehlt hat. Da zeigt man mir, dass ich gebraucht werde, und das tut unheimlich gut.
Bei den Kindern darfst du nicht so viel Hoffnung investieren, so in der Art: ‹Jetzt machst du dies, und da kriegst du das dafür.› Denn da passiert es, dass unser Ältester losfährt und für seine Freundin und deren Mutter eine Rose kauft. Und seine Mutter, die den ganzen Tag im Keller gestanden hat, Bundeswehrsachen wäscht, die hat er natürlich vergessen. Was soll's. Das gibt einen kleinen Stich. Das kann ich natürlich aussprechen, heute, das ist wichtig. Da kann ich zu ihm sagen: ‹Du, meinst du nicht, dass mir 'ne Rose auch gut zu Gesicht gestanden hätte?›
Und das ist für mich so unheimlich wichtig, dass ich das sagen kann, was mich bedrückt. Früher hab ich ja alles runter-

geschluckt, habe mir gedacht, wenn du jetzt dies machst, dann müsstest du das dafür kriegen. Ich meine jetzt nicht materiell, sondern gefühlsmäßig. Das mache ich heute nicht mehr. Meine Erwartungshaltung war immer zu groß, und die Enttäuschungen haben mich unheimlich heruntergerissen.
Ich muss dir ganz ehrlich sagen, nach diesem ersten und auch noch nach diesem zweiten Jahr Trockenheit war das meine Überlebenschance. Ich durfte keine Erwartungen stellen. Das war meine Überlebenschance.
Ich habe da zwar erfahren, dass meine Kinder sich ganz toll verhalten haben und unheimlich hinter mir gestanden sind. Da kam bei ihnen wohl auch die Angst wieder raus. Der große Sohn, der mit mir gar nicht gerne über mein Alkoholproblem redet, rief mich jeden Mittag an. Das fand ich so toll. Er ist eigentlich so cool, wenn schon ein bisschen drücken, dann auf seine Art, nicht so richtig. Der rief mich jeden Mittag an, nur um mit mir zu reden.
Und ich bin felsenfest überzeugt davon, das war auch ein bisschen Kontrolle. Ist da nun was? Weil die Angst hatten, die hatten Angst um mich. Das haben sie im Nachhinein auch zugegeben, dass sie Angst hatten, dass ich wieder umkippe.»
«Konntest du, gleich nachdem du zur AA-Gruppe gegangen warst, mit deinen Kindern über dein Alkoholproblem sprechen?»
«Doch, sofort. Die haben auch immer dafür gesorgt, dass ich zur Gruppe hinkam, die haben das toll gefunden, dass ich dahin ging.
Die haben während meiner Trinkzeit und auch danach immer hinter mir gestanden. Als unser Großer seinen Führerschein hatte, da hat er mich immer zur Gruppe gefahren. Er konnte 'ne Freundin haben oder 'ne Einladung, das machte alles nichts, er brachte mich hin. Da gab's für ihn nichts anderes. Mit meiner Tochter kann ich intensiv drüber reden, mit meinen Söhnen

nicht. Als ich ihnen die Kassette vom Informationsmeeting vorspielen wollte, wo ich auch gesprochen hatte, da hieß es immer: keine Zeit. Das ist auch ein Stück Verdrängen.»

«Du hast vorhin das Wort ‹Erbe› erwähnt. Siehst du dein Trinken im Zusammenhang mit dem Trinken deines Vaters?»

«Das seh ich jetzt nicht als Erbe, das hab ich eben damals gedacht, es ist sein Erbe. Ich konnte damals noch nicht nachdenken. Als ich dann die erste Zeit zur Gruppe kam, wurde ja auch öfter darüber geredet, ob Alkoholismus vererbbar ist oder wie sonst es zustande kommt. Da hab ich die erste Zeit mit großen Ohren gehört. Ich weiß also, dass Abhängigkeit von irgendwas oder irgendjemandem, dass das nur ein Nicht-fertig-Werden mit mir selber ist. Für mich weiß ich, dass ich die Sucht nicht von meinem Vater geerbt habe, dass ich höchstens sein Wesen geerbt habe oder seine Art, Probleme zu lösen, abgeguckt habe. Obwohl ich seine Art wirklich nicht bewundernswert fand. Und obwohl ich nie geglaubt habe, dass ich, nachdem ich alles bei ihm so gesehen habe, dahin kommen würde. Es war vertraut, ja.»

«Wie kommen deine Kinder ‹draußen› damit klar, dass ihre Mutter Alkoholikerin ist?»

«Ich hab ja jetzt bei uns im Dorf hier eine AA-Gruppe aufgemacht. Der Freund meines Sohnes ist auch im Gemeindehaus in der Jugendarbeit tätig. In dem Heim findet auch unser Meeting statt. Als wir da den ersten Gruppenabend hatten, da lief er mir auch gleich über den Weg. Ich hab dann hinterher zu meinem Sohn gesagt, ‹hat dein Freund dich gefragt, was ich da wollte›, denn dass ich da nicht in den Männerchor ging, der sich da trifft, das konnte er sich denken. Da sagte er: ‹Ach nee, ich hab ihm das erzählt, dass du da die AA-Gruppe aufgemacht hast und dass du eben Alkoholikerin bist.› Und das sind für mich gute Gefühle. Ich denke dann einfach, dann müssen sie sich damit auseinandergesetzt und das verarbeitet haben.

Ich hab auch immer wieder, also die erste Zeit, wenn ich aus der Gruppe kam, da hab ich mit meinen Kindern darüber gesprochen, was da gelaufen ist, wenn Leute, denen es früher sehr schlecht gegangen ist, wenn die erzählt haben, wie sie's geschafft haben, das hab ich ihnen erzählt. Einfach, um den Kindern Mut zu machen. Oder ich hab ihnen einfach meinen Mut, den ich durch die Gruppe gefasst hab, den hab ich versucht, ihnen mitzuteilen. Das muss geklappt haben. Da halten die also nicht mit hinterm Berg» (Doris, 40 Jahre).

Doris hat zweimal ihr Verleugnen aufgeben müssen, einmal ihrem Vater gegenüber und einmal vor sich und ihren Kindern. Damit hat sie sich gerettet und ihren Kindern die Chance gegeben, nicht weiter in diesem Verleugnen feststecken zu müssen. Sie haben eine Mutter, die Fehler zugeben kann, die ihr Leben heute bewusst lebt und täglich an sich arbeitet, indem sie sich Zeit für sich nimmt, Zeit, sich anzuschauen, wie sie ist. Ehrlichkeit zu sich selbst, die Doris auch lebt, kann ihre Kinder ermutigen, heute oder auch später diesen Weg zu gehen. Sie hilft ihnen, sich mit ihrem Alkoholismus auseinanderzusetzen, indem sie von sich aus mit ihnen spricht, immer wieder auch über Vergangenes redet und dabei respektiert, wenn eins ihrer Kinder erst mal Zeit braucht, damit klarzukommen. Unterstützung für ihre Gefühle holt sie sich bei anderen Erwachsenen. Das ermöglicht ihren Kindern, mit der Krankheit ihrer Mutter, dem Alkoholismus, relativ offen umzugehen.

Jugendliche und Erwachsene, die selbst süchtig werden, erleben die eigene Not und können auch die ihrer alkoholabhängigen Eltern nachvollziehen. Ihr Verständnis bezahlen sie zu teuer mit ihrer eigenen Sucht und ihrem Schmerz.

Yvonne berichtet über ihre Magersucht stellvertretend für die vielen Erwachsenen Kinder, die an anderen Suchtkrankheiten leiden.

«Es ist leicht, Sachen zu erkennen und zu sagen, hier steh ich, das genau passiert mit mir, oder so muss es anderen erscheinen. So sieht es von außen aus.
So war es bei mir nämlich, meiner eigenen Sucht, dass ich genau gesehen hab, was ich eigentlich machte. Aber das fiel mir nur in bestimmten Momenten auf, und dann war es so ätzend, so beschissen, dass ich gleich die Hand dagegen gehalten habe und versucht habe, das zu vergessen und weitergelogen habe und weitergemacht habe.
Ich konnte und wollte nichts dagegen tun. Es war überhaupt nicht möglich. Und es ging über eine lange Zeit, fast ein ganzes Jahr, dass ich eigentlich genau wusste, was mit mir los war, aber ich habe es nicht gepackt, echt etwas dagegen zu tun. Die Lügen aufzugeben, ehrlich gegenüber mir und anderen zu sein. Und da ist mir auch klar geworden, wie schwierig es für meine Mutter gewesen sein muss, über sich zu sprechen und zuzugeben, das und das hab ich, so sieht es in mir wirklich aus. Und nicht nach außen hin immer zu demonstrieren, mir geht es so gut, und ich schaffe alles und hau rein.
Also das ist ein wahnsinniger Schritt zwischen der Erkenntnis und selber wirklich was zu tun. Das ist so viel, das kann man sich gar nicht vorstellen. Das Erkennen alleine reicht überhaupt nicht. Denn es ist bei mir jetzt auch noch so, dass ich in bestimmten Situationen merke, du machst wieder genau das wie früher, du verhältst dich genauso, wie du's in deinen schlimmsten Zeiten getan hast. Und dass ich trotzdem nicht bereit bin, was dagegen zu unternehmen, solange das niemand merkt. Solange ich noch die Chance habe, etwas zu verleugnen, bin ich immer viel eher bereit, das zu machen, anstatt zu sagen: ‹Leute, so sieht es aus, das habe ich wieder gemacht, das ist passiert.›»
«Du hast aber bei deinem Freund das Verleugnen durchbrochen, das Schweigen aufgegeben.»
«Aber es tat sehr weh. Ich kann's nicht beschreiben. Es können

nur Leute nachvollziehen, die wirklich suchtkrank sind. Und ich wünsch es auch keinem anderen. Man nimmt sich so viel durchs Lügen. Man lebt da so drin. Es ist ein Teil von einem selber. Man ist diese Lügenwelt. Man lebt sie wirklich, nur um den Preis, dieses, was da tief in einem drin ist und was zu einem gehört, vor anderen zu verbergen, um jeden Preis. Und man tut alles dafür. Man wird verrückt, wenn man diese Kontrolle nicht hat» (Yvonne, 17 Jahre).

Selbst wenn Erwachsene Kinder aus der eigenen Erfahrung heraus die Eltern verstehen können, oder wenn man sich über den Alkoholismus informiert hat und begreift, dass diese Sucht eine Krankheit ist und man eigentlich ganz erwachsen mit den Eltern reden könnte, existiert in jedem Erwachsenen Kind doch auch das vernachlässigte und psychisch sehr verletzte Kind. Der Terminus *Erwachsenes Kind* ist nicht nur die Abkürzung von dem langen Ausdruck: erwachsen gewordenes Kind von Alkoholikern. Er weist auch auf das misstrauische, ängstliche, sich nach Anerkennung, Geborgenheit und Liebe sehnende Kind im Erwachsenen hin.

Sich helfen und helfen lassen

«Mit dem ungeweinten Weinen im Innern fertig werden»

«In mir ist sehr lebendig, sehr bestimmend ein kleines Kind, das mehr an Schläge als an Liebkosungen glaubt, das verletzenden Nachrichten immer größere Aufmerksamkeit schenkt als erfreulichen. Dieses Kind mit den gestutzten Flügeln in meinem Innern kann ich zwar nicht zum Schweigen bringen, ich kann nie so tun, als ob es nicht existierte, aber ich kann und muss vermeiden, gegenwärtige Geschehnisse mit meinen Erlebnissen im Kinderzimmer zu verwechseln. (...)
Wann kann ich die Nabelschnur durchtrennen? ... Wenn du sie nicht mehr brauchst. Wenn du nicht mehr nötig hast, mit deiner Vergangenheit schwanger zu gehen. Wenn es nicht mehr deine Kindheitserlebnisse sind, die dein erwachsenes Leben für dich wählen, sondern wenn du selbst es wählst. Manche schaffen es nie. Manchen fehlt die Kraft dazu. Das weinende Kind wählt für uns. Alle unterdrückten Tränen müssen schließlich strömen – und dann drückt jemand plötzlich auf unseren innersten Alarmknopf, der unsere ganze Kindheit wieder zum Leben erweckt. Alle ungeweinten Tränen kommen dann aus ihrem Schlupfwinkel heraus. (...) Die größte Gnade ist, wenn man mit dem ungeweinten Weinen im eigenen Innern fertig wird.»[47]

Die Zeit heilt nicht alle Wunden. Weder der Tod der Eltern noch der Auszug von zu Hause, eine Heirat oder Trips ins Ausland bewirken eine Veränderung.

Kinder von Alkoholikern sind unter schwierigen Bedingungen erwachsen geworden und haben ihr Selbst im Sog der Abhängigkeit nur verzerrt entwickeln können. Auch wenn sie sich nicht an alles in der Vergangenheit bewusst erinnern, so sind die Erwachsenen Kinder dennoch nachhaltig in ihren Emotionen verletzt worden. Denn die Bausteine ihres Selbst stammen aus der Anpassung an ein krankes System, an die Alkoholikerfamilie.

Dieses Selbst, das man sich erworben hat, stellt man nicht so einfach in Frage, vor allem nicht, wenn man noch sehr jung ist, wie z. B. Tim:

- «Ich halte mich für den lebendigen Beweis, dass man da durchgehen kann und das (den Alkoholismus des Vaters, U. L.) aushalten kann und herauskommt, ohne total durch den Koffer hinterher zu sein» (Tim, 15 Jahre).

Die weitaus meisten Erwachsenen Kinder kommen nur auf Umwegen dazu, ihre Art zu denken und zu fühlen, die sie in der Alkoholikerfamilie erlernt haben, in Frage zu stellen. Ähnlich wie die Alkoholkranken ertragen sie ihre Situation eines Tages einfach nicht mehr und suchen professionelle Hilfe. Oft bemühen sie sich noch um Unterstützung für den Alkoholkranken zu Hause oder den abhängigen Partner. Sie sind verzweifelt und wissen, obwohl erwachsen, nicht mehr weiter.

Wo finden diese Frauen und Männer Unterstützung, und wer kann ihnen wirklich helfen? In diesem Kapitel beschreibe ich, wo Erwachsene Kinder Hilfe finden, wie ihnen geholfen werden kann, was sie selbst ändern können und worum es bei dieser Neuausrichtung geht. Dabei zeichne ich eigentlich eine «Landkarte», vermerke besondere Orte, gebe Beschreibungen, Schnappschüsse und Gespräche wieder, damit man sich vorstellen kann, wie es sich anfühlen mag, dort zu sein. Flüsse, die vieles mit sich tragen, und verschiedene Straßen, die zu den Orten führen, sind kenntlich gemacht. Eine Weile reisen wir gemeinsam mit dem Finger auf der «Landkarte», mit Erwartung auf das, was einem auf einer Reise zu sich selbst begegnen mag. Am Ende des Buches werden Sie Ihre Reise selbst beginnen. Die Orte mögen etwas anders aussehen, die Straßen sind möglicherweise nicht immer dieselben, wie hier beschrieben. Doch diese «Landkarte» wird bei Ihrer Suche hilfreich sein.

Unterstützung in Selbsthilfegruppen

Der erste Ort sind die Selbsthilfegruppen, die sich mit Alkoholismus bzw. Sucht auseinandersetzen. Die Erwachsenen Kinder, die noch weiterhin mit dem aktiven Alkoholismus ihrer Eltern konfrontiert sind oder mit einem Abhängigen zusammenleben, wenden sich in der Regel eher an eine der Selbsthilfegruppen für Freunde und Angehörige von Alkoholikern. Dort bekommen sie Hilfe und Unterstützung bei ihren akuten Problemen.

Erwachsene Kinder gehen eher in die Gruppen, deren Mitglieder nicht Vater oder Mutter für sie repräsentieren. Sie haben ihre eigenen Gruppen gegründet: Die «Al-Anon-Gruppen für Erwachsene Kinder von Alkoholikern» und die Gruppen für «Erwachsene Kinder von suchtkranken Eltern und Erziehern – EKS» (siehe Anhang).

Hier sind sie unter sich, sie kommen aus unterschiedlichen Familien, und dennoch verstehen sie sich auf eine Art, wie kaum jemand außerhalb.

Es gibt ein besonderes Gruppenmerkmal, das für Erwachsene aus Alkoholiker- und anderen Suchtfamilien wichtig und für ihre Heilung fast unerlässlich ist: Sie brauchen einen «sicheren Raum», in dem sie nicht kritisiert werden und wo ihnen nicht gesagt wird, was genau sie tun sollen, wo sie nicht neu verletzt, sondern wo sie angenommen werden. Wie vorher beschrieben können sich Erwachsene aus diesen

Familien wie ein Chamäleon anpassen. Sie wollen anerkannt und geliebt werden, dafür tun sie meist viel zu viel. Deswegen brauchen sie die Freiheit, sie selbst sein zu dürfen. Das geht nicht, wenn man durch das Setting wieder das Gefühl hätte, sich anpassen zu müssen, um bei den Menschen in der Gruppe anerkannt und gemocht zu werden. Deshalb werden keine Kommentare und keine Ratschläge gegeben.

Für jemanden, der mit großem Kummer zum ersten Mal dort hinkommt, mag es seltsam erscheinen, wenn die Menschen dort auch von ihrem schönen Tag berichten, und was sie getan haben, damit es ihnen gutgeht. Wollte man nicht gerade Trost und Ratschläge? Trost gibt es. In den Beiträgen der anderen wird das Thema des Hilfesuchenden sicher wieder aufgegriffen, und es werden eigene Erfahrungen mitgeteilt. Die/der Hilfesuchende kann sich das heraussuchen, was er/sie annehmen kann. Niemand muss reden und etwas von sich preisgeben. Man kann einfach zuhören und sich erlauben, alles zu prüfen, bis man sich sicherer und nicht mehr entblößt fühlt, wenn man von sich sprechen möchte.

Einige finden über ihren Arzt eine psychosomatische Klinik, die Therapie mit Selbsthilfegruppen verbindet. Jugendliche haben in Städten häufig Gelegenheit, eine Alateen-Gruppe zu besuchen.

Vier Frauen, die aus unterschiedlichen Situationen heraus Hilfe benötigten, berichten, auf welche Art und wo sie diese erhalten haben.

Barbara fand die Telefonnummer von Al-Anon im Telefonbuch.

«Ich kam vor etwa zwei Jahren zu Al-Anon. Die Silberhochzeit meiner Eltern stand an. Meine Mutter (Alkoholikerin, U. L.) wollte sich ein Kleid für das Fest nähen, und plötzlich ging es zu Hause ab, wie in alten Zeiten, so kurz bevor wieder eine Einlieferung bevorstand.

Ich hab gedacht, nein, das stehst du nicht nochmal durch. Du musst was unternehmen, bevor es dir wieder so geht wie vor einigen Jahren, als deine Mutter im Landeskrankenhaus für

dreizehn Wochen war. Wo du beim Autofahren in den Kurven wieder das Gefühl hast, du musst geradeaus fahren, wo mich irgendwas magisch anzieht, aufs Gaspedal zu drücken. Wo du oben ausrastest, weil du nichts mehr geregelt kriegst, irgendwie mit anderen Leuten nicht mehr klarkommst.
In der Zwischenzeit hatte ich Kontakte aufgebaut und hatte Angst, dass es zu Hause wieder so losgeht, wie in den extremen Phasen früher. Dann kann ich mich nicht mehr verhalten, wie ich mich jetzt anderen gegenüber verhalte. Die Kollegen, die ahnen auch von nichts. Die haben von der Alkoholkrankheit meiner Mutter nie was mitgekriegt. Die kennen mich auch ganz anders. Da wollte ich nicht, dass ich dann meine typischen Reaktionen wieder zeige. Da hab ich gedacht, wenn du jetzt nichts tust, dann bist du so schnell wieder klein, kommst mit dir und der Welt nicht zurecht. Und dann bin ich zu Al-Anon gekommen, indem ich bei der Kontaktstelle angerufen habe» (Barbara, 26 Jahre).

Barbara kam zwar wegen ihrer Mutter zu Al-Anon, aber sie kam auch, um Hilfe für sich zu bekommen. Viele Erwachsene Kinder, die zu Beratungsstellen, Selbsthilfegruppen oder Ärzten gehen und sich ein Mittel, ein Rezept, eine Handlungsanweisung erhoffen, etwas, was ihren Eltern ermöglichen soll, mit dem Trinken aufzuhören, gehen enttäuscht weg. Denn alle Menschen, die über Suchtkrankheiten Bescheid wissen, sagen ihnen dasselbe: ‹Ein Suchtkranker muss selbst seine Sucht zum Stillstand bringen wollen, helfen kann dabei niemand, man kann auch niemanden zwingen, sich ändern zu wollen.› Durch solche Aussagen fühlen sich viele junge Erwachsene aus Suchtfamilien im Stich gelassen. Sie wollen noch nicht glauben, dass sie nichts tun können, um Vater oder Mutter zu retten.

Ihre Hartnäckigkeit sehen sie nicht als Symptom der Familienkrankheit, sondern als positives Engagement für einen aus ihrer Sicht schwachen Menschen. Es fällt sehr schwer, sich dabei als eine Person zu erkennen, die die eigene Sichtweise durchsetzen will, die die

Dinge in den Griff bekommen muss und die nicht wirklich sich über Sucht informieren will. Daher kommen sie häufig nach den ersten Gesprächen nicht wieder. Ihr eigener Leidensdruck ist noch nicht so hoch wie bei Barbara. Diejenigen, die mit einem Alkoholiker in einer Beziehung leben, finden eher den Weg zu einer Beratungsstelle oder einer Selbsthilfegruppe, da sie Angst haben, dass es ihren Kindern genauso ergeht wie ihnen früher. Das Leben mit einem Süchtigen bringt jeden Menschen schneller zu einem Punkt, wo man nicht mehr weiterkann. Auch wenn man, so wie Carla, zunächst wegen des Kindes bereit ist, etwas zu tun, so begreift man doch bald, dass es nicht reicht, sich wegen einer anderen Person verändern zu wollen, sondern dass man sich nur für sich weiterentwickeln kann.

Carla lebte mit ihrem alkoholabhängigen Freund zusammen, sie haben eine gemeinsame Tochter. Sie hat sich von ihm getrennt, aber sie leben noch immer Tür an Tür. Carla wählte eine psychosomatische Klinik, in der sie erst lernen musste, sich Unterstützung zu holen.

«Bevor ich in diese psychosomatische Klinik gegangen bin, kam auch noch eine Situation, wo ich gemerkt habe, es ist wichtig, dass ich in die Klinik gehe. Im Radio liefen diese alten Schnulzen mit ‹True Love› und so, dass ich einfach angefangen habe zu weinen. Ich war dabei, die Wäsche zusammenzulegen. Meine kleine Tochter (vier Jahre alt, U. L.) sagte: ‹Weine ruhig weiter, ich leg die Wäsche› – also – ‹*ich* leg die Wäsche zusammen.› Da hab ich gedacht o.k., für heute kann das so sein. Aber ich möchte ihr gerne das Gefühl vermitteln, dass ich mit meinen Sachen klarkomme. Sie hat auch schon einiges miterlebt. Ihr Vater ist auch Alkoholiker, dadurch ist das ganze Problem ihr schon ein Teil nähergerückt.
Ich werd sicherlich auch nicht alles ausräumen können. Aber ich denke, dass ich mich bewege, das ist das Beste, was ich tun kann. Es ändert sich auch viel, auch mit den explosiven Aus-

brüchen. Hin und wieder bin ich schon noch wütend und sauer. Manchmal schlage ich sie auch, sie schlägt mich auch. Wir sind da schon noch ganz schön handgreiflich.

Aber es gab Situationen, da war ich so verzweifelt und hilflos, da hat sie mich nur noch genervt. Ich hab da zum ersten Mal begriffen, was das Geschimpfe und Gemeckere, so die Schelte meiner Mutter, was das ausgedrückt hat. Denn ich hatte meine Mutter im Kopf, während ich mein Kind schlug. Und es war gleich, also für mich war es völlig egal, ob ich sie mit Worten kaputt gemacht hätte oder sie schlage» (Carla, 32 Jahre).

Die Erwachsenen Kinder, die nicht mehr oder nicht wieder mit einer süchtigen Person zusammenleben, gestehen sich viel seltener zu, Hilfe zu benötigen. Die meisten wissen eben nicht, dass ihre selbstzerstörerischen Verhaltensweisen, die sich auch gegen ihre Kinder richten können, dass ihr Unglücklichsein etwas mit dem Aufwachsen in der Suchtfamilie zu tun hat. Erst wenn es ihnen sehr schlecht geht, wenn Stresskrankheiten und psychosomatische Beschwerden zunehmen, wenn sie aus vielfältigen Gründen mit ihrem Leben nicht klarkommen, und vor allem, wenn ihre Beziehungen wieder und wieder zerbrechen, wenden sie sich an eine Therapeutin oder an einen Berater.

Dies ist ein schwieriger Schritt für Erwachsene Kinder, da sie nicht wissen, worunter sie eigentlich leiden. Die Spurensuche ist so schwierig, da erstens alle Symptome der Familienkrankheit auch bei anderen Menschen auftreten können, wenn auch nicht in dieser Bündelung und Gewichtung. Zweitens ist einem Erwachsenen Kind nicht bewusst, dass es schmerzhafte Erlebnisse, Gefühle und Gedanken verdrängen und verleugnen musste und dieses auch weiterhin unbewusst fortsetzt. Drittens weiß man zurzeit hier immer noch zu wenig über die Auswirkungen der Familienkrankheit Alkoholismus bei Erwachsenen Kindern.

- «Dass ich hierher (zur Gruppe für Erwachsene Kinder, U. L.) gekommen bin, hängt mit einer Therapie zusammen, die ich machen wollte. Ich hatte vor einigen Monaten einen Zusammenbruch. Da bin ich zu einer Therapeutin gegangen und habe mich erst fast nur ausgeheult. Ich sollte dann in der nächsten Zeit einmal in der Woche kommen, später, nach meiner Prüfung, könnte man sich dann eine tiefgreifendere Therapie überlegen. Im Moment wäre das zu belastend.
  Beim nächsten Mal saß ich da und habe ganz nett über die letzte Woche erzählt, was so los war und so. Ich war wieder ganz ruhig. Da sagte die Therapeutin, eigentlich käme ich mit meinem Leben jetzt doch ganz gut wieder zurecht. Ich würde mich sicher nur langweilen, wenn ich jede Woche käme.
  Dann stand ich draußen vor der Tür und dachte, das kann doch nicht wahr sein! Du hast es wieder geschafft, deine Fassade schön glatt zu halten. Aber die muss doch dahintergucken können, die hat doch einige Sachen von mir gehört, da hätte sie doch merken müssen, was mit mir und was in meiner Familie los ist. Ich dachte, es wäre alles deutlich gewesen.
  Ich wusste schon seit einiger Zeit, dass es diese Gruppe gab, ich hab dann nach den Terminen gefragt. Aber es hat noch Wochen gedauert, bis ich's schaffte, letzte Woche hier anzukommen. Und hier habe ich es auch endlich geschafft zu sagen, dass meine Mutter Alkoholikerin ist. Das mit der Ehrlichkeit hier ist wichtig. Ich hab gemerkt, dass es für mich erst mal wichtig ist, vor mir ehrlich zu sein. Da ich mir bei so vielen Sachen etwas vormache, was gar nicht stimmt, was ich eigentlich auch sehen könnte» (Sandra, 23 Jahre, Gedächtnisprotokoll).

Sandra hatte Glück, sie wusste durch ihren Vater, der trockener Alkoholiker ist, von der Gruppe, in der sich Erwachsene Kinder von Suchtkranken treffen. Aber es gehört auch Mut dazu, eine Gruppe aufzusuchen und etwas für *sich* zu wollen. Dieser Schritt ist gleichbedeutend mit dem öffentlichen Eingeständnis, dass nicht die Eltern diejenigen sind, die sich ändern müssen, sondern dass mit einem selbst etwas nicht in Ordnung ist, etwas für viele Unaussprechliches und Diffuses, von dem man spürt, dass es das eigene Leben zerstört.

Auch ich hatte mir immer wieder Unterstützung bei Therapeuten und durch Therapieausbildungen geholt. Dabei fand ich es damals nie erwähnenswert, dass mein Vater Alkoholiker ist. Meine Mutter stellte ich immer als eine Person dar, die alles konnte und sogar von dem Opiummittel, das sie nehmen musste, nicht abhängig geworden sei. Die wichtigsten und schmerzlichsten Erfahrungen meiner Kindheit hatte ich auch in der Therapie vor mir selbst verleugnet, vieles war verdrängt und vergessen.

Nicole änderte schon nach einem guten halben Jahr der Teilnahme an einer Gruppe für Erwachsene Kinder ihre Einstellungen und ihr Verhalten der alkoholkranken Mutter gegenüber. Ihr Vater ist vor einigen Jahren gestorben, er war Alkoholiker wie ihre Mutter. Besorgt erkundigte sich Nicole bei den Anonymen Alkoholikern, was sie für ihre Mutter tun könnte, dort hörte sie von der Gruppe für Erwachsene Kinder. Als sie da hinkam, suchte sie weniger Hilfe für sich als für ihre Mutter. Nicole wäre gar nicht auf den Gedanken gekommen, zur Therapie zu gehen, da sie ihre Aufmerksamkeit auf ihre Mutter konzentrierte. Dennoch blieb sie in der Selbsthilfegruppe.

▬ «Ich will ihr immer noch helfen, ich wünsche so sehr, dass sie trocken wird, doch ich will auch, dass es *mir* gutgeht.
Inzwischen weiß ich, dass es mir guttut, wenn ich hierherkomme und – es tut meiner Mutter gut. Das ist das Erstaunliche daran.
Ich bin irgendwie erwachsener geworden. Ich hänge nicht mehr an ihr und ihren Reaktionen fest. Wenn ich mit ihr heute telefoniere, dann muss ich nicht mehr aggressiv werden, wenn sie voll ist. Ich höre ihr eine Weile zu, wenn sie klagt, dass es ihr schlechtgeht. Und es geht ihr durch das viele Trinken körperlich sehr schlecht, sie ist auch krank. Ich hör ihr zu, erzähle ihr ein

bisschen von mir. Ich gehe nicht weiter auf das ein, was sie sagt. Ich kämpfe nicht mehr, ‹geh doch zum Arzt, trink nicht so viel!›. Ich mache ihr keine Vorhaltungen mehr, aber ich muss auch nicht mehr gleich nach Hause fahren, um zu sehen, wie's ihr wirklich geht. Ich sag dann, ‹wir reden ein anderes Mal weiter darüber. Ich wünsch dir, dass es dir gutgeht.›
Und sie? Sie bedankt sich für das Gespräch, sagt, dass sie sich über meinen Anruf gefreut hat. Und ich kann den Hörer auflegen und mich gut fühlen. Sie erpresst mich auch nicht mehr, seit ich gar nicht mehr darauf eingehe. Das sind auch Veränderungen, obwohl sie immer noch trinkt» (Nicole, 26 Jahre, Gedächtnisprotokoll).

Wie hat Nicole es geschafft, innerhalb so kurzer Zeit so viel gelassener mit ihrer Mutter umzugehen und sich selbst mehr in den Mittelpunkt zu stellen? Wieso bewirkt eine Selbsthilfegruppe bei Erwachsenen Kindern Veränderungen?

Bei uns gelten Selbsthilfegruppen oft als Therapieersatz oder als Ergänzung der Arbeit eines Therapeuten. Man nutzt sie auch, um eine Zeit lang mit anderen Menschen, die sich in einer ähnlichen Situation befinden, sprechen, sich austauschen und voneinander lernen zu können.

Selbsthilfegruppen bedeuten für Erwachsene Kinder mehr als einen Austausch von Erfahrungen, obwohl dies einen wichtigen Teil der gemeinsamen Arbeit ausmacht. Wollen Erwachsene Kinder ihre Lebensbedingungen verbessern, müssen sie als Erstes aufhören, sich weiterhin vorzumachen, dass alles in Ordnung sei, wenn nur Vater oder Mutter nicht trinken würde. Dies belegen die Beispiele der Kinder, deren Eltern trocken geworden sind, eindringlich.

In einer Selbsthilfegruppe, in der sich nur Kinder von Suchtkranken treffen, erkennt man manchmal blitzartig, ‹das bin ja ich›. Das, was man für einmalig, für peinlich und für so verabscheuungswürdig hält, dass man darüber immer geschwiegen hat, wird von anderen ausgesprochen. Das Private wird öffentlich, damit werden die persönliche Scham und der eigene Schmerz mitteilbar. Andere kennen und verstehen ausgerechnet die Handlungen und Gefühle, die man niemandem gegenüber bisher zugegeben hat.

Yvonne und Thea erinnern sich an den Anfang ihrer Selbsthilfegruppe Alateen, die sie als Jugendliche besucht haben:

▬ «Mein Vater meinte, da wäre noch ein anderes Mädchen, das ähnliche Probleme hätte.» (Sie lächelt und schaut Yvonne an, die neben ihr sitzt, U. L.)

«Du warst 15.»

«Ja genau, und dann hast du mich einfach angerufen.»

«Mein Vater hatte mir deine Telefonnummer gegeben. Natürlich hatte ich erst mal Herzklopfen. Ich wusste auch nicht, was auf mich zukam. Und dann haben wir uns einfach getroffen und haben geredet. Schon beim ersten Mal waren da unheimlich viele Gemeinsamkeiten.»

«Es blubbte und blubbte und blubbte! Also es ist einfach dieses Gefühl, dass man diese Verbundenheit hat. Also das, wofür man sich am meisten schämt in seinem Leben, das ist eigentlich genau der Punkt, an dem man zusammenkommt, an dem man die Hilfe finden kann. Wenn man einfach mal den Schritt über die Schwelle macht und die Tür aufmacht und sagt o.k., hier bin ich. Dieses Problem ist auch bei uns, und ich komme damit überhaupt nicht klar. Dieses Leid, ja Leiden, wie es so schön heißt, das verbindet einen so.»

«Könnte das denn nicht heißen, jetzt sitzen die da zusammen und wühlen in ihrem Leid, und vor lauter Selbstmitleid kommen sie aus ihrer Misere überhaupt nicht mehr raus?»

«Ich glaube, das passiert auch häufig genug, das ist gar keine Frage. Man muss echt lange suchen, bis man den richtigen Weg findet, darüber zu reden. Die Gefahr ist immer gegeben, aber nicht für Leute, die wirklich Interesse daran haben, etwas zu verändern.

Und das ist ja bei Alateen auch der Grundgedanke, sich selbst zu verändern, um damit vielleicht auch Veränderungen beim anderen zu bewirken. Also nicht direkt auf den anderen einwirken, sondern an sich selbst arbeiten, Dinge anders zu sehen. Und die Leute, die wirklich Interesse haben, was zu verändern, die schaffen das auch.»

«Was ich auch so wichtig finde, ist, dass man ja nicht nur die schlechten Seiten miteinander teilt und sich erzählt. Man erzählt sich auch die schönen Sachen, dass es mal eine Woche gut gegangen ist, das freut einen dann auch und gibt einem dann irgendwie neue Hoffnung. Wenn man sieht, bei dem ist es gut gegangen, dann gibt es einem neue Hoffnung, und man denkt wieder, ja vielleicht» (Thea, 18 und Yvonne, 17 Jahre).

Viele Erwachsene Kinder sind sicher neugierig, von anderen die Dinge zu hören, die sie nur zu gut aus ihrer Familie kennen. Doch nach einer Weile wiederholen sich die Geschichten, und mancher zweifelt, ob es sinnvoll ist, weiter zur Gruppe zu gehen. Er fragt sich: Kann ich mich nicht allein, z. B. mit Hilfe eines Buches, mit meinen früheren und heutigen Problemen auseinandersetzen? Ich weiß doch jetzt, worum es geht und worauf ich achten muss.

Kinder von Alkoholikern waren immer allein. Das Tabu: «Sprich nicht drüber» und ihre Scham haben verhindert, dass sie sich anderen mitteilten. Sie sind gewohnt, alles mit sich abzumachen. Wenn ein Erwachsenes Kind seine Vergangenheit, gänzlich auf sich gestellt, aufarbeiten will, wenn es versucht, allein seine Gefühle zu entwirren und neue Verhaltensweisen zu erlernen, so stimuliert es sofort seine grundlegende Angst weiter: die Angst, sich vor anderen so zu zeigen, wie es ist, wie es sich wirklich fühlt.

Sich anderen mitzuteilen, seine Ängste offenzulegen, seine Probleme ehrlich und auch mal ratlos darzustellen, widerspricht dem Verhalten, das Kinder von Alkoholikern gelernt haben, dermaßen, dass es sich für sie ‹falsch anfühlt›. Als Kind war man mit seinen

Gedanken und Erlebnissen allein. Das hat unter den Bedingungen der Suchtfamilie zur Verzerrung der Selbstwahrnehmung und zur Verwirrung der Gefühle geführt. Die Unterstützung anderer, die aus ähnlichen Elternhäusern kommen, ist wichtig. Sie geben einem einen Teil der bedingungslosen Akzeptanz, die man als Kind nie erfahren hat, zurück. Sie erinnern einen daran und bestärken einen darin, dass man ein Recht hat, so zu fühlen, wie man fühlt, dass es normal ist, so zu sein, wie man ist, und dass man jetzt und heute liebenswert ist. Menschen, die einen aufgrund ihrer eigenen Erfahrung verstehen, können einen auf eine glaubhafte Art akzeptieren und mögen. Ein Erwachsenes Kind braucht andere, um gesehen zu werden, um sich zu verstehen, sich anzunehmen und sich zu lieben. Es braucht andere, um an sich zu arbeiten, um wachsen zu können. Wenn deutlich wird, wie viele Probleme im eigenen Leben ihre Wurzeln in der Familiengeschichte haben, dann kommt bei einigen Verbitterung und Trauer hoch, die auch nicht gut allein zu bewältigen sind.

- «In mir kommt eine Wut hoch. Ich wär so gerne anders aufgewachsen. Warum konnten meine Eltern nicht eine gesunde Beziehung zueinander haben, in der sie ihre Probleme lösen konnten, warum musste ich nur bei ihnen aufwachsen!
  Seit einiger Zeit weiß ich, woher bestimmte Verhaltensweisen bei mir kommen. Ich will ja nicht dauernd in der Vergangenheit rumwühlen. Aber wenn du merkst, du rennst mit dem Kopf gegen die Wand und weißt nicht, warum, das tut mir auch nicht gut» (Beatrix, 32 Jahre, Gedächtnisprotokoll).

Unterstützung ist wichtig, wenn man die Folgen der Familienkrankheit bei sich entdeckt und darunter leidet. Diese Unterstützung darf nie von den eigenen Kindern kommen, sondern nur von anderen Erwachsenen, nur durch das eigene soziale Netzwerk mit Ehepartnern, Freunden, Freundinnen, besonders von anderen Erwachsenen Kindern sowie von professionellen Helfern und Helferinnen : Klinischen Therapeuten, Traumatherapeuten oder Analytikern. Diese Bewältigungsstrategie nennt man in der Forschung ‹Coping›. «Ein aktiver Copingstil ist bei suchtbelasteten Kindern in der Regel die *erfolgreichste* Strategie, *um langfristig negative Auswirkungen auf die psychische Gesundheit zu vermeiden.*» Coping bedeutet «mit Dritten über Probleme sprechen, mit anderen Betroffenen in Selbsthilfegruppen oder mit vertrauten Personen.»[48]

Unterstützung durch Therapie

Viele suchen Hilfe bei Therapeuten, denn nicht alle Erwachsenen Kinder finden in den Selbsthilfegruppen die Hilfe, die sie benötigen. Menschen, die in der Alkoholikerfamilie verstummt sind, sprechen auch nicht in einer Gruppe vor fremden Menschen. Im Kontakt zu einer einzelnen Person bauen sie eher Vertrauen auf. In der Therapie aufgehoben, lernen sie, über sich zu sprechen und Gefühle wieder zuzulassen.

Wenn Gruppen in der Nähe fehlen oder Gruppen Angst auslösen, weil man sich nicht vorstellen kann, zu fremden Menschen Vertrauen zu fassen, auch dann ist die Einzeltherapie eine gute Hilfe.

- «Den Einstieg in eine Gruppe wage ich noch nicht, ich verarbeite ja noch immer Ihr Buch, und ich habe sicherlich auch starke Berührungsängste. Interesse hätte ich schon, nur fehlt noch der Mut» (Leserbrief).

Viele Erwachsene aus Suchtfamilien sehnen sich nach der Aufmerksamkeit einer einzelnen Person. Die professionellen Helfer können anders als die Menschen in der Gruppe ganz auf den Einzelnen eingehen und dessen Bedürfnisse in den Mittelpunkt stellen.

Traumatherapie

Eine ganze Anzahl von Erwachsenen wurde in ihrer Kindheit traumatisiert. Sie durchlitten Einzelereignisse, in denen sie sich in Todesnot befanden oder glaubten ihr Leben oder das Nahestehender würde bedroht. Auch durch häufige Misshandlungen und/oder Missbrauch, in denen sie ohnmächtig Erwachsenen ausgeliefert waren, konnten Kinder traumatisiert werden. Diese Erwachsenen Kinder brauchen eine besonders auf sie zugeschnittene Therapie: die Traumatherapie. Dort helfen ihnen Therapeuten, sich zunächst zu stabilisieren. Dieses stärkt im Alltag, wenn Gefühle, die von dem Trauma ausgelöst wurden, einen wieder überschwemmen.

Je schwerer ein Trauma, umso sprachloser hinterlässt es die Betroffenen.[49] Auch deshalb kann das Traumageschehen nicht direkt angegangen werden. Von Anfang an versucht die Therapeutin zusammen mit der Betroffenen neben dem, was sie so sehr quält, ihre Ressourcen zu finden, alles, was ihr Freude macht, was sie gern hat. Dadurch zeigt die Therapeutin, dass sie an der Pendelbewegung zwischen dem Aufarbeiten des Belastenden und den Stärken der Betroffenen interessiert ist.[50] Überlebende eines Traumas werden angeregt, sich auf ihre Fähigkeit, froh und glücklich zu sein, genau so zu konzentrieren wie auf ihre Probleme.

Erst wenn man sich selbst stabiler fühlt und weiß, wie man sich in psychischen Notsituationen, die von den Traumata herrühren, helfen kann, werden – wenn überhaupt – traumatische Ereignisse im Leben angesprochen und auf bestimmte Art und Weise angegangen. Man kann auch als Erwachsener noch mit Freude am Leben in Kontakt kommen sowie mit Spontanität und Zuversicht.

Traumatherapeuten sollten sehr sorgfältig ausgesucht werden. Man kann bei verschiedenen Stellen nachfragen und sich Adressen geben lassen (siehe Anhang). Eine Selbsthilfegruppe kann schon am Anfang zusätzlich hilfreich sein.

Psychoanalyse

Wenn Erwachsene schon in sehr früher Kindheit wenig Bindung und Halt bekamen und auch kein anderer Erwachsener stellvertretend für die Eltern eingesprungen ist, kann die Psychoanalyse einem Erwachsenen Kind die notwendige Erfahrung vermitteln, angenommen und geborgen zu sein. In der Psychoanalyse verbringt man sehr viel mehr Zeit miteinander als in anderen Psychotherapien. Dadurch gibt es viel Gelegenheit, sich selbst in Beziehung zu einem anderen Menschen zu erleben und sich dieses zusammen anzuschauen.

Der oder die Analytiker/in spürt, wie empfindlich ein Erwachsenes Kind ist und wird nur die Interaktion einem anbieten, die für einen selbst erträglich ist. Es die Aufgabe der Analytikerin einem zu helfen, die Bedürftigkeit und die verdrängten Gefühle in einem sicheren Setting zuzulassen. Das Erwachsene Kind wird ganz und gar angenommen wie es ist. Wie in Spiralen können Gefühle immer wieder an die Oberfläche kommen und werden in der Beziehung zur Psychoanalytikerin beleuchtet und beschrieben. Verdrängtes und Unbewusstes taucht wieder auf und verliert allein dadurch schon einen Teil seiner Macht im alltäglichen Leben. Man wird authentischer und nicht mehr so sehr von den Kindheitsgefühlen bestimmt.

Auswahl von Therapeuten

Bei der Auswahl eines Therapeuten, oder einer Analytikerin sollte man darauf achten, ob man sich voller Mitgefühl angesprochen erlebt. Trost und Akzeptanz sollten von Anfang an da sein. Konfrontierende Methoden sind wenig empfehlenswert.

In jeder Therapie sollten einem eine festgelegte Zeit und ein sicherer Ort gegeben werden, wo Verlässlichkeit und Schutz geboten werden, wo man daher die Schrecken der Vergangenheit so zulassen kann, wie sie waren. Sie müssen nicht mehr kleiner oder größer gemacht werden, Leid hat keine Messlatte. Sie dürfen ans Licht kommen und aus den unteren Schichten der Seele vorsichtig herauswandern. Das braucht Zeit, macht wunde Füße. Aber man ist nicht allein.

Es ist in Ordnung, wenn man beim ersten Besuch eines Therapeuten nach dessen Ausbildung fragt, sich erkundigt, welche Art der Therapie er oder sie gelernt und erfahren hat. Man darf danach fragen, was die Therapie kostet, ob die Krankenkasse Stunden bezahlt. Man darf mehrere Therapeuten mehrfach aufsuchen, um herauszufinden, wer zu einem passt. Untersuchungen haben gezeigt, dass die Methode nicht das Wesentlichste ist, sondern die Sympathie, die zwischen der Klientin und der Therapeutin besteht. Nach den ersten Besuchen kann man nachfühlen: Hab ich vor der Person Angst? Oder fühl ich mich bei ihr getröstet, werde ich bei ihr meine Gefühle zulassen können?

Therapeuten müssen über die starken Verdrängungsmechanismen bei Erwachsenen Kindern Bescheid wissen, z.B. über ihre panikartige Angst, diese Fassade aufzugeben und damit angeblich schutzlos zu sein. Eine große Anzahl Erwachsener Kinder stellt sich, trotz massiver Probleme, als kompetent und sehr lernbereit dar, sodass Therapeuten glauben, die Behandlung schon beenden zu können. Andere kommen zu ihnen mit schweren Depressionen, die nicht zu stoppen sind, da beide Seiten den Alkoholismus in der Familie nicht thematisieren.

Erwachsene Kinder, die eine Therapeutin, einen professionellen Helfer konsultieren, sollten gleich zu Beginn den Alkoholismus in der Familie erwähnen. Sie können dann an der Reaktion sehen, ob die Person bereit ist, die krank machenden Einflüsse der Familienkrankheit zu berücksichtigen. Zunehmend bilden sich viele Therapeuten auch auf dem Gebiet der Familienkrankheit Sucht oder der Systemischen Familientherapie fort.

Therapeuten und Sucht

Beschäftigen sich Therapeuten mit dem Thema Sucht, wird vielen bewusst werden, dass sie selbst aus einer Suchtfamilie kommen. Ihr helfender Beruf ist typisch für eine große Anzahl von Erwachsenen Kindern. Diese müssen ihre Probleme, trotz Therapieausbildung, erneut angehen. Am besten wenden sie sich an eine der anonymen Gruppen. Sie können ihre Intimsphäre schützen, indem sie Gruppen in einer anderen Stadt besuchen. In den USA traf ich eine ganze Anzahl von professionellen Therapeuten, die für sich Hilfe in den Gruppen für Süchtige oder Angehörige fanden.

Professionelle Helfer können überhaupt von Selbsthilfegruppen profitieren. Wird man nicht neugierig, wenn so viele Menschen durch diese Gruppen zu einem zufriedeneren Leben kommen? Therapeuten können diese Arbeit der Selbsthilfegruppen schätzen und gleichberechtigt neben ihre wichtige Arbeit stellen.

Es gibt nicht den einen für alle Erwachsenen Kinder verbindlichen Weg zur Heilung der psychischen Verletzungen. Dennoch werden bestimmte Veränderungen bei allen, die sich um ihre Genesung intensiv bemühen, auftreten.

Sich erinnern

Durch das Lesen dieses Buches haben Sie sich erlaubt, mit der Vergangenheit wieder in Kontakt zu kommen. Viele haben das Buch nur sehr langsam lesen können, weil sie sich selbst begegneten und ihre Erinnerung wehtat.

- «Obwohl ich nicht direkt in einer Alkoholikerfamilie aufgewachsen bin (meine Großmutter hat getrunken), fällt es mir wie Schuppen von den Augen. So deutlich habe ich nie irgendwo beschrieben gefunden, was sich in meiner Familie abgespielt hat. Ich konnte das Buch nur ganz langsam lesen. Es weckt Erinnerungen, hinter denen Gefühle drängen» (Leserbrief).

Sich wieder an den Schrecken, die Angst und Einsamkeit seiner Kindheit und Jugend erinnern zu wollen, bringt verschiedene Schwierigkeiten mit sich. Viele möchten sich die Familienszenen live ins Gedächtnis rufen und nicht weiter an ihrem Familienbild herumretuschieren. Doch sie erinnern sich nur an weniges.

Die Erinnerung arbeitet bei Kindern, die in einer Suchtfamilie aufwachsen, wie ein Magnet, der alles, was zu verletzend, zu schamvoll, zu belastend ist, abgleiten und nur die Sätze, Bilder und Ereignisse haften lässt, die von seinem auf die Familienkrankheit ausgerichteten Magnetfeld angezogen werden. Je mehr man verdrängt, umso stärker wird das Magnetfeld. Wenn man es schafft, sich aus dem Magnetfeld zu entfernen, kann man sich erlauben, sich zu erinnern, oder auch umgekehrt: Der Versuch, genau hinzuschauen, lässt das Magnetfeld schwächer werden.

Simone hat viel von dem Negativen in ihrer Kinder- und Jugendzeit vergessen. Sie will sich erinnern, um ihre Realität so zu sehen, wie sie ist. Dazu schaut sie ihren Alltag heute genau an. Sie begreift ihr Erinnern als Training eines neuen Verhaltens, hinschauen statt wegsehen.

Simone spricht über einen Geburtstag als Kind. Beim Erzählen wird ihr die Verbindung zu einer heutigen Verhaltensweise deutlich:

- «Eine Freundin hatte mich zu ihrem Geburtstag eingeladen, es war das erste Mal, dass mich überhaupt jemand einlud. Ich mochte dieses Mädchen sehr. Ich wusste nicht, sollte ich hingehen oder sollte ich nicht hingehen. Ging ich hin, dann erwartete sie, dass ich sie auch zu meinem Geburtstag einladen würde. Das konnte ich nicht. Mein Vater trank zu der Zeit ja schon ganz schön. Der saß immer zu Hause im Wohnzimmer, und da trank er dann. Ich hab meiner Freundin dann lieber erzählt, dass ich keine Zeit habe.

Einmal saß ich in der Schule, und ich dachte, ich hab heute Geburtstag, und ich hab's niemandem erzählt. Keiner wusste das. Meine Lehrerin muss wohl an dem Tag zufällig das Geburtsregister angeschaut haben. Sie hatte gemerkt, dass ich Geburtstag hatte.

Am Nachmittag klingelte es auf einmal. Ich dachte, wer ist das wohl? Ich hatte immer Angst, wenn es klingelte, es könnte jemand aus meiner Klasse sein, jemand, der nicht Bescheid wusste. Ich ging runter, und da stand meine Lehrerin. Ich kriegte einen Schreck. Sie sagte, ‹du hast heute Geburtstag, das wusste ich heute Morgen gar nicht›. Sie hatte ein Geschenk für mich. Was sollte ich machen, konnte ich sagen, bitte, kommen Sie doch herein, oder sollte ich sie vor der Tür stehen lassen? Ich hab sie hereinkommen lassen. Dann ist sie ins Wohnzimmer gekommen, da konnte sie dann sehen, was los war. Mein Vater saß da, um ihn herum all die Flaschen, und er hatte schon viel getrunken. Das war mir alles peinlich, aber andererseits hatte ich hinterher ein ganz anderes Verhältnis zu dieser Lehrerin. Da war wenigstens eine Person, der ich nichts mehr vormachen musste, die wusste Bescheid. Das tat mir gut.

Komisch, ich hab auch heute noch oft Angst, wenn jemand bei mir klingelt. Ich hab dann das Gefühl, ich müsste etwas verbergen» (Simone, 24 Jahre, Gedächtnisprotokoll).

Man erinnert sich nicht plötzlich an alles auf einmal. Viele Erinnerungen kommen nie zurück. Manchmal helfen Anstöße von außen, sich wieder zu erinnern. Hier sind es eine Nachbarin und eine Schulkameradin, die Vergangenes wieder lebendig werden lassen.

- «Vor kurzem traf ich eine Nachbarin von meinen Eltern wieder. Die sagte: ‹Ich seh dich immer noch in der Kälte auf der Straße stehen. Du warst unten und hast zu deiner Mutter heraufgerufen. Sie hat dich stundenlang nicht reingelassen›!
  Da fiel mir das wieder ein. Ich schäme mich noch immer, das zu sagen: Ich hab mir dann in die Hose gemacht. Als ich endlich nach oben durfte, da lief mir das Wasser die Strümpfe entlang. Da hat sie mich gepackt, nackt ausgezogen und in die Badewanne gestellt, und da habe ich immer noch weitergepinkelt, sie hat mich dabei geschlagen. Ich hatte das vergessen gehabt und schäme mich noch immer dafür, obwohl es doch Unsinn ist, sich zu schämen. Ich finde es gut, dass ich heute wenigstens darüber sprechen kann» (Leonie, 35 Jahre alt).

- «Auf einem Klassentreffen sprach ich mit einer früheren Freundin. Die sagte: ‹Weißt du noch wie lustig euer Weihnachtsbaum immer aussah!› Ich hatte keine Ahnung, was die meinte. ‹Ihr hattet immer die kleinen Schnapsflaschen am Baum hängen statt Kugeln. Das fand ich total lustig›, sagte sie und lachte. Ich hatte das total vergessen. Mir wurde ganz schlecht» (Silke, 38 Jahre).

Oft ist die Erinnerung wie nach einem Traum einfach weggeglitten, erinnert man sich an ein Detail, kommt die ganze Szene wieder ins Erlebte zurück.

Es ist, als ob nur die Tatsachen ins verfügbare Gedächtnis geschleust werden, die man auch verarbeiten kann. Die Erinnerungsarbeit vollzieht sich auf zwei Ebenen. Die erste beinhaltet Fakten, Ereignisse, Gespräche und Bilder, die vor dem inneren Ohr und Auge wieder auftauchen. Dies war vorher nicht mehr da, war vergessen, und plötzlich weiß man alles wieder. Bei der zweiten Erinnerungsebene geht es nicht um Fakten oder um Szenen, denn die wurden nicht vergessen. Es geht um Gefühle, die aus der Erinnerung herausgefiltert sind wie Farben aus einem bunten Bild. Die Erinnerung an Szenen von früher ist durchaus detailliert, man weiß unter Umständen sogar, was gesprochen wurde, nur die Szene ist nicht wirklich lebendig. Es fehlt eine innere Antwort auf die visuelle Erinnerung, es fehlt das *Gefühl* zu der Szene, ein Mangel, der meist unbemerkt bleibt, der erst erlebt wird, wenn Gefühle zurückkehren. Dann jedoch ist es, als stünde man wieder in der vergangenen Szene, genauso ausgeliefert wie als Kind.

Sich fühlen

> *»Es gibt mehr als Zorn, mehr als Traurigkeit und mehr als Angst und Schrecken. Es gibt Hoffnung.»*[51]

Jedes Verhalten wird von Gefühlen getragen oder von dem Versuch, genau diese zu vermeiden. Wenn ein Erwachsenes Kind neue Handlungsweisen ausprobiert, wird das ihm oder ihr auch Angst machen. Wer sich verändert, verlässt sein ‹sicheres› Überlebensmuster. Dies gilt unabhängig davon, ob das neue Verhalten einem guttun wird oder nicht. Jede Veränderung verunsichert zunächst. Auch andere Gefühle werden dann hochkommen. Während man darüber spricht, wie man in seiner Alkoholikerfamilie aufgewachsen ist, wird man sich nicht nur an vieles wieder erinnern, sondern sich auch traurig, wütend, verlassen oder schuldig fühlen. Es ist normal, diese unangenehmen Empfindungen, wie bisher, wieder so schnell wie möglich beiseitezuschieben. Man kann jedoch auch wählen, sie jetzt zunehmend zuzulassen, am besten dort, wo andere Menschen einen annehmen.

Trotz erschreckender Erfahrungen, denen Erwachsene Kinder ausgesetzt waren, kann der Schmerz, den sie erlitten haben, meist nicht so unvermittelt erinnert und zugelassen werden.

Man minimiert intellektuell den Schmerz, verharmlost, was einem geschehen ist.

‹Eigentlich war es nicht so schlimm› oder ‹Mein Vater hat mich ja nie geschlagen› und ‹Es war ja ganz normal bei uns im Dorf zu trinken›.

Das Leugnen macht eben vor den Emotionen nicht halt. Selbst wenn man seine Gefühle zulassen und nicht mehr verleugnen will, hat man große Schwierigkeiten, das was fehlt, was man als Kind, als Jugendlicher nicht zulassen konnte, überhaupt zu spüren. Die Auswirkung von etwas, das abwesend ist, erlebt man nicht.[52]

Das Fehlen einiger Gefühle in der großen Palette der Emotionen, die abgeflachten Reste von Schmerz, Wut, Scham, Angst und Schuldgefühlen, werden eher übersehen als die plötzlich heftigen Gefühlsreaktionen, die manches Erwachsene Kind sehr verunsichern. Jede Emotion kann unterdrückt und zugleich besonders heftig erlebt werden.

Wenn ein Erwachsenes Kind seine Gefühle, sobald sie auftauchen, ausagiert und gleich handelt, so ist diese Person genauso weit entfernt von ihren Gefühlen wie die, die ihre Empfindungen oder Teile davon immer unterdrückt. Beide wollen dasselbe: dem Gefühl entkommen, und zwar sofort.[53] Wenn ein Erwachsenes Kind seine Gefühle nicht wahrhaben will, tut es sich das Gleiche an, was seine Eltern ihm angetan haben: Es beachtet sich selbst nicht, nimmt sich nicht wichtig, es vernachlässigt sich und verlässt sich selbst.

Es ist ein Schock, das Verhalten, was man an seinen Eltern zu Recht kritisiert, bei sich selbst zu bemerken.[54] Missachteten die Eltern früher z. B. die Privatsphäre des Kindes, entdeckt dieses plötzlich als Erwachsener, dass es sich ohne Zwang heute dasselbe antut. Man erzählt anderen die intimsten Einzelheiten über sich und entblößt sich förmlich, da man nicht gelernt hat, die Grenzen zwischen sich und anderen klar zu spüren.

Doch kann dieser Schock heilsam sein, und die Opferrolle, in der man so lange verharrte, wird für einen selbst sichtbar, verdrängte

Wut und Enttäuschung brechen auf. Genauso wie manche Erinnerung nur nach und nach wiederkommt, genauso kann man nicht auf einmal seine Gefühle wie auf Knopfdruck zulassen. Damit die verschiedenen Arten, die Gefühle auch vor sich selbst zu leugnen, sich vorsichtig zurückziehen können – sie waren ja früher lebensnotwendig – braucht man Vertrauen oder genügend Leidensdruck, um sich unterdrückte Gefühle wieder bewusstmachen zu können.

Sie lesen dieses Buch, das bedeutet, Sie lassen Ihre Ahnung oder Ihr Wissen zu, dass Ihr Aufwachsen etwas mit Ihrem heutigen Leben zu tun hat. Damit haben Sie das direkte Leugnen aufgegeben.

Andere Formen des Leugnens bleiben länger bestehen. Man braucht mehr als ein Buch, um sie aufzudecken, man braucht Menschen, die einem unmittelbar beim Aufdecken helfen und beistehen. Oder man hört von anderen etwas über deren Leben und plötzlich reißt die Decke, die über die eigene Vergangenheit ausgebreitet ist.

Menschen, die sich erinnern und wieder spüren, was sie einmal verletzt hat, brauchen einen Rahmen, in dem sie geschützt sind und sich zeigen dürfen. Es geht nicht alleine. Man braucht andere Menschen, die einen liebevoll annehmen. Denn es liegt in der Natur des Leugnens, dass man nur dann den Schutz aufgeben kann, wenn man mit der Erinnerung und den damit verbundenen Gefühlen leben kann.

▬ «Es erschüttert mich immer wieder von neuem, wie sehr ich verdränge und Gefühle abspalten kann – Ich bin Weltmeister im Intellektualisieren und absolute Anfängerin im Zulassen von Gefühlen … Ich kann nicht mehr zurück, es ist harte Arbeit, viel Schmerz und Trauer, aber es ist ein guter Weg. Ich freu mich schon auf mich selbst» (Ann-Kathrin, Leserbrief).

Ursula erzählt, wie sie zum ersten Mal wieder Kontakt zu ‹verlorenen› Gefühlen bekam.

- «Auf einer Informationsveranstaltung sprach ein Alkoholiker über sein Verhalten der Familie gegenüber. Er sagte: ‹Ich habe auch die Hand gegen meine Frau erhoben.› Da dachte ich: ‹Komm, Junge, red nicht drum herum, sag's, *wie's wirklich war*, nenn es beim Namen!›
  Und dann sprach er auch weiter, ‹ich habe sie geschlagen›.
  In dem Moment sah *ich*, wie's wirklich war. Ich sah den Flur, in dem mein Vater stand und mit meiner Mutter kämpfte, sie festhielt und schlug. Und ich sah mich. Nein, ich hatte das alles nicht vergessen, selbst die Bilder hatte ich noch in meinem Kopf. Aber bisher war alles nur in meinem Kopf gewesen. Jetzt *fühlte* ich, dass ich das war, dass ich auf meinen Vater eingeschlagen hab. Mir hatten immer andere, die sich so gegen ihren Vater hatten wehren müssen, leidgetan. Mich hatte ich gefühlsmäßig gar nicht damit in Verbindung gebracht. Meine Gefühle waren da irgendwann einfach abgeschnitten.
  Den Verdacht, dass ich oft gar nichts fühlte, sondern eher wusste und dachte, dass ich fühle, den hatte ich öfter. Aber in dem Moment war ich plötzlich sehr traurig und entsetzt, ich fühlte einfach.
  Aber seitdem spüre ich den Unterschied zwischen fühlen und so weit weg von den Gefühlen zu sein» (Ursula, 45 Jahre).

Wie kann man sich seinen eigenen Gefühlen wieder öffnen? Eine Frau erzählte mir, wie ihr das zum ersten Mal gelang:

- «Ich saß im Auto, und auf einmal wurde mir schmerzlich klar, dass meine Mutter, die ich gerade besucht hatte, bald sterben würde. Ich wollte Gas geben und schneller fahren, irgendetwas tun. Da sagte ich mir, stopp, halt an. Ich hielt das Auto an und mich. Dann saß ich lange da und ließ zu, dass ich traurig war, schrecklich traurig. Es fiel mir schwer, das auszuhalten, dieses Gefühl, mich nicht abzulenken» (Amy, 31 Jahre).

Amy hat sich selbst angehalten, ging achtsam mit sich um und lenkte sich nicht wie sonst durch eine beliebige Aktion ab. Gefühle können schnell wechseln, Trauer kann Ärger ablösen und Wut auf Hoffnung folgen. Innehalten und die eigenen Gefühle wahrnehmen fällt leichter, wenn Menschen einen darin unterstützen, sich nicht zu beurteilen, sich nicht schlechtzumachen. Ist man mit sich und seinen Gefühlen allein, kann man versuchen, sich selbst wie eine Freundin liebevoll anzuschauen, und zu sich sagen: ‹Ich fühle so, ich bin so, und das ist in Ordnung und für mich normal. Ich beurteile selbst, ob meine Gefühle ‹angemessen› sind oder nicht. Zurzeit bin ich so, und ich habe Geduld mit mir.›

Menschen lernen erst durch andere Erwachsene, ihre Gefühle als unwichtig, sogar als falsch einzustufen oder sie unterdrücken oder ganz verdrängen zu müssen. Sie haben keine andere Wahl, als sich der eigenen Familie anzupassen, um dort leben zu können. Jemand anderes hat uns beigebracht, uns zu schämen, auch für uns selbst, das ist nicht angeboren. Anpassung an Familienmitglieder ging oft soweit, dass die eigenen Gefühle gar nicht mehr wahrgenommen werden durften. Viele wurden sich dadurch selbst fremd. Entfremdet und abgeschnitten von dem eigenen Erleben und Urteilen, wurde man von Lob und Anerkennung anderer abhängig. Ein Gefühl für den eigenen Wert konnte sich gar nicht entwickeln.

Das lebenslange Urteil über sich aufzuheben gelänge relativ leicht, wenn nur der Kopf beteiligt sein müsste. Es ist ein sehr langer Weg vom Kopf bis zum Bauch, heißt ein Spruch. Die Psyche hat viele Verästelungen, und in jeder dieser kleinen Windungen muss die Veränderung ankommen. Diese vielfachen, alltäglichen Demonstrationen des mangelnden Selbstwertes: wie man seine Gefühle missachtet, nicht wahrnimmt, sie sich schönredet oder schlimmer macht, sind schwer aufzuspüren. In Gegenwart von Weggefährten oder einer erfahrenen Begleiterin kann man dies leichter identifizieren. Denn ändern kann man nur etwas, das man kennengelernt hat, dessen Spuren man lesen kann.

Beim Schreiben dieses Buches wurde ich häufig traurig über die Vergangenheit, Wut, die schon lange in mir schwelte, brauchte länger, um von mir wahrgenommen zu werden. So wie Sinje es beschreibt:

- «Mein Hauptgefühl war immer wieder Traurigkeit, die Wut, die geballt darunter lag, bekam ich gar nicht mit, nur andere merkten wie sauer ich war. Als ich klein war, konnte ich mir Wut gar nicht leisten, das hätte mich das Leben kosten können, ich lachte, statt wütend zu sein. Ich habe nie geweint früher, bis ich eines Tages anfing. Und immer noch kommen mir als erstes die Tränen, auch wenn ich eigentlich wütend bin» (Sinje, 60 Jahre).

Veras Therapeut fand ein sprachliches Bild für ihr Wechselbad der Gefühle, das ihr hilft, gelassener mit sich umzugehen.

- «Manchmal laufen mir meine Gefühle weg. Mir ist dann alles gleichgültig. Ich hab jetzt keine Angst mehr davor, mich so gleichgültig oder negativ zu fühlen. Früher hab ich mich instinktiv immer bemüht, besonders freundlich zu sein, nett. Oder ich habe Krach angefangen, damit ich allein war dann, wo ich mich besser aushalten konnte. Heute weiß ich, und daran halte ich mich in solchen Zeiten fest, ich weiß, dass diese liebevollen Gefühle nicht ganz weg sind, sie sind auf der anderen Seite von mir.
  Ein Bild hat mir dabei geholfen. Meine Gefühle sind wie auf einen Tennisball verteilt, mal schwimmt die eine Seite oben, mal eine andere Stelle. Aber wenn der Ball im Wasser auch nur einen Teil von sich zeigen kann, so sind die anderen doch auch da. So ist es auch bei mir. Und die anderen Gefühle kommen schon wieder.
  Ich hätte immer noch lieber diese durchgängig intensiven Gefühle. Ich weiß, dass ich sie nur zusammen mit Action habe, mit Angst oder beim Streit» (Vera, 44 Jahre).

Erwachsene Kinder erleichtert es sehr, zu erfahren, dass es Gründe gibt, warum sie in ihren Gefühlen nicht so klar sind, obwohl sie in ihrem Denken und ihren Analysen so präzise sein können. Wissen über die eigene Kindheit erleichtert zwar, befreit einen auch von geheimer Angst, nicht ganz richtig zu sein oder sich sogar manchmal verrückt zu fühlen. Aber sich damit zufriedenzugeben wäre, als würde man durstig vor einem Brunnen ankommen und nicht das gute Wasser trinken.

Erwachsene Kinder geben sich zu oft mit Wissen zufrieden. Es gibt eine Anekdote, die das veranschaulicht:

In einem Raum gibt es zwei Türen. Jede hat eine Inschrift. Auf der einen steht ‹Himmel› auf der anderen ‹Erklärung zum Himmel›. Vor der zweiten Tür, hinter der die Erklärung versprochen wird, bildet sich eine lange Schlange aufgeregt wartender Menschen. Es sind Erwachsene Kinder aus Suchtfamilien, sie stehen da und warten darauf, etwas Unverständliches endlich zu verstehen, statt gleich in «den Himmel zu gehen».

Eine Frau schrieb mir:

«Ich weiß jetzt für mich, WARUM. Warum ich in bestimmten Situationen so oder so reagiere, warum ich mir auch heute noch die falschen Lebenspartner aussuche, warum ich gerade dadurch immer wieder in schwere Konfliktsituationen gerate, die aufgrund der sehr starken Enttäuschungen/Verletzungen manchmal lebensbedrohliche Formen annehmen. Die Frage, die ich mir gestellt habe ist die, ob diese «Erwachsenen Kinder» jemals ein «normales» Leben führen können» (Christine, Leserbrief).

Meine Antwort darauf lautet: Ja! Wenn man bei dem Wunsch, wissen und verstehen zu wollen, nicht stehenbleibt. Ja, wenn man die nächsten Schritte macht, seinen Gefühlen mehr und mehr lauscht, sich selbst wieder spürt und sich mit allen Gefühlen annimmt und damit umgehen lernt.

Was so lange in den letzten Winkel der Psyche verschoben wurde, wird zu oft auch dann nicht erkannt oder ausgehalten, wenn es ins Bewusstsein hochkommt. Denn manche Gefühle werden als zu bedrohlich erlebt, und man tut alles, um sie wieder loszuwerden. Nur ein dünner Schleier liegt über dem Schmerz und dem Schrecken, gerade dicht genug, dass die erwachsene Person sich nicht erinnert, nur spürt, da stimmt etwas nicht.

Angst, Trauer, Scham und Wut sind die Gefühle, die am häufigsten in Schach gehalten werden müssen.

- «Ich hatte fast täglich Angst, nie hätte ich dies genau beschreiben können. Ich fand ein Mittel dagegen, ganz instinktiv: arbeiten, Freundinnen besuchen, oder es gab da eine besondere Sendung im Rundfunk am Sonntagmorgen, die ich nicht verpassen durfte, zu der ich mich gemütlich hinsetzen konnte. Da wusste ich, ich hatte solange eine Gnadenfrist» (Sinje, 60 Jahre).

Schutzschilder gegen Erinnerungen und Gefühle sehen sehr unterschiedlich aus, haben jedoch alle denselben Grund: sich etwas wohler fühlen, um sich nicht der verdrängten Wut, des Schmerzes und der Unruhe ganz bewusst zu werden. Das gelingt zeitweilig mit den gewohnten Ablenkungsmanövern, die so viel Kummer im Schlepptau haben: reagieren statt selbst handeln, im Außen Lösungen suchen, die Menschen austauschen oder den Job, sich aufopfern oder rebellieren und ganz anders sein als andere.

Vor kurzem erzählte mir eine Freundin von ihrer Trauer über ihren verstorbenen Mann. «Das geht nie vorbei», sagte sie, «natürlich geht es mir zwischendrin gut, ich unternehme viel. Doch die Trauer ist immer da. Manchmal sogar ganz heftig.»

Ich verstand, was sie meinte. Bei dem Wort Trauer hatte ich früher nur an den Tod eines geliebten Menschen gedacht, an jemanden, den man schrecklich vermissen wird und wobei man lange braucht, sich mit dem Verlust abzufinden.

Die Trauer, die ich empfand, umfasste einen nicht weniger großen Verlust, mein eigenes Leben und ein Leben, das ich nicht hatte leben können.

Eine bekannte Traumatherapeutin schlägt vor, sich eine andere Kindheit vorzustellen, sich neue, liebevollere Eltern in der Phantasie zu erschaffen und sich gute Situationen auszumalen. Bei mir hat das nicht funktioniert, vielleicht hilft diese Idee anderen. Mir half eine andere Traumatherapeutin, die mit mir die Kindheit nach Augenblicken durchforstete, in denen ich mich angenommen fühlte oder sogar geliebt. Sie meinte, es könnten auch Momente aus meinem erwachsenen Leben sein.

Nachdem ich den «Ich hatte eine schöne Kindheit»-Verdrängungsschleier abgelegt hatte, holten mich mehr und mehr die negativen Aspekte und Erinnerungen meiner Kindheit und Jugend wieder ein. In dem Versuch, meine Vergangenheit endlich realistisch zu bewerten, hatte ich nicht gemerkt, wie sehr ich nun das Negative, Böse, Gemeine, die Angst, Verlorenheit und Ungeborgenheit in den Blick nahm.

Mir fiel in der Stunde nur eine Szene mit meinem Vater und eine mit meiner Mutter ein, doch die habe ich herausgehoben, von allem Schmerzlichen davor und danach gesäubert und sie in warmen Tönen schimmern lassen. Wenn ich mich trotz der Menschen um mich herum traurig und einsam fühle, hole ich mir diese lebendigen Bilder hervor. «Ich bin liebenswert, so, wie ich bin», sage ich und erinnere mich tatsächlich an die kleine Szene, als mein Vater mich an einem stürmischen Wintertag an die Hand nahm und zu mir sagte: «Mach den Mund zu, Kind, sonst erkältest du dich.» Ich fühle noch meine kleine Hand in seiner! Ich hatte mich geliebt gefühlt und kann es auch heute wieder spüren. Es gibt nur diese Erinnerung, und sie ist mir kostbar. Unter dem Alkoholismus lebte ein Vater, der sich um mich kümmerte und mir etwas Wärme gab. Jedes Mal, wenn ich seine Worte wiederhole, lächele ich. Das kann nur heilsam sein. Er fehlt mir jetzt, ich hätte ihn gerne hier. Er wäre nicht anders als früher, doch ich könnte ihn vielleicht mehr schätzen.

Ich trauere um ihn und um eine Beziehung, die wir nicht leben konnten, um die Zuneigung, die ich so wenig erlebt habe. Ich bin traurig, dass es ihm nicht möglich war, mich ab und zu an die erste Stelle zu setzen und mir zu zeigen, dass er mich sieht und sich über mich freut und stolz auf mich ist, auf sein kleines Mädchen. Dabei wäre seine fühlbare Zuneigung so wichtig für mich als Frau gewesen. Ich wäre mir meines Wertes stärker bewusst geworden und daher fürsorglicher mit mir umgegangen.

Ich trauere um die Kinder- und Jugendjahre, in denen ich mich immer bereitfand, weit über meine Kräfte und altersgemäßen Fähigkeiten hinaus für meine Eltern da zu sein. Damals fand ich, dass ich keine Wahl hatte. Ich hab nicht mal nachgedacht, ob ich etwas tun wollte oder nicht. Man brauchte mich. Meine Bedürfnisse, meine Wünsche gab es gar nicht in meinem Universum.

Ich trauere um die Jahre in meinem Leben, in denen ich mich selbst vergaß, um durch Arbeit und Engagement für andere nicht in Angst und Panikgefühlen zu versinken. Ich trauere darum, was ich meinem Kind weitergegeben habe. Ich hab alles besser machen wollen bei ihm, es kam dennoch zu kurz.

Es hat lange gedauert, bis ich mir dieses Trauern zugestand. Trauer braucht Zeit, auch, weil andere Gefühle mitaufbrechen.

Elisabeth Kübler Ross beschreibt, dass der Trauerprozess fünf Phasen umfasst: Leugnen, Wut, Feilschen, Depression und Akzeptieren. Alle, die mit schwerwiegenden Verlusten konfrontiert werden, durchleben diese Phasen, auch wenn sie nicht immer in dieser Reihenfolge auftreten. Man kann sich in mehreren Phasen auf einmal befinden, und jeder braucht die Zeit, die für ihn oder sie stimmt. Andere Gefühle wie «Furcht, Verzweiflung, Verwirrung, Schuldgefühle und Angst»[55] können hinzukommen.

Dieser Prozess verlangt normalerweise nach einer Begleitung, man könnte zu sehr in depressiven Verstimmungen feststecken oder gar ganz in eine Depression fallen. Solche Gefühle teilt man nicht gerne mit jemandem, man schämt sich und möchte sich so nicht zeigen. So unangenehm es einem auch ist, Trauer um die Kindheit und ihre Folgen braucht ein verständnisvolles und gesundes Gegenüber. Trauer benötigt eine Umgebung, in der man sich aussprechen kann, in der Schweigen möglich wird, um die Trauer überhaupt zu fühlen.

Das kann in der Therapie und auch in einer Gruppe geschehen, wie mir ein Mann berichtete. Er hatte immer, wenn etwas hochkam, seinen Gruppenmitgliedern davon erzählt.

«Ich war ein jähzorniger Mann», sagte er. «Ich musste erst die Wut über meine Kindheit zulassen und überwinden. Jedes Mal, wenn Wut hochkam, habe ich es in der Gruppe erzählt. Mir sind dann manches Mal die Tränen gekommen, dadurch habe ich überhaupt gemerkt, dass ich auch sehr traurig war. Ich habe meine Mutter und Schwester lange Zeit gehasst. Ich bin erst wirklich frei, seitdem meine Mutter gestorben ist. Meine Schwester hat sich nicht verändert, aber ich besuche sie von Zeit zu Zeit. Mir ist heute wichtig, dass ich mich so verhalte, wie ich das für mich richtig finde. Heute vergelte ich nicht mehr. Ich kann liebevoll sein und andere so lassen, wie sie sind. Aber ich musste durch alle diese schlimmen Dinge nochmal durch. Jetzt kann ich alles ruhen lassen» (Jan, 55 Jahre).

Wie Jan beschreibt, trat zum Schmerz, nie richtig Kind im Schutz liebender Eltern gewesen zu sein, auch die Wut. Wut gehört wesentlich zum Trauern.[56] Erst, wenn die Wut als normale Reaktion auf die einstige Situation verständlich wird, schrumpft sie auf ein menschliches Maß zusammen.[57] Man kann sie dann fühlen, ohne Angst vor sich selbst zu bekommen. Fühlen heißt ja nicht, diese wiedergefundenen Emotionen auch auszuagieren. Alle Gefühle sind der Nährboden unserer Lebendigkeit und Kreativität. Sie sind der Urgrund, auf dem ein neues Verständnis für das Vergangene wachsen kann und heute die Vitalität gelebt werden darf. Alle Gefühle dürfen da sein, angesehen und gewürdigt werden.

Man findet auch viele Menschen, die immer wieder von dem eigenen Unglück erzählen, so als würde die Wiederholung irgendwann ihren Schmerz lindern. Allerdings verhindert bloßes Reden über immer dieselben Erlebnisse wirkliches Trauern. Es ist eine weitere Fassade, die einen davor schützt, den Schmerz zu fühlen. Sie hält einen auf Dauer in Selbstmitleid und damit in der Opferrolle gefangen. Dieses verhindert geradezu die Heilung.

Im Gegensatz dazu brauchen Süchtige die Erinnerung an Schrecknisse ihrer Vergangenheit. Menschen allerdings, die als Angehörige mit einem Alkoholiker oder Drogensüchtigen gelebt haben, brauchen es zwar auch, die alten Gefühle noch einmal in geschützter Umgebung zu erleben und um Vergangenes zu trauern, dann aber müssen sie sich unbedingt den eigenen kreativen Fähigkeiten und Heilkräften zuwenden: in ihrem gegenwärtigen Leben.

Vergangenheitsbewältigung ist ein Schritt, der nicht rückwärts geht. Man bleibt in der Gegenwart und schaut auf seine Handlungen und Emotionen, fühlt und begreift die Verbindung zu früher, und nimmt damit den alten Gefühlen Träne für Träne oder nochmal um sich schlagend mehr und mehr die Macht. Diese Gefühle sind die Stimmen im eigenen Innern, die so lange laut werden, bis ihnen zugehört und nachgegangen wird, sie im heutigen Leben gesehen und erlebt werden als das, was sie sind: die ungestillten Kindheitsbedürfnisse nach Geborgenheit und Liebe, Schutz und Akzeptanz.

Die Auseinandersetzung mit der Vergangenheit verschlingt Zeit sowie Geduld mit sich selbst und manchmal auch Geld. Es gibt keine Abkürzungen. Erst dann kann man sich vollständig dem gegenwärtigen Leben zuwenden. Weitgehend wird man sein Leben akzeptieren können.

Akzeptieren bedeutet nicht, dass man glücklich ist, sondern man hat die emotionalen Folgen für sich selbst, seine Familie und alle anderen Beteiligten angenommen. «Das Verlorene lässt sich nicht wiederherstellen», die Kindheit kann man nicht wiederholen, niemand gibt einem die Geborgenheit, die man damals so notwendig gebraucht hätte. Es geht darum, die erlittenen Verluste anzuerkennen und sich von anderen stützen zu lassen, wenn schwierige Zeiten kommen. «Sie lernen zu sich selbst so gütig und liebevoll zu sein wie zu einem verletzten Kind, das sich im Heilungsprozess befindet, wobei Sie allerdings die Erkenntnis zulassen, dass nicht einmal Ihre Selbstliebe allen Schmerz von Ihnen nehmen kann.»[58]

Man verlässt damit die Opferhaltung und kann den Schmerzen, der Angst und Wut aus der Kindheit als Erwachsener voll Mitgefühl ins Gesicht sehen. Man kann sich selbst einen ersten Halt geben, indem man zu sich steht, auch wenn Angst und Schmerz aus der Vergangenheit einen im Moment überfallen. Man muss nicht nach diesen alten Gefühlen handeln. Doch man nimmt sie wahr, beseitigt sie nicht mehr. Sich anhalten, spüren, es tut weh, was da in mir losgetreten wurde und dann sich und das innere Kind in den Arm nehmen, fühlen, was da ist, sich selbst den Raum geben, die Zeit und die Liebe und sich sagen: «Das sind meine alten Gefühle, ich weiß, sie werden immer wieder mal hochkommen. Sie wurden durch etwas in der Gegenwart ausgelöst. Ihre Tiefe, die überwältigend sein kann und manchmal kaum aushaltbar, zeigt mir, dass sie von früher stammen. Ich gebe mir Zeit, ich kümmere mich um mich. Ich gebe mir die Fürsorge, die ich immer schon gebraucht hätte. Nun bekomme ich sie – von mir selbst. Das ist gut so, ich lass' mich nicht im Stich.» Und so nimmt man als ein Erwachsener nun das kleine Kind an die Hand.

Sich annehmen

> *»Für Kinder von Alkoholikern ist es schwer, daran zu glauben, dass sie für das, was sie sind, akzeptiert werden können und dass diese Akzeptanz nicht verdient werden muss.»*[59]

Man kann hinzufügen, Kindern von Alkoholikern fällt es schwer, daran zu glauben, dass sie für das, was sie sind, *sich selbst* akzeptieren können. Sie haben große Schwierigkeiten zu sehen oder gar zu sagen, was gut an ihnen ist. Es fällt ihnen schwer, sich so, wie sie sind, anzunehmen.

Sich annehmen, wie man ist, auch das ist ein Prozess. Schnelle Rezepte helfen nicht. Viele versuchen es mit positiven Affirmationen. Dies ist oft ein hilfreiches Mittel, um sich im Glauben an sich selbst zu unterstützen. Positives über sich zu denken, reicht alleine nicht aus. Ich kann mir nicht etwas leise vorsagen, von dem ich zugleich zutiefst überzeugt bin, dass mir das fehlt. «Ich nehme mich jetzt an» als Affirmation schlägt fehl, weil bei den meisten Erwachsenen Kindern das innere Bild von sich selbst nicht der Aussage entspricht. Diese Affirmation wirkt erst dann, wenn das innere Bild sich durch neue Sichtweisen und Erfahrungen gewandelt hat und in Übereinstimmung mit der Aussage kommt.

Statt dieser vergeblichen Abkürzung bleibt der langsame Weg, sich und dem, was man erlebt, immer von neuem, einen anderen Wert beizumessen. Man darf sich zum Beispiel mit den Augen einer lieben Freundin ansehen, so wie jemand, der einen nicht beurteilt, sondern versteht und liebt! Man kann sich auch sein Leben rückwirkend anschauen und dabei anerkennen, auf welche Art man überlebt hat, welche Kraft das all die Jahre gekostet hat.

- «Ich hab mich in eine Berufsmaßnahme reinreden lassen. Ich bin da gar nicht richtig, hab ich gemerkt. Das ist nicht falsch, sag ich mir, ich hab was dabei gelernt.

Das konnte ich früher nicht sagen. Ich hab immer wieder eingesteckt, war immer wieder unten, rauf, runter, bis es zu weh getan hat. Dann hab ich mir Hilfe geholt. Vorher wollte ich alles alleine machen. Ich hab jetzt andere Frauen kennengelernt, an die kann ich mich wenden.

Wenn ich mich runtermache, sage ich heute: Stopp. Ich muss mir immer sagen, wo stehst du jetzt, wo kommst du her? Was hast du für einen Lebenslauf gehabt! Du hast es dafür ganz gut geschafft.

Jetzt hab ich die Initiative, auch wenn diese Fortbildung nicht das ist, was ich machen möchte. Die EDV-Sachen kann ich für mich gebrauchen, das reicht mir» (Inga, 40 Jahre).

Sich kennenlernen

Veränderung fängt am besten damit an, erst mal gar nichts zu verändern, sondern sich nur zu beobachten, zu bemerken, wie man im gewohnten Alltag sich selbst *nicht* annimmt. Es klingt paradox, sich bei der häufigen Selbstkritik zuhören zu wollen und Zeuge dafür zu werden, wie man selbst sich herunterputzt. Der Grund ist einfach: Wie soll ich etwas verändern, das ich gar nicht in vollem Umfang in meinem Leben wahrnehme!

Dabei entdeckt man, wie die Be- und Verurteilung anderer wie ein lang schwingendes Echo in einem nachhallen. Man wird unter Umständen entdecken, wie die Stimmen im Kopf ihre Wurzeln in der Kindheit haben, oft sogar den Stimmen der Eltern oder anderer Autoritätspersonen ähneln. Wie viel Macht hatten sie früher über das eigene Selbstbild, und wie viel Macht gibt man ihnen und anderen heute noch! Wie häufig lässt man zu, dass deren Meinungen, Beurteilungen und Kommentare einen niederdrücken und das Selbstwertgefühl weiter zerstören!

Die Beurteilung, die andere über einen abgeben, sagt doch meistens mehr über den Urteilenden aus als über die beurteilte Person. Doch Erwachsene Kinder sind sehr empfindlich. Sie fühlen sich schon gekränkt, wütend oder voll Scham, wenn ein anderer ihnen ein neutrales oder unterstützendes Feedback gibt über etwas, das schiefgelaufen ist. «In mir ist … sehr lebendig ein kleines Kind, das verletzenden Nachrichten immer größere Aufmerksamkeit schenkt als erfreulichen![60] Reagiert man auf Bemerkungen, die über einen gemacht werden heftig, kann man davon ausgehen, dass die inneren Stimmen mit denen identisch sind, die sich in der Kindheit Gehör verschafft haben.

Ein Erwachsener mit einem sicheren Selbstwertgefühl würde über die Beschreibung und Beurteilung seiner Person oder Handlungen die Schulter zucken, weil er sich selbst realistisch einschätzen kann und bei Fehlern sich sagt: Nobody is perfect und daraus lernen, die Angelegenheit beiseitelegen, indem er sich Wichtigerem zuwendet.

Jemand, der von Kindheit an Schwierigkeiten hat, sich als liebenswert und gut genug zu sehen, legt die Angelegenheit nicht auf die Seite, sondern wendet sie hin und her. Das Denken und Fühlen kreist viel zu lange um die eine Sache, die vielleicht nicht optimal gelaufen ist.

Statt sich selbst gut zuzureden, macht man sich selbst weiter herunter. Da ist es auch kein Wunder, dass man anderen erlaubt, die eigenen Grenzen wieder niederzutreten, so wie Birke, die über sich sagt: «Ich hatte gar kein Selbstwertgefühl».

- «Ich hatte eine stressige Woche hinter mir und hab zu meiner Freundin gesagt, dass ich ganz dringend einen ruhigen Abend für mich brauche. Ich wollte am nächsten Abend alleine bleiben, eben auch ohne sie. Am nächsten Abend ruft sie an, ob sie wohl mal 'ne Stunde kommen könnte, es ginge ihr gar nicht gut, sie sei so traurig. Da hab ich gesagt, klar!

Ich war so kaputt. Ich hatte mich ins Bett gelegt, bevor sie kam, und bin beim Lesen eingeschlafen, hatte mir aber den Wecker auf acht Uhr gestellt, denn ich wollte auch für sie da sein, wenn sie was hat. Sie kommt hier an und will nur eine Stunde überbrücken, von Dienstschluss bis zum Sportbeginn. Ich hab sie gefragt, ‹warum bist du denn gekommen?› Sie sagte, ‹ich fand das nett, dich nochmal zu sehen, ich fahre doch drei Tage weg›. Aber ich habe dann nicht gewagt weiterzufragen, nimmst du mich eigentlich ernst, wenn ich sage, ich möchte den Abend alleine verbringen. Als sie weg war, habe ich hier gestanden und gedacht, so was passiert dir öfter» (Birke, 35 Jahre).

Nur wenn ich mich selbst für genauso wertvoll erachtet wie andere, kann ich jemandem, der mich benutzt oder unfair behandelt, gegenübertreten und «Stopp» sagen: «So gehst du nicht mit mir um.» Dabei ist es völlig unwichtig, wie der andere einen sieht und ob er einen ernst nimmt. Wichtig ist nur, wie sehr man sich darum bemüht, dem Negativen, das von außen kommt, in sich keinen Raum mehr zu geben und sich nicht mehr davon quälen zu lassen. Den anderen kann man nicht ändern, eine Veränderung kann man nur in sich selbst, in seinen Einstellungen, Gefühlen und Entscheidungen bewirken. Es wird immer Menschen geben, die einen beurteilen, heruntermachen, die einen schlecht behandeln, benutzen oder anders im Stich lassen. Wie schafft man das, dieses nicht mehr so sehr an sich herankommen zu lassen?

Indem man jetzt übt, seine Blickrichtung radikal zu ändern, indem man anfängt, sich selbst zu beobachten, statt auf den anderen fixiert zu sein. So bekommt man Abstand. Es ist, als ob man mehrere Schritte zurücktreten und die Sachlage nun von außen betrachten würde. Das nimmt den inneren, kritischen Stimmen schon einen Teil ihrer Macht. Dieses neue Verhalten kann zugleich zum Wendepunkt werden. Der inneren Stimme: «Du schaffst das nie! Du machst das nicht gut genug! Du musst dich kümmern, sei nicht so egoistisch!» wird die Substanz entzogen, denn nun ist man gänzlich mit sich selbst beschäftigt. Das ist zugleich der «Ort», wo Veränderung in der eigenen Hand liegt. Er liegt in einem selbst und nicht bei dem anderen, dessen Einstellungen und Tun außerhalb der eigenen Macht liegen.

Beobachtet oder ertappt man sich bei den gewohnten Selbstanklagen und Beschimpfungen, kann man sich jetzt darüber freuen. Ja, man kann sich über die gute Beobachtungsgabe, die man entwickelt hat, freuen, statt sich wie bisher herunterzumachen, statt «schon wieder, ich bring es einfach nicht!» kann man sich sagen: «Oh, ich merke, was ich mit mir mache. Wie gut!» Was für ein Fortschritt, wenn man sich kennenlernen will und sich selbst dabei liebevoll an die Hand nimmt! Man kann sein Wissen über sich selbst nützen, um mit Gefühlen, die einen in Selbstanklagen schieben könnten, anders umzugehen und gut für sich zu sorgen, so wie Imke:

- «Ich hab zu Hause immer alles gemacht, mein Vater hat getrunken, meine Mutter war mit meinem Vater beschäftigt, meinen Bruder hab ich mitversorgt, alles gemacht, was meine Mutter verlangte.
  Mein Mann konnte sich noch nicht mal ein Ei machen, als ich ihn kennenlernte. Ich funktionierte gleich wieder und übernahm alles für ihn mit, sonst hatte ich gleich ein schlechtes Gewissen. Da muss ich mir heute auch oft sagen: Stopp, jetzt ist Zeit für mich.
  In seiner Familie bin ich die einzige Frau, die den Mund aufmacht. Da bin ich gar nicht gut angesehen, keiner sagt was, um zu mir zu stehen. Da muss ich aufpassen, dass nicht die Wut hochkommt – aus meiner Kindheit natürlich, wie Mutter mich verprügelt hat, wenn ich was falsch gemacht hatte. Keiner hat was gesagt, alle haben es gewusst, im Gegenteil, mein Opa hat noch gesagt: Da siehst du, was für ein freches Mädchen du bist!
  Dann da aus der Situation herauszukommen und nicht gleich

die Panik zu kriegen! Den Mund halten und erst mal bei mir bleiben, und wieder wissen, ich bin schon in Ordnung, ich weiß ja, woher diese Gefühle kommen. Das hab ich durch andere Erwachsene Kinder gelernt, und ich bin froh, wenn ich auf jemanden treffe, der das kennt» (Imke, 48 Jahre).

Sich selbst teilnahmsvoll zuhören

Es fällt nicht leicht, anzuerkennen, dass man dem, was andere sagen und tun so viel Macht über sich gibt und ihrem Urteil oft mehr vertraut als dem eigenen. Mit Achtsamkeit kann man sich lösen, sanft und in seiner eigenen Zeit. Das schaffen keine How-to-do-Programme, keine Workshops, die Gefühle freimachen sollen. Sanft mit sich umgehen und sich Zeit lassen zu entdecken, wer oder was einen da so sehr im Inneren quält, gibt einem das, was man nie bekam: sich selbst wichtig nehmen und auf die eigene Stimme hören dürfen. Dabei ist man nicht mehr von anderen abhängig, man gibt sich das, was man braucht, selbst, endlich behandelt man sich selbst gut.

Fühlt man sich mit anderen Menschen unbehaglich und wieder mal nicht gut genug oder lässt einen eine tiefe Enttäuschung noch nach Monaten nicht los, so hat man die Stimme seines eigenen Quälers am Wickel. Sicher, den möchte man am liebsten vertreiben und ganz loswerden. Stattdessen sollte man diese urteilende Stimme ruhig lauter drehen und genau hinhören. Die Stimme des inneren Quälers sagt einem ganz unverblümt, was man angeblich alles falsch macht, wie dumm man angeblich sei, wie wenig erfolgreich und wie hässlich. Das plärrt sie heraus, ob wir zuhören oder versuchen, sie zu übertönen. Diesem sich zu widersetzen ist schwierig: Man kann sich selbst gegenüber rechtfertigen und mit Logik vorgehen: «Andere sind auch nicht auf dem Titelblatt!» «Ich bin gut in meiner Arbeit (draußen oder zu Hause). Ich muss nicht alles wissen.» «Ich weiß genug auf meinem Gebiet.» «Ich war zwar auf der Hauptschule, aber mein Leben war eine bessere Ausbildung, als ich sie auf dem Gymnasium hätte bekommen können.»

So und ähnlich kann man dieser inneren Stimme überzeugend antworten.

Einiges kann man damit intellektuell zurechtrücken. Doch dann brechen die Gefühle, wertlos und nicht intelligent, wichtig, beliebt, passend, gutaussehend oder genug zu sein, wieder hervor. Begleitet werden sie von der alten Angst und dem Schmerz darüber, nie oder zu wenig liebevollen Schutz durch die Eltern erhalten zu haben. Diese Gefühle überfallen einen heftig und sind der eigenen Logik nicht zugänglich.

Man hat eine Chance, sich selbst wirklich annehmen zu können, wenn man den Mut hat, seinem inneren Quäler die Hand zu reichen. Er hat einen das ganze Leben hindurch begleitet. Gewachsen ist er in der Kindheit – unbemerkt. In einem sehr kranken Familiengebilde wucherte er ungehindert. Als Kind konnte man ihn nicht herausreißen, er wuchs unbemerkt.

Für Vater war es damals notwendig, das Kind wegen schlechter Noten herunterzumachen, dann konnte er sich klug fühlen, konnte für einen Moment seine Schuld und Scham vergessen, andere waren schlechter als er! Mutter hatte versprochen, einen Kuchen zum Geburtstag zu backen, sie hatte es vergessen. Beim Streit der Eltern hatte das Kind Angst und lief weinend in die Küche. Es wurde ins Bett geschickt, und auch am anderen Morgen sagte niemand etwas Tröstendes. Die unausgesprochenen Botschaften sammelten sich in der Psyche zu Urteilen: Du bist nicht gut, du kannst nichts, du und deine Gefühle sind unwichtig. Gegen die Beurteilung könnte ein Erwachsener sich noch wehren, doch das Kind glaubt alles und fühlt sich wertlos, ungeliebt und ist voll Angst.

Der Quäler wuchs jedes Mal ein Stück: «Du bist dumm», sagte er, und «du bist nicht wichtig, dir hilft sowie so keiner, du bist nichts wert.» Und genauso fühlt man sich dann.

Wie kann ich ihn mit Stumpf und Stil ausrotten? Wenn man gegen ihn ankämpft, verliert man nur. Es ist dann ein Kampf gegen sich selbst mit neuen Verletzungen. Sanftheit und Achtsamkeit sich selbst gegenüber sind hier notwendig. Der Quäler ist nicht nur in einem, er ist ein Teil von einem, er ist der Teil, der sich nicht geliebt fühlt oder nicht anerkannt, der sich abgelehnt, unwichtig und wertlos fühlt, der sich als Mann, als Frau nicht gut genug erlebt. Man kann ihn nicht herausreißen. Man kann ihn kennenlernen und den Schmerz fühlen, in dem er entstanden ist. Man hat die Chance, den Quäler in sich anzunehmen, statt ihn mit Missachtung und Übertönen durch die üblichen Ablenkungen zu bekämpfen. Stattdessen kann man ihn begrüßen: «Hallo, da bist du ja wieder. Wir kennen uns schon lange, es tut mir leid, dass ich dich nur weg gewünscht und dich ignoriert habe. Ich höre dir jetzt zu.» Dann kommt er und erzählt einem die negativen Phantasien, alles, was in der Zukunft schiefgehen kann, was in der Vergangenheit falsch war. Oder er führt einem jedes negative Erlebnis, das er nur finden kann, vor Augen. Natürlich kommen wie auf Knopfdruck Gefühle hoch, Schmerz oder Angst oder Wut. Dann kann man sagen: Stopp, mach erst mal Pause, das tut mir jetzt zu weh. Ich kann dir nur ein wenig zuhören, doch ich bin jetzt bei dir.»

Dieses ist meine Art geworden, mit ihm umzugehen. Da ich «ihm» zuhöre und die inneren Stimmen nicht abwürge, bin ich nicht mehr so ausgeliefert. Ich spalte mich zwar ein wenig, aber bewusst ab. So bekomme ich Distanz. Dann nehme ich diesen malträtierten Teil von mir in den Arm und zeige diesem «inneren verletzten Teil» mein Mitgefühl und versuche besonders liebevoll mit mir umzugehen.

Heute begegnete ich meinem inneren Quäler, als ich mich zum Schreiben hinsetzte. Als Grundlage für die Überarbeitung eines Kapitels, druckte ich es aus und arbeitete mehrere Stunden. Da fand ich unter einem Bücherstapel auf meinem Schreibtisch einen schon vor Wochen korrigierten Ausdruck vor. Ich empfand vage Unruhe und ein schlechtes Gewissen, dann Wut. «Du hättest früher nachschauen können, was du schon an Vorarbeit geleistet hattest, jetzt machst du nur doppelte Arbeit. Du arbeitest zu chaotisch, bring mehr Ordnung in deine Arbeitsweise.»

Das kam mir bekannt vor. Gestern erst hatte ich über den inneren Quäler geschrieben. Wie schnell mache ich mich immer noch selbst fertig, bevor ich mein Stoppschild hochhalte, tief Luft hole und zu mir sage: «Nun nochmal ganz langsam. Ich hör zu!» Es fühlt sich an, als stünde ein Erwachsener, der mir sehr nahesteht und mich so gut kennt wie kein anderer, neben mir und nähme sich das Recht heraus, mich abzukanzeln und bei mir seinen Frust abzuladen. Zufrieden wäre er erst, wenn meine alten Gefühle mich überfluten.

Doch heute konnte ich über mich selbst lachen, «Erwischt! Da ist es wieder, mein altes «Mich-schlecht-Fühlen». Und diese Stimme hat ja auch ein wenig recht, ich kann erst mal meinen Schreibtisch aufräumen, dann fühl ich mich auch wohler.» Ich gehe inzwischen gutmütiger mit dieser Stimme in mir um. Ich freue mich, wenn ich es merke: «Oh, ich falle in alte Verhaltensweisen.» Denn dann hab ich eine Chance zur Veränderung.

Gut für sich selbst sorgen

Danach kann man seine Geschichte mit einer Freundin, Gruppe oder Therapeutin teilen, die mit einem lachen kann und sagt, das kenn ich. Wie Barabara:

- «Jetzt weiß ich, ich muss erst mal mit mir zurechtkommen, dann findet sich das andere von alleine. Ich brauch auch nichts über 'n Stab zu brechen. Ich möchte mir alleine was aufbauen, meine eigene Person finden, meine Interessen. Das war dann für viele ganz merkwürdig.
  Früher konnte ich keine Fehler zugeben, das, was ich gemacht hatte, sollte ja bloß nicht auffallen.»
  «Wie passiert das, dass du dich selbst akzeptieren kannst?»

«Indem ich eine Gruppe habe, wo ich mich so zeigen kann, im ersten Moment schon, wie ich bin. Die mich da nicht fragen, warum verhältst du dich jetzt so, und warum hast du das jetzt so gesagt.

Die akzeptieren, *wie* ich rede und *was* ich rede, wie ich mich kleide und wie ich mich gebe.

Du grinst spontan in der Gruppe, wenn dir Sachen irgendwie bekannt vorkommen, denkst, aha, so hast du dich auch verhalten. Du kannst dich da einfach so zeigen, wie du bist. Du hast keine Angst, dass du dich da bloßlegst oder dass dich irgendwelche Leute wegen dieser Schwachpunkte angreifen. Die Angst hatte ich am Anfang zwar, aber es passierte nicht. Und je öfter ich da hinging, auch wenn ich erst nicht so häufig am Gespräch teilnahm, so konnte ich doch immer was mitnehmen, indem ich sah, dass die anderen sich verhielten, so wie sie waren. Ob die nun mit Punkt und Komma redeten oder nur wenig herausbrachten, spielen solche Sachen überhaupt keine Rolle.

Da hab ich gedacht, Mensch, du wolltest immer 'ne ganz andere Person sein.

Das fing dann an, schrittweise besser zu werden. Ich konnte mich akzeptieren, wie ich war» (Barbara, 26 Jahre).

Barbara hat in ihrer Gruppe die Sicherheit erlebt, alles ohne Angst vor Kritik aussprechen zu können. Sie erfuhr, dass sie akzeptiert wird, so wie sie ist, dass sie nichts mehr vertuschen, sich für nichts mehr schämen musste. Wird eine Person anerkannt, so wie sie ist, dann wächst der Wunsch, diesen Weg weiterzugehen. Das Beispiel der anderen ermutigt, sich selbst etwas mehr zu mögen und für sich etwas zu tun. Sinje erfährt das in ihrer Therapie:

▬ «Es hat lange gedauert, bis ich meiner Therapeutin geglaubt habe, dass sie mich mag. Dass sie mich nicht verurteilt und heimlich denkt, was bringt die heute schon wieder, kann sie nicht endlich mal einen Schritt weitermachen. Ich dachte, sie macht mir da was vor. Und ich war ja so dankbar, dass mir jemand mal wirklich zuhörte. Ich nahm alles, was ich an Zuwendung kriegen konnte. Aber ich dachte, sie meint es nicht ernst. Wenn es mir mit ihr so geht, geht es mir auch mit anderen Menschen so. Da war kein Vertrauen, dass man mich so mag, wie ich bin, dass ich mich nicht extra anstrengen muss. Das gab es nicht für mich früher. Immer was tun, leisten» (Sinje, 60 Jahre).

Dieses neue, ungewohnte Verhalten reicht in alle Bereiche des Alltags hinein. Es wird zu Konflikten mit den eigenen Gefühlen führen, Angst provozieren, als egoistisch und als unhöflich zu gelten. Denn immer seltener wird man Aufgaben für *andere* übernehmen. Die Familie und einige Freunde werden mit Erstaunen oder gar Ablehnung reagieren. Der Widerstand kann subtil sein, durch wenige Bemerkungen angedeutet, ausreichend, um die eigene Unsicherheit zu verstärken, sodass man leicht wieder in die bekannten Muster zurückfällt.

Durch die wöchentliche Konfrontation mit ähnlichen Verhaltensweisen, von denen andere in der Selbsthilfegruppe erzählen, und/oder durch die regelmäßige Selbstbeobachtung alleine oder in der Therapie wird man diesen Rückfällen begegnen können.

Sich annehmen bedeutet, bei sich zu bleiben, sich nicht mehr zum Opfer der Einstellungen und Handlungen anderer machen zu lassen. Die Anschuldigungen, Anklagen wie auch die Wut auf andere und sich selbst fallen dann weg. Das Wichtige dabei ist: Ich mach mich nicht mehr selbst zum Opfer.

Sich annehmen bedeutet auch zunehmend, sich seiner Gefühle und Bedürfnisse bewusst zu werden, zu spüren, was ich möchte und was nicht. Sagen, was ich brauche und was ich ablehne. Es kann sein, dass der andere meinen Wunsch nicht erfüllen will, doch ich kann ihn aussprechen – als Wunsch und nicht wie früher als halbe Anklage oder vorweggenommene Ablehnung («Warum hast du nicht schon längst» oder «Eigentlich brauche ich das gar nicht …»).

Man kann nicht darauf warten, bis andere ernst nehmen, was man sagt und ankündigt. Man muss seine Bedürfnisse genauso wichtig nehmen wie die Anliegen der anderen. Dann entsteht die Kraft, sich das Recht zu geben, nein zu sagen, sich bestimmt und ruhig abzugrenzen oder nach dem zu fragen, was man möchte – ohne jegliches Schuldgefühl.

- «Ich hab neben einer Arbeitskollegin gesessen, und da sackte plötzlich alles ab. Dann hab ich sie gefragt, ob ich mal ihre Hand halten dürfte. Sie gab mir ihre Hand. Ich war ganz erstaunt, damit hatte ich nicht gerechnet. Sie hat sie mir auch erst dann entzogen, als sie was anderes machen musste. Davor hatte sie gefragt, ‹geht's jetzt besser?› Dann dacht ich, so, jetzt nimmt sie die Hand weg, als ich ‹ja› gesagt hatte. Aber sie hat die Hand erst mal noch dagelassen. Das fand ich schon toll.
  Sobald die Examenssituation vorbei war, hab ich meine Schwierigkeiten gekriegt zu sagen, ich brauche jemanden. So einfach aus dem Nichts heraus, ohne dass es mir schlechtgeht, nur aus dem Alltag heraus, jemanden einfach anzufassen und Nähe zu haben, jemanden in den Arm zu nehmen, das ist noch ein weiter Weg dahin» (Carla, 32 Jahre).

- «Ich geh ja in die Gruppe. Das war etwas, was mein Freund von Anfang an hat akzeptieren müssen. Dass ich dann nicht da bin, für ihn nicht zu erreichen, dass ich mir diese Zeit nehme, dass ich dann mit ihm auch nicht darüber spreche, was da so an Themen läuft. Das ist ein Bereich, der ihn auch so ein bisschen stört. Er muss damit rechnen, dass ich weiterhin zur Gruppe gehe, dass das dazugehört. Ich habe mir dadurch einen eigenen Bereich geschaffen, den ich auch verteidige, wo ich keinen heranlasse, denn das ist etwas, das ich für mich tu» (Barbara, 26 Jahre).

- «Ich hab angefangen, diese kleinen Dinge zu lernen, nein sagen konnte ich früher gar nicht. Solche Sachen dann hatte ich zu lernen, zum Teil aus Überforderung, zum Teil schon magenkrank. Dann hab ich ganz viel von einer Freundin gelernt, die auch bei uns arbeitet, die gesagt hat: ‹Es ist auch in Ordnung, irgendwo mal eine Grenze zu ziehen, du musst ja nicht alle Patienten gesundlieben›» (Birke, 35 Jahre).

Sich selbst wichtig nehmen, die eigenen Bedürfnisse spüren, sie sich erfüllen oder darum bitten, sie erfüllt zu bekommen, das ist für andere so normal. Das soll es auch für jedes Erwachsene Kind werden.

Diese Umschichtung der ganzen Persönlichkeit, die Verlagerung der Prioritäten braucht Übung und Zeit. So elementare Veränderungen vollziehen sich nicht in einer Woche oder in einem Monat. Erwachsene Kinder haben viele Jahre in ihren Rollen agiert und hinter ihrer Fassade sich versteckt. Sie brauchen Zeit, Mut und vor allem Geduld mit sich.

Sich und andere lieben

«Mit mir alleine bin ich meistens in Ordnung, da kann ich mich annehmen und akzeptieren wie ich bin, die Störung kommt herein, wenn ich mit anderen zu tun habe, schon wenn ich an sie denke. Da sehe ich mich mit den Augen anderer, ich vergesse mich. Wenn ich jemanden liebhatte, war ich so sehr bei ihm, dass ich mein ganzes eigenes Leben zu verlieren drohte» (Sinje, 60 Jahre).

Sich lieben und sich um sich selbst kümmern

Sich lieben geschieht nicht im luftleeren Raum, sondern im Kontakt. Zuerst nehme ich Kontakt zu mir und meiner Seele auf: *Ich* sehe *mich*, ich fühle mich, ich nehme mich an. Das ist die Voraussetzung, um sich selbst zu lieben. Auch hierbei sagen Taten mehr als Worte. Wie sieht denn eine gesunde Selbstliebe aus?

Selbstliebe ist so schwierig zu erlernen für Erwachsene Kinder, da es beinhaltet «mit uns selbst gütig, liebevoll und fürsorglich umzugehen … und uns besonders darum zu bemühen, den sanften Umgang mit uns selbst zu erlernen».[61]

«In einem Sportgeschäft sah ich einen Teddybär. Er lag ganz allein in einem Regal. Sie gaben die Spielzeugabteilung auf. Der Teddy gehörte zum Inventar, und aus irgendeinem Grund konnte ich ihn eigentlich gar nicht mehr kaufen. Aber ich bestand darauf. Einige Wochen vorher hatte ich mir heimlich den alten Teddy von meinem erwachsenen Sohn ausgeliehen. Der wohnte da schon nicht mehr zu Hause. Aber ich wollte nicht, dass er das sah. Meinen Kinderteddy hatte meine Mutter in den Müll geschmissen, als ich sieben war. Ich hatte nie Ersatz dafür akzeptiert. Als ich meinen Teddy sah, musste ich ihn unbedingt haben. Er war da, allein gelassen, und er passte genau zu mir. Damals habe ich nicht darüber nachgedacht, ich war froh, ihn bei mir zu haben. Ich hab ihn immer noch» (Sinje, 60 Jahre).

- «Ich leg mich jetzt schon mal nachmittags hin, ich bin so kaputt oft, ich lerne, das zu tun, was dran ist. Das hab ich gelernt, dass das nicht die großen Sachen sein müssen, sondern dass ich bei mir selbst vorkommen darf. Ich darf merken, wann ich müde bin, ob ich Lust darauf habe, noch wegzugehen und nicht nur nach anderen zu gucken, was die wollen. Ich brauch dann auch kein schlechtes Gewissen zu haben, wenn ich einfach mal was für mich mache. Das ist in Ordnung» (Marie, 55 Jahre).

Diese Selbstakzeptanz fällt bei den Charaktereigenschaften leichter, die man als gute und liebevolle anzusehen gelernt hat. Doch es geht vor allem auch darum, sich selbst mit allem, was in einem schamvoll lebt, brodelt, kämpft oder sich noch versteckt, anzunehmen. C. G. Jung nannte diese inneren Anteile: den Schatten. Dieses schöne Bild beschreibt, dass man das Akzeptierte gerne beleuchtet, das Unangenehme eher im Dunkeln verbirgt.

- «Ich bin immer noch so misstrauisch. Ich suche immer noch nach Hinweisen und Indizien, dass mein Freund mich vielleicht gar nicht wirklich akzeptiert und liebhat. Ich finde dieses Misstrauen aber nicht mehr so schlimm, ich denke, es schützt mich, damit ich mich nicht zu schnell mit fliegenden Segeln auf alles, was mich begeistert, einlasse. Und selbst wenn dieses Misstrauen nicht berechtigt ist, so ist es doch richtig, dass ich's zulasse. Denn es ist ein Gefühl aus meinem Untergrund, ein ziemlich unfreundliches Gefühl, und solche habe ich früher immer als unangebracht weggeschickt, die passten mir nicht. Jetzt erzähle ich meinem Freund von meinem Misstrauen, und ich sag's auch in der Gruppe. Beim ersten Mal war ich ganz überrascht, denn die lachten bestätigend, als ich das erzählte, sie schienen das zu kennen. Aber ich bin zurzeit noch so» (Gisela, 44 Jahre).

Gefühle aus dem Untergrund nennt Gisela ihren Schatten. Was sind die dunklen Seiten, die man oft nicht sieht und ungern zulässt?

Misstrauen trotz Liebe; Angst, nicht gut genug zu sein, trotz guter Ausbildung und freundlichen Verhaltens; Angst, nicht einfach die Person sein zu dürfen, die man ist, die Gewohnheit, sich schon im Voraus abgelehnt zu fühlen und sich schützen zu müssen, da man so viele schlechte Erfahrungen gemacht hat. Es fällt schwer, sich die eigene Schwäche einzugestehen, dass man sich so bedürftig fühlt, so sehr Anerkennung braucht und gesehen werden möchte, so sehr sich danach sehnt, Liebe und Vertrauen geschenkt zu bekommen. Riesige Angst und Scham tauchen auf, dass man selbst schuld daran sei, wenn das Leben nicht gelingt und Liebe und Anerkennung nicht da sind. Schuldgefühle erdrücken einen, ohne dass man genau weiß, warum. Oder das Gefühl der Leere breitet sich aus, diffus mit Unruhe verbunden.

Jedes Erwachsene Kind möchte endlich die Geborgenheit bekommen, die es in der Kindheit nicht bekommen hat. Aber diese Geborgenheit kann man leider nie mehr nachholen. Doch man kann etwas anderes tun. Sich selbst lieben beinhaltet auch, für sich selbst aktiv zu werden. Man kann damit anfangen, die schmerzlichen Erinnerungen als Geburtshelferinnen wirken zu lassen. Sie bringen ein neues Verständnis und einen neuen Umgang mit sich selbst hervor. Als Erwachsener werden jetzt eher Mitgefühl, Verständnis und Zuneigung für das Kind wachsen können, das man damals war. Dieses Kind, das man einmal war, lebt weiter. Es ist heute nicht zu spät, dieses Kind ans Herz zu drücken, es zu akzeptieren, so, wie es ist, es nicht zu verurteilen und zu bewerten, sondern es zu verstehen und zu begreifen, dass alles, was dieses Kind tat, dachte und fühlte, sein Weg war, um zu überleben. Dieses Kind hat keinen anderen Weg gesehen als den, den es gegangen ist. Lügen wird dann verständlich, sich unsichtbar machen oder sich wehren und schlagen werden genauso begreifbar wie das Schweigen über Missbrauch und die Tatsache, dass man sich immer wieder selbst verlassen hat. Die innere Hektik, die Sucht nach dem Dramatischen, das Dauerreden wie das Schweigenmüssen, das Misstrauen und das Kämpfen um Distanz, obwohl man doch Nähe will, dies alles kann man als den verzweifelten Weg des Kindes, das überleben wollte, annehmen.

Heute, als Erwachsener, kann man für dieses Kind in sich sorgen, ein liebevoller Vater und eine fürsorgliche Mutter für sich sein. Liebe und Vertrauen wird man dann auch für und zu sich entwickeln. Kindliche Qualitäten sind endlich zugelassen, wie Freude am Spiel, am Dasein, am Heute, an Zärtlichkeit und Vertrauen.

- «Ich habe mir immer eine Beziehung gewünscht ohne diese Achterbahngefühle, ich wollte eine Liebe für den Alltag, mit Zärtlichkeit und dem Gefühl, aufgehoben zu sein, mit dieser warmen Liebe, die wächst und tiefer wird. Ich konnte mir nicht vorstellen, dass ich das bekommen würde. Aber wenn ich mein Kinderbild, das vor mir an der Wand hängt, anschaute, dann spürte ich immer viel Zärtlichkeit und Liebe für diese Kleine da. Ich hätte sie gerne geschützt und schon damals liebgehabt. Vielleicht hat mir das geholfen, mich selbst mehr liebzuhaben? Dieses kleine Mädchen, das ich ja mal war, verdient, geliebt zu werden.

  Ich habe noch Schwierigkeiten, anderen zu glauben, dass sie mich gernhaben, aber ich kann mich auch darüber freuen, und die Liebe von meinem Freund kann ich immer mehr annehmen» (Gisela, 44 Jahre).

Man kann nicht darauf warten, bis andere ernst nehmen, was man sagt und ankündigt, bis andere einem das geben, was man braucht. Man muss selbst die Initiative ergreifen und seine Bedürfnisse genauso wichtig nehmen wie die Anliegen der anderen. Dann entsteht die Kraft, sich das Recht zu geben, nein zu sagen, sich bestimmt und ruhig abzugrenzen oder nach dem zu fragen, was man möchte.

- «Ich geh nach der Arbeit dreimal in der Woche ins Fitnessstudio. Das tut mir gut, ich lass das selten ausfallen. Wenn mein Exfreund mich besuchen kam und bei mir wohnte, dann kam mein ganzes Programm durcheinander. Es ist für mich schwierig, ihn dazuhaben. Ich hatt mich so darüber geärgert, dass er das erwartet hatte, dass ich da bin.
  Ich hab ihm klargemacht, dass ich diese festen Zeiten für mich einhalte. Ich sorg besser für mich und will nicht immer alles ändern, nur weil jemand anderes da ist und auch Bedürfnisse hat. Meine sind wichtig. Außerdem muss er sich vorher anmelden, so viel Höflichkeit schuldet er mir. Er kann nicht erwarten, dass er einfach hier wohnen kann» (Marie, 55 Jahre, E-Mail).
  In einer weiteren E-Mail schrieb Marie: «Das letzte Mal ist er, wie früher auch schon, einfach weggefahren, ohne etwas zu sagen. Hier ist meine Grenze. Er respektiert mich nicht. Jetzt muss er sich ein anderes Quartier suchen, wenn er in unsere Stadt kommt.»

Sich selbst lieben und die eigenen Bedürfnisse wahrnehmen gehören zusammen. Sich wichtig nehmen, sich erlauben zu leben, wie es einem guttut, auch nein zu sagen, sind normale Verhaltensweisen, die von vielen Erwachsenen Kindern erst erlernt werden müssen.

Sich lieben und sich von jemandem trennen

Dazu kann auch gehören, dass man sich von Menschen, die einem nicht guttun, trennt. Man kann der Mutter oder dem Vater sagen, dass man eine Zeit lang nicht mehr nach Hause kommt, weil man das Trinken nicht mehr erträgt. Man zieht aus und besucht die Eltern nur noch sehr selten. Man begrenzt Telefongespräche auf Zeiten, wo der andere nicht betrunken ist, oder beendet das Gespräch schnell.

Sich selbst lieben heißt, anderen nicht mehr erlauben, die eigenen Grenzen zu übertreten und einem wehzutun. Stattdessen sorgt man für sich so gut wie möglich. Auch Trennungen von Freunden und Freundinnen oder ein Arbeitsplatzwechsel können unter Umständen notwendig sein. Sich selbst lieben bedeutet, Verantwortung für das eigene Wohlergehen zu übernehmen und entsprechend zu handeln, so gut man das gerade eben kann.

Auch wenn der Satz «Beziehung lernt man am besten in der Beziehung» wahr ist, muss man unter Umständen eine Beziehung beenden. Dies ist meistens dann der Fall, wenn man sieht, dass der Partner/die Partnerin nicht bereit ist, ein Verhalten, das einem zu viel aufbürdet, zu verändern.

Erwachsene Kinder neigen dazu, zu viel Verantwortung für andere zu übernehmen. Das eigene Bedürfnis, eine Situation unter Kontrolle zu haben, spielt dabei eine Rolle, oder man ist so gewöhnt daran, sich selbst zu überfordern, dass man gar nicht mitbekommt, wie sehr man sich um Angelegenheiten kümmert, die der Partner sehr wohl alleine machen könnte.

Chantal war als Kind der Liebling ihres alkoholkranken Vaters, erst in der Pubertät begriff sie, was mit ihm nicht in Ordnung war. Männern gegenüber ist sie recht selbstbewusst. Nach vier Jahren trennte sie sich von ihrem Partner trotz des gemeinsamen Kindes und lebte einige Jahre als alleinerziehende Mutter:

- «Mir wurde alles zu viel in der Beziehung. Ich merkte, dass ich alles machte zu Hause. Er machte noch nicht mal den Briefkasten auf oder bezahlte eine Rechnung. Bevor wir zusammenzogen, hatte ich schon vier Jahre allein gelebt. Er noch nicht. Die Krise fing an, als ich 31 Jahre alt war. Nicht, dass ich ihn nicht liebte. Mir war nur ein Licht aufgegangen. Wie kann er anfangen, etwas mehr Verantwortung zu übernehmen, wenn ich schon alles mache! Außerdem habe ich irgendwann gemerkt, ich will noch leben. Ich hatte meinen Beruf, den Haushalt und alles und dann statt ein Kind zwei, dafür keinen Partner.
  Als wir nach einigen Jahren wieder zusammenkamen, haben wir darüber geredet, da hat er's begriffen. Heute nimmt er vieles in die Hand. Wir reden darüber, was er macht und wie er's machen will. Ich genieße es heute, dass er die Dinge dann auch tut» (Chantal, 53 Jahre).

Chantal hatte genügend Selbstliebe, um sich für sich zu entscheiden. Sie trennte sich um ihretwillen. Beide bekamen die Chance, sich auf sich zu konzentrieren und dadurch zu wachsen. Für sie war es eine Chance, die sie wieder zusammengeführt hat. Wenn man in einer Beziehung lebt, in der der andere weiterhin trinkt, Drogen nimmt oder spielt, die Sexsucht weiter auslebt, einen schlägt oder verbal heruntermacht oder auf andere Art nicht respektiert, dann kommt oft das endgültige Aus für die Beziehung. Hier ist der Partner nicht bereit, sich um sein Leben und seine Heilung zu kümmern.

Solche Trennungen sind nicht einfach, bieten die Beziehungen doch auch das vage Versprechen, ein Zuhause zu haben, etwas Geborgenheit, etwas angekommen zu sein. Für sich aufzustehen fällt besonders schwer, weil gerade die unglücklichen Beziehungen den vertrauten Schmerz aus der Kindheit wiederbelebt haben. Erwachsene Kinder sind mit wenig zufrieden, bleiben oft zu lange im vertrauten Unglück und trennen sich meist erst dann, wenn sie die Hoffnung auf eine positive Veränderung beim anderen aufgegeben haben.

- «Ich sah plötzlich, was ich vermurkst hatte, ich war besessen davon, die Familie zusammenzuhalten. Meine Mutter hatte meinem Vater immer gedroht, ihn zu verlassen, auch mit Selbstmord und Selbstmordversuchen. Das wollte ich meinen Kindern ersparen. Ich wollte es besser machen und rutschte ins andere Extrem. Ich hab dann erkannt, ich konnte meinem Mann nicht helfen in seiner Depression. Als ich ihm sagte, dass ich mich trennen wollte, da hat er mir gesagt, ich schaff meine Arbeit nicht, wenn du gehst. Da hab ich immer Angst bekommen, ich war ja zu Hause geblieben bei den Kindern. Dann hat er mir auch mit Selbstmord gedroht. Da hatte ich es wieder wie bei meiner Mutter. Dann kam seine Sucht heraus, ich weiß nicht, ob ich es nicht hatte sehen wollen oder ob er es so gut versteckt hatte. Ich hab das Problem nicht sehen können, es fiel in kein Raster. Meine Kinder litten sehr unter der Situation. Da wusste ich, ich schaff das nicht mehr, ich muss auch für mich weggehen.
  Ich habe immer Angst vor Neuem. Ich blieb im Alten, weil, es hat mir Sicherheit gegeben. Das fällt mir auch jetzt noch auf. Ich war so oft überfordert und habe das gar nicht so zugelassen» (Leonie, 35 Jahre).

Yasemin hat sich nach mehreren kurzzeitigen Trennungen ebenfalls entschlossen, sich ganz von ihrem noch trinkenden Mann zu trennen. Mehrere Male war sie zurückgegangen, auch weil ihr Sohn wieder «nach Hause» wollte. Sie hat sich trotz Drohungen für ein Leben für sich und ihren Sohn entschieden. Sie ist jetzt fast zwei Jahre von ihrem Mann getrennt und hat die Scheidung eingereicht.

- «Es geht mir gut, ich bin selbst überrascht. Wie hab ich das nur so lange ausgehalten, aber ich musste die Male zurückgehen zu meinem Mann. Ich dachte, ich hatte kein Recht, zu gehen und den Jungen mitzunehmen. Auch Kamil geht es gut. Wir hatten einen schönen Urlaub zusammen, und obwohl er für den Rest der

Ferien zu seinem Vater geht, will er am Wochenende wieder zu mir kommen. Ich fange sogar an, wieder mit ihm zu schimpfen. (Yasemin lacht) Er ist jetzt gerne bei mir» (Yasemin, 36 Jahre).

Fähig sein, sich zu trennen und das Geschenk, jemanden lieben zu können, bilden die Rhythmen in Beziehungen. Bei beiden kommen Erwachsene Kinder schnell aus dem Tritt. Angst, Scham, Misstrauen anderen und sich selbst gegenüber geraten dazwischen. Da sind einige unter uns, die lieber ganz ausweichen und Kontakte erst gar nicht zu Freundschaften heranwachsen lassen. Diese Personen brauchen besonders viel Unterstützung und Angebote, von anderen angenommen zu sein. Sie brauchen Vertrauen und Zuneigung eines Menschen, der ihnen dieses vorweg schenkt. Das kann ihnen helfen, aus der Isolation herauszukommen, die nur eine scheinbare Sicherheit gibt. Ihnen wünsche ich die Kraft, den ersten wichtigen Schritt zu tun, sich ganz langsam – bei jemandem, bei dem sie geschützt und sicher sind – zu öffnen.

Sich lieben und sich Raum in einer Beziehung geben

Möchte man aber gerne eine Beziehung und hat gleichzeitig jedoch Angst, sich wegen eines anderen (wieder) aufzugeben, braucht man den Mut, ein Wagnis einzugehen. Man hat ja kein Messgerät dabei, dass lospiept, wenn man dabei ist, sich selbst (wieder) im anderen zu verlieren und sich zu vergessen. Das Leben ist nun mal ein Experiment, wir leben es ein einziges Mal, und nicht alles ist unter Kontrolle zu bringen. Beim Verlieben spielt ja auch der Kopf eine untergeordnete Rolle. Also, warum nicht das Wagnis (wieder) eingehen, was bleibt einem sonst übrig!

Man kann jemandem nahekommen und sich wieder zurückziehen; hinfühlen, das Miteinander genießen und ganz bewusst bei sich bleiben; Pendelbewegungen. Sich einlassen und Zeit für sich alleine nehmen; zusammen ein Paar sein und sich alleine aushalten; ein Ich und ein Du erleben und ein Wir.

- «Ich war im Urlaub und hab jemanden kennengelernt. Ich hab mich verliebt. Da gab es die Yasemin, die seit so vielen Jahren funktioniert hat, die Eintönigkeit in meinem Leben, immer geradeaus gucken, nicht nach rechts oder links, immer nur Leistung und gut sein. Und dann die Yasemin, die schon gar nicht mehr da war. Von der ich dachte, die gibt es gar nicht.
  Ich habe mir gesagt, ich werde diese Beziehung jetzt zulassen, ich habe das bewusst entschieden, ich werde das jetzt zulassen. Es geht für mich darum, alles anzunehmen, was in mir ist. Ich weiß nicht, was richtig oder falsch ist. Ich werde das herausfinden. Ich glaube nicht, dass diese Beziehung dauerhaft sein wird. Ich bin noch gar nicht bereit für eine neue Beziehung. Sie ist der Auslöser für diese Gefühle. Es ist schön, aber auch schmerzhaft, die Gespräche mit ihm waren so gut. Ich fühlte mich verstanden, angenommen. Das habe ich entdeckt, dass jemand mir etwas gibt, dass jemand mich verstehen kann. Das habe ich alles nicht gehabt in meiner letzten Beziehung, so viele Jahre nicht. Diese neue Beziehung ist der Auslöser. Ich hab mich da mit ihm an die Kindheit erinnert, an die schönen Seiten: am Strand sitzen mit Musik, Gitarre spielen. Ich bin dankbar dafür, dass ich solche Gefühle wieder haben kann. Das hätte ich nicht gedacht nach der Trennung von meinem Mann. Ich hab das gemacht. Ich habe erkannt, wie toll das sein kann» (Yasemin, 36 Jahre).

Yasemin erlebt, welche lang verschütteten Gefühle in ihr leben, an die sie sich in ihrer Ehe mit einem Alkoholiker gar nicht mehr erinnern kann.

Sie ist sich der Gefahr durchaus bewusst, ganz schnell wieder in einer ähnlichen Beziehung wie bisher zu stecken. Sie versucht, die Beziehung anzunehmen als ein Stück Leben, das sie bewusst leben will. Ähnlich wie Chantal erlaubt sie sich, wieder zu fühlen und begreift: Ich war innerlich fast tot, da lebt in mir ganz lebendig eine Frau, von der ich gar nicht viel weiß.

Oft kommen dann Erinnerungen an schöne Gefühle aus der Kindheit wieder, wenn es die dort gegeben hat. Liebe und Kindlichkeit passen gut zusammen, herumtollen, spontan sein, spielen, lachen, sich necken. Natürlich bringt das auch Ängste mit sich.

- «Die eine Seite sagt: Ja, machen, aber bewusst. Die andere aber hat Angst, wieder sich selbst in die Falle zu gehen, abhängig zu werden. Bewusst Gefühle und Vernunft zusammenbringen ist nicht so einfach, manchmal funktioniert das nicht.
  Dieses sich Verlieben hat nichts mit ihm zu tun, es hätte auch jemand anderes sein können. Ich war bereit, und er lebt weit weg – keine große Gefahr! Ich konnte mich öffnen. Er hat die Lücke entdeckt, die in meinem Leben ist.
  Ich muss aufpassen, dass er nicht plötzlich im Mittelpunkt steht. Das hab ich jahrelang gemacht, meinen Mann in den Mittelpunkt gestellt, und ich zählte nicht mehr» (Yasemin, 36 Jahre).

- «Eigentlich habe ich Angst, bei einer Beziehung wieder reinzufallen. Ich bin bisher immer reingefallen, ich hab's selbst gemacht, das weiß ich wohl. Wer gibt mir die Garantie, dass es jetzt anders ist. Wie kann ich ihm vertrauen? Ich wünsch mir so sehr Vertrauen, erst mal wohl Vertrauen zu mir selbst. Sicherheit in meinen Gefühlen. Ich hab sie, und ich hab sie nicht» (Gisela, 44 Jahre).

Wenn man in seiner Beziehung, Freundschaft oder Ehe schlechte Erfahrungen gemacht hat, fällt es einem schwer, einem anderen Menschen wieder zu vertrauen. Für Erwachsene aus Alkoholikerfamilien ist Vertrauen schon von Haus aus schwierig. Dazu kommt noch dic heimliche Angst, selbst vieles falsch gemacht zu haben. Gisela geht hier noch einen Schritt weiter und spricht davon, dass sie es «selbst gemacht» hat. Sie sagt, sie ist «reingefallen», und ahnt, dass das nicht so zufällig war.

Folgen Beziehungen immer wieder einem Muster, dann wird einem eher deutlich, dass die Gründe für das Scheitern auch in der eigenen Biographie liegen können. Verhalten in einer Beziehung – wie auch immer sie aussehen mag – ist eine Reaktion auf jene Erfahrungen, die man als Kind bei seinen Eltern oder Ersatzeltern gemacht hat. Das beinhaltet keine Schuldzuweisung, sondern richtet den Blick auf das eigene Leben.[62]

Die Mitgift für eine Beziehung bringt ein Erwachsenes Kind aus seiner Kindheit mit. Außer den Eigenschaften, die jeden so liebenswert machen, gibt es einige, die typisch für Erwachsene Kinder sind. Nicht jeder schleppt alle Päckchen mit sich, doch das eine oder andere wird schon dabei sein. Zu dieser Mitgift gehört, dass viele Gefühle verdrängt werden, Vertrauen schwerfällt, die Wirklichkeit nicht immer so gesehen wird, wie sie ist. Die Angst, nicht gut genug zu sein und verlassen zu werden, bestimmt viele Handlungen und verstärkt die Angst, nicht «in control» zu sein. Hinzu kann eine große Loyalität kommen und die Fähigkeit, viel zu geben und zu unterstützen. Diese Mitgift wirkt besonders anziehend auf Menschen, die in der Kindheit ebenfalls psychisch verwundet wurden. Männer, die Angst vor Nähe haben, verlieben sich in Frauen, die ebenfalls Angst vor Nähe haben, auch wenn das auf den ersten Blick nicht so aussieht. Süchtige fühlen sich von Partnern angezogen, die zur Co-Abhängigkeit neigen.

Oft leben Erwachsene Kinder wieder in einer Beziehung, in der sie wenig Geborgenheit bekommen, genauso wie in ihrer Kindheit. Darunter sind besonders viele Ehen mit einem süchtigen Partner. Nicht selten brauchen Erwachsene Kinder mehrere Beziehungen, verbunden mit einer eigenen Weiterentwicklung, um eine beständige und wohltuende Partnerschaft leben zu können. Man sollte meinen, dass gerade Erwachsene aus Suchtfamilien «gebrannte Kinder» sind und sich nicht wieder das gleiche Unglück in ihr erwachsenes Leben holen wollen.

Niemand will eine Beziehung, in der Geborgenheit und Vertrauen fehlen oder sogar wieder Gewalt herrscht. Diese scheinbar paradoxe Wahl vom Partner hängt mit dem unbewussten inneren Bild von einem selbst zusammen. Fühlte man sich als Kind nicht geliebt, nicht gesehen und anerkannt, ist die Wahrscheinlichkeit groß, dass man sich unbewusst einen Partner sucht, bei dem diese mangelnde Geborgenheit wieder erlebt wird. Man versucht – entgegen aller Wahrscheinlichkeit – zu einem anderen, einem positiveren Ergebnis als in der Kindheit zu kommen. Am stärksten angezogen fühlt man sich von Menschen, die ähnlich stark verwundet sind wie man selbst und daher genauso große Schwierigkeiten in nahen Beziehungen mit Vertrauen, Selbstannahme und dem eigenen verdrängten Schmerz haben. Viele passen so zusammen wie der Schlüssel ins Schloss der Tür, die man – im Märchen – nicht aufmachen sollte. Sie schließen sie auf, und damit entfaltet sich das Drama ihrer Kindheit ein weiteres Mal. Das Muster findet sich in der Ehe des Erwachsenen Kindes mit dem Alkoholiker oder der Drogenabhängigen, wie auch beim Erwachsenen, der sich gar nicht erst binden mag, obwohl er scheinbar eine Beziehung sucht. Oder man liebt eine Partnerin, die traumatisiert wurde und von ihren Gefühlen, Erinnerungen sich abtrennen muss, um sich halbwegs sicher zu fühlen.

Als Erwachsener muss man seine süchtigen Eltern und Erzieher, die einen verletzt und im Stich gelasssen haben, bei denen man psychischer und/oder physischer Gewalt ausgesetzt war, nicht mehr aushalten. Doch das innere Bild von sich, das man damals durch sie entwickelt hat, trägt man weiter in sich. Es wurde zu einem Teil von einem selbst. Dieses Bild, das das Kind von sich selber hatte, sucht heute das passende Gegenstück im anderen.

Dieses geschieht alles nicht bewusst, darum ist es so schwer, früh genug herauszufinden, ob dieser Partner «gesund» für einen ist oder nicht. Am Anfang sieht vieles wunderschön aus. Oft will man auch die ersten Anzeichen z.B. für die Alkoholsucht gar nicht sehen oder verharmlost dieses. Der Vater trank in den Kneipen, der Freund trinkt gepflegt seinen Wein. Da kommt kein Argwohn auf.

Man kann in einen anderen Menschen nicht hineinsehen, man sieht weder seine Verletzungen, noch ahnt man die Folgen. Falls der Partner davon erzählen würde und könnte, würde man ihn wahrscheinlich dennoch nicht verlassen. Im Gegenteil! Die meisten Erwachsenen Kinder würden dem Partner helfen wollen und das Leben und die Probleme des anderen zum Mittelpunkt machen.

Die gewählten Partner sind nicht schlechter und besser als man selbst. Sie müssen sich – wenn sie es wollen! – selbst Hilfe holen. Auch sie können ihre Heilung nur selbst bewirken, ihre Helfer und Therapeutinnen können nur eine Art Hebamme sein, die Arbeit müssen sie genauso tun wie Erwachsene Kinder auch. Die Partner/-innen haben ihre eigenen Probleme und ihr eigenes Schicksal.

Es gibt allerdings eine grundlegende Bewegung, um aus diesem Teufelskreis herauszutreten: Man kann sich um 180 Grad drehen, statt auf den Liebsten auf sich selbst schauen. Statt nach außen muss man nach innen blicken, auf das eigene Leben. Statt beim Partner oder bei der Freundin Sicherheit und Schutz zu suchen, wird es das Ziel, jetzt in sich selbst Geborgenheit zu entwickeln, und die eigenen Gefühle wahrzunehmen und sich immer wieder anzunehmen. Statt von anderen – im Außen – Erfüllung und Nähe zu erhoffen, kann man sich selbst nahekommen, sich spüren und sich das geben, was man benötigt, das, was eigentlich jeder braucht: die Liebe zu sich selbst, sich wertschätzen und achten. Nicht mehr sich selbst verlassen, Gedanken, die selbstzerstörerisch sind, stoppen oder ihnen zuhören und sie liebevoll beenden und immer wieder sich annehmen, wie man gerade jetzt ist: mit dem Schwachsein, mit dem Bedürfnis, ja mit dem Hunger nach Geborgenheit, die man sich doch wieder von jemand anderem wünscht. Sich selbst in den Arm nehmen, sich beobachten, wie sehr immer wieder Erwartungen an andere geknüpft sind und immer wieder bei sich bleiben, den Schmerz der alten Wunden wieder fühlen, sie ansehen und annehmen. Dazu vorsichtig beginnen, neue Spuren zu legen, etwas Schönes für sich tun, «Ich bin es wert, gut für mich zu sorgen, vernünftig zu essen, anderen Menschen zu begegnen und zu fühlen: ‹Tut das/tun sie mir gut? Was möchte ich?› Ich darf offen sein, ich verdiene Vertrauen. Ich darf Freude haben am Leben!»

- «Ich habe durch die Gruppe viel gelernt und viel mehr Selbstbewusstsein bekommen. Früher ging ich ja nirgendwo alleine hin. Ich hab immer noch etwas Angst heute, aber ich fahre auch alleine übers Wochenende weg. Das finde ich wichtig für mich heute. Ich habe ja meine zwei Hunde, das geht nur, weil mein Mann mich dabei unterstützt. Hätte er das nicht getan, wäre ich in mein altes Muster zurückgefallen. Ich hätte so geschickt manipuliert, Hauptsache ich habe meinen Willen. So hab ich früher gehandelt, dann war die Freude daran, etwas für mich zu tun, gedämpft, Angst stand dahinter und Schuldgefühle, weil ich immer ein schlechtes Gewissen hatte, wenn ich etwas nur für mich machte. Oft gab es dann Streit. Ich habe mich dann zurückgenommen. Das hat mich auch am Wachsen gehindert» (Silke, 38 Jahre, ihr Mann ist seit einigen Jahren «trockener» Alkoholiker).

Ich glaube, dass Silke die Unterstützung für ihre Hunde von ihrem Mann bekommt, weil sie ein anderes inneres Bild von sich entwickelt hat. Sie hat ganz sicher gewusst – so erzählte sie mir – dass sie einen Hund wollte und danach einen zweiten. Sie wusste, dass war etwas, was ihr Freude machte. Sie war sich sicher, dass Richtige zu tun. Diese Sicherheit und Selbstverständlichkeit überträgt sich auf den Partner. Denn hier sind keine Anklagen oder Manipulationsversuche mehr verborgen. Hier handelt jemand, der sich *in* der Beziehung Raum gibt. Das öffnet auch dem Partner die Tür.

«Freiheit, du selbst zu sein, bedeutet, dass dein Partner sich in deinen Prozess, so zu sein, wie du bist und dich zu entwickeln, weder einmischen noch dich beurteilen wird. Die gleiche Freiheit bietest du deinem Partner an.»[63]

Diese Freiheit kann in dem Maße wachsen, wie man sich selbst mehr schätzt und ernst nimmt, indem man sich selbst zu lieben beginnt.

Es ist eine Umkehr, aber eine, die sich von den falschen Zielen abwendet und zurückkehrt zu einem selbst. Das fällt erst sehr schwer, da die Erwartungen, glücklich zu werden und geborgen zu sein, immer an andere gestellt wurden. Man dachte, man muss einen anderen Menschen finden, der die eigenen Bedürfnisse stillt. Daher die Verzweiflung, wenn die geborgte Sicherheit zerbricht, die Bedürfnisse nicht gesehen oder gar nicht vom anderen erfüllt werden können. So dünn ist der Boden, auf dem man geht, wenn man sein eigenes Glück, seine Zufriedenheit, sein Gefühl der Geborgenheit ausschließlich in die Hände eines anderen Menschen legt. Natürlich tragen Freundschaft und Liebe dazu bei, sich glücklich und geborgen zu fühlen, dürfen aber nicht allein davon abhängig sein.

In der Hinwendung zu sich selbst gibt man sich mehr Frieden und auch Freiheit. Die ständige Überforderung durch Anpassung und Anstrengung kann dann wegfallen, niemand braucht sich Liebe und Annahme durch besondere Leistungen zu verdienen. Sich selbst zu lieben gelingt dann auch *in* der Beziehung, wie Silke beschrieben hat. Carsten, ein «trockener» Alkoholiker, dessen Großvater auch abhängig getrunken hat, lebt weiterhin mit seiner Frau und den Kindern zusammen. Er hat, außer «trocken» zu werden, noch vieles lernen müssen und sieht bei sich schon einige Veränderungen:

- «Es ist nicht die Aufgabe meiner Frau, dafür zu sorgen, dass es mir gutgeht. Wenn ich permanent von meinen Schwierigkeiten erzähle, dann geht es ihr auch schlecht. Ich gehe dann in die Werkstatt, arbeite etwas, bis es mir bessergeht. Ich hab ihr auch gesagt, was mein wunder Punkt ist. Sie nimmt Rücksicht darauf, damit sie mich nicht verletzt. Ich bin empfindlich, wenn ich nicht ernst genommen werde. Ich weiß, das kommt aus meinem Elternhaus, ich wurde da nie gehört. Doch ich reagiere immer noch so, sie nimmt da heute Rücksicht.

Das Vertrauen zwischen uns ist das Oberste. Das musste ich mir erst wieder erarbeiten. Ich hab erst geredet ohne Ende. Sie möchte auch beachtet werden, das Gefühl haben, dass sie wichtig ist als Partner. Wir sprechen jetzt darüber. Wir reden über vieles miteinander.

Aber ganz die Hosen runterlassen ist auch nicht gut, find ich. Man kann auch Dinge kaputtreden, sein eigenes tiefes Inneres, die Seele, den Teil sollte man für sich behalten.

Ich hab sonst Angst, sie verliert die Achtung vor mir, sie könnte das als Schwäche auslegen.

Aber wir gehören einfach zusammen, so eine Art Seelenverwandtschaft. Wir haben so viel durchgemacht. Das schweißt uns auch zusammen» (Carsten, 41 Jahre).

Carsten macht zu Recht darauf aufmerksam, wie wesentlich es ist, sich in der Beziehung innerlich abgrenzen zu können. «Aber diese Abgrenzung zerstört nicht die Beziehung. Vielmehr ermöglicht sie eine Beziehung ... Im anderen ist immer etwas, das unserem Zugriff entzogen ist. Dieses Innerste, das auch in uns ist, diesen inneren Raum des Schweigens, der ist für andere unzugänglich, den dürfen wir getrost abgrenzen.»[64]

Grenzüberschreitungen sind eine der Hauptursachen für die psychischen Folgen der Familienkrankheit Sucht bei Kindern. Sie führen dazu, sich im anderen zu verlieren oder den anderen durch Kontrolle auf sichere Distanz zu halten. Wobei beide Extreme ausgelebt werden können. Die Grenzen zwischen Partnern müssen immer wieder ausgelotet werden. Man kann sich häufig fragen und hinfühlen, wo fange ich an, wo der andere. Wann geht es nur um mich, wann geht es nur den anderen etwas an. Es ist wesentlich, für sich selbst und seine Grenzen ein Gefühl zu entwickeln und diesen inneren sicheren Raum in sich zu schützen.

Wie schwer fällt es Erwachsenen Kindern, die Balance zu finden zwischen dem Schutz ihres «eigenen tiefen Inneren» und dem Vertrauen zum Partner. Der eigene Schutz braucht keine Begründung. Vor allem vielen Männern fällt es schwer, sich der Liebsten zu zeigen, wenn sie sich schwach fühlen, wenn Ängste oder innerer Schmerz sie quälen. Die Angst, nicht gut genug zu sein, als schwach gesehen zu werden, hindert sie an dem offenen Austausch, den Frauen so oft brauchen.

Gerade *in* einer Beziehung brechen die alten Verletzungen nochmal auf und können somit zur Landkarte mit den eingezeichneten Wegen zu sich selbst werden: Was schmerzt besonders in der Beziehung, in einer Freundschaft, worüber regt man sich so sehr auf, was macht einen wütend, wann bricht man den Kontakt ab? Was vermeidet man nach Möglichkeit? Dieses sind Fragen, die auf das eigene Leben zielen und einem die Chance geben, den eigenen Pfad zu finden.

Diese Hinwendung zu sich selbst ist etwas Schönes, etwas, das einen begeistern kann. Ich brauche im Moment nichts zu ändern, sondern darf der Mensch sein, der ich jetzt bin. Es gibt so viele Gründe, warum ich so bin, wie ich bin. Ich will nicht mehr kämpfen oder mich verbiegen, nicht mehr auf Zehenspitzen um andere herumtrippeln, um sie nicht zu verärgern, nicht mehr manipulieren, um wenigstens einige Bedürfnisse gestillt zu bekommen. Mich annehmen mit dem, wie ich bin, obwohl ich immer wieder glaube, ich müsste dieses und jenes ändern, obwohl ich fast noch überzeugt bin, nur wenn ich mich so verhalte, wie der jeweils andere das braucht, oder wenn ich genügend leiste, werde ich geliebt.

Jetzt kann man eher für sich da sein und die alten Wunden, die durch die Beziehung zu anderen erst so deutlich aufgerissen sind, endlich heilen lassen. Von dem Moment an, wo die Wunden mit ihren vielfältigen Gefühlen gespürt werden können und ein Trauerprozess über das in «entscheidender Zeit Vermisste» einsetzt, bietet sich die Chance der Vernarbung.[65] Sich authentisch in seinen Gefühlen zeigen zu können macht einen lebendig, und das berührt auch andere.

Man kommt dann endlich in seinem eigenen Leben immer mehr vor. An jedem Tag, an dem man sich selbst etwas mehr liebt, an dem man für sich selbst gut sorgt, wird man etwas gefestigter.

Das sind kleine Schritte: der Tai-Chi-Kurs für sich, das Fitnesscenter, ein Vorbereitungskurs für den Wiedereinstieg ins Berufsleben. Den besten Arzt aussuchen, weil man es verdient. Sich auf der Stelle herumdrehen und aus dem Raum gehen, wenn man angemacht wird. Oder dableiben und sagen, du hast kein Recht, mich so anzuschreien, und es fühlen und meinen.

Nur Kleinkram? Ja, aber es verändert die Welt, die eigene Welt.

Viele Menschen haben die Pilgerwege neu entdeckt. Es gibt nicht nur den Jakobsweg, sondern viele, die man gehen kann – und das nicht nur mit den Füßen.

Wie auf dem Jakobsweg wird nichts versprochen, ich muss ihn nur für mich gehen, und er wird manchmal schwierig sein. Es wird Strecken geben, die Schmerzen bereiten und Angst machen. Man möchte Abkürzungen nehmen, um aus dem Geh-Schmerz herauszukommen. Schön, wenn man Wegbegleiter findet, wenigstens für einen Lebensabschnitt.

Manch einer findet zur Spiritualität, da man sich dort in einer größeren Liebe geborgen fühlen kann. Mit dem Vertrauen in eine Kraft, die größer ist als man selbst, ins Universum, in die Natur oder Gott, kann ein Mensch gelassener sich auf den Weg zur Selbstliebe machen. Er wird ja schon geliebt, ist Teil vom Großen und Ganzen.

Epilog

Zum Schluss möchte ich eine junge Frau aus den USA vorstellen: Esther. Ihre beiden Eltern sind Alkoholiker, ihr jüngerer Bruder geht seit neun Wochen zu AA. Mit 11 (!) Jahren hat sie zum ersten Mal für sich bei AA angerufen, sie ist jetzt 22 Jahre alt und seit drei Jahren trocken. Esther ist Alkoholikerin und ein Erwachsenes Kind.

– «Ich habe früher keine Freunde gehabt, denn ich habe gelogen, vorgetäuscht, manipuliert, so getan, als ob. Und das brachte mich um jede wirkliche Freundschaft. Denn ich erzählte niemandem, was ich wirklich dachte und fühlte, und ich bin sicher, niemand in meiner Umgebung machte es anders mit mir. Ich wusste, ich war allein. Jetzt lüge ich nicht mehr. Ich versuche, mich nicht so außenrum hinzukriegen, indem ich durch Kleidung vortäusche, jemand anders zu sein. Ich konzentriere mich auf mich. Ich nähe meinen Geist zusammen, so fühlt sich das für mich an, was ich tue. Es ist oft künstlich, aber ich glaube, dass ich das schaffe, zusammen mit meiner höheren Macht. Ich lebe jetzt mit meinem Lover zusammen. Ich habe so viel Angst. Angst, ihm den Platz wegzunehmen, und Angst, keinen Raum ringsum für mich zu haben.
  Manchmal ist es leichter für mich, zu meinem vertrauten Selbsthass zurückzukehren und die gute Situation zwischen uns zu zerstören, als Liebe in mich hineinzulassen. Ich habe so viel Angst. Aber ich habe heute nicht getrunken, und ich lebe mit meinem Lover zusammen. Ich werde dabei bleiben, auf meine Gefühle zu hören.

Und ich will nicht zurück ins Lügen. Ich will meinen Geist, meine Spiritualität, ausbessern, Tag für Tag» (Esther, 22 Jahre).

Sich entwickeln, «seinen Geist ausbessern», wie Esther das treffend nennt, ist ein Prozess. Es gibt keinen Kurs, in dem man ein Programm absolviert, um nachher problemlos weiterzuleben. Der Prozess ist der Weg.

Man wird neue Einstellungen entwickeln und sie mit den Gefühlen in Einklang bringen, sich nicht mehr in den schwierigen Kindheitsgefühlen verlieren, sich nicht mehr selbst verlassen, sondern stattdessen sich fühlen und zeigen: Ja, ich bin da – mit allem, was zu mir gehört. Ich bin genug, ich bin liebenswert, so, wie ich gerade bin. Welch ein Glück, dies zu spüren, möglichst bis in die kleinen Zehen und in die Augen hinein.

Wenn ich während meines Aufenthalts in Kalifornien zu anderen Erwachsenen Kindern sagte, ‹das klingt jetzt verrückt› oder ‹ich weiß, das ist nicht normal, ich sollte eigentlich …›, dann fasste mich meine Freundin Rose an den Schultern, drehte mich zu sich herum und unterbrach mich. ‹Du bist normal›, sagte sie mir immer wieder, ‹du bist nicht verrückt. Für jemanden wie dich und mich, die aus einer Alkoholikerfamilie kommen, ist das, was du da fühlst, normal.›

Ich habe in meinem Leben oft darauf gepfiffen, normal zu sein. Ich habe mich andererseits auch immer wieder sehr bemüht, anderen zu erklären, wer ich bin und warum ich was tue. Am schwierigsten war für mich, einfach und selbstverständlich *ich* zu sein.

Mir hat gutgetan zu begreifen, dass es tatsächlich in unserer Gesellschaft recht normal ist, süchtige Eltern zu haben. In Deutschland gibt es ca. 9,3 Millionen Menschen, die riskant Alkohol trinken. Daraus ragt die Gruppe derjenigen, die stark missbräuchlich Alkohol konsumieren, mit 3,3 Millionen hervor. Dazu kommen ca. 100 000 bis 140 000 Drogenabhängige sowie ca. 1,4 Millionen Medikamentenabhängige (Stand 2009)[66]. Der Tatort Alkoholismus ist nicht die

Straße. Alkoholiker und Alkoholikerinnen sowie Medikamentenabhängige wie auch eine größere Anzahl Drogenabhängiger haben fast immer eine Familie mit mehreren Kindern. Rechnet man diese Zahlen zusammen, dann gibt es hierzulande mindestens fünf Millionen, wahrscheinlich aber mehr als sechs Millionen Erwachsene Kinder von Alkoholikern und Suchtmittelabhängigen.[67]

So bedrückend diese Fakten sind: Es gibt Hoffnung für Erwachsene Kinder von Alkoholikern: Jedes von ihnen kann die Verletzungen aus der Kinder- und Jugendzeit heilen lassen.

In einem kleinen Laden habe ich eine gemalte Karte gefunden: Ein kleines Mädchen tanzt auf einer Wiese, die Arme ausgebreitet, den Kopf leicht zu einem Arm hingeneigt, die Haare fliegen mit in dem Schwung ihrer Drehung, wie auch ihr helles Röckchen – Lebensfreude pur. Das war ich auch einmal, wenn ich als Mädchen im Juni, alles Schwere vergessend, über die Wiesen lief, die Arme ausstreckte, um alle Grashalme unter meinen Händen entlanggleiten zu lassen und übermütig zu rennen, bis ich außer Atem war. Sah ich im Juni das Gras, das sich im Wind wie lebendige Wellen bewegte, dann war ich versucht, wieder hineinzulaufen, nur dass ich doch kein Kind mehr war. In diesem Juni bin ich losgerannt, lachend und glücklich mit der Kleinen in mir. Ich musste mich bücken, um das Gras zu erreichen, aber muss man das nicht immer, wenn man mit einem kleinen Kind an der Hand rennt?

Und wenn es zunächst nur eine einzige schöne Szene in der Kindheit gibt, holen Sie sie heraus, entstauben Sie das Bild, und freuen Sie sich daran. Dieses Kind ist in Ihnen, es will von Ihnen gesehen werden, sich freuen, spielen und glücklich sein, spontan und neugierig.

Es will auch wütend sein, wenn es das nie durfte, und den Schmerz und die Angst zeigen, all die Gefühle, die es bisher immer verstecken und verdrängen musste. Es wird auch traurig sein und möchte dann getröstet werden, möchte im Arm sein und auf dem Schoß. Es will mit Ihnen zusammen weinen und trauern um das, was war und was hätte sein können, um das, was nie wiederkommt. Und es will vor allem eins: lebendig sein, jetzt leben! Dazu braucht es Sie, aber genauso brauchen Sie dieses Kind. Hören Sie ihm zu, glauben Sie ihm seine Gefühle, und geben Sie sich selbst das, was alle Kinder und Erwachsenen brauchen: Geborgenheit und Liebe.

Sagen Sie nicht: «Ich mache das besser alles alleine mit mir ab. Niemand soll mitbekommen, wie ich mich mit meinen Gefühlen auseinandersetze.» Wiederholen Sie nicht die Einsamkeit Ihrer Kindheit. Kinder lieben es, andere Kinder anzusehen, bei ihnen zu sein, mit ihnen zu spielen. Gleichaltrige faszinieren sie. «Gleichaltrige» findet man in Selbsthilfe- oder geleiteten Gruppen. Oder man geht nur oder zusätzlich zu einer verständnisvollen Person. An all diesen Orten sollte man mit jemand anderem zusammen weinen und trauern können, wütend werden dürfen, ohne sich schuldig zu fühlen oder Strafe zu erwarten. Die Scham darüber, sich so bedürftig zu erleben, so voll Sehnsucht nach Gehalten- und Verstandenwerden, sollte weder ausgenützt noch belächelt werden. Jeder sollte einfach die Person sein dürfen, die er schon immer war.

Anhang

Schutz für Kinder und Erwachsene in Alkoholikerfamilien

Da Erwachsene Kinder so häufig wieder Alkoholiker heiraten, ist es wichtig, hier einige Hinweise zu geben, wie man die eigenen Kinder vor sexuellen und anderen Misshandlungen schützen kann.

Wenn man sich von einem alkoholabhängigen Partner nicht trennen will oder es einfach nicht kann, dann sollte man Vorkehrungen treffen. Jede Frau kennt ihren Mann gut genug, um Anzeichen erkennen zu können, wann er so angetrunken ist, dass es zu Gewalttätigkeiten kommen kann.

Die Kinder sollten dann auf gar keinen Fall allein gelassen werden, für die Kinder und die Frau ist es wichtig, die Szene so schnell wie möglich zu verlassen. Sich um den Betrunkenen zu kümmern heißt, falsche Prioritäten zu setzen. Mit jemandem reden zu wollen, der im Rauschzustand ist, bringt überhaupt nichts. Eher heizt man durch Vorhaltungen oder Bitten, mit dem Trinken doch endlich aufzuhören, den Streit noch mehr an. Eine Frau darf sich in der Situation gar nicht für den Partner interessieren. Wenn *er* sich verletzt, so liegt das in *seiner* Verantwortung. Im Vordergrund muss die Sicherheit der Kinder und die eigene stehen.

In der gefährlichen Situation hat man selten noch einen klaren Kopf, deshalb muss man vorher mit Freunden oder Nachbarn abklären, dass man nur kurz anrufen wird, um sich dann abholen zu lassen, oder dass sie bereit sind, einen kurzfristig bei sich aufzunehmen.[68]

Das bedeutet, man muss über das Alkoholproblem in der Familie und die gewalttätigen Ausbrüche des Süchtigen reden. Wenigstens einigen Menschen muss man sich mitteilen. Wenn man sich nicht traut, dieses Familiengeheimnis anderen gegenüber zu brechen, dann kann man z.B. zu einer Al-Anon-Gruppe gehen. Dort bleibt jeder anonym. Man kann sich dort aussprechen, Kontakte zur gegenseitigen Hilfe schließen. Die Menschen, die man dort trifft, kennen das Problem aus eigener Erfahrung.

Die verschiedenen Telefonnummern für den Notfall sollte man bereitliegen haben. Dazu gehören neben den Telefonnummern von Freunden auch die der Polizeiwache in der Nähe, die des Notrufs und eventuell die des Frauenhauses, wenn eins in der Nähe ist. Hat man genug Geld, kann man sich auch in einem Hotel über die nächsten Tage retten.

Genauso sollte eine Tasche mit dem nötigsten Gepäck immer bereitstehen. Manchmal verstreicht viel Zeit zwischen gewalttätigen Ausbrüchen. Aber wenn man sich vorbereitet in einer Zeit, in der man einen klaren Kopf hat, dann wird man in der gefährlichen Situation überlegter handeln können.

Schutz vor sexuellem Missbrauch

Befürchten eine Mutter, Schwester oder professionelle Helfer/innen (wie Lehrer, Ärzte, Sozialarbeiter und Psychologen), dass ein Kind, meist ein Mädchen, sexuell belästigt oder misshandelt wird, so ist zunächst wichtig, dem Kind das Schuldgefühl zu nehmen. Selbst wenn Menschen sie befragen, die sie lieben, schweigen Kinder häufig aus Scham.

Kinder reden nicht einfach über die sexuellen Handlungen, die sie erdulden mussten. Sexueller Missbrauch und Alkoholismus werden mit ähnlichen Tabu-unterstützenden Gefühlen und Verhaltensweisen aufrechterhalten. Kinder empfinden Scham über das Erlebte, mögen nicht darüber reden, wollen die Tatsache nicht sehen, wollen sie weglügen, vergessen, verdrängen und aus dem Gefühl verbannen. Dieser Prozess ermöglicht, dass sexueller Missbrauch häufig über mehrere Jahre hinweg vorkommen kann.

Keine Frau will jemals erleben, dass der eigene Mann, der Bruder, der Sohn oder ein Bekannter sich an ihrer Tochter sexuell vergeht. Doch diese Dinge passieren und sind verheerend für Kinder. Es ist schlimm für diese Kinder, wenn sie nicht den Schutz bekommen, den sie brauchen, wenn Erwachsene erschrocken weghören, wenn Kinder und Jugendliche mit Andeutungen oder Fragen kommen; wenn Erwachsene nicht reagieren, wenn ein Kind mit bestimmten Personen nicht allein bleiben will.

Alle Kinder sollten wissen, dass sie das Recht haben, sich zu schützen, dass niemand sie auf eine Art berühren darf, bei der sie sich unbehaglich fühlen. Sie müssen erfahren, dass sie jedem sagen dürfen, ‹ich mag das nicht›, dass sie über ihren Körper bestimmen und stets äußern können, was sie nicht wollen. Sie müssen wissen, dass sie auch bei jemandem, den sie lieb haben, Berührungen ablehnen dürfen und das auch sollen, wenn ihnen etwas unangenehm ist. Kindern muss erlaubt sein, nein zu sagen, und ihnen darf nicht ausgesprochen oder unausgesprochen empfohlen werden, Dinge geheim zu halten.[69] Um den Kindern diese Sicherheit zu gewähren, muss in der Alkoholikerfamilie die Verleugnung der Alkoholkrankheit beendet werden. Will man Schäden von den Kindern abwenden, bleibt nur dieser direkte Weg.

Dabei helfen Suchtberatungsstellen und die Angehörigengruppen der Anonymen Alkoholiker, die Al-Anon-Gruppen, die Guttempler, Blaues Kreuz und alle Stellen, die Suchtkranke und ihre Familien beraten.

Inzwischen gibt es Anlaufstellen für Mädchen, die sexuell missbraucht werden. Einen Überblick über diese Adressen findet man bei der Zentralstelle für Selbsthilfegruppen in einer größeren Stadt: KISS-Selbsthilfegruppen, oder Sie wenden sich an:

Wildwasser Kreis Groß-Gerau e. V.
Verein gegen sexuellen Missbrauch
Darmstädter Str. 101
65428 Rüsselsheim
www.wildwasser.de

Anlaufstellen

In Deutschland, Österreich und der Schweiz gibt es in vielen Städten Al-Anon- und EKS-Gruppen für Erwachsene Kinder. Beide Organisationen haben auch online Meetings.

Deutschland:
Al-Anon-Familiengruppen
Zentrales Dienstbüro
Emilienstr. 4
45128 Essen
Tel. 0201/773007
www.al-anon.de
www.al-anon-online.de
ZDB@Al-Anon.de

Österreich:
Al-Anon-Familiengruppen
Postfach 117
A-6600 Reutte/Tirol
Tel. 05672/72651
info@al-anon.at
www.al-anon.at

Schweiz:

Al-Anon-Familiengruppen
Dienstbüro
Neuhardstr. 22
Ch-4600 Olten
Tel. 062/2965216
www.al-anon.ch

Erwachsene Kinder von suchtkranken Eltern und Erziehern (EKS)
Dienstbüro
Milanweg 12
48231 Warendorf
Tel. & Fax. 0700-12357357
info@eksev.org
www.eksev.org

Selbsthilfegruppen zu anderen für Erwachsene Kinder wichtigen Themen

Wenn Erwachsene Kinder suchtkranker Eltern selbst alkohol-oder drogenabhängig sind, ist es vorrangig, die stoffliche Sucht zum Stillstand zu bringen. Hierfür stehen zahlreiche Selbsthilfegruppen verschiedener Verbände zur Verfügung: Anonyme Alkoholiker, Blaues Kreuz, Ehlersgruppen, Freundeskreise, Guttempler, Kreuzbund, Narcotics Anonymous. Dort kümmern sich Betroffene, die trocken sind, um Alkoholiker und zum Teil um Angehörige. Einige Organisationen haben auch Gruppen für Kinder und Jugendliche. Alateen gehört zu den Al-Anon Familiengruppen und hilft Kindern und Jugendlichen (ca. 12–18 Jahre alt), die mit einem oder mehreren alkoholkranken Erwachsenen in ihrer Familie leben.

Zwanghaftes Arbeiten kann zur Sucht werden. Hilfe gibt es bei den Anonymen Arbeitssüchtigen.

Gleiches gilt für das Essen, Hilfe findet man bei den Overeaters Anonymous

Überlebende von Inzest und sexuellem Missbrauch finden u. a. Hilfe bei *Incest Survivors Anonymous* oder *Wildwasser e. V.* (s. o.)

Die Adressen von den oben genannten Gruppen findet man im örtlichen Telefonbuch, im Internet oder man wendet sich an die:

Deutsche Hauptstelle für Suchtfragen e. V. (DHS)
Westenwall 4
59065 Hamm
Tel. 02381/90150
www.dhs.de

Eine gute aktuelle Zusammenstellung von Adressen und Informationen zum Thema Erwachsene Kinder aus Suchtfamilien befindet sich auf der Homepage von:

NACOA Deutschland –
Interessenvertretung für Kinder aus Suchtfamilien e. V.
Gierkezeile 39
10585 Berlin
Tel.: 030/35 12 24 30
www.nacoa.de
E-Mail: info@nacoa.de

Suchtberatungsstellen, die inzwischen mit den Problemen der Erwachsenen Kinder von Alkoholikern vertraut sind, finden sich in allen örtlichen Telefonbüchern (gelbe Seiten) unter Suchtberatungsstellen, Sozialen Diensten oder unter den Namen der verschiedenen Kirchen.

Menschen, die durch sexuelle Misshandlung traumatisiert wurden, können sich an *Wildwasser e. V.* wenden.

In vielen Städten gibt es psychologische Beratungsstellen, man bekommt schnell einen Termin und kann sein Problem schildern. Dort hilft man mit einer Krisenintervention und anschließend einer Namenliste von Trauma-Therapeuten weiter. Man achte bei der Auswahl von Therapeuten besonders sorgfältig auf die Ausbildung. Es sollten Psychologische Psychotherapeuten sein oder Ärzte, die zusätzlich eine Traumatherapie absolviert haben (siehe Literaturliste) und schon einige Zeit mit Traumatisierten gearbeitet haben. Sie sollten die Posttraumatische Belastungsstörung kennen (PTSD), eventuell auch EMDR (besonders hilfreich bei Einzeltraumata).

Spezielle Gruppen für Erwachsene Kinder

In jeder Selbsthilfegruppe können sich Betroffene zusammenfinden, um Erfahrungen auszutauschen, sich nicht allein zu fühlen und um gemeinsam neues Verhalten lernen zu können. Für Erwachsene Kinder eignen sich die üblichen Selbsthilfegruppen im Bereich der Suchthilfe nur bedingt. Zwar können sie dort herausfinden, dass nicht nur ihre Eltern Probleme haben, sondern auch sie selbst. Sie werden in diesen Gruppen ebenfalls begreifen, dass sie ihren Eltern nicht aktiv helfen können, sondern ihre Veränderung nur indirekt auch den Eltern zugute kommt.

Doch sind die besonderen Selbsthilfegruppen für Erwachsene Kinder wesentlich geeigneter, und ihre Arbeit ist für die Mitglieder erfolgreicher, als bisher angenommen wurde. Die ersten Gruppen für Erwachsene Kinder wurden in den USA gegründet. In Deutschland haben sich zwei verschiedene Gruppierungen gebildet: die «Al-Anon-Familiengruppen mit dem Schwerpunkt Erwachsene Kinder» und die Gruppen für «Erwachsene Kinder von suchtkranken Eltern und Erziehern (EKS)». Sie geben beide wichtige Unterstützung durch Selbsthilfe und einen Lernprozess, der sich nach dem sogenannten *Zwölf-Schritte-Programm* richtet.

Das *Zwölf-Schritte-Programm* für Selbsthilfegruppen stammt von den Anonymen Alkoholikern (AA). Diese zwölf Schritte und der Austausch von Erfahrungen mit trockenen Alkoholikern ermöglichen alkoholabhängigen Personen, ihre Sucht zum Stillstand zu bringen. Dieses Programm ist weltweit anerkannt, die Millionen trockener Alkoholiker, die mit Hilfe des AA-Programms aus dem Suchtkreislauf aussteigen konnten, bieten einen nachhaltigen Beweis für seine Wirksamkeit.

Es gibt auch andere Gruppierungen wie die Guttempler, Blaues Kreuz und die Ehlersgruppen, die als Abstinenzlervereinigungen Alkoholkranken gute Unterstützung bei ihrem Bemühen, mit dem Trinken aufzuhören, leisten. Und auch Angehörige bei den Problemen unterstützen, die entstehen, wenn einer trinkt.

Ich beziehe mich hier auf die Selbsthilfegruppen, die das AA-Programm der zwölf Schritte für sich übernommen haben, da diese besondere Art der Selbsthilfe am weitesten verbreitet ist, die Erwachsenen Kinder unter sich sind und diese Mischung von Selbsthilfe und Arbeit an einem persönlichen Wachstumsprogramm besonders nachhaltig gegen die Folgen der Familienkrankheit Alkoholismus wirkt.

In diesen Gruppen gibt es keine registrierten Mitglieder, jeder ist willkommen, der oder die aus einer Alkoholiker- bzw. Suchtfamilie stammt. Es müssen nicht die Eltern sein, die süchtig sind, es kann auch der Bruder, der Großvater, die Tante sein, mit der man viel Kontakt hat, oder das eigene (jugendliche oder erwachsene) Kind. Wer mit einem aktiv Süchtigen lebt, wird sich sicher auch an die Gruppen für Angehörige wenden, um Hilfe zu erhalten. Die Teilnahme an jedem Gruppentreffen (Meeting) ist freiwillig. Professionelle Helfer arbeiten nicht mit, sind sie Teilnehmer, so sind sie als Privatpersonen dort.

Jede Gruppe ist selbständig, gehört aber der weltweiten Vereinigung der Al-Anon- oder EKS-Gruppen an, die sich selbst gewisse, weitgehend übereinstimmende Richtlinien gegeben haben, die die Genesung des Einzelnen in der Gruppe besonders fördern und helfen, die Gruppen stabil zu halten.

Jeder ist, unabhängig von seiner Herkunft, willkommen. Die Gruppen achten darauf, sich von keiner kirchlichen, staatlichen oder anderen Organisation abhängig zu machen. Sie finanzieren ihre Arbeit durch Spenden der Gruppenteilnehmer.

Sie werben nicht für sich, die Menschen kommen durch Mundpropaganda, Informationsveranstaltungen und Berichte in den Medien zu einem ersten Besuch und/oder Gespräch.

Durch bestimmte *Prinzipien*, auf deren Einhaltung die auf Zeit gewählten Sprecher und Sprecherinnen achten, zeichnen sich die Treffen der Erwachsenen Kinder durch eine besondere Qualität aus.

Das erste Prinzip ist die *Anonymität*. Auf persönliche Anonymität wird streng geachtet, es wird aus den Meetings keine Information nach draußen getragen. Das dient nicht dazu, die Scham, aus einer Alkoholikerfamilie zu kommen, weiter zu fördern, sondern gibt ganz im Gegenteil jedem den Schutz, ohne Scham frei, offen und ehrlich über sich sprechen zu können. Um schmerzliche Ereignisse und Gefühle nicht mehr verdrängen und verleugnen zu müssen, braucht ein Erwachsenes Kind einen Ort, an dem es sicher ist. Dort muss es sagen dürfen, was es wirklich denkt, es muss mitteilen können, was es fühlt, ohne Angst zu haben, dass die Gruppenmitglieder oder andere darüber klatschen oder auch, dass noch jemand nachfragt und Genaueres wissen will, was man gar nicht sagen möchte.

Das zweite Prinzip heißt: *Jeder ist willkommen, so wie er oder sie ist. Niemand wird kritisiert.* Jeder Einzelne hat Gründe, so zu sein, wie er oder sie ist. Wenn ein Erwachsenes Kind auf diese bedingungslose

Weise angenommen wird, kann es lernen, sich selbst anzunehmen und Selbstliebe zu entwickeln. Erwachsene Kinder sehen sich so oft im Spiegel anderer Menschen, es wird Zeit, dass ein liebevoller Blick zu einem zurückkommt.

Wenn man für das, was man sagt, nicht kritisiert wird, kann man alles aussprechen, die ‹kranken› wie die ‹heilenden› Gedanken, man kann seine Verwirrung zugeben, auch dann, wenn man noch nicht weiß, wie es weitergehen soll. Vor anderen breitet man seine Unzulänglichkeit aus, seine Freude, sein Gelingen. Man wird fähig, Fehler zuzugeben, ohne sich zugleich dafür selbst zu verurteilen.

Es gibt Erwachsene Kinder, die Kritik aushalten, die unangenehme, angeblich hilfreiche Kommentare hinnehmen. Doch hilfreich ist das nicht. Vielmehr würden sie wieder, wie früher, Ereignisse verschönern und verdrehen, Gefühle, die sie gar nicht haben, demonstrieren, Rollen spielen und an der Aufrechterhaltung der Fassade basteln, statt ihre Gedanken und Gefühle offen und realistisch mitzuteilen. Erwachsene Kinder, die seit ihrer Kindheit dem Überlebensmuster des ‹unsichtbaren Kindes› folgen, würden sich gar nicht erst zu Wort melden oder gleich wieder wegbleiben.

Das dritte Prinzip lautet, *es werden keine Ratschläge gegeben*. Niemand sagt einem, was man tun soll, was für einen richtig oder falsch ist. Vergleiche zwischen sich und anderen sind unzulässig.

Ratschläge verbergen häufig Botschaften, die die angeblich ratlose Person kleiner und den Ratgeber klüger und besser erscheinen lassen. Ratschläge werden nicht nur als Du-Botschaften erteilt, sie verstecken sich auch in Ich-Berichten. Eine Person, die einer anderen antwortet, indem sie von sich berichtet, kann so einer anderen sagen, was diese in der Situation machen soll. Sie kann dadurch auch demonstrieren, wie viel besser sie selbst die Probleme löst, oder sie will einfach hilfreich sein. Alle drei Motive wirken kontraproduktiv, unbewusste oder bewusste Ratschläge, die in bester Absicht erteilt werden, schaden sowohl dem, der sie erhält, als auch dem, der sie gibt. Ein wichtiger Schritt für Erwachsene Kinder wie für Co-Abhängige besteht darin, sich auf sich selbst zu konzentrieren und sich nicht mehr durch die Probleme anderer abzulenken. In der Gruppe soll man von sich sprechen, um mitzuteilen, was einen selbst bedrückt, worüber man sich freut, welche Fortschritte man bei sich sieht. Dabei übt man, ehrlich zu sein, auch die Dinge zu sagen, die einem unangenehm sind, die Gefühle mitzuteilen, die einen nicht unbedingt pflegeleicht erscheinen lassen.

Hält sich eine Gruppe an ihr Prinzip, keine Ratschläge zu geben, dann kann eine Person, die durch die Familienkrankheit Alkoholismus starke Kontrollbedürfnisse entwickelt hat oder co-abhängig geworden ist, zumindest in den Gruppenstunden nicht mehr ihrem starken Verlangen nachgeben, anderen ihre Situation und Gefühle erklären oder ihnen helfen zu wollen. Auf Dauer wird jegliche Selbstdarstellung ebenso überflüssig wie die erlernten Überlebensrollen.

Die Al-Anon- sowie die EKS-Gruppen sind – wenn sie sich an ihre eigenen Prinzipien halten – ein Ort für Erwachsene Kinder, an dem diese für sich herausfinden können, was für sie ‹normal› ist, wie ihr Selbst sich entwickeln und wachsen kann. Es ist ein Ort, an dem sie vor Kritik, vor dem Vergleich mit anderen, vor der Sucht, andere kontrollieren, anderen statt sich helfen zu wollen, geschützt werden, wo sie ihre Fassade, ihre Rollen mehr und mehr ablegen können. In den Gruppen befinden sich inzwischen eine Reihe Menschen, die viel an sich gearbeitet haben. Doch natürlich gibt es auch einige Menschen, die noch sehr krank sind. Sie sollen dort wachsen dürfen, aber nicht das Klima bestimmen. Die Gruppe sollte für alle ein sicherer Ort sein. Das kann er nur sein, wenn die genannten drei Grundprinzipien eingehalten werden, eine klare Struktur und Absprachen vorhanden sind, auf die man verweisen kann. Das trifft in der Regel zu – soweit ich das bei den zwei größten Organisationen für Erwachsene Kinder gesehen habe: «Al-Anon-Gruppen für Erwachsene Kinder von Alkoholikern» und bei den Gruppen für «Erwachsene Kinder von suchtkranken Eltern und Erziehern». Die eben beschriebenen Prinzipien fördern den Heilungsprozess innerhalb der Gruppe.

Das *Zwölf-Schritte-Programm* enthält *Vorschläge* zur konkreten Unterstützung dieses Genesungsprozesses. Die «Kraft der Weisheit», die in den zwölf Schritten wirkt, ist kaum jemandem beim ersten Lesen zugänglich: «Es ist eine Weisheit, die den natürlichen Heilungsprozess, der schon in uns vorhanden ist, anzapft, die Kanäle vertieft, sodass die heilenden Kräfte freier fließen können.»[70] Dieses Programm weist auf die Unterstützung durch die Gruppe hin. Die einzelnen Schritte sind Vorschläge, sich selbst zu überprüfen, sich selbst zu verändern, also bei sich anzufangen. Das Programm basiert auf einem spirituellen Prinzip, das «Höhere Macht» genannt wird. Dabei steht es jedem offen, wie er diesen Begriff füllt: Für einige bedeutet die «Höhere Macht» die Gruppe, für andere eine innere Weisheit, die jede/r in sich trägt und für die man in unserer Zeit seltener offen ist. Manche verstehen darunter die Natur, andere nennen sie Gott.

Spiritualität meint unsere Gefühle dem Universum gegenüber, im Unterschied zur Philosophie, die unsere Beziehung zum Universum *denkend* herstellt. Spiritualität geht über den Intellekt hinaus, indem unsere Emotionen genauso mit einbezogen werden.[71]

Wenn jemand Schwierigkeiten damit hat, dieses spirituelle Prinzip und/oder die zwölf Schritte zu akzeptieren, kann er auch einfach nur das heilende Zusammensein mit anderen Erwachsenen Kindern erleben.

Ein wichtiger Hinweis für die Erwachsenen Kinder aus Suchtfamilien, die selbst an einer stofflichen Abhängigkeit leiden. Sie *müssen* erst ihre Abhängigkeit von Substanzen zum Stillstand bringen und, durch entsprechende Selbsthilfegruppen unterstützt, trocken bleiben. Dann erst können sie langsam ihre Gefühle zulassen und an sich arbeiten.

Gründung einer Selbsthilfegruppe

Inzwischen gibt es viele Gruppen für Erwachsene Kinder bei den Al-Anon-Gruppen in Deutschland, auch die EKS-Gruppen sind in großen Städten gut zu finden. Doch es sind immer noch zu wenig, als dass alle, die Hilfe möchten, diese Gruppen besuchen können. In der Schweiz und in Österreich findet man diese Gruppen fast nur in den Großstädten. Daher ist diese Hilfestellung für die Gründung einer Selbsthilfegruppe auch ca. 20 Jahre nach den Anfängen der ersten Gruppen noch sinnvoll.

Wenn Sie in Zusammenarbeit mit Al-Anon eine Selbsthilfegruppe gründen wollen, schreiben Sie an die Al-Anon-Zentrale in Essen (siehe Anhang). Dort erhalten Sie Informationsmaterial und Anleitungen, die besonders für Gruppen mit neuen Mitgliedern wichtig sind.

Die gleiche Hilfe erhalten Sie, wenn Sie eine Gruppe für Erwachsene Kinder von suchtkranken Eltern und Erziehern – EKS gründen wollen (siehe Anhang).

Außerdem veranstalten beide Organisationen Jahrestreffen. An diesen Wochenenden kann man Informationen und persönliche Unterstützung für die Gruppengründung erhalten.

Praktische Starthilfen

Die Erfahrung zeigt, dass es sinnvoll ist, in der Anfangszeit mit Menschen in einer Gruppe zusammenzuarbeiten, die schon erfahren sind und den Wert der Gruppenstruktur erkannt haben. Ansonsten bleiben ‹Neue› zu häufig im bloßen Austausch von traurigen Erfahrungen stecken, was sie in ihrer Opferrolle festhält.

Die Gruppen sind basisdemokratisch organisiert, es gibt keine führenden Personen, sondern nur gewählte Vertreter, die für ca. ein halbes Jahr ihren Dienst ausüben und ihn dann wieder abgeben.

Nähere Hinweise zu diesen Dingen erhält man bei Al-Anon und EKS. Diese Vereinigungen können auf eine lange Praxis der Selbsthilfe zurückgreifen, da sie wie alle anderen Anonymen Gruppen Konzepte formuliert haben, die z. B. Meinungsverschiedenheiten in Gruppen sehr weise begrenzen.

Darüber hinaus möchte ich Anregungen aus den Al-Anon-Gruppen für Erwachsene Kinder in den USA weitergeben, die eine kontinuierliche Arbeit in den Meetings gewährleisten. Dort hält der Sprecher oder die Sprecherin der Gruppe alle Informationen auf losen Blättern schriftlich fest. Diese Informationen variieren nur selten, in den Kernaussagen bleiben sie gleich.

Im Folgenden gebe ich die Meetings-Empfehlung der Stanford Al-Anon Group für Adult Children of Alcoholics[72] wieder:

Ablauf eines Meetings:

1. **Begrüßung** (evtl. Ergänzung) und Hinweis auf eine der Verhaltensweisen, die Gruppen beachten, um erfolgreich zu arbeiten.
2. **Moment der Stille**
3. **Gelassenheitsspruch**
4. **Präambel** (Al-Anon) – Die 12 Schritte
5. Hinweis auf die **Telefonliste**, in die sich jeder eintragen und die Vornamen und Telefonnummern der Gruppenmitglieder erfahren kann.
6. **Sich vorstellen:** Jede/r sagt seinen/ihren *Vornamen*. Neue werden dazu aufgefordert, zu sagen, dass sie das erste Mal da sind.
7. **Sprechen:** In Meetings wird ein *Thema* oder ein *Schritt* vorgeschlagen, zu dem jede/r eigene Erfahrungen äußert. Man kann aber auch das, was man dringend erzählen möchte, vorbringen und sich in dem Fall nicht an das Thema halten.
8. **Zeit für die Neuen** Die letzten Minuten sind für die Neuen reserviert, die jetzt etwas sagen oder fragen möchten.
9. **Schluss**

Begrüßung
Wir begrüßen dich bei unserem Al-Anon-Meeting für Erwachsene Kinder von Alkoholikern. Wir hoffen, dass du in diesem Programm Hilfe, Verständnis und Freundschaft findest, die wir hier schon erleben.

Wir haben mit den Problemen des Alkoholismus gelebt und verstehen vielleicht, wie sonst selten jemand, dass wir einsam und enttäuscht waren. Aber bei Al-Anon entdeckten wir, dass keine Situation wirklich hoffnungslos ist. Es ist für uns möglich, zufrieden zu werden und sogar glücklich zu sein, unabhängig davon, ob die alkoholkranke Person noch trinkt oder nicht.

So viel hängt von unseren Einstellungen ab. Wir sahen, dass unsere Probleme ihre Macht verloren, unsere Gedanken und unser Leben zu bestimmen, als wir anfingen, sie in die wahre Perspektive zu rücken.

Al-Anon ist ein spirituelles, kein religiöses Programm.

Ohne solch eine spirituelle Hilfe wäre es einfach zu schwer für uns, damit klarzukommen, bei einer alkoholkranken, bei einer coabhängigen Person aufgewachsen zu sein oder heute noch mit ihr zu leben. Unser Denken verwirrte sich, als wir versuchten, Lösungen zu erzwingen. Wir fühlen uns gereizt und verhalten uns unbesonnen, ohne zu wissen, warum.

Unser Programm leitet sich von den vorgeschlagenen 12 Schritten der Anonymen Alkoholiker ab. Wir versuchen sie anzuwenden, immer ein wenig davon, einen Tag nach dem anderen. Genauso benutzen wir die Slogans und den Gelassenheitsspruch.

Ergänzung zur Begrüßung (wenn Erwachsene Kinder kommen, die zugleich Alkoholiker/in sind)

Dies ist ein Meeting für Erwachsene Kinder von Alkoholikern. Wir sind hier, um über uns zu sprechen und durch die 12 Schritte voneinander zu lernen. Die meisten von uns kamen hierher, da sie mit einem Alkoholiker lebten oder leben. Wir haben gelernt: Der beste Weg, einer alkoholkranken Person zu helfen, besteht darin, dass wir uns um uns selbst kümmern. Wir nutzen die Zeit in diesem Meeting, um uns auf uns selbst, unser Leben und unsere Entwicklung zu konzentrieren.

Denjenigen von uns, die beides sind, Erwachsenes Kind und Alkoholiker/in, möchten wir mitteilen, dass wir uns hier mit dem Teil von uns beschäftigen, der Unterstützung durch eine Gruppe für Erwachsene Kinder braucht. Wir sprechen deshalb hier nicht über uns als Alkoholiker oder Alkoholikerin.

Die Verhaltensweisen, die Al-Anon/EKA-Gruppen beachten sollen, um erfolgreich zu arbeiten

Alle Al-Anon/EKA-Diskussionen sollten konstruktiv, liebevoll und hilfreich sein und mit Verständnis füreinander geführt werden. Um dieses Ideal anzustreben, vermeiden wir Themen, die zu Dissens führen und uns von unseren Zielen ablenken.

Diskussionen über Religion: Al-Anon/EKA ist mit keiner Sekte, mit keinem Bekenntnis assoziiert. Es ist ein spirituelles Programm, das auf keiner bestimmten Form von Religion basiert. Jeder ist willkommen. Lasst uns nicht unsere Absichten selbst zunichtemachen, indem wir in Diskussionen über bestimmte religiöse Themen geraten.

Klatsch: Wir treffen uns, um uns gegenseitig zu helfen und die Al-Anon-Philosophie zu nutzen. In solchen Gruppen kann Klatsch nicht Teil unseres Programms sein. Wir kommentieren die Aussagen von Gruppenmitgliedern nicht, wir reden auch nicht über andere oder über den oder die Alkoholiker/in. Unsere Verpflichtung zur Anonymität gibt Menschen Vertrauen zu Al-Anon. Sorgloses Wiederholen der Dinge, die man im Meeting gehört hat, kann den Zweck, zu dem wir hier zusammengekommen sind, zunichtemachen. Wir halten uns daran im und außerhalb des Meetings.

Dominanz: Unsere gewählten Vertreter/innen haben wir ausgesucht, damit sie dienen, nicht damit sie regieren. Kein Al-Anon/EKA-Mitglied sollte andere leiten, sich Autorität anmaßen oder Rat geben. Unser Programm basiert auf Vorschlägen, Austausch von Erfahrungen und der Rotation von Führungsaufgaben. Jede Person entwickelt sich auf ihre Art und Weise und bestimmt selbst das Tempo. Jeder Versuch, jemanden anzuleiten oder zu führen, könnte ernste Konsequenzen für die Harmonie der Gruppe haben.

Themen

In jedem Meeting wird der Gelassenheitsspruch gemeinsam gesprochen, außerdem werden immer die 12 Schritte, die im Mittelpunkt des Selbsthilfe-Konzepts stehen, vorgelesen.

Jedes Meeting steht unter einem besonderen Thema. Dies sind die 12 Schritte oder Traditionen, die auch auf die eigenen Beziehungen angewandt werden können oder ein Thema, das viele in der Gruppe anspricht wie:

- Wie gehe ich mit Angst/Groll/Wut um?
- Ehrlich sein
- Intimität/Nähe zulassen können
- Machtlos sein – Akzeptanz
- Ich darf sprechen, ich öffne mich – ich schütze mich
- Selbstmitleid – Selbstannahme
- Meine verschiedenen Gesichter

Dazu wird ein Text aus den Büchern gewählt, der das Thema darstellt.

Am Ende des Meetings

Ich beende das Meeting und möchte noch auf einige Dinge aufmerksam machen. Die Meinungen, die hier vorgebracht wurden, sind persönliche Meinungen, nicht allgemeingültige. Nimm, was du davon gebrauchen kannst, und lass den Rest hier.

Alles, was du gehört hast, soll vertraulich behandelt werden. Lass alles, was du gehört hast, in diesem Raum.

Und nun etwas zu denen, die noch nicht lange bei uns teilnehmen: Welche Probleme du auch hast, unter uns gibt es welche, die die gleichen hatten. Wenn du offen bist, wirst du Hilfe finden. Du wirst erkennen können, dass jede Situation, egal wie schwierig sie dir erscheint, und jedes Unglück, so schlimm es auch ist, verändert und gelindert werden können.

Wir sind nicht perfekt, wir bemühen uns um den Prozess der Veränderung, nicht um Perfektion. Unser Willkommen hier hat dir vielleicht nicht gezeigt, wie warm wir dich im Herzen begrüßen. Nach einiger Zeit wirst du entdecken, dass du – obwohl du nicht alle hier mögen wirst – uns auf eine besondere Art akzeptierst, auf die gleiche Art, in der wir dich schon heute akzeptieren und mögen.

Rede nach dem Meeting mit anderen, kläre Dinge mit jemandem hier, aber klatsche nicht und kritisiere keinen. Sondern lass das Verstehen, die Liebe und den Frieden, die im Programm zum Ausdruck kommen, in dir wachsen – einen Tag nach dem anderen.

Sind Sie bei einem alkoholabhängigen Elternteil aufgewachsen? Ein Fragebogen

Al-Anon – Erwachsene Kinder von Alkoholikern ist für Erwachsene, deren Leben durch das Trinken eines Elternteils beeinträchtigt wurde. Viele Erwachsene fragen sich, ob sie durch den Alkoholismus in ihrer Familie Schaden genommen haben. Wenn Ihnen jemand nahesteht, der ein Trinkproblem hatte oder hat, dann können die folgenden Fragen dabei helfen, herauszufinden, ob der Alkoholismus Ihre Kindheit und/oder Ihr gegenwärtiges Leben beeinträchtigte.

1. Suchen Sie dauernd Zustimmung und Bestätigung?
2. Sind Sie schlecht in der Lage, Ihre Leistungen zu erkennen?
3. Haben Sie Angst vor Kritik?
4. Überfordern Sie sich selbst?
5. Haben Sie Probleme mit eigenem zwanghaften bzw. süchtigen Verhalten?
6. Versuchen Sie alles möglichst perfekt zu machen?
7. Fühlen Sie sich unwohl, wenn Ihr Leben glatt verläuft, und erwarten Sie ständig neue Probleme?
8. Fühlen Sie sich mitten in einer Krise sehr lebendig?
9. Fühlen Sie sich immer noch sehr verantwortlich für andere, so wie Sie sich früher für die süchtige Person in Ihrem Leben verantwortlich gefühlt haben?
10. Kümmern Sie sich bereitwillig und leicht um andere, finden Sie es jedoch schwierig, sich um sich selbst zu kümmern und sich die gleiche Zuwendung zu geben?
11. Isolieren Sie sich von anderen Menschen?
12. Reagieren Sie mit Angst auf Autoritätspersonen und Menschen, die wütend sind?
13. Haben Sie das Gefühl, dass einzelne Personen und die Gesellschaft Sie ausnützen?
14. Haben Sie Probleme mit Liebesbeziehungen?
15. Verwechseln Sie Mitleid mit Liebe auf die gleiche Art, wie Sie das bei dem/der Süchtigen in Ihrer Kindheit getan haben?
16. Wirken Sie auf Menschen anziehend, die süchtig oder zwanghaft sind? Suchen Sie sich Süchtige aus?
17. Klammern Sie sich an Beziehungen, vielleicht aus Angst, sonst allein zu sein?
18. Misstrauen Sie öfter Ihren Gefühlen und misstrauen Sie auch den Gefühlen, die andere Ihnen zeigen?
19. Finden Sie es schwierig, Ihre Gefühle auszudrücken?
20. Glauben Sie, dass das Trinken Ihrer Eltern Sie beeinträchtigt hat?

Alkoholismus ist eine Familienkrankheit. Diejenigen, die mit dieser Krankheit aufgewachsen sind, haben manchmal Probleme, die mit Hilfe von Al-Anon für Erwachsene Kinder gelöst werden können.

Wenn Sie auf einige oder alle der oben gestellten Fragen mit Ja geantwortet haben, dann kann Al-Anon-Familiengruppen für Erwachsene Kinder Ihnen helfen.[73]

Eine Liste persönlicher Rechte

1. Ich habe die Wahl, glücklich oder unglücklich zu sein, Leben heißt mehr als Überleben.
2. Ich habe das Recht, zu allem nein zu sagen, wenn ich mich nicht zu einer Sache bereit fühle oder unsicher bin.
3. Mein Leben sollte nicht von Furcht bestimmt werden.
4. Ich darf alle meine Gefühle wahrnehmen.
5. Ich bin nicht schuldig, auch wenn ich mich so fühle.
6. Ich habe das Recht, Fehler zu machen.
7. Ich brauche nicht zu lächeln, wenn ich eigentlich weine.
8. Ich darf ein Gespräch, eine Begegnung beenden, wenn Menschen mich kleinmachen und verletzen.
9. Ich darf gesünder sein als die Menschen in meiner Umgebung.
10. Es ist in Ordnung, wenn ich entspannt und fröhlich bin und Freude habe.
11. Ich habe das Recht, mich zu verändern und zu wachsen.
12. Es ist wichtig für mich, meine Grenzlinien abzustecken und auf *mich* zu achten.
13. Ich darf auf jemanden ärgerlich sein, den ich liebe.
14. Ich muss auf mich achten, und zwar unabhängig von den jeweiligen Umständen.
15. Ich brauche nicht perfekt zu sein, um perfekt glücklich zu sein.
16. Ich brauche nicht perfekt zu sein. Punkt. Niemand sonst ist es.[74]

Literaturempfehlungen

Sachbücher:

Al-Anon-Familiengruppen (Hg.): So wirkt Al-Anon (ISBN 5170061048) (Es werden erste Hilfen praktisch beschrieben sowie das 12-Schritte-Programm. Im zweiten Teil findet man viele Geschichten von Angehörigen.)

Al-Anon-Familiengruppen (Hg.): Was heißt «betrunken», Mama? (Eine Broschüre mit Zeichnungen und Text für Kinder im Grundschulalter) *(Beide zu bestellen bei Al-Anon, Zentrales Dienstbüro Essen. Adresse siehe Anhang, S. 331.)*

Ellen Bass/Laura Davis: Trotz allem – Ein Buch für Frauen, die sexuelle Gewalt erlebt haben. Berlin 2009.

Melody Beattie: Unabhängig sein – Jenseits der Sucht, gebraucht zu werden. München 1995

Michaela Huber: Der innere Garten. Ein achtsamer Weg zur persönlichen Veränderung. Paderborn 2005

Robin Norwood: Wenn Frauen zu sehr lieben. Reinbek 1986/2009

Luise Reddemann: Eine Reise von 1000 Meilen beginnt mit dem ersten Schritt. Freiburg 2009

Bücher zur täglichen Unterstützung:

Melody Beattie: Kraft zum Loslassen. München 1991

Al-Anon-Familiengruppen (Hg.): Hoffnung für Heute (Ein Meditationsbuch besonders für Erwachsene Kinder aus Suchtfamilien.)

Romane:

Frank McCourt: Die Asche meiner Mutter: Irische Erinnerungen. München 1998

William Kowalski: Eddies Bastard. München 2002

Sue Monk Kidd: Die Bienenhüterin. München 2005/2008

Anmerkungen / Weitere Literatur

1. Glaser, G. Barney; Strauss, Anselm L.: The Discovery of Grounded Theory. Strategies of Qualitative Research, Chicago 1967
2. Ebd., S. 114. Übersetzung von Ursula Lambrou
3. Seit 1968 wird Alkoholismus vom Bundessozialgericht für die Bundesrepublik als Krankheit anerkannt.
4. Anonyme Alkoholiker: Informationen für die Öffentlichkeit, München 1985
5. Der Partner einer Alkoholikerin zeigt ähnliche Verhaltensweisen. Ich beschreibe diese allerdings am Beispiel der Ehefrau, da weitaus mehr Frauen bei einem alkoholabhängigen Partner bleiben als Männer bei Alkoholikerinnen.
6. Sharon Wegscheider sagt: «Die Familienkrankheit, die wir studieren, ist im Grunde die gleiche, egal, welche Droge gebraucht wird: Alkohol, Medikamente, Marihuana, Kokain und andere.» Another Chance. Hope and Health for the Alcoholic Family, Palo Alto 1981, S. 25, Übersetzung von Ursula Lambrou
7. Ackerman, J. Robert: Let Go And Grow. Recovery for Adult Children, Pompano Beach 1987
8. Piece, Jill: Alcoholism. A Family Disease, in: Alcoholism & Recovery Within the Naval Service, 1976, zitiert nach: Wegscheider, Sharon, 1981, S. 29
9. Wolin, Stephen: Alcohol Transmission via Family Ritual. Unveröffentlichte Studie, 1973, zitiert nach: Wegscheider, Sharon, 1981, S. 30
10. Ackerman, Robert J.: Same House, Different Homes. Pompano Beach 1986
11. Wolin und Wolin (1995, 1996), zitiert in: Moesgen, Diana & Klein, Michael (2009): «Kinder und Alkoholismus in der Familie – Aktuelle Forschungsergebnisse und deren Relevanz für die Praxis». Vortrag auf den Hamburger Suchttherapietagen am 3. 6. 2009
12. www.NACOA.de unter dem Stichwort «Hilfsangebote»: «Links»: zwoelf-schritte.de
13. Den Zeitpunkt, an dem ein Kind oder ein Jugendlicher erkennt, dass

Vater oder Mutter alkoholabhängig ist, hat Robert J. Ackerman für Vater und Mutter unterschiedlich angegeben:
beide Eltern – Durchschnittsalter: 14,3 Jahre
nur der Vater – Durchschnittsalter: 12,7 Jahre
nur die Mutter – Durchschnittsalter: 18,4 Jahre
Vgl. Ackerman, Robert J.: Let Go And Grow (s. Anm. 7), S. 54

14. Steinhage, Rosemarie: Sexueller Missbrauch an Mädchen. Ein Handbuch für Beratung und Therapie, Reinbek bei Hamburg 1989, S. 16
15. Herman, Judith: Die Narben der Gewalt, Paderborn 1992/1997, S. 11
16. Huber, Michaela: Trauma und die Folgen, Paderborn 2005, S. 39
17. Matsakis, Aphrodite: Wie kann ich es nur überwinden? – Ein Handbuch für Trauma-Überlebende, Paderborn 2004, S. 35
18. Levine, Peter A.: Traumaheilung, Essen 1998, S. 59
19. Aphrodite Matsakis a. a. O., S. 34
20. Judith Herman a. a. O., S. 72
21. Ebd., S. 166
22. Ebd., S. 84
23. Wolin und Wolin (1995, 1996), zitiert in: Moesgen, Diana & Klein, Michael (2009): «Kinder und Alkoholismus in der Familie – Aktuelle Forschungsergebnisse und deren Relevanz für die Praxis». Vortrag auf den Hamburger Suchttherapietagen am 3. 6. 2009
24. Wegscheider, Sharon: Another Chance (s. Anm. 6), S. 76
25. Obuchowsky, I.: Emotional Contact with the Mother as a Social Compensatory Factor in Children of Alcoholics, in: Ackerman: Let Go And Grow (s. Anm. 7), S. 59
26. Asper, Kathrin: Verlassenheit und Selbstentfremdung, München 2003, S. 49
27. Woititz, Janet G., zitiert in: Alcohol and the Family, Newsweek 3, 1989, S. 40/41
28. Ebd., S. 171
29. Ebd.
30. Kathrin Asper a. a. O., S. 155/156
31. Friel, John & Linda: Adult Children. The Secrets of Dysfunctional Families, Deerfield Beach 1988, S. 157
32. Friel, John & Linda (s. Anm. 31) machen auf das «Diagnostic and Statistic Handbook of the American Psychiatric Association DSM III R» aufmerksam, das «Symptome beschreibt, aber uns auffordert, auf

die Dauer und Schwere der Symptome zu achten, wie auf die Häufigkeit, bevor man eine definitive Diagnose stellt», S. 161

33. Whitfield, Charles: Healing the Child within. Deerfield Beach 1987, S. 28/29
34. Friel, John & Linda: Adult Children (s. Anm. 31), S. 161
35. Männer mögen oder müssen sich verändern, wenn Frauen lernen, sich um sich selbst zu kümmern, sich wichtig zu nehmen und sich zu ändern. Wirksam wird diese Veränderung nur sein, wenn jeder Mann, genauso wie jede Frau, dies für sich macht.
36. Cermak, Timmen L.: A Time To Heal. The Road to Recovery for Adult Children of Alcoholics, New York 1988, S. 66
37. Satir, Virginia: Foreword, in: Wegscheider, Sharon: Another Chance (s. Anm. 6), S. 10
38. Cermak, Timmen L.: A Time To Heal (s. Anm. 36), S. 66
39. Wegscheider, Sharon: Another Chance (s. Anm. 6), S. 83–87
40. Black, Claudia: Children of Alcoholics, as Youngsters-Adolescents-Adults. «It Will Never Happen To Me!», New York 1981. Claudia Black beschreibt diese Rolle als Erste und nennt sie «The Placator», S. 57–60
41. Ackerman, Robert J.: Let Go And Grow (s. Anm. 7), S. 97
42. Im Amerikanischen wird diese Rolle «Hero» genannt. Das ist ein Begriff, der eher zur amerikanischen Kultur passt als zu unserer.
43. Bei diesen Ausführungen stütze ich mich auf:
    Wegscheider, Sharon: Another Chance (s. Anm. 6), S. 127–136 und Ackerman, Robert J.: Let Go And Grow (s. Anm. 7), S. 92/93
44. Ackerman, Robert J.: Let Go and Grow (s. Anm. 7), S. 91/92
45. Vgl. Wegscheider, Sharon: Another Chance (s. Anm. 6), S. 137 ff.
46. Beaumont, H.: Prozesse des Selbst in der Paartherapie, in: Gestalt Therapie, Edition Humanistische Psychologie, 1/1987, S. 6
47. Scherer, Maria: Silbertrompete, Reinbek 1983, S. 108 und S. 128
48. Amodeo, Griffin, Fassler, Clay & Ellis, 2007; Clair & Genest, 1987; Dundas, 2000; Orford et al., 2001; Velleman et al., 2008, zitiert in: Moesgen, Diana & Klein, Michael a. a. O.
49. Lüderitz, Susanne: Wenn die Seele zersplittert, Paderborn 2005, S. 47
50. Reddemann, Luise: Imagination als heilsame Kraft, Stuttgart 2001, S. 20
51. Horning, Edith, zitiert in: Laura Davis, Ellen Bass: Trotz allem, Berlin 1990, S. 8

52. Missildine, W. Hugh: In dir lebt das Kind, das du warst. Stuttgart 1988 (7. Aufl.), S. 283
53. Cermak, Timmen L.: A Time To Heal (s. Anm. 36), S. 165
54. Ebd., S. 171
55. Aphrodite Matsakis a. a. O., S. 253
56. Jung, C. G.: Bewusstsein, Unterbewusstes und Individuation – Traumsymbole des Individuationsprozesses, GW 12, S. 83
57. Kathrin Asper a. a. O., S. 287
58. Aphrodite Matsakis a. a. O., S. 255
59. Woititz, Janet: The Complete ACOA Sourcebook, Adult Children of Alcoholics at Home, at Work and in Love, Deerfield Beach, Florida 2002, S. 274
60. Maria Scherer a. a. O., S. 108
61. Beattie, Melody: Kraft zum Loslassen, München 1991, S. 148
62. Janet Woititz a. a. O., S. 161
63. Ebd., S. 177/178
64. Grün, Anselm, Robben, Ramona: Grenzen setzen – Grenzen achten, Freiburg 2008, S. 98
65. Kathrin Asper a. a. O., S. 161
66. DHS-Jahrbuch 2008
67. (EMCDDA, 2008) in Moesgen, Diana & Klein, Michael (2009): «Kinder und Alkoholismus in der Familie – Aktuelle Forschungsergebnisse und deren Relevanz für die Praxis». Vortrag auf den Hamburger Suchttherapietagen am 3. 6. 2009
68. Black, Claudia: Children of Alcoholics (s. Anm. 42), S. 151–154
69. Ebd., S. 155–158
70. Cermak, Timmen L.: A Time To Heal (s. Anm. 36), S. 171
71. Ebd., S. 162/163
72. Stanford Al-Anon Group for Adult Children, University Lutheran Church Chapel, 1611 Stanford Ave. at Bow doin, Palo Alto, CA. USA.
73. Al-Anon Family Group Headquarters, INC. P. D. Box, Midtown Station, New York, N. Y. 10018–0862, USA, S. 25. (Übersetzung U. Lambrou)
74. Cermak, Timmen L.: A Time To Heal (s. Anm. 36), S. 161/162. Ich beziehe mich hier auf Claudia Black, Herbert Gravitz, Julie Bowden, Jael Greenleaf und Timmen L. Cermak.